Johann Joseph Ignaz von Döllinger

Der Papst und das Konzil

Johann Joseph Ignaz von Döllinger

Der Papst und das Konzil

ISBN/EAN: 9783743302082

Hergestellt in Europa, USA, Kanada, Australien, Japan

Cover: Foto ©Lupo / pixelio.de

Manufactured and distributed by brebook publishing software
(www.brebook.com)

Johann Joseph Ignaz von Döllinger

Der Papst und das Konzil

Der

Papst und das Concil

von

Janus.

———

Eine weiter ausgeführte
und
mit dem Quellennachweis versehene Neubearbeitung
der
in der Augsburger Allgemeinen Zeitung

erschienenen Artikel:

Das Concil und die Civiltà.

Leipzig,
E. F. Steinacker.
1869.

Vorwort.

Diese Schrift ist zunächst bestimmt, über diejenigen Fragen, welche glaubwürdigen Nachrichten zufolge auf dem angekündigten ökumenischen Concil zur Entscheidung kommen sollen, eine geschichtliche Orientirung zu bieten. Da wir diese Aufgabe mit einem unmittelbar aus den Quellen geschöpften Stoff zu lösen versucht haben, so ist die Hoffnung vielleicht nicht zu dreist, daß unsere Arbeit auch in wissenschaftlichen Kreisen Beachtung und als ein Beitrag zur Kirchengeschichte Geltung finden werde.

Aber diese Schrift will auch noch etwas Anderes sein, als bloß die ruhige, spannungslose Darstellung geschichtlicher Vorgänge; der Leser wird leicht erkennen, daß sie einen viel weiteren, einen kirchenpolitischen Zweck verfolgt — sie ist, um es mit einem Worte zu sagen auch ein Act der Nothwehr, eine Appellation an die Denkenden unter den gläubigen Christen, ein geschichtlich begründeter Protest gegen eine drohende Zukunft, gegen das Programm einer mächtigen Coalition, was uns bald offen angekündigt, bald in mehr versteckter Weise insinuirt wird und an dessen Verwirklichung Tausende geschäftiger Hände täglich und stündlich arbeiten.

Wir haben geschrieben unter dem Eindruck der Besorgniß vor einer ernsten Gefahr, welche zunächst allerdings die katholische Kirche und ihre inneren Zustände bedroht, dann aber, wie dieß bei einer hundertachtzig Millionen Menschen umfassenden Organisation nicht anders sein kann, noch größere Dimensionen annehmen, zu einem großen socialen Problem sich gestalten und auch die kirchlichen Genossenschaften und Nationen, die außerhalb der katholischen Kirche stehen, nicht unberührt lassen wird.

Diese Gefahr datirt nicht von gestern und hat nicht erst mit der Ankündigung des Concils begonnen. Vor etwa 24 Jahren hat die nunmehr zu einem mächtigen Strome angeschwollene rückläufige Bewegung in der katholischen Kirche sich bemerkbar zu machen angefangen, und jetzt, wie eine steigende Fluth, schickt sie sich an mittels des Concils Besitz zu nehmen von der ganzen Kirche und jeder ihrer Lebenskräfte.

Wir — und dieser Plural ist hier nicht figürlich, sondern buchstäblich zu nehmen — wir bekennen uns zu derjenigen Ansicht von der katholischen Kirche und ihrer

Miſſion, welche von den Gegnern mit einem oft mißbrauchten und in ſeiner Unbeſtimmtheit für polemiſche
Zwecke ſehr bequemen Worte, die liberale genannt wird,
welche als ſolche bei allen unbedingten Anhängern des
römiſchen Hofes und des Jeſuitenordens — zwei jetzt
innig verbündeten Mächten — im völligen Verrufe ſteht,
und von ihnen nie anders als mit Bitterkeit erwähnt
wird. Wir ſind die Geſinnungsgenoſſen derjenigen, welche
erſtens überzeugt ſind, daß die katholiſche Kirche zu den
Principien der politiſchen, intellectuellen und religiöſen
Freiheit und Selbſtentſcheidung, ſoweit dieſe Principien
im chriſtlichen Sinne verſtanden werden, ja gerade aus
dem Geiſte und Buchſtaben des Evangeliums geſchöpft ſind,
ſich nicht feindlich und abwehrend verhalten dürfe, vielmehr poſitiv auf dieſelben eingehen und auf deren ſtete
Verwirklichung reinigend und veredelnd einwirken ſolle.
Wir theilen zweitens die Anſicht derer, welche eine große
und durchgreifende Reformation der Kirche für nothwendig
und für unvermeidlich halten, wie lange ſie auch hinaus-
geſchoben werden mag.

Uns iſt die katholiſche Kirche keineswegs identiſch mit
dem Papismus, und ſo ſind wir, ungeachtet der äußeren
kirchlichen Gemeinſchaft, doch innerlich und tief geſchieden
von denen, deren kirchliches Ideal ein univerſales, von
einem einzigen Monarchen geiſtlich und wo möglich auch
leiblich beherrſchtes Reich iſt, ein Reich des Zwanges und

des Druckes, in welchem die Staatsgewalt den Trägern der Kirchengewalt ihren Arm zur Niederhaltung und Er= stickung jeder von dieser mißbilligten Regung leiht.

Wir verwerfen — kurz gesagt — jene Lehre und jene Gestalt der Kirche, welche von der römisch=jesuitischen Zeitschrift seit Jahren als die allein richtige, als der ein= zige und letzte Rettungsanker der sonst untergehenden Menschheit gepriesen wird.

Möge hier, um unseren Standpunkt näher zu be= zeichnen, ein Mann das Wort nehmen, der, solange er lebte und wirkte, als die Zierde und der Stolz des deut= schen Klerus geachtet war, der Cardinal und Fürstbischof Diepenbrock, er, der selber wieder der Jünger und Ge= sinnungsgenosse des unvergeßlichen Sailer war.

Auf die kirchlichen Reformgedanken seines Freundes Passavant, wonach die Hierarchie geändert, der schroffe Gegensatz von Geistlichen und Laien gemildert, eine Mit= wirkung der Gemeinden an der Kirchenverwaltung und eine Umgestaltung der römischen Curie ins Werk gesetzt werden sollte, erwiederte Diepenbrock:

„Nur auf solchem Wege kann Heil kommen für die Gesammtheit und eine Erhebung und Veredlung der ir= dischen Zustände, die denn doch wohl eine durch das Christenthum zu lösende Aufgabe sein muß; nur in ihr (in einer Entwicklung und Belebung der Kirchenverfassung wie der Lehre) kann das in unserer merkwürdigen Zeit überall erwachte Drängen, Gähren und Suchen sein Ziel und seine Beruhigung finden."

„Freilich hofft die kirchliche Ultrapartei auf dem ent= gegengesetzten Wege zum Ziele zu kommen. Allein ein solcher Rückschritt in der Geschichte ist doch wohl eine Un= möglichkeit. Das Mittelalter liegt einmal hinter uns, und nur eine fata morgana kann es der lebhaften Phan= tasie eines * und Genossen als eine neue Zukunft vorspiegeln. In allen unbefangen denkenden Menschen dämmert eine Ahnung von der Nothwendigkeit einer Neu= gestaltung der Kirche, und nur die Art und Weise wird den Wenigsten so klar, wie sie es Ihnen geworden. — Daß man solche Ideen öffentlich zur Sprache bringe, halte ich für eine Art von Liebespflicht gegen die Menschheit." (Briefe aus Passavant's Nachlaß, S. 87.)

Es würde leicht sein aus den Schriften von Gügler, Görres, Eckstein, Franz Baader, Möhler, um nur der Hinübergegangenen zu gedenken, eine Reihe von Belegen anzuführen, zum Erweise, daß die begabtesten und erleuch= tetsten unter den Katholiken deutscher Zunge ganz gleiche oder doch verwandte Anschauungen in sich getragen haben.

Diepenbrock hat nur das erste, unsichere Auftreten jenes Ultramontanismus, den er gezeichnet, erlebt. Was zu seiner Zeit noch als eine vereinzelte und vielfach sich selbst undeutliche Richtung sich kundgab, das hat sich seit= dem zu einer mächtigen Partei mit klarbewußten Zielen

herausgebildet, welche durch den nun schon weitverzweigten
Jesuitenorden einen festen Halt besitzt und an den im
Jesuiten=Collegium zu Rom gebildeten Geistlichen über eine
stets sich mehrende Schaar rüstiger Mitarbeiter verfügt. —
Indem wir gezwungen waren, dieser Partei, welche
entweder ohne Kenntniß der Kirchengeschichte oder mit
bewußter Fälschung derselben ihre Pläne betreibt, ent=
gegenzutreten, mußten wir die altkirchliche Institution des
Primats im Verhältniß zu seiner späteren Gestaltung
schildern, und so war es unvermeidlich, in der Darstellung
dieser Entwicklung betrübende Schattenseiten des Papst=
thums hervorzuheben. Jeder, der die Schicksale der Kirche
in ihrer innern Verkettung betrachtet, wird nothwendig
zu der Erkenntniß geführt, daß seit dem eilften Jahr=
hundert in der ganzen Kirchengeschichte sich kein Zeitraum
mehr entdecken läßt, bei welchem der Blick des gläubigen
Forschers mit reinem Wohlgefallen verweilen könnte; er
wird, indem er den unverkennbaren, von da an immer
tiefer sich einnistenden und weiter um sich greifenden Verfall
des kirchlichen Lebens in seinem ursachlichen Zusammen=
hang zu ergründen strebt, stets auf die Verzerrung fund
Verunstaltung des Primats als auf die Haupturfache
hingeführt werden. Wenn in diesem nach einer Seite hin
allerdings eine Stärke der katholischen Kirche liegt, so ist
doch auch andrerseits nicht zu läugnen, daß, sobald man
sich auf den Standpunkt der alten Kirche, von der Apostel=

zeit an bis etwa zum Jahre 845 stellt, das Papstthum, wie es geworden, als ein entstellender, krankhafter und athembeklemmender Auswuchs am Organismus der Kirche erscheint, der die besseren Lebenskräfte in ihr hemmt und zersetzt, und selbst wieder mancherlei Siechthum nach sich zieht. Wenn nun seit einer Reihe von Jahren schon die Zurüstungen dazu gemacht wurden, endlich das System, welches den kirchlichen Mißständen zu Grunde liegt, völlig abzuschließen und durch die Unfehlbarkeitslehre mit einem unüberwindlichen Bollwerk zu umgeben, dann wird es die Pflicht für Jeden, der es mit der Kirche und der Gesell= schaft, für welche jene ein Element des Lebens ist, wohl meint, nach dem ihm gegebenen Maße der Erkenntniß und des Wirkens zu versuchen, ob noch etwas zur Abwendung einer so verhängnißvollen Katastrophe geschehen könne.

Wir verbergen uns nicht, daß von mehr als einer Seite her gegen dieses Buch und seine Verfasser der Vor= wurf einer grundsätzlichen Abneigung gegen das Papst= thum erhoben werden wird. Die Zahl derer ist Legion, für welche das biblische Wort: „meliora sunt vulnera diligentis, quam fraudulenta oscula odientis" nun ein= mal keinen Sinn hat, und welche nicht begreifen können, wie man eine Institution lieben und ehren und doch zu= gleich ihre Schattenseiten aufdecken, ihre Gebrechen rügen und die schädlichen Wirkungen dieser Gebrechen geflissent= lich hervorheben könne. Nach ihrer Meinung sollten

Dinge der Art sorgfältig verschwiegen oder doch nur ent-
schuldigend erwähnt werden. Für eine solche Sinnesweise
hat man schon seit längerer Zeit die Bezeichnung der
„Pietät“ erfunden. Demnach ist es Pietät, daß man
Fabeln, Unwahrheiten, welche für gewisse mit der Religion in Verbindung gebrachte Zwecke ersonnen worden
sind, oder sich in ein frommes Gewand hüllen, gerne und
bereitwillig glaube; daß man die Schäden und Mißbräuche
des kirchlichen Lebens und die Verkehrtheiten in seiner Verwaltung entweder gänzlich abläugne oder, wo dieß nicht
angeht, möglichst in Schutz zu nehmen und ihnen ein
gutes Motiv oder wenigstens eine erträgliche Seite abzu-
gewinnen suche. Der Mangel einer solchen Gesinnung
hingegen wird in kirchlichen Kreisen mit dem Vorwurf
der Pietätslosigkeit bestraft — ein Vorwurf, der darum
wohl auch unserer Schrift nicht erspart bleiben wird. Aber
wir erkennen eben die Berechtigung dieser Vorstellung
nicht an; wir meinen, daß es allerdings lobenswerthe
Pietät sei, wenn es z. B. gälte, die persönlichen Schwächen
und Verirrungen eines hochgestellten oder selbst an der
Spitze der Kirche befindlichen Mannes zu verschweigen oder
schonend zu behandeln; daß es aber eine ganz verkehrte
Anwendung des Begriffs der Pietät sein würde, wenn
man daraus die Pflicht ableitete, historisch gegebene Zustände und fehlerhafte Institutionen zu verschweigen oder
zu beschönigen. Wir glauben vielmehr unsere Pietät vor

allem der göttlichen Institution der Kirche und der Wahr=
heit schuldig zu sein, und dann ist es geradezu diese
Pietät, die uns aufforbert, gegen jede Verunstaltung und
Trübung der einen wie der anderen mit Freimuth und
Entschiedenheit aufzutreten. Und für um so nothwendiger
halten wir ein solches Auftreten, wenn nicht blos vererbte
Uebelstände fortgeschleppt, sondern noch durch neue Ent=
stellungen vermehrt werden sollen, und dieß Alles in einer
Zeit, wo der Abfall vom Christenthum so allgemein und
tiefgreifend geworden ist; zum Theil gerade deshalb, weil
unter dem Wust von Verzerrungen, der sich über dasselbe
gelagert, vor der kurzsichtigen Betrachtung der Gegenwart
sich sein ewiger, göttlicher und heilbringender Kern ver=
hüllt. — Zum Beweise, daß wir damit nur im Geiste
der Kirche selbst verfahren, können wir uns auf Aussprüche
berufen, von denen der eine von einem Papste, der andere
von einem hochgeehrten Heiligen herrührt. Innocenz III.
nämlich sagt: Falsitas sub velamine sanctitatis tolerari
non debet. Und St. Bernhard erklärt: Melius est, ut
scandalum oriatur, quam veritas relinquatur.

Der Primat ruht, davon ist jeder gläubige Katholik
überzeugt, und zu dieser Ueberzeugung bekennen sich auch
die Verfasser dieses Buches, auf höherer Anordnung; die
Kirche ist vom Anfang an auf denselben angelegt gewesen,
er ist in Petrus von dem Herrn der Kirche vorgebildet,
er hat sich daher auch mit innerer Nothwendigkeit bis zu

einem gewissen Punkte entwickelt, worauf dann allerdings,
vom neunten Jahrhundert an, eine weitere, mehr künst=
liche und krankhafte als gesunde und natürliche Fortbil=
dung des Primats zum Papat erfolgt ist, mehr eine Um=
wandlung als eine Entwicklung, welche denn auch die Zer=
reißung der bis dahin vereinigten Kirche in drei große,
feindlich geschiedene Kirchenkörper zur Folge gehabt hat.
Die alte Kirche empfand das Bedürfniß, daß in ihrem
Schooße ein Mittelpunkt der Einheit bestehe, daß ein
Bischof hervorragendes Ansehen besitze, damit Bedrückte
sich an ihn wenden und durch sein mächtiges Fürwort
Gerechtigkeit erlangen könnten. Als aber das Präsidium
in der Kirche zum Imperium wurde, als an die Stelle
des ersten, die kirchlichen Angelegenheiten mit seinen „Brü=
dern" gemeinschaftlich berathenden und beschließenden, mit
dem Beispiele der Unterwerfung unter die Kirchengesetze
vorangehenden Bischofs die Zwingherrschaft eines abso=
luten Monarchen sich setzte, da zerbrach die früher so stark
geschlossene Einheit der Kirche. Wenn wir nach bestimmten,
festen, allgemein anerkannten Rechten, welche der römische
Bischof als Träger des Primats in der ganzen Kirche
gleichmäßig während der ersten christlichen Jahrhunderte
ausgeübt hätte, forschen, so scheint derselbe uns wieder
zu entschlüpfen, denn von jenen Befugnissen, welche später
von den Päpsten erworben oder in Anspruch genommen
worden, läßt sich keine bis in die frühesten Zeiten hinauf

verfolgen, und als ununterbrochen und allenthalben aus=
geübtes Recht nachweisen. Dafür aber begegnen wir
Thatsachen in nicht geringer Zahl, in denen doch wieder
unläugbar sich zeigt, daß die römischen Bischöfe nicht nur
im Besitze eines höheren Rechtes zu sein glaubten und
demgemäß verfuhren, sondern daß dieses Recht von den
Betheiligten auch wirklich anerkannt wurde. Und wenn
dann mehrfach, selbst von der Chalcedonischen Synode
behauptet wird, die Väter seien es, welche der römischen
Kirche ihre Privilegien verliehen hätten, so werden wir
uns wohl dabei zu denken haben, daß der Primat selber,
dieser Vorrang vor allen andern Kirchen, nicht auf
einer zu bestimmter Zeit durch eine Synode geschehenen
Uebertragung beruhe, sondern daß er immer und seit den
Zeiten der Apostel vorhanden war; daß auf die Frage
etwa eines Heiden: welches ist unter euren Kirchen die
erste und vornehmste, die Kirche, deren Stimme und
Zeugniß das größte Gewicht und Ansehen hat — Jeder=
mann sofort geantwortet haben würde: das ist die römische
Kirche, die Kirche, wo die beiden Hauptapostel Petrus
und Paulus ihre Lehre mit dem Tode besiegelt haben;
kurz so, wie es Irenäus ausgedrückt hat.

Wir werden uns aber auch dem Eindrucke nicht ver=
schließen können, daß allerdings die Gestalt, welche dieser
Primat annahm, von dem Zugeständnisse der einzelnen
Theilkirchen abhängig war, und daher in keiner Zeit eine

gleichmäßige, in gesetzlich geregelten Befugnissen sich be=
wegende und bewährende gewesen ist. Denn kein Kenner
der Geschichte wird doch behaupten wollen, daß die Päpste
irgendeinmal ein bestimmtes Primatialrecht in gleicher
Weise in Africa wie in Aegypten, in Gallien wie in Me=
sopotamien ausgeübt hätten; und die bekannte Thatsache,
daß in dem ganzen älteren Kirchenrecht, in den Kanones=
sammlungen der orientalischen und occidentalischen Kirche
keine Erwähnung päpstlicher Rechte, keine Bezugnahme
auf eine bestimmte rechtliche Einwirkung des römischen
Bischofs in anderen Kirchen sich findet — mit einziger Aus=
nahme des selbst im Occidente nicht zu allgemeiner Gel=
tung gelangten Kanons von Sardica — spricht hier
schon deutlich genug.

Gerade die Synode von Chalcedon im Jahre 451 ist
ein Vorgang, an welchem sich das angedeutete Verhältniß
gut beobachten läßt. Unverkennbar ist hier die Stellung
des obwohl entfernten Papstes Leo eine sehr hohe und
maßgebende gewesen; man hat ihm und seiner Kirche mehr
Ehre erwiesen, als irgend einem andern Bischofe jemals
auf einer Synode zu Theil geworden ist; seine Legaten
haben den Vorsitz auf dieser zahlreichsten der alten Kirchen=
versammlungen mit großem Nachdruck geführt. Indeß
zuletzt trat doch ein Moment ein, wo das Concilium in
Widerspruche mit den Legaten und ihren von Leo ertheilten
Instructionen seinen Willen behauptete und ihn, nach

langem Widerſtreben von römiſcher Seite, auch durch=
ſetzte. *)

Es iſt in dieſem Buche zum erſtenmale der Verſuch
gemacht worden, eine Geſchichte der Hypotheſe der päpſt=
lichen Unfehlbarkeit, von ihren erſten Anfängen bis zum
Schluſſe des ſechszehnten Jahrhunderts, wo ſie vollendet
erſcheint, zu liefern. Dieſe Hypotheſe, ſo ſpät ſie er=
ſonnen und ſo ſtarkem Widerſpruch ſie auch lange Zeit

---

*) In der Aufführung der Kirchenväter (S. 93 ff.), die ſich über
den römiſchen Primat geäußert haben, iſt ein Mann von großer Be=
deutung, St. Hieronymus, nicht genannt. Da dieß als abſichtliches
Verſchweigen gedeutet werden könnte, ſo benutzen wir dieſe Gelegen=
heit, hier Einiges über ihn zu bemerken. Seine Briefe an Papſt
Damaſus vom J. 375 (Opp. ed. Vallarsi I, 39) ſind geſchrieben in
der Bedrängniß, in der er ſich in Syrien unter der Anklage der
Ketzerei befand; er wollte ſich des dort recipirten Ausdrucks „drei
Hypoſtaſen" ſtatt „Perſonen" nicht bedienen, und wurde deßhalb des
Sabellianismus beſchuldigt. Er drängte alſo den Papſt, unter höf=
lichen und ſtark klingenden Verſicherungen unbedingter Unterordnung
unter ſeine Autorität, aber doch wieder in einem eigentlich drohenden
Tone, ſich über dieſes Wort ſo zu erklären, wie er, Hieronymus, es
zu ſeiner Rechtfertigung bedurfte. Im Grunde ſtellt er Cyrillus von
Jeruſalem, dem er ſein Bekenntniß überreichte, ebenſo hoch, als den
Papſt. Dieſer aber fand die Sache bedenklich, wozu er guten Grund
hatte, und gab ihm keine Antwort. — Der berühmte Ausſpruch des
Hieronymus: Inter duodecim unus eligitur, ut capite constituto
schismatis tolleretur occasio" drückt wohl die Auffaſſung, welche
die Gläubigen jener Zeit von der Beſtimmung des Primats hatten,
am treffendſten aus; nur würden heutzutage die Vorſtellungen von
den in dieſer Aufgabe des Primats liegenden Befugniſſen weiter aus=
greifen als dieß damals der Fall war.

begegnet ist, wird doch, wenn sie auch fernerhin in dem
bisherigen Range einer bloß theologischen Meinung bleiben
sollte, immer zahlreiche Anhänger zählen; denn sie em=
pfiehlt sich durch ihre Bequemlichkeit, durch die Leichtig=
keit ihres Gebrauchs; auf dem kürzesten Wege, in der ein=
fachsten Weise und mit dem kleinsten Zeitaufwande scheint
sie das zu gewähren, wozu die alte Kirche soviel Mühe
und Umstände und so lange Zeit gebraucht hat. Würde
sie wirklich einmal allgemein als Glaubensregel angenom=
men, so ist sie nicht nur ein weiches Kissen, auf welchem
der ermüdete oder verwirrte Geist des Laien sowohl als
des Theologen sanft ruhen und sich ungestörtem Schlum=
mer überlassen kann, sondern sie leistet zugleich auch für
die Welt der Geister in religiösen Dingen dasselbe, was
in der Welt des materiellen Verkehrs und in Hinsicht der
Ersparung von Zeit und Arbeitskraft unsere Dampfma=
schinen und elektrischen Drähte leisten. Es gäbe nichts
Oekonomischeres, nichts, was mehr geeignet wäre, Studium
und Geistesarbeit zu ersparen, und zwar auch für Rom
selbst; denn die Consequenz des Prinzips würde sicher be=
wirken, daß man in kurzer Zeit bei dem Punkte anlangte,
wo die Substanz der Unfehlbarkeit in die Namensunter=
schrift des Papstes, der damit ein von einer Congregation
oder von einem einzelnen Theologen rasch entworfenes
Decret vollzieht, gesetzt wird. — Man hat daher vielfach
die Bemerkung gemacht, daß es besonders Convertiten

mit wenig theologischer Bildung, aber vielem jugendlichen Glaubenseifer sind, welche sich in williger, ja freudiger Geistesknechtschaft dem unfehlbaren Seelengebieter ergeben; froh und glücklich einen Herrn zu haben, einen sichtbaren, greifbaren, leicht zu befragenden. Christus ist ihnen so hoch und fern, die Kirche so groß und weit, so viel= stimmig und über manche Dinge, die man doch auch gerne wissen möchte, wieder so schweigsam. Wie viel leichter ist eine Lehrentscheidung bei gehörig angewandter Pression von einem Papste zu erlangen? Man darf in dieser Beziehung ja nur an die Entscheidungen Alexan= ders VII. zu Gunsten der kurz zuvor erfundenen Attrition, an die Decrete Clemens XI. und Benedicts XIII. und die Mächte, welche dabei wirksam gewesen sind, erinnern.

Aber wenn nun die Unfehlbarkeitslehre, einmal zum Glaubenssatz erhoben, einerseits alle geistige Bewe= gung und wissenschaftliche Thätigkeit in der katholi= schen Kirche lahm legen müßte, so würde sie andererseits zwischen dieser und den von ihr getrennten religiösen Gemeinschaften nur eine neue Scheidewand und zwar die stärkste und undurchdringlichste von allen aufrichten. Der theuersten Hoffnung, die kein Christ aus seiner Brust zu verbannen vermag, müßten wir entsagen, der Hoffnung auf eine künftige Wiedervereinigung der getrennten Kir= chen, des Orients wie des Occidents. Denn im Ernste wird doch Niemand, der die Geschichte der anatolischen

Kirche und die der protestantischen Gemeinschaften einiger=
maßen kennt, es für denkbar halten, daß jemals eine Zeit
kommen könne, in der auch nur ein beträchtlicher Theil
dieser Kirchen sich freiwillig der durch das Unfehlbarkeits=
dogma noch über das jetzige Maß hinausgesteigertem Will=
kürherrschaft eines Einzigen unterwerfen werde. Nur
wenn ein allgemeiner Bibliothekenbrand alle historischen
Urkunden vernichtet hätte, wenn Orientalen und Occiden=
talen von ihrer früheren Geschichte nicht mehr wüßten,
als jetzt die Maori's auf Neuseeland von der ihrigen
wissen, und wenn endlich große Nationen durch ein Wun=
der ihre ganze Geistesrichtung und Sinnesweise abgelegt
hätten — dann erst könnte eine solche Unterwerfung sich
vollziehen.

Was hat im funfzehnten Jahrhundert den Concilien
von Constanz und Basel eine so gewaltige Autorität und
einen so lange nachwirkenden Einfluß auf die Zustände
der Kirche verliehen? Es war die ihnen zur Seite stehende
Macht der öffentlichen Meinung. Und wenn heutzutage
eine starke, einmüthige, zugleich positiv gläubige und der
Verwirklichung des Ultramontanismus widerstrebende öffent=
liche Meinung in Europa, ja nur in Deutschland erwachte
und sich kundgäbe, dann würde trotz der, so düstere Be=
sorgnisse weckenden, Stimmen der Bischöfe von Mainz,
St. Pölten und Mecheln, die Gefahr noch glücklich vor=
übergehen. Unsere Schrift soll darum auch ein Versuch

sein, zur Weckung und Orientirung einer öffentlichen
Meinung beizutragen. Sie wirkt vielleicht nur wie ein
Stein, der ins Wasser geworfen, die Oberfläche auf einen
Augenblick kräuselt und dann sogleich alles wieder läßt,
wie es gewesen; aber sie könnte doch auch wirken wie ein
Netz, das in den See getaucht reiche Beute brächte. —
Unsere Schrift trägt aus mehrfachen Gründen die
Namen ihrer Verfasser nicht an der Stirne. Wir sind
nämlich der Ansicht, daß dieselbe, so durchaus thatsächlich
gehalten und in allen ihren Ausführungen durch den
Quellennachweis gestützt, für sich allein, ohne jede Knüpfung
an Namen, wirken müsse und könne. Wir wollen, daß
die Aufmerksamkeit der Leser sich ganz allein auf die
Sache concentrire und daß, falls eine Polemik hervor=
gerufen werden sollte, derselben keine Gelegenheit geboten
sei, statt einer objectiv=wissenschaftlichen, mit Würde und
Anstand geführten Erörterung der in Rede stehenden hoch=
wichtigen Fragen, den Streit mit dem corrosiven Gift von
Verdächtigungen und Invectiven gegen die Personen der
Verfasser auf ein anderes Gebiet zu versetzen. —
Am 31. Juli 1869.

Der Schleier, welcher die Vorbereitungen zum großen allgemeinen Concilium und die Absichten desselben bisher verhüllte, hat sich bereits gelüftet.

Die „Civiltà Cattolica" vom 6. Februar brachte (nach der Mittheilung der „Köln. Volksztg." vom 14. Febr.) folgenden höchst merkwürdigen Artikel in der Form einer Correspondenz aus Frankreich: „Die liberalen Katholiken fürchten, das Concil möchte die Doctrin des Syllabus und die dogmatische Unfehlbarkeit des Papstes verkündigen; sie geben dabei aber die Hoffnung nicht auf, das Concil könne gewisse Sätze des Syllabus in einem ihren Ideen günstigen Sinn modifiziren oder interpretiren, und die Frage von der Unfehlbarkeit werde entweder nicht angeregt oder nicht entschieden werden. Die eigentlichen Katholiken (d. i. die große Mehrheit der Gläubigen) haben die entgegengesetzten Hoffnungen. Sie wünschen, das Concil möge die Doctrinen des Syllabus promulgiren. Es könnte dabei allenfalls das Concil die im Syllabus negativ gefaßten Sätze positiv und mit den nöthigen Entwicklungen aussprechen, und dadurch die Mißverständnisse vollkommen beseitigen,

1

welche noch bei einigen bestehen. Die Katholiken werden
die Proclamirung der dogmatischen Unfehlbarkeit des Pap=
stes mit Freuden aufnehmen. Niemand verkennt, daß der
Papst selbst nicht geneigt ist, hinsichtlich eines Satzes, der
sich direct auf ihn zu beziehen scheint, die Initiative zu
ergreifen. Man hofft aber, daß die einmüthige Kund=
gebung des heiligen Geistes durch den Mund der Väter
des Concils die Unfehlbarkeit des Papstes durch Acclama=
tion definiren wird. — Endlich wünschen viele Katholiken,
das Concil möge die Reihe der Huldigungen, welche die
Kirche der allerseligsten Jungfrau dargebracht hat, ab=
schließen durch die Promulgation des Dogmas ihrer glor=
reichen Aufnahme in den Himmel."

Vorher heißt es: „Die Katholiken glauben das Concil
werde von kurzer Dauer sein, und in dieser Hinsicht dem
Concil von Chalcedon gleichen (also nur drei Wochen dauern).
Man glaubt die Bischöfe werden in den Hauptfragen einig
sein, so daß die Minderheit nicht lange wird opponiren
können, so bereit sie auch dazu sein mag."

In einem neueren Heft der Civiltà werden in einer
Correspondenz aus Belgien ähnliche oder dieselben Wünsche
den Katholiken Belgiens, „welche nicht nur mit Leib und
Seele der Sache der Kirche und des heiligen Stuhls er=
geben sind, sondern sich auch ohne Rückhalt allen vom
heiligen Stuhl ausgegangenen Lehrentscheidungen unter=
worfen haben", in den Mund gelegt. Sie hoffen, heißt

es unter Anderem von diesen, daß das Concil ein für allemal die Spaltung unter den Katholiken beseitigen wird, indem es dem Geiste und den Lehren des Libera= lismus einen entscheidenden Schlag versetzt. Sie hoffen, daß das Dogma von der Unfehlbarkeit des Papstes und von seiner Suprematie über das ökumenische Concil definirt werden wird. — Neben dem Ausdruck dieser Hoffnungen und Wünsche der ergebenen Katholiken versäumt es die beregte Correspondenz nicht, die ziemlich entgegengesetzten Erwartungen, welche die „sogenannten liberalen Katholiken" Belgiens vom Concil hegen, abzuweisen. Diese, deren Zahl namentlich unter den jüngeren Geistlichen groß sein soll, und welche sich nicht vollständig den doch so klaren Lehren der Encyclica und des Syllabus unterworfen haben, behaupteten nämlich, die politischen Fragen gehörten nicht zur Competenz des Papstes; und Einige von ihnen deu= teten darum gewaltsam die Encyclica und den Syllabus in ihrem Sinne. Ihre Blindheit, um nichts Schlimmeres zu sagen, soll so groß sein, daß sie entweder Entscheidungen erwarten, die diesen Documenten des heiligen Stuhls ent= gegen sind, oder doch eine Interpretation derselben in ihrem Sinne."

Man wird nicht irre gehen, wenn man hinter die= sen Correspondenz=Artikeln der Civiltà, denen vielleicht ähn= liche aus anderen Theilen der katholischen Welt folgen werden, mehr vermuthet, als bloße Fühler an dieselbe, um etwa zu erforschen, ob sich innerhalb ihrer auch eine Empfänglichkeit für die vorbereiteten dogmatischen Ueber= raschungen zeige. Nein, diejenigen, welche dergleichen eifrig betreiben, sind nicht gewohnt, auf geistige Dispositionen der Zeit auch nur die mindeste Rücksicht zu nehmen. Wir haben darum in diesen Mittheilungen über die Wünsche und Hoffnungen der ächten Katholiken, die sich in die harmlose Form von Petitionen an den heiligen Stuhl kleiden, bedeutungsvolle Winke über das, was vom Concil in Aussicht steht, vor uns; bedeutungsvolle Winke zunächst für die Bischöfe, um sie jetzt schon mit ihren Aufgaben auf demselben vertraut zu machen und von einer nutzlosen Opposition abzumahnen; dann aber auch für die übrige katholische Welt, um sie allmählich auf die immer näher rückenden „Kundgebungen des heiligen Geistes" vorzube= reiten.

Die Civiltà, geschrieben von den römischen Jesuiten, vom Papste selbst vor einigen Jahren durch ein eigenes Breve hoch belobt und von ihm als das reinste journa= listische Organ ächter Kirchenlehre bezeichnet, kann nämlich gewissermaßen als der „Moniteur" der römischen Kurie angesehen werden. Man sagt darum keinenfalls zu viel, wenn man behauptet, daß die Gedanken der Civiltà sich in wichtigen weitgreifenden Fragen mit den Gedanken des Oberhauptes sowohl als vieler sonstigen „Häupter" in Rom begegnen. Dieser officiellen Stellung entspricht auch

der hohe Ton, welchen die Civiltà führt, die wegwerfende
Behandlung, die sie jedem Gegner angedeihen läßt. Ihre
Mittheilungen nehmen sich oft wie päpstliche zu Artikeln
ausgesponnene Bullen aus. Man kann sich kaum eine
bessere und zuverlässigere Quelle für das, was mit dem
Concilium in Rom beabsichtigt wird, wünschen. —
Außer den Andeutungen der Civiltà fehlt es auch
nicht an anderen in dieser Beziehung belehrenden und auf=
klärenden Vorzeichen. Schon seit geraumer Zeit sind die
Jesuiten in der Gründung von Congregationen thätig,
welche sich verpflichten, sowohl selbst an der päpstlichen
Unfehlbarkeit als einem Glaubensartikel festzuhalten als
auch für denselben Propaganda zu machen. — Dazu kommt,
daß das Institut der Provinzialsynoden namentlich während
des letzten Decenniums auf sehr bringende und wiederholt
von Rom aus ergangene Mahnungen hin wieder aufge=
nommen wurde. Wie man nun aus den veröffentlichten
Acten der in und außerhalb Deutschland abgehaltenen
Provinzialsynoden ersieht, wurde ihnen die Frage über die
päpstliche Unfehlbarkeit und über die Thesen des Syllabus zur
Meinungsäußerung vorgelegt. Der Jesuit Schneemann,
der hierüber berichtet [1], führt an, daß die Provinzialsynoden
von Köln, Colocja, Utrecht, sowie auch die in Nordame=
rifa gehaltenen die päpstliche Unfehlbarkeit bekannt hätten.
Er bemerkt dann hiezu: „Solche in Rom revidirte Synodal=

[1] Literarischer Handweiser. Jahrgang 1867. p. 439 flg.

Aussprüche für die Infallibilität des Papstes sind deßhalb
von Bedeutung, weil sie uns zeigen, daß jenes päpstliche
Prärogativ, obwohl es noch kein formeller Glaubensartikel
ist, doch in den Augen Rom's und der Kirchenfürsten als
unzweifelhaft gilt. Denn es ist den Provinzialsynoden
auf das strengste verboten, über streitige Punkte in Glau=
bensfachen irgend eine Entscheidung zu treffen." — Nach
dieser Andeutung des gewiß gut unterrichteten Referenten
werden wir wohl das Richtige vermuthen, wenn wir an=
nehmen, daß man in Rom nicht erst auf diese Beschlüsse
gewartet hat, sondern daß von dorther zum Voraus die
Weisung an die Provinzialsynoden ergangen ist, sich über
die fraglichen Materien im bejahenden Sinne auszusprechen.
Diese zustimmenden Beschlüsse, die bei der gegenwärtigen
Lagerung der Verhältnisse innerhalb der katholischen Kirche
von vornherein zu erwarten waren, wird man in Rom
auf dem Concil produciren, um sich auf sie als auf Do=
cumente über den Glauben der Mehrheit der katholischen
Bischöfe zu stützen. Dadurch gewinnt es das Ansehen,
als ob die Definition des Unfehlbarkeitsdogma doch nicht
so ganz und ausschließend die Angelegenheit der Jesuiten
sei, wie es denn Pius IX. schon in Bezug auf das Em=
pfängniß=Dogma zu vermeiden wünschte, bloß als ein
Werkzeug derselben zu erscheinen. Nämlich, nach einem
Berichte Flir's aus Rom, gab derselbe in unerwarteter
Weise der Forderung Rauscher's nach, in der Bulle von dem

Empfängnißdogma einen Theil der nicht beweiskräftige
Textesstellen auszulassen, weil, wie er sich ausdrückte,
dieß, obschon es eine Demüthigung für Rom sei, be-
dulden müsse, damit man nicht sage, daß alles von
Jesuiten abhänge. — [2])

Aus guter Quelle wissen wir, daß der ganze Feld=
zugsplan, der dem Unfehlbarkeitsdogma zum Siege verhelfen
soll, bereits vollkommen feststeht. Ein englischer Prälat
— wir könnten ihn nennen — hat es übernommen, beim
Beginn der Sitzungen an den heiligen Vater die demüthige
Bitte zu richten, er möge die Meinung von der Unfehl=
barkeit zur Dignität eines Dogma sofort erheben. Dann
wird, so erwarten die Jesuiten und ihre römischen Gesinnungs=
genossen, die bereits bearbeitete und gewonnene Mehrheit
der anwesenden Bischöfe durch Acclamation dieser Bitte
beitreten — welchem so spontan und wie durch plötzliche
Eingebung von oben unwiderstehlich sich kundgebenden An=
bringen der heilige Vater wohl gerne willfahren wird, so
daß das neue Dogma ohne lange Erörterung wie durch
einen Zauberstab fertig aus dieser Sitzung hervorgeht. Wie
man den Römern vom Conclave aus nach der Wahl eines
neuen Papstes verkündigt „habemus papam", so wird am

---

2) Briefe aus Rom. Innsbruck 1864. p. 25. „Der heilige
Vater hat diese Kritik der Fremden (namentlich Rauscher's) unbequem
gefunden und hat gesagt: „Questo è una mortificazione per Roma,
ma è bisogno di soffrirla, affinchè non si dica, che tutto sia
dipendente dai Gesuiti."

Abend des Tages jener denkwürdigen Sitzung an die ganze von klische Welt die Botschaft ergehen: „habemus papam Prädilibilem." Und vor dieser neu aufgegangenen, immer in achtenden Sonne göttlicher Wahrheit werden dann, nach der Versicherung der Jesuiten, alle Nachtgespenster falscher Wissenschaft und Wahngebilde moderner Kultur für immer verscheucht werden.

Halten wir uns indeß nur an die oben mitgetheilten Artikel der Civiltà, so geht aus denselben unzweideutig hervor, daß das Concilium zunächst einberufen ist, um die Lieblingswünsche des Jesuiten-Ordens und desjenigen Theils der Curie, der sich von ihm leiten läßt, zu befriedigen.

Wir wollen dieselben im Nachfolgenden einer Beleuch= tung unterziehen, und zwar ordnen wir die zu besprechenden Materien in der Weise, daß wir zuerst den Syllabus und das, was mit ihm beabsichtigt wird, ins Auge fassen; hierauf das neue Mariendogma kurz erörtern und schließlich über die päpstliche Unfehlbarkeit an der Hand geschichtlicher Thatsachen orientiren. —

I.   Die Dogmatisirung des Syllabus.

Die Artikel des Syllabus — dieß ist, wie wir gehört haben, der eine der dringenden Wünsche der ächten Katho= liken — sollen vom Concil in der Form positiver Aussprüche und affirmirender Lehrsätze definirt werden.   Die Kirche wird dadurch allerdings mit einer beträchtlichen Anzahl

neuer, früher unbekannter oder vielfach widersprochener
Glaubenslehren bereichert; aber, wenn einmal auch die
päpstliche Untrüglichkeit allgemeiner Glaube der ganzen
Kirche geworden ist, dürften dieß doch nur die Erstlinge
einer den nachfolgenden Zeiten vorbehaltenen weit reicheren
Ernte sein. Immer enger zwar wird dadurch der Umkreis
der katholischen Kirche gezogen, vielleicht so enge, daß die
Welt noch einmal ein Schauspiel erleben wird, wie es ihr
schon einmal ein Papst geboten hat, nämlich Peter de Luna
als Benedict XIII., welcher die gesammte Christenheit, die
ihn nicht anerkennen wollte, von seinem Felsenschloß Peniscola aus verdammte und schließlich, nachdem ihn die Constanzer Synode (1417) feierlich abgesetzt hatte und die Zahl seiner
Anhänger auf wenige Köpfe zusammengeschmolzen war,
erklärte: „In Peniscola, nicht in Constanz sei die ganze
Kirche versammelt, wie sich einst in der Arche Noah's die
ganze Menschheit befunden habe." Doch dieß scheint wenig
zu beunruhigen, wird ja, je mehr die gebildeten Classen
aus der Kirche hinausgedrängt werden, um so leichter ihr
Schiff von der Hand der lojolitischen Steuermänner zu
lenken sein und die in ihm noch zurückgebliebene treue
Heerde sich ihnen um so fügsamer unterordnen. Der
Katholicismus, bisher als universelle Religion betrachtet,
würde allerdings auf solche Weise nach einer merkwürdigen
Ironie seines Schicksals geradezu in den schärfsten Gegensatz seines Namens und Begriffs umschlagen. —

Indem die auf dem Concil vereinigten Bischöfe von ihrer Gewalt Glaubenslehren zu formuliren zunächst einen Gebrauch in Bezug auf den Inhalt des Syllabus machen sollen, haben sie nur einer Arbeit, welche der Jesuit Schrader in Wien[3]) in richtiger Voraussicht bereits geliefert hat, das conciliarische Siegel aufzudrücken. Er hat bereits die negirenden und verwerfenden Sätze des Syllabus in assertorische umgewandelt und so können wir jetzt schon und ganz mühelos die Beschlüsse des Concils nach dieser Richtung hin anticipiren. Da dasselbe nur drei Wochen dauern soll, so wird also vom 29. December 1869 an die römisch-katholische Welt um folgende Wahrheiten reicher sein und folgende Sätze bei Verlust der Seligkeit zu glauben haben:

1) Die Kirche hat die Macht äußeren Zwang anzuwenden, sie hat auch eine directe und indirecte zeitliche Gewalt — potestatem temporalem im Gegensatz von potestas spiritualis, nach kirchlichem Sprachgebrauch die politische und körperliche Strafgewalt.[4]) Daß diese hier gemeint sei, wird

---

3) Der Papst und die modernen Ideen. II. Heft. Die Encyclica. Wien 1865.

4) Der Syllabus verdammt folgende Sätze: „Ecclesia vis inferendae postetatem non habet, neque potestatem ullam temporalem, directam et indirectam" (§. 24). „Praeter potestatem episcopatui inhaerentem, alia est attributa temporalis potestas a civili imperio vel expresse vel tacite concessa, revocanda propterea, cum libuerit, a civili imperio." (§. 25).

zunächst von Schraber selbst angebeutet, wenn er sagt:
„Nicht bloß die Geister sind der Gewalt der Kirche unter=
worfen."[5]) Ganz deutlich und unumwunden aber spricht
sich sein Ordensbruder Gerhard Schneemann über diesen
Punkt aus: „Hat die Kirche eine äußere Gerichtsbarkeit,
sagt er, so darf sie auch zeitliche Strafen verhängen, und
die schuldig Befundenen nicht bloß geistiger Güter berau=
ben ... Die Liebe des Irdischen, welche die von der Kirche
gesetzte Ordnung verletzt, kann offenbar nicht durch bloß
geistige Strafen, durch Beraubung geistiger Güter, wirk=
sam niedergedrückt und zurückgedrängt werden. Thun doch
dieselben gerade jener nicht sehr weh. Soll also die Ord=
nung an dem gerächt werden, welches sie verletzt hat, soll
das leiden und büßen, welches sich in der Sünde gefreut,
so müssen auch zeitliche oder sinnliche Strafen angewendet
werden." Unter diesen zählt dann Schneemann Geld=
strafen, Kerker, Schläge und Verbannung auf und wieder=
holt darin nur die Ausführungen in einem Artikel der
Civiltà „Del potere coattivo della chiesa", worin die
Nothwendigkeit dargethan wird, daß die Kirche gegen
Widerspänstige auf dem Wege der zeitlichen Strafen ein=
schreite, nämlich mit Geldstrafen, Auferlegung von Fasten,
mit Kerker und Schlägen; da ohne die äußere Zwangs=
gewalt die Kirche nicht dauern könnte bis ans Ende der

---

[5]) In der angeführten Schrift p. 64.

Welt. Sie selbst nur habe sich die Grenzen derselben zu bestimmen und ein Rebell gegen Gott sei, der ihr dieses Recht bestreite. — Schneemann unterdrückt seinen Schmerz darüber nicht, daß die heutige Welt so weit von der Einsicht in diese Heilswahrheiten und ihrer Ausführung abgekommen ist. „Wir sehen, sagt er, daß der Staat nicht immer Alles, was er nach der göttlichen Idee für die Kirche thun sollte, verwirklicht, und, fügen wir hinzu, nicht immer wegen der Bosheit der Menschen verwirklichen kann. So ist es denn gekommen, daß das Recht der Kirche in Verfügung zeitlicher Strafen und in der Anwendung physischer Gewalt auf ein Minimum gebracht ist."[6]

Aus dem hier sich kundgebenden Geiste heraus geschah es auch, daß Pius IX. schon im Jahre 1851 die Lehrsätze des Kanonisten Nuytz in Turin censurirte, weil er der Kirche nur eine geistliche Strafgewalt zugestehen wollte[7].

---

[6] Die Schrift von Schneemann „Die kirchliche Gewalt und ihre Träger" bildet das VII. Heft der „Stimmen aus Maria Laach" Freiburg in B. 1867. Die angezogenen Stellen finden sich p. 18—41. Der berücksichtigte Artikel der Civiltà steht im Jahrgang 1854, Br. VII. p. 603. Hier heißt es wörtlich, daß die Kirche gegen diejenigen „che ricusano la soggezione dello spirito, operi per via di castighi temporali, multandoli nelle sostanze, macerandoli con privazioni e digiuni, affligendoli con carcere e battiture." Die weiter mitgetheilten Lehren der Civiltà stehen Br. VIII. p. 42, 279—282.

[7] Die censurirten Werke von Joh. N. Nuytz heißen: „Juris ecclesiastici institutiones" und „In jus ecclesiasticum universum tractationes."

Und in dem im Jahre 1863 mit den südamerikanischen
Freistaaten abgeschlossenen Concordate wurde darum im
achten Artikel festgestellt, daß die weltliche Behörde jede
von den geistlichen Gerichten verhängte Strafe unweiger=
lich zu vollziehen habe. — In einem Schreiben Pius IX.
an den Grafen Duval de Beaulieu, welches die Allgemeine
Zeitung vom 13. November 1864 veröffentlichte, wird aus=
drücklich die Competenz der Kirche (soll natürlich heißen:
der römischen Kurie) über die Regierung der bürgerlichen
Gesellschaft, ihre Jurisdiction und ihr Recht direct in die
Staatsverhältnisse einzugreifen gewahrt.

So befinden sich demnach diejenigen in einer großen
Täuschung, welche glauben, daß in der Kirche der biblische
und altchristliche Geist über jene mittelalterliche Anschauung,
wonach sie eine Zwangsanstalt wäre und auch Kerker, Gal=
gen und Scheiterhaufen verhängen könnte, die Oberhand ge=
wonnen habe. Im Gegentheil diese Doctrinen sollen durch
die Autorität eines allgemeinen Concils eine neue Sanction
erhalten, und jene Lieblingstheorie der Päpste, daß sie die
Fürsten und Obrigkeiten bei Strafe des Bannes und seiner
Folgen zwingen könnten, ihre Confiscations,=Kerker= und
Todesurtheile zu vollstrecken, soll nun unfehlbares Dogma
werden. Folgerichtig wäre damit auch das alte Institut
der Inquisition nicht bloß gerechtfertigt, sondern bei
dem großen Unglauben der Zeit als ein dringendes Be=
dürfniß sogar empfohlen. Längst hat sie ja die Civiltà

als „ein erhabenes Schauspiel socialer Vollkommenheit"
bezeichnet[6]); die zwei in jüngster Zeit rasch auf einander=
gefolgten Canonisationen und Beatificationen von Inqui=
sitoren erhalten in diesem Zusammenhange eine neue
Beleuchtung und nicht geringe Bedeutung. —

2) Nach Schraders assertorischer Fassung des
23. Satzes des Syllabus haben die Päpste die Grenzen
ihrer Gewalt nie überschritten, die Rechte der Fürsten nie
usurpirt[9]). Alle Katholiken werden demnach künftighin zu
bekennen, alle Lehrer des Staatsrechts und der Theologie
künftighin vorzutragen haben, daß die Päpste auch jetzt
noch nach Gutdünken Könige absetzen, ganze Reiche und
Nationen ihrem Wohlgefallen gemäß verschenken können.
Wenn z. B. Martin IV. den König Pedro von Aragon,
weil er nach der Erhebung der Sicilianer gegen die Tyran=
nei Karl's I. (1282) sein Erbrecht auf Sicilien geltend
machte, zuerst excommunicirte und mit dem Interdict belegte,
dann allen denen, die ihm und Karl im Kriege gegen
König Pedro beistünden, Ablaß ihrer Sünden verhieß,
endlich aber ihn selbst seiner Königswürde und Reiche für

---

[6]) Jahrgang 1853. I. p. 55 heißt es von der Inquisition: „Un
sublime spectacolo della perfezione sociale."

[9]) Der Syllabus verwirft den Satz: „Romani Pontifices et
concilia oecumenica a limitibus suae potestatis recesserunt, jura
Principum usurparunt" (§. 23.). Schrader in der angeführten
Schrift p. 63.

verlustig erklärte und diese gegen einen jährlichen Lehn=
zins an Carl von Valois verschenkte — ein Schritt, der
zwei Königen, dem von Aragon und dem von Frankreich,
das Leben und den Franzosen die Vernichtung eines Heeres
kostete [10]) —, so war das nicht, wie die Welt in ihrer
falschen Aufklärung bisher meinte, übermüthige Usurpation,
sondern nur Anwendung eines göttlichen Rechtes, welches

---

[10]) conf. Raynaldi Annales Ecclesiastici ed. Mansi.
t. III. p. 183—84. Die Bannbulle Martins IV. gegen Peter von
Aragon lautet: „Regnum Aragoniae caeterasque Terras Regis
ipsius exponentes, ut sequitur, ipsum Petrum regem Aragonum
eisdem regno et terris, regioque honore sententialiter, justitia
exigente, privamus; et privantes exponimus eadem occupanda ca-
tholicis, de quibus et prout sedes apostolica duxerit providendum,
in dictis regno et terris ejusdem Ecclesiae Romanae jure
salvo." —

Als päpstlichen Lehnzins verlangte Martin IV. von Carl von
Valois „quingentas libras parvorum Turonensium" und ließ hier=
auf das Kreuz gegen Peter predigen. Diesen Kreuzfahrern aber gab
er das Versprechen (1283): „omnibus Christi fidelibus, qui contra
Regem Aragonum nobis, Ecclesiae vel Regi Siciliae astiterint,
si eos propterea in conflictu mori contigerit, illam peccatorum
suorum, de quibus corde contriti et ore professi fuerint, veniam
indulgemus, quae concedi transfretantibus in terrae sanctae sub-
sidium consuevit."

Dabei ist noch interessant, daß Martin IV. eine Anzahl deutscher
Kirchen (Lüttich, Metz, Verdun und Basel) nöthigte, Frankreich zur
Führung dieses Kriegs den Zehnten von allen Kirchengütern zu ent=
richten. Als König Rudolf von Habsburg über eine so unerhörte
Zumuthung sich aufs lebhafteste beklagte, ermahnte ihn Martin's Nach=
folger, Honorius IV., „aus Achtung vor dem päpstlichen Stuhle diese
Anweisung mit Geduld zuzulassen." (Raynald. ib. p. 600—601.)

auch) jetzt noch jedem Papst in vollster Kraft zur Seite steht; sollte auch die Klugheit gebieten es zur Stunde noch und vielleicht für einige Zeit ungenützt ruhen zu lassen und vorläufig eine zuwartende Stellung einzunehmen. —

Papst Clemens IV. hat im Jahre 1265, nachdem er Millionen Menschen in Süditalien an den Grafen Karl von Anjou um einen jährlichen Tribut von 8000 Unzen Gol= des verkauft hatte, erklärt, daß dieser, falls der erste Zah= lungstermin von ihm nicht eingehalten würde, excommu= nicirt, dann aber, wenn er auch den zweiten versäume, die ganze Nation dem Interdict verfallen d. h. des Gottesdienstes und · der Sacramente beraubt sein solle[11].

Doch die Bischöfe des künftigen Concils sollen es trotz= dem zu einem Glaubensartikel machen, daß der Papst auch damit noch nicht die Grenzen seiner Gewalt überschritten habe, daß er also ganz nach Gutdünken und um rein poli= tischer oder finanzieller Zwecke willen Millionen unschuldiger Menschen derjenigen Uebungen und Heilmittel, welche nach kirchlicher Lehre zur Seligkeit gehören, berauben könne. —

3) Indem das Concil das Programm der Civiltà verwirklicht, wird es auch eine Correction der bisher landläufigen Geschichtsdarstellung vornehmen. Wenn bisher

---

[11] Raynald ib. 162: „Quod si in secundo termino infra subsequentes duos menses eumdem censum sine diminutione qua- libet non persolveritis, totum regnum ac tota terra praedicta ec- clesiastico erunt supposita interdicto."

in allen rechtsgeſchichtlichen Büchern und Syſtemen des
Kirchenrechts zu leſen ſtand, daß die Immunitäten der
Geiſtlichen (wie z. B. privilegirter Gerichtsſtand, unbe=
ſchränkte Erwerbfähigkeit, Freiheit von Abgaben und
Staatsleiſtungen) allmählich von den römiſchen Kaiſern
und ſpäteren Königen der Kirche verliehen worden, alſo
civilrechtlich entſtanden ſeien, ſo wird das nun als Ketzerei
ausgemerzt werden. [12])

Nicht minder wird ſich der Häreſie ſchuldig machen,
wer etwa ſchreiben oder lehren würde, daß die hochge=
ſpannten Machtanſprüche der Päpſte zur Trennung der
morgenländiſchen von der abendländiſchen Kirche beigetra=
gen haben [13]), obwohl dieß Jedermann in den Urkunden
vom 12. bis 16. Jahrhundert und in den Geſtändniſſen
einer Reihe von Zeitgenoſſen leſen kann.

In der Ausſicht auf ſolche Beſchlüſſe iſt den katho=
liſchen Autoren, welche geſchichtliche oder auch juriſtiſche
Werke vorbereiten, bringend zu rathen, daß ſie ihre For=
ſchungen und Bücher noch vor dem 30. December 1869
veröffentlichen; denn von da an: „magnus ab integro
saeclorum nascitur ordo", und dürften ſich nur noch
Jeſuiten oder deren Zöglinge berufen oder befähigt fühlen,

---

[12]) Der Syllabus verwirft den Satz: „Ecclesiae et personarum
ecclesiasticarum immunitas a jure civili ortum habuit" (§ 30).

[13]) Der Syllabus verwirft den Satz: „Divisioni Ecclesiae in
orientalem atque occidentalem Romanorum Pontificum arbitria
contulerunt" (§ 38).

richtige Welt= und Kirchengeschichte, Staatsrecht, Politik,
Kirchenrecht u. s. w. ~ohne häretischen Beigeschmack zu
schreiben. Mindestens wird für fernere literarische und
akademische Thätigkeit eine Beweglichkeit und elastische Versa=
tilität des Geistes und der Feder erforderlich sein wie sie heut=
zutage nur in der Journalistenwelt vorzukommen pflegt.

4) Brennender noch werden sich, wenn einmal nach dem
Willen der Jesuiten und der von ihnen berathenen Kir=
chenhäupter die Sätze des Syllabus ebensoviele Glaubens=
artikel geworden sind, die Fragen von Gewissensfreiheit
und Religionszwang gestalten.

Der Syllabus verdammt die ganze jetzige Welt=
anschauung von den Rechten des Gewissens und des
religiösen Glaubens und Bekenntnisses; es ist nach
ihm eine arge Verirrung Protestanten zu gleichen politi=
schen Rechten mit Katholiken zuzulassen, oder prote=
stantischen Einwanderern die freie Ausübung ihres Got=
tesdienstes zu gestatten; [14]) Zwang und Unterdrückung ist
vielmehr, so lehren die Väter der Gesellschaft Jesu und ihre
Gönner, sobald man die Macht dazu hat oder sie erwirbt,

---

[14]) Der Syllabus verwirft die Sätze: „Aetate hac nostra non
amplius expedit, religionem catholicam haberi tamquam unicam
status religionem, ceteris quibuscumque cultibus exclusis (§ 77).
Hinc laudabiliter in quibusdam catholici nominis regionibus lege
cautum est, ut hominibus illuc immigrantibus liceat publicum, pro=
prii cujusque cultus exercitium habere." (§ 78). Enimvero falsum
est civilem cujusque cultus libertatem, itemque plenam potestatem

heilige Pflicht. Bis es dahin kommt, wird freilich die
Kirche in der Ausübung ihres zeitlichen und körperlichen
Strafrechts sich nur mit der größten Klugheit nach den
Umständen richten und darum gegenwärtig bei den verän=
derten Zeiten sie nicht ganz auf dieselbe Weise wie im Mittel=
alter zur Ausführung bringen, wie Schneemann sagt.[15]

Damit wird nun allerdings Lüge, Heuchelei und Ver=
stellung in großartigem Maßstabe gehegt und gepflegt und
von Geschlecht zu Geschlecht fortgepflanzt; doch das ist je=
denfalls das kleinere Uebel. Denn Freiheit des Gottes=
dienstes und der Meinungsäußerungen erzeugt nach dem
Syllabus Sittenlosigkeit und die Pest des Indifferen=
tismus. Das wird also auch künftighin ein Glaubens=
satz sein und zur Bestätigung seiner Wahrheit werden sich
die Commentatoren der uns bevorstehenden Conciliums=
decrete auf die Erfahrung und den Augenschein berufen,
gemäß welchen die Völker, die diese Freiheiten haben, die
Deutschen, Engländer, Franzosen, Belgier, die lasterhaftesten
aller Menschen sind, wogegen die Spanier, die Neapolitaner
und die Bewohner des Kirchenstaats, bei welchen Religions=
zwang besteht oder bis vor Kurzem bestanden hat, bekannt=
lich als hell polirte Tugendspiegel unter den Nationen der

omnibus attributam quaslibet opiniones cogitationesque palam
publiceque manifestandi, conducere ad populorum mores animos-
que facilius corrumpendos ac indifferentismi pestem propagan-
dam" (§ 79).

[15] In der angef. Schrift p. 30.

2*

Erbe glänzen. Ernsthaft zu reden: der Kampf, den die
Encyclica von 1864 inaugurirt hat, soll mit neuer An-
strengung und mit Aufbietung aller kirchlichen Kräfte und
Mittel fortgeführt werden — der Kampf gegen das ge-
meinsame Bewußtsein und Rechtsgefühl der heutigen Culturvölker und gegen die daraus erwachsenen Institutionen.
Vor wenigen Jahren hat sich noch der Bischof von
Mainz, Freiherr von Ketteler, in einem vielgelesenen
und damals von allen katholischen Zeitschriften gepriesenen
Buche bemüht, die Mäßigung, die Selbstbeschränkung, die
Duldsamkeit der katholischen Kirche gegenüber der Staatsgewalt und den getrennten Kirchen zu zeigen. Er führt
aus, daß die Kirche so sehr Gewissensfreiheit und Religions-
freiheit ehre, daß sie jeden äußern Zwang auf alle, die
ihr nicht angehören, als unsittlich und vollkommen un-
statthaft abweise; daß der Kirche nichts ferner liege, als
von der kirchlichen Gewalt auch gegen jene einen äußern
strafenden Gebrauch machen zu wollen, welche sie, weil
getauft, als ihre Mitglieder betrachte; daß die Kirche es
vielmehr nur ihrer freiesten Selbstbestimmung überlassen
könne, ob sie sich ihrem Glauben zuwenden wollen; daß es eine
Absurdität sei, wenn man die Protestanten glauben machen
will, sie hätten von der katholischen Kirche gewaltsame
Bekehrung zu fürchten u. s. f. [16]). — Mit der historischen

---

[16]) Freiheit, Autorität und Kirche u. s. w. Mainz 1862,
S. 132 flg.

Richtigkeit dieser Angaben verhält es sich freilich sehr mißlich.

Mittlerweile ist indeß der Bischof durch den Syllabus und dessen Commentator Schraber belehrt worden, daß er mit solchen Aeußerungen in jenen verpönten Liberalismus verfallen sei, der nach römischer Anschauung zu den schlimm= sten Verirrungen des Zeitalters gehört, und daß es specielle Indulgenz Roms war, wenn sein Buch nicht auf den Index gesetzt wurde. — Welch ein grelles Licht fiel bei dieser Gelegenheit auf den Zustand der Kirche; welch' un= würdige Geisteskechtschaft, verhängt von der Römisch= Jesuitischen Partei über die deutschen Katholiken, wurde dabei offenbar! — Ein angesehener Bischof spricht sich unter allgemeinem Beifalle, ohne irgend einen kund ge= wordenen Widerspruch der übrigen Bischöfe, über die großen Fragen aus, von deren richtiger Beantwortung die recht= liche Stellung, die wohlthätige Wirksamkeit der Kirche in unseren Tagen zum großen Theil abhängt. Und nun nach wenigen Jahren verwirft der Papst, freilich ohne ihn zu nennen, seine Doctrin, und sofort applaudiren dieselben Leute, die dem Buche des Bischofs ihren Beifall gezollt, mit noch tieferen Verneigungen der Encyclica und sind überzeugt, daß, was sie bisher für weiß gehalten, in der That schwarz sei. Ketteler, welcher recht gut weiß, daß es gerade die Absicht des Syllabus ist, Behauptungen, welche zuerst nur auf concrete Zustände oder Vorgänge

eines Landes sich bezogen, durch Heraushebung und Auf=
nahme in diese allgemeine Glaubensregel zu generellen
Principien zu erheben, suchte sich mit der kläglichen Aus=
flucht zu retten, daß die fraglichen Artikel des Syllabus
nicht ein allgemeines Princip aussprechen, sondern nur
für einzelne Länder, speciell Spanien gelten sollten. [17]
So scheint es denn, daß unsere Bischöfe, unsere Theolo=
gen und Prediger, die einfachen Gläubigen — sie alle
nicht mehr wußten, was wirkliche Lehre der katholischen
Kirche sei; daß es nur noch jene Mönche und Mon=
signori's und voraus die Jesuiten wußten, aus welchen
die römischen Congregationen zusammengesetzt sind, die nun
nach vielen Jahren zum erstenmale wieder seit der Ency=
clica Gregor's XVI. die bisher eifersüchtig verschlossene
Erkenntnißquelle geöffnet haben. — Dabei hat sich freilich
die merkwürdige Thatsache herausgestellt, daß die Nationen
katholischen Bekenntnisses seit geraumer Zeit stark hetero=
dox geworden, daß die berufenen Wächter zu dieser Verir=
rung geholfen oder geschwiegen und Verfassungen beschworen
haben, welche auf ganz verkehrte, jetzt mit dem römischen
Bann belegte Principien erbaut sind.

5) Der Syllabus schließt bekanntlich mit der Erklä=
rung: „diejenigen befinden sich in einem verdammens=
werthen Irrthum, welche die Versöhnung des Papstes mit

---

[17] In der Schrift: „Deutschland nach dem Kriege von
1866". Mainz 1867. 12. Kapitel.

der modernen Civilisation für möglich und wünschenswerth
halten." [18])

Die heute bestehenden Verfassungen sämmtlicher euro=
päischer Staaten (mit Ausnahme Rußlands und des Kir=
chenstaats) sind nichts anderes als das Product und der
Ausdruck dieser modernen Civilisation. Freiheit des reli=
giösen Bekenntnisses und des Gottesdienstes, Freiheit der
Meinungsäußerung, Gleichheit vor dem Gesetz und Gleich=
heit wie der politischen Pflichten so der Rechte, dieß sind
neben der Selbstbesteuerung, der municipalen Selbstver=
waltung und der Theilnahme des Volkes an der Gesetz=
gebung, die herrschenden, durch alle Verfassungen sich hin=
durchziehenden Ideen und Principien, die denn auch alle
innig untereinander zusammenhängen, so daß sie sich wech=
selseitig tragen und schützen, und die Gewährung einiger
dieser Forderungen bald auch mit innerer Nothwendigkeit
die der andern nach sich zieht. Nun ist aber in der Kirche
schon seit Jahrhunderten, eigentlich schon seit den Ysidori=
schen Decretalen, der entgegengesetzte Weg mit beharrlicher
Consequenz verfolgt worden; die hierarchische Verfassung
hat sich mehr und mehr zu einem schrankenlosen, oligar=
chisch waltenden Absolutismus ausgebildet, und eine stetig
wachsende und weitergreifende büreaukratische Centrali=

---

[18]) Der Syllabus verwirft den Satz: „Romanus Pontifex potest
ac debet cum progressu, cum liberalismo et cum recenti civi-
litate sese reconciliare et componere" (§ 80).

sation hat allmählich das ganze altkirchliche Leben in seiner harmonisch gefügten Gliederung und synodalen Selbstregierung getödtet, oder nur die hohlen Formen bestehen lassen.

So verhalten sich Kirche und Staat zu einander wie zwei parallel laufende Ströme, von denen der eine nordwärts, der andere südwärts fließt, d. h. die modernen staatlichen Zustände und die politischen auf Selbstregierung und auf die Beschränkung fürstlicher Willkür gerichteten Bestrebungen der Völker stehen im schroffsten Gegensatz zum Ultramontanismus, dessen Kern und Hauptaufgabe die Behauptung und Steigerung des Absolutismus in der Kirche ist. Staat und Kirche sind aber auf's innigste miteinander verwachsen; beide reagiren fort und fort aufeinander, und es ist ganz unvermeidlich, daß die politischen Anschauungen und Einrichtungen eines Volks in die Länge auch die kirchlichen beeinflussen und bestimmen.

Daher der tiefe Haß, den jeder echte Ultramontane gegen die freiheitlichen Institutionen, ja gegen das ganze Verfassungswesen im Grunde seiner Seele empfindet. In sehr bezeichnender Weise hat demselben erst vor Kurzem die Civiltà einen Ausdruck verliehen. „Die christlichen Staaten, sagt sie, haben aufgehört, die menschliche Gesellschaft ist wieder heidnisch geworden, und gleicht einem von Erde gebildeten Körper, welcher des göttlichen Hauches wartet. Aber bei Gott ist nichts unmöglich, er belebt

nach dem prophetischen Gesicht des Ezechiel selbst dürre Ge=
beine. Ossa arida, dürre Gebeine sind die politischen Ge=
walten, die Parlamente, die Wahlurnen, die Civilehen,
die Municipien. Nicht bloß dürre, sondern stinkende Ge=
beine sind die Universitäten, so groß ist der Gestank, wel=
cher von ihnen in verderblichen und pestilenzialischen Leh=
ren ausgeht. Aber diese Gebeine können wieder zum Leben
gerufen werden, wenn sie auf Gottes Wort hören, d. h.
das göttliche Gesetz annehmen, welches ihnen von dem
unfehlbaren und höchsten Doctor, dem Papste verkündigt
wird." [19])

Erinnern wir uns, daß gleich die ehrwürdige Ahnfrau
und Stammmutter der europäischen Verfassungen, die
englische Magna Charta, mit dem heftigsten Zorn des
Papstes Innocenz III., der die Tragweite der Sache ziemlich
gut erkannte, heimgesucht wurde. Er sah darin eine Ver=
achtung des apostolischen Stuhls, eine Verminderung der
königlichen Rechte, und eine Schmach des englischen Volkes;
erklärte sie darum für null und nichtig und belegte ihre
Urheber, die englischen Barone, mit dem Kirchenbann. [20])

---

[19]) Jahrgang 1863. Bd. III. p. 265 flg. Ossa, non pur aride,
ma fetenti le Università, tanto è il puzzo, che n'esce di dottrine
corrompitrici e pestifere.

[20]) Die Bulle (vom 15. Aug. 1215) lautet: „Nos, tantae mali-
gnitatis audaciam dissimulare nolentes, in apostolicae sedis con-
temtum, regalis juris dispendium, Anglicanae gentis opprobrium,
et grave periculum totius negotii crucifixi (quod utique immine-

Und ſo laſſen wir auch Pius IX. und ſeinen Rathgebern,
den Jeſuiten, welche bekanntlich die intellectuellen Urheber
der Encyclica und des Syllabus ſind, gern die Gerechtigkeit
widerfahren, daß ſie nur im Jahre 1864 gethan, was
Innocenz ſchon im Jahre 1215 mit prophetiſchem Blick
für dienlich im Intereſſe der Kirche erachtet hat. Die
Magna Charta, damals noch ein zartes ſchwächliches Pflänz-
chen, hat ſich mittlerweile dem Fluche zum Trotz, welchen
der gewaltigſte aller Päpſte auf ſie gelegt, in einen ſtatt-
lichen, die halbe Welt überſchattenden Baum ausgewachſen,
iſt mit blühenden Kindern und Kindeskindern geſegnet und
ſo kann ſich denn auch ihr jüngſter Abkömmling, die öſter-
reichiſche Verfaſſung, die ein viel, viel kleinerer Nachfolger
Innocenzen's kürzlich (am 22. Juni 1868) als „einen un-

───────────

ret, nisi per auctoritatem nostram revocarentur omnia, quae a
tanto Principe cruce signato totaliter sunt extorta, etiam ipso
volente illa servari): ex parte Dei omnipotentis, Patris et Filii,
et Spiritus sancti, auctoritate quoque beatorum Petri et Pauli
Apostolorum ejus, ac nostra, de communi fratrum nostrorum
consilio, compositionem hujusmodi reprobamus penitus et dam-
namus; sub interminatione anathematis prohibentes, ne dictus
Rex eam observare praesumat, aut Barones cum complicibus suis
ipsam exigant observari: tam chartam quam obligationes seu
cautiones, quaecunque pro ipsa vel de ipsa sunt factae, irritantes
penitus, aut cassantes, ut nullo unquam tempore aliquam habe-
ant firmitatem". (Bei Rymer: Foedera etc. ed. Clarke. I.
p. 135).

Zugleich ſchickte Innocenz ein denſelben Geiſt athmendes Mahn-
ſchreiben an die engliſchen Barone, und da dieſe nicht darauf achteten,
erfolgte über ſie Bann und Interdict. conf. Matth. Paris p. 270.

aussprechlichen Greuel" (infanda sane) bezeichnet hat, be=
ruhigen und getrost an das Weltgericht der Weltgeschichte
appelliren. Sie kann es um so mehr, als dieser selbe
Nachfolger es vor einigen Jahren nicht verschmäht hat
in London anfragen zu lassen, ob nicht auch für ihn in
dem Mutterlande der „sittenverderbenden" Freiheitsgesetze
eine sichere Wohnstätte zu finden sei. —
Nicht minder feindlich wie gegen die englische hat sich
Rom auch gegen die französische Verfassung bezeugt. Leo XII.
richtete nämlich im Jahre 1824 ein Schreiben an Lud=
wig XVIII., worin er ihm das Verwerfliche der französischen
Constitution vorhielt und ihn bringend mahnte, jene Ar=
tikel, welche zu sehr nach Liberalismus schmeckten, aus der
Charte auszumerzen. [21] Als Karl X. durch die Ordon=
nanzen des Juli 1830 den Versuch machte, die Verfassung
zu ändern, wurde allgemein seinen hierarchischen Rath=
gebern, vorzüglich seinem Beichtvater, dem Cardinal Latil,
die Schuld daran gegeben. Der Sturz der Bourbonen war
die Folge. — Kurz nach Vollendung der neuen belgi=
schen Verfassung 1832 erließ Gregor XVI. seine berühmte,
jetzt wieder von Pius IX. benutzte und bestätigte Ency=
clica, worin die Gewissensfreiheit für eine wahnsinnige
Absurdität, die Preßfreiheit für einen pestartigen Irrwahn,
vor welchem man nicht genug Abscheu hegen könne, erklärt

---

[21] Bei Artaud de Montor, Histoire du Pape Léon XII.
Paris 1843. t. I. p. 234 flg.

wurde. Die nächste Folge war, daß der katholischen Partei
in Belgien eine liberale in unversöhnlichem Antagonismus
entgegentrat. Der Kampf zwischen beiden währt nun
bald an die 40 Jahre; der Riß ist immer breiter und
tiefer, der Haß immer leidenschaftlicher geworden, und da
der Ultramontanismus dort jede Verständigung, selbst jedes
Compromiß unmöglich macht, so hat sich der politische
Gegensatz bis zur systematischen Bekämpfung und Unter=
grabung aller positiven Religion entwickelt. Die belgi=
schen Katholiken haben nie den Vorwurf zu entkräften
vermocht, daß sie nothwendig Feinde einer Verfassung
seien, die der Papst für verwerflich erklärt habe, daß alle
ihre Versicherungen der Treue, der gewissenhaften Beo=
bachtung des Grundgesetzes nur Heuchelei seien. So ge=
winnen dort bei aller Religiosität des Volkes die liberale
und die religionsfeindliche Partei fortwährend an Terrain,
die katholische aber, in sich zerspalten durch den Gegensatz
von Ultramontanen und liberalen d. h. verfassungstreuen
Katholiken, vermag kein haltbares Kabinet mehr zu bilden.
Der Versuch des Congresses zu Mecheln von 1863 ist als
gescheitert zu betrachten; seinem durch Montalembert so be=
redt formulirten Programm der Versöhnung von Kirche
und bürgerlicher Freiheit hat der Syllabus das Todesur=
theil gesprochen.

     In den Vereinigten Staaten von Nordamerika bilden
die Katholiken keine politische Partei, aber auch dort ist, wie

uns aus dem Munde eines amerikanischen Bischofs ver=
sichert wurde, die Lage der Katholiken, soweit es sich um
politischen Einfluß und um Zulassung zu Aemtern handelt,
darum so ungünstig, weil ihnen stets von protestantischer
Seite entgegengehalten wird, daß sie in den päpstlichen
Kundgebungen ihre Norm sähen, also die gemeinsamen Frei=
heiten und die darauf gegründeten Verpflichtungen nicht
aufrichtig nehmen könnten, vielmehr den Hintergedanken
hegten, falls sie einmal stark genug dazu werden sollten,
am Umsturz der Verfassung zu arbeiten.

In Italien hat die päpstliche Regierung alles auf=
geboten, Oesterreich sowohl als die übrigen italienischen
Fürsten von der Gewährung parlamentarischer und frei=
heitlicher municipaler Institutionen abzuhalten. Die Do=
kumente, die dieß beweisen, liegen nun gedruckt vor. Auch
die gemildertsten parlamentarischen Formen und Einrich=
tungen, erklärte die römische Kurie, könne sie des Bei=
spiels wegen nicht in ihrer Nähe ertragen.[22] Widerwillig

---

[22] Dieß berichtet der Fürst Schwarzenberg im Jahre 1850 dem
Baron Hügel in Florenz. Das Document dürfte kaum dießseits der
Alpen bekannt geworden sein, weßhalb die bezügliche Stelle hier ste=
hen mag: „Le gouvernement pontifical avoue, que ses repug-
nances à cet égard (nämlich bezüglich des Toscanischen Verfassungs=
statuts von 1848) se fondent aussi sur des motifs, qui lui sont
plus particuliers. Il ne cherche nullement à dissimuler, que,
forcé comme il est, à devoir reconnoître et proclamer tout ré-
gime parlementaire comme directement menaçant pour le libre
exercice du pouvoir spirituel, il ne sauroit voir sans alarme se

mußte auf Anbringen Roms der sonst so milde und billige
Großherzog Leopold von Toskana die Unterdrückung des
Artikels der Verfassung verfügen, welcher die Gleichheit
aller Toskaner vor dem Gesetz ohne Unterschied der Reli=
gion aussprach; weil der Papst erklärte, „dieser Artikel könne
nicht „tuta conscientia" promulgirt werden." [23]) Unter
demselben Einflusse mußte den israelitischen Aerzten in
Toskana erst 1852 die ihnen längst gestattete Praxis ent=
zogen werden. — Wer kann sich noch Angesichts solcher
Thatsachen über den Haß der Italiener gegen das Papst=
thum, sowie es jetzt ist, verwundern und irgend einen
dauernden Friedenszustand zwischen Italien und dieser
Hierarchie für möglich halten? —

Daß auch die bayerische Verfassung mit ihrer recht=
liche Gleichstellung der Confessionen und Gleichheit aller
Stände vor dem Gesetz, in Rom mit Unwillen ertragen

propager et se consolider autour de lui non seulement des principes constitutionels imposés originairement par la revolution,
mais encore des formes représentatives plus mitigées,
dont la contagion lui semble non moins inévitable et desastreuse
dans l'interieur des états" etc. Kurz ausgedrückt: Unser Absolu=
tismus, gestützt auf Inquisition, strengste Censur, Unterdrückung al=
ler Literatur, Privilegien des Klerus, Willkürgewalt der Bischöfe,
kann es nicht vertragen, daß andere als absolutistisch regierte Staa=
ten in Italien bestehen. — Das ganze Schreiben von Schwarzen=
berg ist abgedruckt in dem von Gennarelli 1862 in Florenz erschie=
nenen Buche: Le dottrine civili e religiose della Corte
di Roma p. 72.

[23]) Gennarelli, ibid. p. 78 sq.

wird, beweisen die Vorwürfe, welche die Kurie schon seit 1818 der bayerischen Regierung gemacht hat. —[24]) Zuletzt nun hat Oesterreichs neue Verfassung den Fluch des Vaticans hervorgerufen. In der Allocution vom 22. Juni 1868 heißt es:

„Kraft unserer Apostolischen Autorität verwerfen und verdammen wir die angeführten (neuen österreichischen) Gesetze im Allgemeinen und im Besondern Alles, was in diesen wie in andern Dingen gegen die Rechte der Kirche von der österreichischen Regierung oder von untergebenen Behörden verordnet, gethan oder wie immer verfügt worden ist; kraft derselben Autorität erklären wir diese Gesetze sammt ihren Folgerungen als durchaus nichtig und für immer ungültig (nulliusque roboris fuisse ac fore). Die Urheber derselben aber, besonders die sich Katholiken zu sein rühmen, und Alle, welche die besagten Gesetze vorzuschlagen, zu beschließen, zu approbiren und auszuführen sich unterfingen, ermahnen und beschwören Wir, der Censuren und geistlichen Strafen zu gedenken, welche nach den Apostolischen Constitutionen und den Decreten der ökumenischen Concilien diejenigen ipso facto treffen, welche die Rechte der Kirche verletzen."

Demnach ist der ganze gesetzgebende und Beamten-

---

[24]) Vergleiche das päpstliche Rügeschreiben in der Schrift: Concordat und Constitutionseid der Katholiken in Bayern. Augsburg 1847 p. 244 flg.

körper in Oesterreich, mit dem Kaiser Franz Joseph an der
Spitze, im Bann und die Oesterreicher dürfen noch dank-
bar sein, daß nicht nach dem früheren, zuletzt noch gegen
Venedig angewandten Verfahren sämmtliche Kronländer der
Monarchie mit dem Interdict belegt worden sind.

Pius IX. verdammt es, daß die österreichische Verfassung den Katholiken auferlegt, auf ihrem Gottesacker die
Leichen der Ketzer zu beerdigen, wenn diese nicht eigene
Friedhöfe besitzen, und er findet jene namentlich deßhalb so
abscheulich (abominabilis), weil sie den Protestanten und
Israeliten gestattet, sich Unterrichts- und Erziehungsanstal-
ten zu errichten. Er scheint demnach rein vergessen zu
haben, daß ähnliche Gesetze anderwärts längst schon ohne
römischen Widerspruch bestanden.

Geht nun der Wille der Civiltà in Erfüllung, so
werden die Bischöfe im nächsten December die Verfassungen der Länder, in denen sie leben, die Gesetze, deren Beobachtung auch sie oder viele von ihnen beschworen haben,
implicite feierlich verdammen, werden sich also auch verpflichten nach Kräften an der Abschaffung dieser Gesetze, an
dem Sturz der Verfassungen zu arbeiten. Das wird nun
freilich nicht so offen ausgesprochen werden; im Gegentheil
die Civiltà und ihre Gesinnungsgenossen werden sagen, was
seit dem Jahre 1864 schon oft gesagt worden ist: Auch
die Kirche muß zu Zeiten eine kluge Oekonomie beobachten,
muß den gegebenen Zuständen und vollbrachten Thatsachen

infoweit Rechnung tragen, daß fie, ohne den Principien et=
was zu vergeben, fich doch diefen Zuftänden und Satzungen
äußerlich, bei aller inneren Mißbilligung derfelben, fügt.
Die Bifchöfe thun wohl, fie als das kleinere Uebel über
fich ergehen zu laffen, folange offene Auflehnung dagegen zu
fchlimmen Verwickelungen führen und zur Schädigung der
kirchlichen Intereffen ausfchlagen würde. Aber diefe Unter=
werfung oder vielmehr diefes Schweigen und Gefchehenlaffen
ift proviforifch, und hat nur die Bedeutung, daß es als das
geringere Uebel vorerft noch dem größeren eines ausfichts=
lofen Kampfes vorzuziehen fei.

Sobald die Lage fich ändert, und der Kampf gegen
die Freiheitsgefetze Ausficht auf Erfolg verfpricht, ändert
fich auch die Stellung und Haltung der Bifchöfe und des
von ihnen geleiteten Klerus. Dann verliert, wie die Curie
und die Jefuiten behaupten, jeder auf eine Verfaffung im
Ganzen oder auf beftimmte Gefetze geleiftete Eid feine ver=
bindende Gewalt. Das jetzt fo oft gepriefene Wort des
Apoftels, daß man Gott mehr als den Menfchen gehor=
chen müffe, heißt nach jefuitifcher Deutung: Dem Papft
als dem Stellvertreter Gottes auf Erden und unfehlbaren
Dollmetfcher des göttlichen Willens muß man mehr gehor=
chen als jeder weltlichen Obrigkeit und jedem Staatsgefetz.
Darum hat auch Innocenz X. in feiner Bulle „Zelus do-
mus dei“ vom 20. Nov. 1648, worin er den weftphälifchen
Frieden für „null und nichtig, für verdammt, ohne allen

3

Einfluß und Erfolg für die Vergangenheit, Gegenwart und
Zukunft" erklärt, ausdrücklich hinzugefügt, daß Niemand,
hätte er sie auch mit einem Eidschwur zu halten verspre=
chen, zur Beobachtung dieser Friedensschlüsse und Satzun=
gen verpflichtet sei. [25]

Es waren nämlich besonders die Bestimmungen des
westphälischen Friedens, wonach den Protestanten freie Aus=
übung der Religion und Zulassung zu den Aemtern gewährt
werden sollte, welche den Papst, wie er sagt, mit tief inner=
lichem Schmerz (cum intimo doloris sensu) erfüllt hatten.
Und bei dieser Verwerfung ist es denn auch geblieben; denn
noch im Jahre 1789 erklärte Pius VI. in seinem Schrei=
ben an die deutschen Erzbischöfe: „Pacem Westphalicam
ecclesia nunquam probavit — die Kirche hat diesen
Frieden niemals genehmigt."

Sogar noch im Jahre 1805 hält Pius VII. in einem
Schreiben an seinen Nuntius in Wien die von Innocenz III.
für das Verbrechen der Ketzerei aufgestellten Strafen der Ver=

---

[25]) Die bezügliche Stelle in der Bulle lautet: „Motu proprio,
ac ex certa scientia et matura deliberatione nostris, deque Apostolicae potestatis plenitudine, praedictos alterius seu utriusque
Pacis hujusmodi articulos caeteraque in dictis Instrumentis
contenta.... ipso jure nulla, irrita, invalida, injusta, damnata,
reprobata, inania, viribusque et effectu vana omnio fuisse, esse
et in perpetuo fore; neminemque ad illorum et libet cujus
eorum etiamsi juramento vallata sint, observantiam teneri...
decernimus et declaramus. — Magnum Bullar. Roman. t. V
p. 466 sq. Luxemb. 1727.

mögensconfiscation bei Privatpersonen und der Entbindung
von aller Lehnspflicht und Unterthanentreue bei ketzerischen
Fürsten fest. Und er bedauert nur, daß wir in so traurige
Zeiten gefallen und zu einer solchen Erniedrigung der Braut
Christi gekommen sind, daß es ihr weder möglich sei, so
heilige Grundsätze in Ausführung zu bringen, noch auch
nur nützlich, an sie zu erinnern, daß sie vielmehr gezwun=
gen werde, den Lauf der gerechten Strenge gegen die Feinde
des Glaubens aufzuhalten. [26])

So bleiben denn diese „heiligen Grundsätze" einstweilen
unangewendet, wenn sie auch, gemäß dem nun offen liegen=
den jesuitischen Feldzugsplan, auf dem bevorstehenden Con=
cil mittels der päpstlichen Unfehlbarkeit zur Dignität von
unantastbaren Dogmen erhoben werden sollen; es müssen
bessere Zeiten abgewartet werden, welche die Kirche (lies
Curie) wieder aus dem Staub, in den man sie hinabge=
drückt, emporheben und auf den Thron ihrer geistlich=welt=
lichen Universal=Herrschaft setzen.

Hier aber theilen sich die Ansichten der ächten Ka=
tholiken selbst; die Einen, welche durch Bildung und Le=
bensstellung Geist und Richtung des Zeitalters und der
Culturvölker, denen Gegenwart und Zukunft gehört, eini=
germaßen zu würdigen im Stande sind, machen sich keine

---

[26]) Der italienische Text dieses Schreibens ist abgedruckt in:
Essai sur la puissance temporelle des Papes. Paris
1818. II. 320.

Illusionen über die Möglichkeit oder gar die Nähe eines tausendjährigen Reichs absoluter Papstherrschaft, und ver= zweifeln daher ganz und gar an der Menschheit, die den einzigen Rettungsanker in ihrer Verblendung verschmäht. Für sie ist die Zeit, in der wir leben, die Dämmerungs= Periode des vollen antichristischen Reichs — die Zeit der Vorwehen und Vorbereitungen, bis der leibhafte Antichrist erscheint und ein paar Jahre sein Wesen treibt, worauf dann das Ende aller Dinge mit dem Weltgericht erfolgt. Diese Ansicht (in Bayern durch einen jetzt verstorbenen kirchlich sehr einflußreichen Gelehrten vertreten und durch ihn auch in einen Hirtenbrief des jetzigen Cardinals Reisach übergegangen) reducirt sich auf den Gedanken: weil die Geschichte nicht die Pfade geht, welche wir ihr angewiesen haben, so darf es überhaupt keine Geschichte mehr geben. Oder: die Welt muß ein Ende nehmen, weil unser System sich nicht verwirklichen will. — Da also ihre Weisheit zu Ende ist, halten sie auch die der gött= lichen Vorsehung für erschöpft.

Die Männer dieser Anschauung betrachten eigentlich ein Concilium noch kurz vor Thorschluß der Welthistorie als überflüssig, oder doch nur als ein letztes, mehr im Zorn denn aus Barmherzigkeit den Menschen gegebenes Warnungs=Zeugniß.

Die Andern dagegen, voraus die Jesuiten, erblicken gerade in dem Concilium den letzten Hoffnungsstern, und

erwarten, daß, sobald nur die päpstliche Unfehlbarkeit und
die Säße des Syllabus proclamirt seien, die Menschheit
gleich jenem königlichen Sicamber Chlodwig ihren stolzen
Nacken beugen, verbrennen werde, was sie bisher ange=
betet, und anbeten, was sie verbrannt hat. —
Ein heiliger Bischof, Franz von Sales, sprach offen
sein Mißfallen über Schriften aus, welche politische Fragen,
wie die von der indirecten Gewalt des Papstes über die
Fürsten behandeln, und wohl mit Recht meinte er, daß in
einem Zeitalter, wo die Kirche ohnedieß soviele äußere
Feinde habe, man in ihr dergleichen nicht anregen solle.[27]
— Aber für die Jesuiten ist Franz von Sales keine
Autorität.

II. Das neue Marienbogma.

Im Gegensaß zu den mit der Sanction des Syllabus
beabsichtigten Conciliumsbeschlüssen nimmt sich das an=
gekündigte neue Marienbogma sehr harmlos aus. Zwar
begreift Niemand die Dringlichkeit desselben — wenige
Jahre nachdem Pius IX. die unbefleckte Empfängniß feier=
lich für eine göttliche Offenbarung erklärt hat. Doch es
scheint noch immer nicht genug für die Verherrlichung
Mariens geschehen zu sein. Bemerkenswerth ist nur,

—— .

[27] Oeuvres XI. 406.

wie dabei wieder mit der bei den Jesuiten so beliebten
Verachtung der altkirchlichen Ueberlieferung verfahren
werden soll.

Weder die neutestamentlichen Schriften, noch die älteren
Kirchenlehrer enthalten Etwas von den Schicksalen der
heiligen Jungfrau nach dem Tode Christi. Erst zwei
apokryphische Schriften aus der Zeit zwischen dem 4. und
5. Jahrhundert, wovon die eine dem Apostel Johannes,
die andere dem Bischof Melito von Sardes zugeschrieben
wurde, lieferten den Stoff zu der Sage, daß auch der
Leib Mariens in den Himmel aufgenommen worden sei.[1])
Von da an findet sich diese Vorstellung immer weiter aus-
geschmückt, namentlich bei Schriftstellern der griechischen
Kirche. Auch Pseudodionysius enthält sie[2]); er und
Gregor von Tours[3]) haben sie in die abendländische
Kirche gebracht. Doch dauerte es Jahrhunderte lang, bis
sie zur Anerkennung durchdrang. Selbst das in der römischen Kirche gebräuchliche Martyrologium des Usuarb blieb
noch im neunten Jahrhundert dabei stehen, daß man über
die Todesart der heiligen Jungfrau und die nachmaligen
Schicksale ihres Leichnams nichts wisse. „Plus elegebat
sobrietas Ecclesiae cum pietate nescire, quam aliquid

---

[1]) Diese Schriften sind: Joh. ap. $Εἰς τὴν κοίμησιν τῆς$
$ὑπεραγίας δεσποίνης$, und de transitu Mariae.
[2]) De nom. div. cap. 3.
[3]) De gloria martyr. I. cap. 4.

frivolum et apocryphum inde tenendo docere" heißt es
in Bezug darauf bei Usuard.[4]) Indem nun, nach dem
Wunsche und der Eingebung der Jesuiten, auch diese Sage
zur Glaubenswahrheit gemacht werden soll, läßt sich wohl
voraussehen, daß der Orden — l'appétit vient en man-
geant — aus dem reichen Schatze seiner Ueberlieferungen
und theologischen Lieblingslehren noch manches Kleinod
der dogmenbedürftigen Welt mit der Zeit als Glaubens=
artikel auferlegen wird. Da ist z. B. die Probabilitäts=
lehre, welche demselben nicht minder am Herzen liegt, als
Syllabus und päpstliche Unfehlbarkeit und praktisch ihm
so treffliche Dienste geleistet hat. Welch' eine glänzende
nachträgliche Rechtfertigung wäre es für den vielgetabelten
Orden, wenn sich das Concilium in seiner Fügsamkeit
herbei ließe auch diese Doctrin zum Glaubensartikel zu
stempeln.

Da, wie man weiß, der Orden noch einen andern
wichtigen Dienst von dem Concil erwartet, nämlich daß er
als besonders berufen und vorzüglich geeignet zur Ueber-
nahme der Gymnasien und höheren Lehranstalten empfohlen
werde, wodurch die Bischöfe zugleich die Verpflichtung
übernehmen würden, da wo sie über solche Anstalten und
Schulen verfügen können, sie den Vätern der Gesellschaft
sofort zu übergeben, so wäre es ganz besonders wünschens=

---

4) Usuardi Martyrol. 18 Calendas Septembris.

werth, ja nothwendig, daß zugleich die Moraldoctrin des
Ordens, diese stets klaffende Wunde seiner Reputation,
durch einen Conciliumsbeschluß sanirt erschiene.

III. Die päpstliche Unfehlbarkeit.

Es ist der Grundgedanke der ultramontanen Anschau=
ung, daß man, so oft von der Kirche, von ihren Rechten
und ihrer Machtübung die Rede ist, immer den Papst und
nur ihn zu verstehen habe. „Wenn wir von der Kirche
reden, so meinen wir den Papst," sagt der Jesuit Gretser,
am Anfang des 17. Jahrhunderts einer der gelehrtesten deut=
schen Theologen des Ordens und Professor in Ingolstadt.
Für sich genommen, als die Gemeinschaft der Gläubigen,
des Klerus und der Bischöfe, ist die Kirche, nach dem
Ausdruck des Cardinals Cajetan, des classischen Theologen
der Curie, 'die Sclavin (serva) des Papstes. Weder im
Ganzen noch in ihren Theilen (Nationalkirchen) darf sie
etwas wollen, erstreben', billigen oder mißbilligen, was
von dem päpstlichen Wollen und Denken sich irgendwie
entfernt. In einem Artikel der Civiltà, mit der Ueber=
schrift: „Der Papst, der Vater der Gläubigen" heißt es:
„Es ist nicht genug, daß das Volk nur wisse, der Papst
sei das Haupt der Kirche und der Bischöfe; es muß auch
verstehen, daß sein eigener Glaube, sein eigenes religiöses
Leben von dem Papste ausströme, daß in dem Papste das

Band residirt, welches die Katholiken mit einander ver=
knüpft, die Kraft, welche sie stärkt; daß er der Austheiler
der Gnadengaben des Geistes, der Verleiher der Wohlthaten
ist, welche die Religion gewährt, der Erhalter der Gerech=
tigkeit, der Beschützer der Unterdrückten. Und alles dieß ist
noch nicht genug; es ist weiter erforderlich, daß man die
Anschuldigungen, welche von Gottlosen und Protestanten
gegen den Papst geschleudert werden, widerlege und
zeige, wie wohlthätig zu allen Zeiten das Papstthum
und der Papst für die bürgerliche Gesellschaft, für die
italienischen Völker, für die Familien und Einzelnen, na=
mentlich auch in Beziehung auf die zeitlichen Interessen
gewesen sei.[1]"

St. Hieronymus hielt ehedem den Pelagianern vor,
daß nach ihrer Theorie Gott den Menschen ein für alle=

---

[1] Jahrgang 1867, Bd. 12. pg. 86 fl.: „Non basta che il popolo
sappia essere (il Papa) il capo della chiesa e dei vescovi: bisogna
che intenda da lui derivare la propria fide, da lui la propria
vita religiosa, in lui resiedere il vincolo che unisce insieme i
cattolici, la forza che li convalida, la guida che li dirige: lui
essere il dispensiere delle grazie spirituali, lui il promotore dei
beneficii che la religione impartisce, lui il conservatore della
giustizia, lui il protettore degli oppressi. Né ció solo basta;
si richiede di pui che deleguirsi le accuse lanciate contro del
Papa dagli empii e dai protestanti, e che dimostrisi quanto bene-
fico alle societá civili, ai popoli italiani, alle famiglie e agli in-
dividui, eziando in ordine agl' interessi temporali sia stato in
ogni tempo il Papato e il Papa."

mal wie eine Uhr aufgezogen und dann sich schlafen gelegt
habe, da es für ihn nichts weiter zu thun gegeben. Hier
haben wir das jesuitische Seitenstück. Gott hat sich schlafen
gelegt, denn statt seiner waltet sein stets wacher und un=
trüglicher Vicarius auf Erden als Weltregierer, als
Gnaden= und Strafenspender. Das Paulinische Wort: „In
ihm leben, weben und sind wir" ist hier auf den Papst
übertragen. — Bis zu solcher Höhe hatten sich selbst nur
wenige der italienischen Kanonisten des 15. Jahrhunderts
hinaufgeschraubt, jene pfründegierigen Adulatoren der
Päpste, denen man in Rom selbst die Hauptschuld an
dem durch die Päpste verursachten Verderben der Kirche
beimaß. Aber unter der Leitung des neuen Ordens des
sechszehnten Jahrhunderts wurde Alles, was vorher zur
Erhebung der päpstlichen Würde auch immer gesagt und
gethan worden war, noch überboten. Männern wie Bel=
larmin und andern Jesuiten ist es zu danken, wenn man
dahin kam, den Papst in Schriften geradezu als „Vice=
gott" zu bezeichnen.

Auch die Civiltà, nachdem sie ausgeführt hat, wie
alle Schätze göttlicher Offenbarung, die der Wahrheit,
Gerechtigkeit und der Charismen von Gott in die Hand
des Papstes gelegt sind, der ihr einziger Verwalter und
Wächter ist, kommt endlich zu der Folgerung, daß der
Papst auf der Welt das Werk Christi fortführt und in
Bezug auf uns das ist, was Christus sein würde, wenn

er selbst und sichtbar hinieden die Kirche regierte.[2]) — Von hier bedarf es nur noch eines Schrittes um den Papst selbst für eine Incarnation Gottes zu erklären.

Der Ultramontanismus ist demnach wesentlich Papalismus und geht davon aus, daß der Papst in allen lehrhaften Entscheidungen nicht bloß über Glaubens-Fragen, sondern auch im ethischen Gebiete, über die Beziehungen der Religion zur Gesellschaft, der Kirche zum Staat, ja auch über Staatsinstitutionen unfehlbar sei, und daß jede derartige Entscheidung unbedingte, rückhaltslose Unterwerfung und Annahme in Wort und That von Seite aller Katholiken erheische. Ebendarum ist ihm auch die Macht des Papstes über die Kirche eine rein monarchische, die keine Schranken kennt und duldet. Der Papst soll absoluter Alleinherrscher sein, alle außer ihm sind nur seine bevollmächtigten Diener, im Grunde, mittelbar oder unmittelbar, nur die Vollstrecker seiner Aufträge, deren Gewalt er nach Belieben beschränken oder zurücknehmen kann. Der Zustand der Kirche ist nach ultramontaner

---

[2]) Jahrgang 1868, Bd. III. p. 259. I tesori di questa rivelazione, tesori di verità, tesori di giustizia, tesori di carismi, vennero da Dio depositati in terra nelle mani di un uomo, che ne è solo dispensiero e custode... quest' uomo è il Papa. Ciò evidentemente è racchiuso nella sua stessa appellazione di Vicario di Christo. Imperocché se egli sostiene in terra le veci d Christo, vuol dire che egli continua nel mondo l'opera di Christo; ed è rispetto a noi ciò che sarebbe esso Christo, se per sè medesimo et visibilmente quaggiù governasse la chiesa.

Anschauung um so normaler und blühender, je mehr sie
in allen ihren Theilen und nationalen Abgrenzungen von
Rom aus bis in's Einzelnste hinein regiert, administrirt,
überwacht und gemaßregelt wird. Rom soll bestehen und
wirken als eine riesenhafte kirchliche Verwaltungsmaschine,
als ein Briareus mit hundert Armen, welcher alles endgültig
entscheidet, überall mit Rügen, Censuren und mannigfal=
tigen Repressivmitteln eingreift und für vollständige Ein=
förmigkeit Sorge trägt; denn das kirchliche Ideal der
Ultramontanen ist Romanisirung aller Einzelkirchen und
möglichste Unterdrückung alles eigenthümlichen nationalkirch=
lichen Lebens. Ja, sie betrachten es wohl als eine Auf=
gabe und Gewissenspflicht für alle Nationen sich in die
specifisch klerikal=italienische Denk= und Empfindungsweise
möglichst hineinzuleben. Und wie sollten sie auch anders,
da die Civiltà geradezu verkündet: „Wie einst die Juden
das Volk Gottes waren, so ist es im neuen Bunde das
römische. Es ist von übernatürlicher Würde." [3]

---

[3] Jahrgang 1862 III. p. 11. Sopranaturale essendo il fine,
per cui Iddio conserva lo stato Romano, sopranaturale in qual=
che modo si vedrà essere la dignità di questo popolo. — Diese
Lobpreisungen des sogenannten römischen Volkes, das eigentlich gar
nicht existirt; denn es ist nur eine stets fluctuirende Menge von Ita=
lienern und namentlich italienischen Geistlichen aus allen Theilen der
Halbinsel, scheinen übrigens stehende, von alter Zeit hergebrachte
Phrasen zu sein. So läßt sich z. B. schon im Jahre 1626 der Propst
und Professor Carrerio zu Padua vernehmen: „Mögen die Italiener
sich über alle Nationen erheben wegen der ausgezeichneten Gnade,

Der Ultramontane kennt demnach nichts Höheres als römischen Brauch und römische Satzung. Für ihn ist Rom ein kirchliches Anfrage= und Adreßbureau, oder viel= mehr ein ständiges Orakel, — summum oraculum nennt die Civiltà den Papst — welches für jeden Zweifel, für jedes wissenschaftliche oder praktische Bedenken eine unfehl= bare Lösung zur Hand hat. Wenn andere bei der Beur= theilung der Ereignisse und Thatsachen sich durch ihr sittlich= religiöses, im kirchlichen Leben entwickeltes Bewußtsein leiten lassen, so vertritt bei den Ultramontanen die römi= sche Autorität und das mustergültige Beispiel der dortigen Sitten und Zustände die Stelle des kirchlich=ethischen Gesetzes. Wird in Rom einem israelitischen Aelternpaar ihr Sohn gewaltsam geraubt, um als Christ erzogen zu wer= den, so findet der Ultramontane es ganz in der Ordnung, daß das natürliche Menschenrecht der römischen Satzung, wie spät sie auch ersonnen wurde, weichen müsse; obgleich sonst die Theologen behaupten, daß hier das natürliche Recht zugleich göttliches Recht sei, und also höher stehe, als die bloß menschliche Kirchensatzung. Kündigt noch

welche Gott ihnen erwies, indem er ihnen im Papste einen geist= lichen Monarchen gab, welcher große Könige und noch mächtigere Kaiser von ihren Thronen gestürzt und andere an ihre Stelle gesetzt hat, welchem die mächtigsten Königreiche seit solanger Zeit Tribut zahlten, wie niemals Aehnliches gesehen worden ist, und welcher unter seine Höflinge so große Reichthümer vertheilt, daß kein König und kein Kaiser je soviel zu spenden gehabt."

heute im Kirchenstaat die Inquisition jedem Sohn und
jeder Tochter Excommunication an, falls sie es unterlassen,
ihre Aeltern, die an einem Fasttage Fleisch- oder Milch-
speisen gegessen, oder ein verbotenes Buch gelesen haben,
zu denunciren und dem Kerker zu überliefern, so weiß der
Romanist auch dieß zu rechtfertigen. Befördert die römische Regierung durch ihre von Priestern öffentlich geleitete
Lotterie die Leidenschaft des Spiels und den Ruin ganzer
Familien, so schreibt die Civiltà sofort eine Apologie der
Lotterie, obwohl Alexander VII. und Benedict XIII. dieselbe unter der Strafe der Excommunication verboten
haben. Stehen in Rom die Geistlichen (die sogenannten
preti di piazza) auf öffentlichem Platze, wartend bis Jemand sie zu einer Messe miethe, so ist dieß in den Augen
des Romanisten so wenig anstößig, als der Verkauf
von Ablaßzetteln, worauf die Lohnbedienten in Rom den
Fremden, nachdem sie ihn mit allen Sehenswürdigkeiten
und Genüssen daselbst bekannt gemacht haben, schließlich
noch aufmerksam zu machen pflegen. Mindestens sehr
entschuldbar findet er es auch, daß man dort wieder das
Dispensations- und Judulgenzenwesen als finanzielle Er-
werbsquelle möglichst ausbeutet, daß man z. B. einzelnen
Kirchen Altarprivilegien, das Stück um einen Scudo,
verkauft und so dem rohesten Aberglauben in Bezug auf
Seelenerlösung aus dem Fegefeuer Nahrung schafft; daß
man den Reichen gegen hohe Taxen gewisse Ehedispensen

gewährt, die man dem Unbemittelten verweigert; daß man,
wie vor nicht langer Zeit in einem deutschen Lande, gegen
den klaren Wortlaut der Verträge, eine Classe von Ehe=
sachen nach Rom zu ziehen und dadurch die Staatsbürger
zur Führung kostspieliger Processe in weiter Ferne zu nö=
thigen versuchte, welch' neuer Eingriff jedoch den dortigen
Bischöfen selbst zu stark erschien, so daß sie hierüber ernste
Vorstellungen nach Rom richteten, deren Erfolg war, daß
man hier einstweilen seine Forderung aufgab und die
Frage dahin gestellt sein ließ. —

Rom seinerseits unterläßt auch nichts, um die ganze
katholische Welt in dieser klerikal=italienischen Denk= und
Empfindungsart zu befestigen. Aus Italienern sind zu
mehr als neun Zehntheilen die Congregationen und Be=
hörden der römischen Curie zusammengesetzt, welche jene
durch ihre bis in die kleinsten und kleinlichsten Einzeln=
heiten ausgesponnenen im Namen des Papstes erlassenen
Vorschriften und Entscheidungen verwalten und bevormun=
den. Jeder religiöse Athemzug sollte eigentlich italienisch
regulirt sein. Die außeritalienischen Bisthümer sollen wo
möglich mit Männern besetzt werden, welche in Rom sich
ihre katholische Sinnesart holen oder mindestens von den
Jesuiten und ihren Zöglingen gebildet werden.

Je mehr Anfragen ein Land oder eine Diöcese nach
Rom richtet, je reichlicher Dispensen, Indulgenzen, Altar=
privilegien, geweihte Gegenstände u. s. w. von Rom bezogen

werden, jemehr Geldgeschenke von ihnen dahin geschickt
werden, um so höher werden sie wegen ihrer Frömmigkeit
und ächt katholischen Gesinnung gepriesen. Was man
Katholizität nennt, ist in den Augen der Curie nur dadurch zu erreichen, daß Jedermann sich und seine Ideen
auf allen Gebieten, die mit der Religion in Verbindung
stehen, ins Italienische übersetzt. Will also der Deutsche,
Franzose oder Engländer, da, wo die italienische Form
oder Anschauung oder Praxis und Andachtsübung seinem
nationalen Gefühl widerstrebt, oder sich an die Stelle des
bisherigen ihm besser zusagenden Einheimischen zu setzen
ringt, die fremde Form von sich abwehren, so ist er schon
dadurch auf einem falschen Weg, ist kein „eigentlicher
Katholik" mehr, sondern nur noch ein liberaler Katholik;
denn so bezeichnet die Gesellschaft Jesu den Unterschied,
welchen wir durch „ultramontan" und schlechthin „katholisch"
ausdrücken. —

Die ganze ultramontane Denkweise gipfelt in der Anschauung von der persönlichen Unfehlbarkeit des Papstes und
darum erklären denn auch die Jesuiten: daß es ein Wunsch
der ächten Katholiken sei, daß dieselbe auf dem nächsten
Concil feierlich als Dogma definirt werde. Geht dieses
Verlangen wirklich in Erfüllung, so wird damit ein neues
Prinzip von unermeßlicher, zugleich rückwärts greifender
und vorwärts sich erstreckender Tragweite geschaffen — ein
Prinzip, welches, einmal unantastbar gemacht, die Geister

fortan beherrschen und zur unbedingten Unterwerfung unter
jeden päpstlichen Ausspruch im Gebiete der Religion, der
Sitte, der Politik, der Socialwissenschaften nöthigen wird;
denn von einem Uebergreifen des Papstes in fremdes Gebiet kann dann nicht mehr die Rede sein, da es nur ihm,
dem unfehlbaren Papst, allein zusteht die Grenzen seines
Lehrens und Wirkens nach Gutdünken zu bestimmen, und
jede derartige Bestimmung selbst wieder das Gepräge der
Irrthumslosigkeit trüge. Wenn nur erst die bornirte Anhänglichkeit vieler katholischen Theologen an die alte
Ueberlieferung und die Kirche der ersten sechs Jahrhunderte
glücklich gebrochen, die pedantische Scheu vor neuen Dogmen gründlich abgethan und der hie und da noch geltende
Kanon des Vincentius Lirinensis, wonach Dogma nur das
werden könne, „quod semper, ubique, ab omnibus cre-
ditum est" beseitigt ist, dann steht es jedem Papst, wie
unwissend er auch in theologischen Dingen sein möge, völlig frei, von seiner dogmatischen Schöpferkraft beliebigen
Gebrauch und seine Privatgedanken sofort zum obligatori-
schen Gemeingut der ganzen Kirche zu machen. Wir sagen:
„wie unwissend er auch sein möge"; nämlich die Theologen
des Jesuitenordens haben auch diesen Fall vollständiger
theologischer Unkenntniß als einen bei Päpsten nicht selten
eintretenden bereits vorgesehen, und einer aus ihnen, der
Professor Erbermann aus Mainz, hat schon erinnert:
„Ein recht unwissender Papst könne ganz gut infallibel sein,

4

da ja auch Gott ehedem die Menschen durch eine redende
Eselin auf den rechten Weg gewiesen habe."⁴) Wer es
aber nach der Dogmatisirung der Infallibilität dennoch
wagen würde, einem in der vatikanischen Münzstätte neu=
geprägten Glaubenssatz vollwichtigen Gehalt abzusprechen,
der verfiele, nach der Meinung der Jesuiten, für die=
ses Leben dem Bann, für das künftige ewiger Verdammniß.
Concilien werden damit für alle Zeiten ganz entbehrlich;
die Bischöfe werden sich wohl auch künftig noch hie und
da in Rom versammeln, um päpstliche Heiligsprechungen oder
andere Ceremonien mit größerem Pomp zu umgeben, aber
mit Dogmen werden sie fortan nichts mehr zu schaffen
haben; denn wollten sie den an sich schon aus göttlicher
Inspiration geflossenen päpstlichen Ausspruch noch ihrerseits
bestätigen, wie z. B. die Synode von Chalcedon das dog=
matische Schreiben des Papstes Leo I. nach einer sorgfälti=
gen Prüfung gebilligt hat, so hieße das dem Sonnenlicht mit
Laternen zu Hülfe kommen wollen. Das „definiens sub-
scripsi," womit die Bischöfe sonst auf Concilien die doctri=
nellen Beschlüsse unterzeichneten, wäre fortan eine Blas=
phemie. —

Die päpstliche Unfehlbarkeit, von dem Concilium als

---

⁴) Irenic. Cathol. Mogunt. 1645. cap. VI. p. 97.: „Quomodo
hinc infertur, nos fidem salutemque nostram ab unico tali ho-
mine suspendere et non potius ab eo, qui novit etiam per asi-
nam loquentem dirigere iter nostrum..."

Glaubensartikel definirt, wird den Impuls zu einer theo=
logischen, kirchlichen, selbst politischen Umwälzung geben, von
deren Natur wohl nur Wenige, (die Drängenden und For=
dernden am wenigsten) sich jetzt klare Rechenschaft geben,
deren Strom aber auch keine Menschenhand mehr zu stauen
im Stande sein wird. In Rom selbst wird dann das
Wort sich verwirklichen: „Dir wird gewiß noch einmal
ob deiner Gottähnlichkeit bange."

Zunächst wird der neugeprägte Glaubenssatz mit zwin=
gender Nothwendigkeit sich sofort als Grund= und Eckstein
des ganzen römisch=katholischen Lehrgebäudes hinpflanzen,
die gesammte Thätigkeit der Theologen wird sich dann auf
die Ermittlung reduciren, ob ein päpstlicher Ausspruch für
eine Lehre zu finden sei oder nicht, und auf das Bestreben,
hintennach Belege aus der Geschichte und Literatur dafür
zu finden und zusammenzutragen. Neben dem lebendigen,
aus voller Inspiration redenden und stets anrufbaren Ora=
kel an der Tiber wird jede andere Autorität erblassen.

Wozu noch mühsames Forschen in der Bibel, wozu
das zeitraubende, an so schwierige Bedingungen und Vor=
kenntnisse geknüpfte Studium der Tradition, wenn ein ein=
ziger Ausspruch des untrüglichen Papstes die gewissenhafte
theologische Arbeit eines Menschenalters wie durch einen
Hauch zu zertrümmern vermag, und wenn auf eine tele=
graphische Anfrage in Rom binnen wenigen Stunden oder
Tagen die sofort zum Glaubensartikel und dogmatischen

4*

Axiom sich gestaltende Antwort erfolgt? — Nach einer Seite hin wird sich also das Geschäft der Theologen sehr vereinfachen, wenn auch nach einer andern hin ihre Aufgabe verwickelter und schwieriger wird. Hat doch jetzt schon ein Komma in einer einzigen Bulle (der Bulle Pius V. gegen Bajus) endlose Disputationen hervorgerufen, weil man nicht weiß, ob es einigen Worten vor oder nachzusetzen sei, und hängt von der Setzung dieses Komma's doch die ganze dogmatische Bedeutung der Bulle ab. Aber der seit drei Jahrhunderten darüber geführte Streit kann schlechterdings nicht mehr entschieden werden, auch nicht durch Untersuchung des römischen Originals, da dieses nach alter Uebung ohne Interpunktion geschrieben ist. — Wie wird es nun erst künftig gehen? Die Rabbinen sagen: „An jedem Häkchen in der Bibel hängen ganze Berge verborgener Erkenntnißschätze," das gilt dann auch von den Häkchen der päpstlichen Bullen; wie denn überhaupt die Theologie unter den Händen der dann allein noch herrschenden ultramontanen Schule immer mehr talmudisch zu werden verspricht.

Um die Lehre von der päpstlichen Unfehlbarkeit aus der Kirchengeschichte zu erweisen, ist nicht weniger erforderlich als eine durchgängige Verfälschung derselben. Da gilt es, die Erklärungen der Päpste, welche sowohl dem Dogma widersprechen, als unter einander selbst sich aufheben (was sogar bei einem und demselben Papste vorkam) umzudeuten, auszugleichen und auf solche Weise zu zeigen, daß diese

antikirchlichen oder sich selbst gegenseitig annullirenden Aeußerungen im Grunde doch gut dogmatisch oder, wenn man
dem einen Dictum etwas abbreche und dem andern etwas
zusetze, keine Widersprüche seien und zuletzt das Gleiche besagten. Hier werden die künftigen Theologen erst recht in
die Schule der Rabbinen gehen müssen; wiewohl auch. bei
den Casuisten der Gesellschaft Jesu schon viel schätzbares
Material vorliegt. Für eine tendenziöse Behandlung und
Mißhandlung der Kirchengeschichte sind indeß die letzteren die
besten Lehrmeister. Für sie war es niemals mit einer besondern Schwierigkeit verbunden, Kirchengeschichte zu machen;
sie haben in diesem Artikel bereits das Unglaublichste geleistet. — Wir erinnern hier nur, indem wir von ihrem
Eifer für die Erfindung und Verbreitung apocryphischer
Wunder- und Heiligengeschichten absehen, deren die gläubige
Welt ihnen soviele verdankt, an die großartige Fälschung,
die sie mit der Kirchengeschichte Spaniens vornahmen. Sie
haben Spanien mit einer ganz neuen, ihren Ordenszwecken
sowohl als den nationalen Wünschen und dem Empfängnißdogma entsprechenden Kirchengeschichte versorgt, die sich freilich nicht anders herstellen ließ, als indem ihr Mitglied Roman de la Higuera Chroniken erdichtete und archäologische
Denkmale nebst dem nöthigen Zubehör von Reliquien verfertigte, deren Aechtheit dann durch eigens zu diesem Behufe in Scene gesetzte Mirakel erwiesen werden mußte.

Wir können nicht umhin zur Beleuchtung der Frage

von der Unfehlbarkeit, einige der historischen Schwierig=
keiten in Erinnerung zu bringen. —

Innocenz I. und Gelasius I., jener in einem Schrei=
ben an die Synode zu Mileve und dieser in seiner Epistel
an die Bischöfe von Picenum, haben den Empfang der
Communion bei kleinen Kindern für so unentbehrlich erklärt,
daß sie die, welche vor Empfang derselben sterben, geradezu
der Hölle zuweisen,[5] — eine Lehre, welche, freilich erst
tausend Jahre später, das Concil von Trient mit dem Ana=
them belegte. —

Es ist die constante Lehre der Kirche, daß die von
einem Bischof ertheilten Priesterweihen ohne Rücksicht auf
persönliche Würdigkeit oder Unwürdigkeit des Weihenden
ein für allemal giltig und unwiderruflich seien. Die Taufe
abgerechnet beruht die ganze Sicherheit der Sacramente
auf diesem Glaubenssatze, und man hat daher stets in der
Kirche eine Reordination als einen Frevel, als eine Schän=
dung des Sacraments verabscheut. Allein in Rom war in
den Zeiten der Verwilderung, welche durch die endlosen
Gothischen und Longobardischen Kriege über Mittel=Italien
gekommen, ein Verfall aller Wissenschaft und Doctrin ein=
getreten, der auch die dogmatische Ueberlieferung trübte und
verwirrte. Man begann dort seit dem achten Jahrhundert
die Ordinationen einzelner Päpste zu cassiren und die von

---

[5] St. Augustini opp. II. 640 und Concil. Coll. ed. Labbé.
IV. 1178.

ihnen geweihten Priester und Bischöfe zur Annahme einer
Reordination zu nöthigen. Dies geschah zuerst im Jahre
769, als Papst Constantin II., der sich mit bewaffneter
Hand des päpstlichen Stuhls bemächtigt und ihn dreizehn
Monate lang inne gehabt hatte, geblendet und auf einer
Synode abgesetzt wurde, worauf man auch alle seine Weihen
cassirte.

Aber das Stärkste dieser Art fand statt am Ende des
neunten Jahrhunderts, als nach dem Tode des Papstes For=
mosus durch das wiederholte Umstoßen der von ihm wäh=
rend fünf Jahren verrichteten Weihen die ganze italienische
Kirche in die äußerste Verwirrung gestürzt wurde und eine all=
gemeine Unsicherheit entstand, ob man denn überhaupt noch
in Italien giltige Sacramente habe. Der Zeitgenosse Auri=
lius konnte sagen: Durch dieses allgemeine Entweihen und
Wiederweihen (ordinatio, exordinatio et superordinatio)
habe man es in Rom dahin gebracht, daß seit zwanzig Jahren
die christliche Religion in Italien unterbrochen und erloschen
sei. — Päpste und Synoden entschieden im grellsten Wider=
spruch bald für, bald gegen die Giltigkeit der Weihen, und
man hatte augenscheinlich in Rom damals alles sichere Be=
wußtsein um die Lehre von der Ordination eingebüßt. Im
Namen jener zahlreichen Priester und Bischöfe, deren kirch=
liche Existenz durch die Beschlüsse Stephans VII. und
Sergius III. in Frage gestellt war, forderte Auxilius, am
Schlusse seiner zweiten Schrift, die gerechte Untersuchung

eines allgemeinen Concils, als der einzigen Autorität, welche
dieses durch die Päpste entstandene Wirrsal zu heben ver=
möchte.[6])

Allein dieß Concilium kam nicht zu Stande, die dog=
matische Ungewißheit und Verwirrung blieb in Rom. In
der Mitte des elften Jahrhunderts brach der große Kampf
gegen die Simonie aus, welche man damals der Häresie
völlig gleichstellte, und nun sollten wieder die Ordinationen
ungiltig sein, welche ein der Simonie schuldiger Bischof ver=
richtet hatte. Leo IX. nahm, wie Petrus Damiani berich=
tet, deßhalb eine Menge von Reordinationen vor[7]); Gre=
gor VII. erhob auf seiner fünften römischen Synode diese
Ungiltigkeit aller simonistischen Weihen zur Regel, und der
von Urban II. festgestellte Grundsatz, daß ein Simonist,
da er nichts habe, auch in der Ordination nichts geben
könne, ist selbst in Gratians Decret übergegangen.[8])

In allen diesen Fällen hing, wie man sieht, die Lehre
und die That aufs Genaueste zusammen; nur weil die Päpste
eine falsche und in ihren Folgen höchst schädliche Ansicht
von der Kraft und Natur dieses Sacraments hegten, han=
delten sie, wie sie thaten, und wenn sie damals allgemein
für unfehlbar gehalten worden wären, so müßte eine unab=

---

[6]) Bei Mabillon Analecta. Paris 1723. p. 39.
[7]) Petri Damiani opuscula p. 419.
[8]) Caus. 1, q. 7 c. 24.

sehbare Verwirrung nicht bloß in Italien, sondern im ganzen Umfange der Kirche eingetreten sein. —
Im Gegensatze mit Papst Pelagius, welcher gleich der
ganzen östlichen und westlichen Kirche die Anrufung der
Trinität bei der Taufe für schlechthin nothwendig erklärt
hatte, versicherte Nicolaus I. die Bulgaren, daß auch schon
die Taufe auf den bloßen Namen Christi völlig genüge;
setzte also die dortigen Christen der Gefahr einer ungilti-
gen Taufweise aus. Das that derselbe Papst, der die
Confirmation, welche griechische Priester nach uralter Ueberlieferung der anatolischen Kirche gespendet hatten, für
nichtig erklärte und die bereits Confirmirten von Neuem
durch einen Bischof zu confirmiren befahl — also der
gesammten griechischen Kirche eigentlich den Besitz eines Sa-
cramentes absprach und damit den Grund zu der Erbitte-
rung legte, die dann zur bleibenden Trennung führte.[9]
Stephan II. (III.) gestattete die Ehe mit einer Leibeigenen aufzulösen und eine andere Frau zu nehmen, während
sonst die Päpste Ehen zwischen Freien und Leibeigenen stets
für unauflösbar erklärt haben.[10] Ebenso bestimmte Stephan,
daß eine mit Wein ertheilte Nothtaufe ein giltiges Sacra-
ment sei.[11]

[9] Concil. Coll. ed. Labbé. VI., 548.
[10] ibid. VI., 1650.
[11] ibid. VI., 1652.

Cölestin III. versuchte das Ehebrand dadurch zu lockern, daß er erklärte, daß falls der eine von den Gatten häretisch geworden sei, die Ehe gelöst wäre. Diese Entscheidung ver= warf Innocenz III., und Hadrian VI. nannte um ihretwillen den Cölestin einen Häretiker. Man hat später diese Decre= tale aus den handschriftlichen Sammlungen päpstlicher Er= lasse vertilgt, aber der spanische Theologe Alfons de Castro hat sie noch in Manuscripten gesehen.[12]

Die kapernaitische, sonst von der ganzen Kirche ver= worfene und dem Dogma von der Impassibilität des Leibes Christi widersprechende Irrlehre, daß in der Eucharistie der Leib Christi sinnenfällig (sensualiter) mit den Händen be= rührt, gebrochen und mit den Zähnen zermalmt werde, stellte Nicolaus II. auf der Synode zu Rom im J. 1059 auf und nöthigte zugleich Berengar, sie hier zu bekennen. Lanfranc verweist es dem Berengar, daß er nachher einen andern, den Cardinal Humbert statt des Papstes für diese Lehre habe verantwortlich machen wollen [13]

Innocenz III., um die päpstliche Gewalt im höchsten Glanze göttlicher Omnipotenz erscheinen lassen, ersann die neue Lehre, daß das geistige Band, welches den Bischof an seine Diöcese knüpfe, noch fester und unauflöslicher sei als das von ihm für „fleischlich" erklärte Ehebrand zwischen Mann und Weib,

---

[12] Adversus haeres. ed. Paris 1565, I, 16. conf. Melch. Canus p. 240.
[13] Lanfranc. de Euchar. cap. 3. Opp. ed. Migne p. 412.

und daß Gott allein sich die Lösung jenes Bandes d. h. die Versetzung eines Bischofs von einer Kirche zur andern vorbehalte. Da nun der Papst Stellvertreter des wahren Gottes auf Erden sei, so löse er und nur er dieses heilige und unzerreißbare Band, nicht vermöge menschlicher, sondern kraft göttlicher Autorität, und es sei nicht ein Mensch, der löse, sondern Gott.[14] Den darin inbegriffenen und naheliegenden Schluß, daß der Papst auch das Ehebund, als das minder starke und heilige lösen könne, hat Innocenz, welcher ja, wie wir gesehen, die Entscheidung Cölestin III. über die Auflöslichkeit des Ehebandes feierlich verworfen hatte, dabei übersehen und sich unbewußt in einen Selbstwiderspruch verwickelt. Manche Kanonisten haben auch diese Consequenz seiner Lehre als richtig angenommen.

Als gänzlich ununterrichtet in der Theologie erwies sich Innocenz, wenn er erklärte, daß das fünfte Buch Moses, weil es Deuteronomium d. h. zweites Gesetzbuch heiße, auch für die christliche Kirche gelten müsse, weil diese die zweite Kirche sei.[15] — Der große Papst scheint das Deuteronomium nie gelesen zu haben; denn sonst hätte er auf einen solchen Einfall schwerlich gerathen kön-

---

[14] Decret. de translat. Episcop. can. 2. 3. 4. Mit dieser Lehre war ein neuer Glaubensartikel eingeführt: denn viele Jahrhunderte hindurch wußte die Kirche nichts davon, daß alle Entsagungen, Versetzungen und Absetzungen von Bischöfen nach göttlichem Rechte nur vom Papste abhängig seien.

[15] Decretal. „qui filii sint legitimi," c. 13.

nen, wonach z. B. die alttestamentlichen Speiseverbote, die
Brandopfer, die harten Straf- und blutigen Kriegsgesetze,
die Verbote der Wollen- und Linnenkleider u. s. w. auch
für die Christen wieder verbindlich gemacht werden sollten.
Und da im Deuteronomium den Juden auch erlaubt wird,
sich von einem Weibe, das ihnen mißfällt, zu scheiden
und ein anderes zu nehmen, so kam Innocenz selbst in
Gefahr, in Bezug auf die kirchliche Lehre von der Ehe in
einen noch schwereren Irrthum zu verfallen, als Cölestin III.

Ganz besonders lehrreich für unsere Frage ist die Geschichte der abwechselnden Approbationen und Verfolgungen
des Franziskaner-Ordens von Seiten der Päpste.

Nicolaus III. gab in der Decretale „Exiit, qui semin-
at" eine Erklärung der Regel des heil. Franziskus und
behauptete, daß der Verzicht auf jedes persönliche und
Corporations-Eigenthum verdienstlich und heilig sei; daß
Christus selbst dieselbe gelehrt und durch sein Beispiel bestätigt habe, ebenso die ersten Gründer der Kirche. Alles
daher, was im Gebrauche der Franziskaner war, sollten
sie blos zur Nutznießung, aber nicht als Eigenthum besitzen;
das Eigenthumsrecht fiel nach der Verfügung des Papstes
an die römische Kirche.

Nicolaus machte zu dieser Decretale noch ausdrücklich
den Zusatz, daß die darin gegebene Erklärung der Regel
des heil. Franziskus dauernde Festigkeit haben und wie jede
andere Constitution oder Decretale in den Schulen gelesen

und buchstäblich gedeutet werden solle. Unter der Strafe der Excommunication verbot er alle Glossen, wodurch sie gegen ihren Wortlaut gedeutet würde. Es unterliegt nicht dem geringsten Zweifel, daß Nicolaus III. in dieser Angelegenheit eine feierliche Glaubensentscheidung zu erlassen beabsichtigte, er wendet sich ja mit seiner Erklärung nicht blos an den Franziskanerorden, sondern auch an die Schulen (die Universitäten) und an die gesammte Kirche. Clemens V. wiederholte hierauf in der Decretale „Exivi de Paradiso" die Verfügung über das der römischen Kirche zukommende Eigenthumsrecht an den Gütern der Franziskaner. Ebenso sprach sich Johann XXII. in der Bulle „Quorundam" selbst noch dahin aus, daß diese Bestimmung Nicolaus III. und Clemens V. heilsam, fest und klar sei. Als aber Johann alsbald mit den Franziskanern in Conflikt kam, theils weil er ihre bis zur Lächerlichkeit gehenden Uebertreibungen in der Darstellung der evangelischen Armuth einzuschränken suchte, theils weil aus dem Schooße des Franziskanerordens starke Rügen über das Verderben der päpstlichen Curie und die Forderungen einer großen kirchlichen Reformation laut geworden waren, da begann er die Constitution Nicolaus III. allmälig, so gut es ohne Beschädigung für dessen Ansehen abgehen konnte, wankend zu machen. Zuerst hob er die von diesem festgestellte Excommunicationsstrafe für jede nicht wörtliche Deutung seiner

Erklärung der Regel des heil. Franziskus auf, dann bestritt er einzelne Aufstellungen in seiner Constitution. Unterdeß steigerte sich die Heftigkeit des Zwistes; die Spiritualen im Bunde mit Ludwig dem Bayern fingen an, Johann als einen Häretiker zu bezeichnen, und nun erklärte dieser in einer neuen Bulle den ganzen Unterschied zwischen bloßem Genuß der Sache und dem Eigenthum an derselben für unmöglich, weder für die Kirche noch für die christliche Vollkommenheit förderlich, und verwarf schließlich die Lehren seines Vorgängers, daß Christus und die Apostel in Wort und That Vorbilder jener von den Franziskanern angestrebten Armuth gewesen seien, als ketzerisch und der katholischen Lehre feindlich. —

So war das die Kirche verwirrende Schauspiel gegeben, daß ein Papst den andern unzweideutig der Irrlehre beschuldigte. Was Nicolaus III. und Clemens V. in feierlichen Entscheidungen als gerecht und heilig gepriesen hatten, brandmarkte der spätere Papst in ebenso feierlicher Weise als schädlich und ungerecht. Die Franziskaner wiederholten darum gegen Johann XXII. nur mit um so größerem Nachdruck die Anschuldigung der Häresie „da das, was durch die Schlüssel der Weisheit im Glauben und in den Sitten von den Päpsten einmal definirt worden sei, durch ihre Nachfolger nicht in Zweifel gezogen werden dürfe."[10])

[10]) conf. Bossuet: Defensio declarationis. Oeuvres XVIII. p. 339 sq. Liège 1768.

Johann XXII. aber verdammte die Schriften meh=
rerer ihrer Theologen, wie die des d'Oliva, und überant=
wortete die ganze Genossenschaft der Spiritualen oder Fra=
tricellen, wie man diese Bekenner der höchsten Armuth
nannte, der Inquisition. Von 1316—1352 starben ihrer
hundert und vierzehn den Feuertod, als Martyrer der miß=
verstandenen evangelischen Armuth und der päpstlichen Un=
fehlbarkeit; denn sie gehörten mit unter die ersten Verthei=
diger dieser damals in der Kirche noch neuen Theorie.
Nach langen und harten Verfolgungen wurde unter
Sixtus IV. den Spiritualen wieder einige Genugthuung
zu Theil, indem dieser Papst die Schriften ihres Theologen
und Propheten d'Oliva neuerdings prüfen und im Gegen=
satz zu Johann XXII. als rechtgläubig anerkennen ließ.
Spätere Päpste nahmen dann das Eigenthum über die
Güter des Ordens, welches Johann XXII. abgewiesen hatte,
für die römische Kirche wieder an.

Eines der umfassendsten dogmatischen Documente,
welches jemals von Päpsten erlassen worden, ist das De=
cret Eugen's IV. „an die Armenier", datirt vom 22. No=
vember 1439, drei Monate, nachdem die Synode zu Flo=
renz durch die Abreise der Griechen beendigt worden war.
Es ist ein Glaubensbekenntniß der römischen Kirche, wel=
ches den Armeniern bezüglich der Lehrpunkte, in welchen
sie bisher abgewichen, als Richtschnur der Lehre und des
kirchlichen Lebens dienen sollte. Die Dogmen von der

Einheit des göttlichen Wesens, der Trinität, der Mensch=
heit Christi und den sieben Sacramenten werden darge=
stellt. Und der Papst versichert noch, daß dieses so feier=
lich erlassene Decret die Billigung des Concils, das heißt,
jener italienischen Bischöfe, welche er noch in Florenz
zurückbehalten hatte, erhalten habe.

Wenn dieses Decret des Papstes wirklich Glaubens=
norm wäre, dann hätte die morgenländische Kirche statt
sieben nur noch vier Sacramente; die abendländische Kirche
würde mindestens achthundert Jahre lang drei Sacramente entbehrt haben und darunter eines, dessen Mangel
auch alle übrigen mit Ausnahme eines einzigen entwerthet
haben würde. — Eugen IV. bestimmt in diesem Decret
Form und Materie, die Substanz der Sacramente oder
der Dinge, von deren Sein oder Nichtsein nach der all=
gemeinen Lehre die Existenz des Sacraments selber ab=
hängt. Er gibt eine Form der Confirmation an, welche
in der einen Hälfte der Kirche nie bestanden hat, in der
andern erst nach dem zehnten Jahrhundert in Gebrauch
gekommen ist. Ebenso verfährt er mit der Buße. Auch
hier wird als wesentliche Form des Sacraments eine
Formel angegeben, welche die griechische Kirche nie, die
abendländische eilfhundert Jahre lang nicht gekannt hat.
Wenn dann bei dem Sacramente der Ordination die Be=
rührung der Gefäße und die dabei zu sprechenden Worte
für Materie und Form angegeben werden, so folgt dar=

aus, daß die lateinische Kirche tausend Jahre lang weder Priester noch Bischöfe gehabt hat, ja, gleich der griechischen, die jenen Gebrauch sich nie angeeignet, bis zur Stunde weder Priester noch Bischöfe besitzt, folglich auch der Sacramente, mit Ausnahme der Taufe und etwa der Ehe, entbehrt.[17]

Es ist merkwürdig, daß dieses Decret, mit welchem entweder die päpstliche Unfehlbarkeit oder die ganze Hierarchie nebst den Sacramenten in der Kirche steht oder fällt, von allen Dogmatikern citirt, widerlegt und angerufen wird, daß aber die Anhänger der päpstlichen Infallibilität sich nie auf die Erörterung desselben einlassen. Weder Bellarmin, noch Charlas, Aguirre, Orsi und alle übrigen curialistischen Apologeten befassen sich damit.

Selbst dann als die päpstlichen Unfehlbarkeitsansprüche in Rom schon bestimmtere Gestalt gewonnen hatten, brachte sie Sixtus V durch seine Bibelausgabe noch in eine bedenkliche Lage. Die Tridentinische Synode hatte die Uebersetzung des Hieronymus für den authentischen Bibeltext der abendländischen Kirche erklärt, aber es gab noch

---

[17] Vergl. Denzinger: Enchiridion symbol. et definit. Wirceb. 1854 p. 200 etc. Dabei ist jedoch zu erinnern, daß Denzinger, um den völlig dogmatischen Charakter dieses berühmten Decrets einigermaßen zu verhüllen, den ersten, die Trinitäts- und Incarnationslehre betreffenden Theil, welcher sich in Raynalds Annalen ann. 1439 findet, hinweggelassen hat.

keine authentische d. h. kirchlich beglaubigte Ausgabe der lateinischen Bibel. Sixtus V. unternahm es sie zu liefern, und sie erschien mit den nun schon lange stereotyp gewordenen Anathemen und Zwangsmitteln versehen. Seine Bulle erklärte: diese von ihm eigenhändig corrigirte Ausgabe müsse als die einzig wahre und ächte bei Strafe des Bannes von Jedermann allein gebraucht und zu Grunde gelegt werden, jede Abänderung auch nur eines Wortes werde mit Excommunication verpönt.

Nun aber zeigte sich, daß sie voll Fehler war; man fand gegen 2000 vom Papste selbst verschuldete unrichtige Stellen. Es hieß, ein öffentliches Verbot der Sixtinischen Bibel müsse erlassen werden. Bellarmin aber rieth, die große Gefahr, in welche Sixtus V. dadurch die Kirche gebracht habe, möglichst zu vertuschen; man solle alle Exemplare einziehen, die corrigirte Bibel neu, aber unter dem Namen Sixtus V. drucken lassen, und in der Vorrede vorgeben, daß die Fehler durch die Schuld der Setzer und die Sorglosigkeit anderer hineingekommen seien. — Bellarmin selbst erhielt den Auftrag, diese Lüge, zu welcher der neue Papst seinen Namen hergab, durch Abfassung der Vorrede in Umlauf zu setzen. In seiner Selbstbiographie rühmte sich der Jesuit und Cardinal, daß er solcherweise dem Sixtus Böses mit Gutem vergolten habe, da der Papst Bellarmins Hauptwerk, die Controversen, auf den Index hatte setzen lassen, weil er darin nicht die direkte

Oberherrſchaft des Papſtes über die ganze Welt, ſondern
nur die indirekte vertheidigt hatte.

Aber nun ereignete ſich ein neues Mißgeſchick. Die
Selbſtbiographie, die im römiſchen Jeſuiten-Archiv auf=
bewahrt war, wurde in ein paar Abſchriften in Rom be=
kannt. Der Cardinal Azzolini beantragte daher, da Bel=
larmin drei Päpſte beſchimpfe und zwei, Gregor XIV. und
Clemens VIII., ſelbſt als Lügner darſtelle, ſo ſolle ſeine
Schrift unterdrückt und verbrannt und das ſtrengſte Ge=
heimniß eingeſchärft werden. [18])

Doch es dürfte nöthig ſein, einen Aufſchluß darüber
zu geben, wie denn überhaupt das ſeltſame Phänomen
ſich gebildet habe, daß eine Meinung, wonach Chriſtus
den jedesmaligen Papſt als einziges Gefäß ſeiner Inſpi=
ration, als den Träger und das ausſchließliche Organ der
göttlichen Lehre, eingeſetzt hat, ohne den die Kirche wie
ein Leib ohne Seele wäre und, gleichſam ihrer natürlichen
Sehkraft beraubt, nicht wagen dürfte eine Glaubensfrage

---

[18]) Denn, meint Azzolini, was ſollten wir ſagen, wenn die
Gegner ſchließen würden: Papa potest falli in exponenda ecclesiae S. Scriptra (der Papſt kann irren, wenn er der Kirche die
heilige Schrift auslegt); ja er hat wirklich geirrt non solum in expo-
nendo, sed in ea multa perperam mutando (nicht bloß in der
Auslegung, ſondern auch indem er vieles in der Schrift ins Schlech=
tere veränderte). Voto nella causa della beatificazione
del Card. Bellarmino. Ferrara 1761. p. 40.

zu entscheiden — daß eine solche Meinung, welche künftig,
ein dogmatischer Atlas, das ganze Gebäude der Glaubens-
und Sittenlehre auf ihren Schultern tragen soll und muß,
erst 1869 Jahre nach Christus zur Gewißheit erhoben,
von nun an aber in jedem Katechismus als Hauptartikel
an die Spitze gestellt werden wird.

Dreizehn Jahrhunderte lang herrschte in der ganzen
Kirche und ihrer Literatur über einen so fundamentalen
Satz ein unbegreifliches Schweigen. Keines der alten
Glaubensbekenntnisse, keine Katechese, keine der zur An-
leitung für den religiösen Volksunterricht verfaßten
Schriften der Kirchenväter enthält ein Wort vom Papst,
am wenigsten eine Andeutung, daß alle Gewißheit des
Glaubens und der Lehre nur bei ihm zu suchen sei. Nicht
eine einzige Frage der Doctrin ist im ersten Jahrtausend
der Kirche endgültig durch einen päpstlichen Ausspruch
entschieden worden.

An den Bewegungen, welche die zahlreichen gnostischen
Secten, die Montanisten und Chiliasten in der Kirche her-
vorriefen, haben die römischen Bischöfe keinen Antheil genommen, und ein eigentlich dogmatisches Decret von einem
derselben ist aus den vier ersten Jahrhunderten überhaupt
nicht vorhanden; auch keine Spur in der Geschichte, daß
ein solches vorhanden gewesen. Selbst der christologische
durch Paul von Samosata entzündete Streit, der die
ganze Kirche des Orients geraume Zeit beschäftigte und

mehrere große Synoden nothwendig machte, verlief und
wurde beendigt ohne irgend eine Theilnahme der Päpste.
So sehr überhaupt die christologischen Controversen, die
Bewegungen, die sich an die Namen Theodotus, Artemon,
Noetus, Sabellius, Beryllus, Lucian den Antiochener knüpf=
ten, die ganze Kirche beschäftigten, es findet sich kein Be=
weis, daß die römischen Bischöfe in dieser fast über 150
Jahre sich erstreckenden Kette von Kämpfen und Erörte=
rungen über die Grenze der römischen Lokalkirche hinaus
thätig gewesen und einen dogmatischen Erfolg herbeige=
führt hätten. Eine Ausnahme hievon macht nur die dog=
matische Abhandlung des römischen Bischofs Dionysius,
welcher in Folge einer zu Rom im J. 262 gehaltenen
Synode zugleich den Sabellianismus und die entgegen=
gesetzte Ausdrucksweise des alexandrinischen Dionysius
rügte und verwarf, — eine Schrift, welche an und für
sich, wenn ihr nur autoritative Bedeutung zuerkannt
worden wäre, ganz geignet hätte sein können, die lange
Arianische Verirrung abzuschneiden, ja in der Geburt
zu ersticken. Aber sie wurde außer Alexandrien nicht
bekannt und gewann auf den späteren Gang des christo=
logischen Streites keinen Einfluß. Man weiß von ihr
überhaupt nur durch die später von Athanasius daraus
mitgetheilten Bruchstücke.

An drei Streitfragen dagegen hat die römische Kirche
in diesen ersten Jahrhunderten lebhaften Antheil genom=

men: an der Frage über die Osterfeier, die häretische Taufe und die Bußdisciplin. In allen dreien hat sie ihren Willen und ihre Ansicht und Praxis nicht durchzusetzen vermocht, und haben die andern Kirchen ihre abweichende Uebung, ohne daß es zu einer bleibenden Trennung ge= kommen wäre, behauptet. Papst Victor's Versuch, die kleinasiatischen Kirchen durch Ausschließung aus seiner Gemeinschaft zur Annahme des römischen Brauchs zu nöthigen, scheiterte.

Der Streit über die Kirchenbuße, ihre strengere oder gelindere Handhabung, und ob einige besonders schwere Versündigungen lebenslängliche Ausschließung zur Folge haben sollten, wurde wie anderwärts so auch im Schooße der römischen Kirche lange Zeit hindurch geführt. Von einem Versuche, die in Rom hierüber angenommenen Grundsätze anderen Kirchen aufzudringen, findet sich nichts, und noch im vierten Jahrhundert stellte die spanische Synode von Elvira darüber Regeln auf, welche von den römischen völlig verschieden waren. Diese Differenz hing schon enge mit dem Dogma zusammen.

Deutlicher noch trug der in der Mitte des dritten Jahrhunderts geführte Streit über die von Häretikern vorgenommene Taufe einen ganz dogmatischen Charakter, wobei im Grunde die ganze kirchliche Anschauung von der Kraft der Sacramente und den Bedingungen ihrer Wirksamkeit in Frage stand.

Völlig erfolglos blieb der Widerſpruch des Papſtes Stephanus gegen die auf mehreren Synoden beſtätigte Lehre der afrikaniſchen und aſiatiſchen Kirchen, wonach die außerhalb der Kirche in getrennten Genoſſenſchaften ertheilte Taufe ungültig ſein ſollte. Stephanus ging ſoweit, dieſe Kirchen von der Gemeinſchaft mit ſich auszuſchließen; aber er zog ſich damit nur ſcharfe Rügen über ſeine unbefugte Anmaßung zu. Sowohl Cyprian als Firmilian von Cäſarea ſprachen ihm jede Berechtigung ab, anderen Biſchöfen und Gemeinden eine Lehre vorzuſchreiben. Auch die andern öſtlichen, an dem Streite nicht unmittelbar betheiligten Kirchen behielten, unbekümmert um die römiſche Theorie, noch lange ihre abweichende Praxis bei.

Im Rückblick auf dieſen Streit hat ſpäter Auguſtinus behauptet, der Ausſpruch des Stephanus, ſo kategoriſch er auch gelautet, ſei noch keine kirchliche Entſcheidung geweſen, weßhalb auch Cyprian und die Afrikaner ein Recht gehabt hätten, denſelben zurückzuweiſen; erſt mit dem Decret eines großen (plenarium) Conciliums (er meint die Synode von Arles vom J. 314) ſei eine wirkliche und allgemeine Verpflichtung zur Annahme geſetzt worden. [19])

---

[19]) Er hat dieß beſonders in ſeiner Schrift de baptismo contra Donatistas, opp. ed Benedictin. IX p. 98—111 ausgeführt. Die Vertheidiger der päpſtlichen Unfehlbarkeit wiſſen ſich da nicht anders zu helfen, als daß ſie Auguſtin preisgeben. Orſi ertheilt dem Kirchenlehrer einen förmlichen Verweis und Bellarmin (de eccles. 1.4) meint: er habe doch vielleicht die Unwahrheit geſprochen

In den Arianischen Streitigkeiten, welche, wie keine andere Frage, die Kirche über ein halbes Jahrhundert beschäftigten und verwirrten und auf mehr als fünfzig Synoden verhandelt wurden, verhielt sich der römische Stuhl geraume Zeit passiv. Von der langen Verwaltung des Papstes Sylvester (314—335) ist ebensowenig ein Document, ein Zeichen lehrhafter Thätigkeit vorhanden, wie von allen seinen Vorgängern in dem Zeitraum von 269 bis 314. Erst Julius und Liberius (337—366 griffen in den Gang der Ereignisse ein; aber die Unsicherheit wurde nur noch gesteigert, als Julius den offenbar sabellianisch lehrenden Marcellus von Ancyra auf seiner römischen Synode für rechtgläubig erklärte, und Liberius die Rückkehr aus dem Exil vom Kaiser mit der Verdammung des Athanasius und durch die Unterzeichnung eines Arianischen Glaubensbekenntnisses erkaufte. „Anathema dir, Liberius"! riefen damals eifrig katholische Bischöfe, wie Hilarius von Poitiers. Dieser Abfall des Liberius hat das ganze Mittelalter hindurch für einen Beweis gegolten, daß Päpste ebensogut als jeder Andere in Häresie verfallen könnten.

Später, besonders nach dem unglücklichen Ausgang der Synoden von Mailand und Sirmium, von Rimini und Seleucia, als das Vertrauen auf dieses einzige Mittel der Lehrbestimmung mächtig erschüttert war, als Hieronymus schreiben konnte: die ganze Welt habe durch

die Beſchlüſſe dieſer Synoden zu ihrem Erſtaunen geſehen,
daß ſie Arianiſch geworden ſei, — da hätte man erwarten
ſollen, daß die verwirrten Gläubigen und Kirchen ſich aus
allen Theilen des Reiches an den römiſchen Stuhl als an
den einzigen Anker des Heils und Fels der Orthodoxie Rath
und Hülfe ſuchend wenden würden. Doch es geſchah durch=
aus nicht — ſo wenig geſchah es, daß in allen den Verhand=
lungen und Bewegungen, welche ſeit 359 auf die Synoden
von Rimini und Seleucia folgten, der Name des Papſtes
nicht einmal genannt wurde. Erſt einige Jahre ſpäter findet
ſich ein Lebenszeichen von ihm, als er bezüglich des Ver=
fahrens gegen die zu Rimini gefallenen Biſchöfe das Ver=
fahren der Alexandriniſchen Synode adoptirte. [20])

Im ganzen vierten Jahrhundert waren es immer
nur Synoden, welche dogmatiſche Fragen entſchieden.
Wandte man ſich auch einmal an einen römiſchen Biſchof,
um eine Entſcheidung zu erlangen, ſo wurde dieß ſo ver=
ſtanden, daß dieſe Entſcheidung durch eine von ihm zu
berufende Synode erfolgen ſolle. — Als die zweite öfume=
niſche Synode im J. 381 das wichtigſte Glaubensdecret
ſeit der Nicäniſchen abfaßte und zum erſtenmal das Dogma
vom heiligen Geiſt formulirte, war die römiſche Kirche nicht
vertreten; man theilte ihr nur, wie andern Kirchen, die
Beſchlüſſe mit. Wohl wurden auf zwei römiſchen Synoden

---

[20]) Epistolae Pontif. ed. Coustant p. 448.

unter Damasus um 378 einige Anathematismen gegen
Irrthümer, deren Urheber nicht genannt sind, abgefaßt;
aber Papst Siricius (384—398) lehnte noch eine Entschei=
dung über die Irrlehre eines Bischofs (Bonosus), wozu
man ihn aufgefordert hatte, ab, weil er kein Recht dazu
habe und vielmehr das Urtheil der Bischöfe der Provinz
abwarten wolle „um es zur Regel des seinigen zu machen". [21]
Hingegen verwarf er die in Rom selbst entstandene Lehre
des Jovinian, aber auch nur wieder mittels einer Synode.

Größerer Antheil als an den bisher entstandenen
Lehrkämpfen fiel den Päpsten an den Pelagianischen, vor=
zugsweise dem Occidente angehörigen Streitigkeiten zu.
Innocenz I. hatte, nach fünfjährigem Kampfe von den
Afrikanern angerufen, die Beschlüsse ihrer beiden Synoden
zu Milene und Karthago (417) gebilligt und ein Buch des
Pelagius für häretisch erklärt, so daß Augustinus in einer
Predigt äußerte: „jetzt ist die Sache beendigt." [22] Darin
täuschte er sich freilich, denn der Streit wurde nun erst
recht verwickelt und kam erst viele Jahre später durch
die Entscheidung des ökumenischen Concils vom Jahre
431 zum Abschluß. Papst Zosimus nämlich sprach sich
zuerst über die Pelagianische Lehre in ganz entgegengesetzter
Weise, als sein unmittelbarer Vorgänger Innocenz aus.

---

[21] Epistolae Pontif. ed. Coustant, p. 679.
[22] Sermo 131, c. 10. Opp. ed Antwerp. V, 449.

Er billigte mit großen Lobeserhebungen das Bekenntniß des der Häresie vor ihm angeklagten Cölestius, worin dieser offen die Lehre von der Erbsünde verwarf, und machte den afrikanischen Bischöfen, von welchen die Anklage ausgegangen war, harte Vorwürfe darüber, daß sie einen so rechtgläubigen Mann des Irrthums hätten zeihen können. Und erst nachdem diese ein energisches Schreiben an Zosimus gerichtet hatten, worin sie ihm andeuteten, daß sie bei ihrer Ansicht und ihren Beschlüssen blieben, er sich aber habe täuschen lassen, und abermals auf einem Concil zu Karthago über die Lehren des Pelagius und Cölestius das Anathem aussprachen, schloß sich der Papst nachträglich dieser Entscheidung an.

Man hat aber doch das angeführte Wort des Augustinus für einen Beweis ausgegeben, daß er die päpstliche Unfehlbarkeit, die er in der Frage von der Taufe so oft und so entschieden verwarf, hier angenommen habe. Aber ein solcher Gedanke war ihm durchaus fremd. Das Pelagianische System war in seinen Augen eine so offenbare und grundstürzende Irrlehre (aperta pernicies), daß zu ihrer Verurtheilung ihm nicht einmal eine Synode nöthig schien. [23]) Durch die zwei afrikanischen Synoden und den Beitritt des Papstes zu deren Beschlusse war nach seiner Meinung schon überflüssig viel geschehen und konnte die

---

[23]) Contra epist. Pelagii l. IV. c. ult.

Sache als abgeschlossen betrachtet werden. Daß ein römi=
sches Urtheil für sich nicht abschließend sei, daß vielmehr
dazu noch ein „Concilium plenarium" erfordert werde,
hatte er selber sonst nachdrücklich behauptet, und die Vor=
gänge mit Papst Zosimus hätten ihn darin nur bestärken
können.

Mit dem J. 430, dem Ausgangspunkt der von da
bis zum Schluße des siebenten Jahrhunderts sich fortziehen=
den Verhandlungen über die Incarnation und das Ver=
hältniß der beiden Naturen in Christo, beginnt für die
dogmatische Thätigkeit der Päpste ein neuer Abschnitt.
Die Verurtheilung der Lehre des Nestorius durch Papst
Cölestin wurde vorläufig durch die vom Kaiser angeordnete
Berufung eines allgemeinen Concils außer Kraft gesetzt,
dann auf diesem Concil, dem Ephesinischen vom J. 431,
einer Prüfung unterzogen und bestätigt. Als dann die
Eutychianische Controverse auftauchte, erschien im J. 449
das Schreiben Leo's des Großen an Flavian, die erste
dogmatische Urkunde eines Papstes, die denn auch im
Orient wie im Occident allgemeine Zustimmung fand; doch
nicht ohne erst auf der Synode von Chalcedon untersucht
worden zu sein. Leo erkannte selbst an, daß sein Schrei=
ben, um feste Glaubensregel zu werden, erst einer solchen
Bestätigung durch die Bischöfe bedürfe. [24)

24) Leonis ep. ad episc. Gall. apud Mansi. Concil.
VI, 181.

Weniger glücklich war später Papst Vigilius im Drei-Kapitelstreite d. h. dem Streit über die für Nestoria- nisch gehaltenen Schriften der drei Theologen Theodor, Theodoret und Jbas, indem er diese zuerst für rechtgläubig erklärte (546), dann ein Jahr darauf verdammte, dieses Urtheil aber aus Rücksicht auf die abendländischen Bischöfe (553) wieder zurücknahm und hieburch in Conflict mit der fünften allgemeinen Synode gerieth, welche die Kirchen- gemeinschaft mit ihm aufhob. Er unterwarf sich zuletzt dem Urtheil des Concils mit der Erklärung, bisher leider ein Werkzeug des am Umsturze der Kirche arbeitenden Satans gewesen und so in Zwiespalt mit seinen Collegen, den Bischöfen der Synode, gerathen zu sein, jetzt aber habe ihn Gott erleuchtet. [25]) So widersprach sich Vigilius dreimal; zuerst bannte er die, welche die drei Kapitel ver- dammten d. h. die Schriften des Theodor, Theodoret und Jbas für irrgläubig hielten; dann bannte er die, welchen sie für orthodox galten, welche demnach so dachten, wie er selbst kurz zuvor gedacht hatte. Bald darauf ver- dammte er die Verdammung der drei Kapitel, und endlich siegten wieder Kaiser und Concil über den wankelmüthigen Papst.

Die Folge war eine langwierige Spaltung im Occi- dente: ganze Landeskirchen, Afrika, Norditalien, Jllyrien

[25]) So in dem Schreiben an den Patriarchen Eutychius; conf. De Marca, Dissertationes. Paris 1669 p. 45.

sagten sich von der Gemeinschaft der Päpste los, welche durch die Verdammung der drei Kapitel den Glauben und die Autorität des Chalcedonischen Concils preisgegeben hätten. Der Nachfolger des Vigilius, Pelagius I., welcher aus diesem Grunde dem Frankenkönig Childebert und den Bischöfen Galliens in seiner Rechtgläubigkeit verdächtig geworden war, berief sich keineswegs darauf, daß die römischen Bischöfe überhaupt nicht irren könnten, sondern entschuldigte sich nach allen Seiten hin, legte vor Childebert ein offenes Glaubensbekenntniß ab und erklärte sich den Bischöfen von Tuscien gegenüber für bereit, Jedermann von seinem Glauben Rechenschaft zu geben.

So oft und dringend die Päpste die getrennten Bischöfe und Gemeinden zur Wieder-Anschließung an Rom ermahnten, nie beriefen sie sich dabei auf eine besondere Autorität oder Irrthumslosigkeit des römischen Stuhls.

Der monotheletische Streit, erzeugt durch die Lehre, daß in Christus nicht ein doppelter, ein menschlicher und göttlicher, sondern nur der eine göttliche Wille vorhanden war, führte wieder im J. 680 zur allgemeinen Synode. Gleich beim Beginne derselben hatte Papst Honorius I., von drei Patriarchen befragt, sich in dogmatischen Schreiben an dieselben ganz zu Gunsten der Irrlehre ausgesprochen und dadurch der neu sich bildenden Secte einen mächtigen Vorschub geleistet. Zwar hatte nachher im J. 649 Papst Martin mit einer Synode von 105 Bischöfen aus Süd-

und Mittelitalien den Monotheletismus verworfen. Da aber damals ein päpstliches mit einer beschränkten Synode gefaßtes Urtheil nicht als höchste und entscheidende Auto= rität galt, so sah sich der Kaiser Constantin genöthigt, zur Entscheidung der Glaubensfrage eine allgemeine Synode nach Constantinopel auszuschreiben. Es war vorauszusehen, daß auf derselben Papst Honorius I., den man bisher durch Schweigen geschont hatte, gleiches Loos mit den übrigen Haupturhebern der Häresie treffen würde. Wirklich erfolgte hier denn auch die Verdammung des Honorius wegen häretischer Lehren in feierlichster Weise und nicht eine Stimme, auch nicht die der anwesenden päpstlichen Legaten, erhob sich zu seiner Vertheidigung. Seine dogma= tischen Schreiben wurden als ketzerisch den Flammen über= geben. Die Päpste fügten sich in das Unvermeidliche, unterzeichneten das Anathem und sorgten nun selber dafür, daß der „Häretiker" Honorius in den Kirchen des Occi= dents ebenso wie im ganzen Orient verurtheilt und aus den Kirchenbüchern gestrichen wurde. Diese Thatsache, daß ein großes von der ganzen Kirche nachher ohne das geringste Bedenken bestätigtes Concil, auf welchem die päpstlichen Legaten präsidirten, die Lehrentscheidung des Papstes für irrig erklärte und ihn selbst als einen Ketzer brandmarkte, beweist wohl sonnenklar, daß die Vorstel= lung von einer besonderen Erleuchtung und Untrüglichkeit der Päpste damals der ganzen Kirche völlig fremd war.

Die Vertheidiger dieser Unfehlbarkeit seit Torquemada und Bellarmin wußten daher kein anderes Auskunftsmittel als die Aechtheit der Conciliumsakten anzugreifen und eine großartige Fälschung durch die Griechen zu behaupten. An diesem Wahne hielten die Theologen des Jesuitenordens mit Zähigkeit noch bis nach Mitte des vorigen Jahrhunderts fest. Seitdem er aufgegeben werden mußte, hat man sich auf das Drehen und Deuten der Worte des Honorius verlegt, um einen einigermaßen orthodox klingenden Sinn aus ihnen herauszupressen. Aber, wie gut oder schlecht dieß immer gelungen sein mag, die Thatsache steht fest, daß man zur Zeit des Honorius von der Irrthumsfähigkeit eines Papstes sowohl von Seiten eines öfumenischen Concils sowie von Seiten der Päpste selbst überzeugt vor.

Ein Jahrhundert später konnte Papst Hadrian I. mit aller Mühe nicht erreichen, daß die von ihm genehmigten Beschlüsse der zweiten Nicänischen Synode über die Bilder-Verehrung von Karl dem Großen und von den Bischöfen des fränkischen Reichs angenommen würden. Die große Kirchenversammlung zu Frankfurt im J. 794 und die Karolinischen Bücher verwarfen und bekämpften diese Beschlüsse, und Hadrian wagte nicht, über Widerlegungsversuche hinauszugehen. Noch im J. 824 äußerten sich die auf der Synode zu Paris versammelten Bischöfe scharf und schonungslos über „die Abgeschmacktheiten" (absona)

des Papstes Hadrian, der, wie sie sagten, eine abergläu=
bische Adoration der Bilder geboten habe. [26])

Nicht minder bezeichnend für die damalige Stellung
der abendländischen Bischöfe zur päpstlichen Autorität ist
der Streit über die Prädestinations=Lehre, welcher, durch
den Mönch Gottschalk veranlaßt, zehn Jahre lang auf Sy=
noden und in zahlreichen Schriften geführt wurde. Hier stan=
den die vornehmsten Prälaten, Hinkmar, Rhabanus, Amolo,
Prudentius, Wenilo und andere, sich einander gegenüber,
Synode stritt gegen Synode, und es zeigte sich keine Mög=
lichkeit einer Verständigung. Gleichwohl fiel es Nieman=
dem ein, an das Urtheil des Papstes, so gerne dieser auch
damals in die Angelegenheiten der fränkischen Kirche
eingriff, zu appelliren; nur Gottschalk selbst machte zuletzt
einen vergeblichen Versuch, eine Milderung seines harten
Schicksals durch den Papst zu erlangen.

Bis zur Erscheinung der Isidorischen Decretalen war
also noch nirgends ein ernstlicher Schritt zur Einführung
der Neu=Römischen Unfehlbarkeitstheorie geschehen. Die
Päpste dachten noch nicht daran, ein solches Vorrecht sich
beizulegen. Erst mußte die Stellung der römischen Bi=
schöfe zur Kirche von Grund aus umgestaltet, es mußte
die Idee des Primats alterirt werden, ehe Raum und
empfänglicher Boden für die Untrüglichkeitslehre ge=
wonnen war; dann aber entwickelte sie sich mit einer

---

[26]) Bei Mansi, Concil. XIV, 415 sq.

gewissen naturnothwendigen Consequenz, wenn auch, unter
dem Widerspruch allbekannter geschichtlicher Thatsachen,
noch sehr langsam.

Um den unermeßlichen Unterschied in der Stellung und
Wirksamkeit des Primats, wie er sich im römischen Reiche
ausgebildet hatte, und wie er in den späteren Zeiten des
Mittelalters geworden war, zu überschauen, genügt es fol=
gende Thatsachen zu constatiren:

1) Die Päpste hatten keinen Antheil an der Berufung
der Synoden. Alle großen Synoden, zu denen die Bischöfe
aus verschiedenen Ländern sich vereinigten, sind durch die
Kaiser angeordnet worden; nicht einmal eine Anfrage wurde
vorher an die Päpste gerichtet. Hielten diese eine allge=
meine Kirchenversammlung für nothwendig, so mußten sie
ihre Vorstellungen und Bitten an den kaiserlichen Hof
richten, wie es Innocenz in der Sache des Chrysostomus,
dann Leo nach der Synode von 449 that, und auch dann
drangen sie nicht immer durch, was gerade auch die bei=
den ebengenannten Päpste erfuhren. —

2) Auch der Vorsitz auf den großen Synoden wurde
den Päpsten und ihren Abgeordneten nicht immer einge=
räumt, obwohl ihnen der erste Rang in der Kirche damals
von Niemandem streitig gemacht wurde. Zu Nicäa, auf
den beiden Ephesinischen Synoden 431 und 449, auf der
fünften von 553 führten Andere den Vorsitz; nur zu Chal=
cedon 451 und zu Constantinopel 680 präsidirten die

päpstlichen Abgeordneten. Daß die Päpste selbst dieses Recht nicht als ein ihnen allein gebührendes in Anspruch nahmen, zeigt das Verhalten Leo's I., der seine Abgeordneten nach Ephesus schickte, obgleich er wußte, daß der Kaiser nicht ihn, sondern den Bischof von Alexandrien zum Präsidenten ernannt habe. —

3) Weder die dogmatischen noch die das kirchliche Leben und die Verfassung angehenden Beschlüsse dieser Synoden bedurften einer Bestätigung durch den Papst; denn die Kraft und Autorität ihrer Decrete lag in dem Consensus der Kirche, wie er sich auf der Synode und nach derselben in der allgemeinen Zustimmung kund gab. In Rom hat man später, weil diese Thatsache zu der mittlerweile aufgekommenen Theorie nicht mehr passen wollte, eine Bestätigung der Nicänischen Synode durch Papst Sylvester erdichtet.

4) In dem ersten Jahrtausend der Kirche ist es nicht vorgekommen, daß ein Papst eine für die ganze Kirche bestimmte und an die ganze Kirche gerichtete Glaubensentscheidung erlassen hätte. Ihre dogmatischen Erklärungen wurden, wenn es neue Irrlehren zu verurtheilen galt, stets auf Synoden erlassen, oder waren Antworten auf Anfragen einzelner oder mehrerer Bischöfe. Erst wenn sie auf einer ökumenischen Synode gelesen, geprüft und genehmigt waren, wurden sie als allgemeine Lehr-Norm angesehen.

5) Die Päpste besaßen keine von den drei Gewalten,

welche die eigentlichen Attribute der Herrschaft bilden, weder die gesetzgebende, noch die regierende, noch die ober= richterliche Gewalt. Allerdings gab die Synode von Sar= dica im Jahre 343 Anlaß zu dem Versuch, der letzteren nämlich, der richterlichen, sich zu bemächtigen. Hier erst wurde die Bestimmung und zwar als ein neues nur der Person des Papstes Julius übertragenes Recht getroffen, daß der Papst befugt sein solle, das Gericht über einen Bischof in zweiter Instanz an Ort und Stelle und unter Theilnahme eines römischen Abgeordneten zu berufen und im Fall der nochmaligen Appellation in dritter Instanz das letzte Urtheil zu fällen. Allein diese Anordnung ist weder von der orientalischen Kirche noch von der afrikanischen an= genommen, von jener nie beachtet, von dieser beharrlich zurückgewiesen worden und überhaupt vor den Isidorischen Decretalen nie und nirgends in volle Kraft getreten. „Wir sind entschlossen, uns diese Anmaßung nicht gefallen zu lassen", schrieben die afrikanischen Bischöfe dem Papst Bo= nifacius I. im Jahre 419.²⁷)

Die gesetzgebende Gewalt auszuüben machten die Päpste in jener Zeit keinen Versuch. Lange galten ihrer eigenen Behauptung nach im Abendlande nur die Kano= nes der ersten Nicänischen Synode; im Orient überhaupt

---

²⁷) Epist. Pontif. ed Coustant. p. 1013: „Non sumus jam istum typhum passuri."

bloß Kanones orientalischer Synoden. Erklärungen oder
Anordnungen, welche die Päpste in ihren Schreiben auf
Anfragen einzelner Bischöfe erließen, wurden schon darum
nicht als kirchliche Gesetze betrachtet, weil sie eben nur ein=
zelnen Bischöfen und Kirchen bekannt wurden. Erst die
Verbreitung der Dionysischen Sammlung mit ihrem zweiten
aus Papstschreiben bestehenden Theile seit dem sechsten Jahr=
hundert brach der Vorstellung, daß auch gewissen Decretal=
briefen der römischen Bischöfe eine gesetzliche Kraft zukomme,
allmälig Bahn; wobei man noch, wie die spanische
Kirche that, die Autorität solcher Schreiben bloß auf die
von römischen Synoden aus erlassenen beschränkte, oder
eine ausdrückliche Annahme derselben in den einzelnen
Landeskirchen zur Bedingung machte. Eine förmliche Re=
gierung aber über die Kirche zu führen wäre, wenn es die
Päpste auch angestrebt hätten, damals ein Ding der Un=
möglichkeit gewesen. Mit gelegentlich versammelten Sy=
noden kann man nicht regieren, und jedes andere Regie=
rungsorgan mangelte. Die Päpste hätten dazu einer
Curie, eines Complexes von geistlichen Behörden, Congre=
gationen u. s. w. bedurft; dafür war aber auch nicht von ferne
gesorgt. Der römische Klerus war ebenso zusammengesetzt
wie jeder andere, und für alle jene Geschäfte und Func=
tionen, aus welchen später und heute die Thätigkeit und
der Wirkungskreis der Curie sich gestaltet hat, war damals

schlechthin weder ein Bedürfniß vorhanden noch eine Ver=
anlassung gegeben.'

6) Niemand dachte daran, sich Dispensen von Kirchen=
gesetzen bei römischen Bischöfen zu holen; nie ist in jenen
Perioden irgend eine Taxe oder Abgabe an den römischen
Stuhl (eine Curie gab es ja nicht) entrichtet worden.
Gesetze zu machen, von denen dann Jeder, der die Taxe
bezahlte, entbunden würde, wäre damals als ein Gräuel
und zugleich als eine Thorheit erschienen. Nach der all=
gemeinen Ansicht war die Schlüssel= oder die Binde= und
Lösegewalt des römischen Bischofs und der übrigen Bischöfe
vollkommen gleich.

7) Die römischen Bischöfe vermochten damals nicht,
eine Person oder Gemeinde aus der Gemeinschaft der ganzen
Kirche auszuschließen. Sie konnten wohl einzelnen Bischöfen
oder Kirchen ihre Gemeinschaft oder kirchliche Anerkennung
entziehen, und sie haben dieß auch häufig gethan; aber
das hatte keine Folge für die Stellung derselben zu den
übrigen Bischöfen oder Kirchen, wie sich unter andern bei
der langwierigen Antiochenischen Spaltung vom Jahre
361—413 zeigte. Und umgekehrt konnten sie auch dem
von einer andern Kirche Ausgeschlossenen, wenn sie ihn auch
in ihrer eigenen, der römischen Gemeinde, zur Gemein=
schaft zuließen, doch damit nicht die Gemeinschaft der üb=
rigen Kirchen verschaffen. —

8) Lange wußte man in Rom nichts von bestimmten

Rechten, welche Petrus auf seine römischen Nachfolger vererbt habe. Nur von einer Sorge für das Wohl der Kirche, von einem Wächteramte, von der Wahrung der Concilien-Kanones war die Rede. Erst nach der Synode von Sardica wurde, aber bloß mit Berufung auf sie oder auf die gerne mit ihr verwechselte Nicänische Synode ein bestimmtes Recht, das der höheren richterlichen Instanz behauptet. Selbst Innocenz I. (402—417), der dem Sardicenischen Kanon die weiteste Ausdehnung zu geben versuchte und auf Grund desselben ein Cognitionsrecht in allen wichtigeren kirchlichen Fragen in Anspruch nahm, berief sich doch nur auf die „Väter" und die Synode. Auch bei Zosimus (417—418) hieß es noch, die Väter seien es, welche dem römischen Stuhle das Vorrecht verliehen hätten, daß sein Urtheil das letzte und entscheidende sein solle. [28]) Aber bald darauf erklärten schon die römischen Legaten auf der Synode zu Ephesus (431): Petrus, dem Christus die Binde- und Lösegewalt verliehen habe, lebe und richte fortwährend in seinen Nachfolgern. [29]) Niemand machte diese Ansicht energischer und häufiger geltend als Leo I. Als aber die allgemeine Synode zu Chalcedon in ihrem berühmten 28. Kanon aussprach: die Väter seien es gewesen, welche der römischen Kirche, und zwar wegen des politischen Ranges der Stadt, den Vorrang zuerkannt hätten, da wagte Leo nicht zu widersprechen,

---

[28]) Mansi, Concil. IV, 366.
[29]) ib. IV, 1296.

so sehr er sich auch gegen den Hauptinhalt des Kanons,
nämlich die Erhebung des Stuhles von Constantinopel zum
ersten Range nach dem römischen und zu gleichen Rechten
mit demselben wehrte. Nicht die Herabsetzung des römi=
schen Stuhls, sondern nur die Beeinträchtigung der orien=
talischen Patriarchen und die Verletzung des Nicänischen
Kanons, [30]) das waren die Gründe, die ihn seiner Ver=
sicherung nach bestimmten, dem Chalcedonischen Kanon seine
Zustimmung zu verweigern. Wohl hatte er einige Jahre vor=
her den Kaiser Valentinian III. bewogen, ein Edict zu
Gunsten des römischen Stuhls zu erlassen, welches alle
Bischöfe des damals sehr geschmolzenen Westreiches (eigent=
lich nur noch Italiens und Galliens) dem Papste völlig
unterwarf, und das, wenn es zur vollen Kraft gelangt wäre,
die ganze damalige Verfassung der occidentalischen Kirche
umgestaltet hätte. In diesem Edict ist neben dem Kanon
von Sardica und der politischen Größe der Stadt „das
Verdienst des hl. Petrus" als erster Grund einer so um=
fassenden Gewalt genannt, unter welche die Bischöfe durch
die kaiserlichen Beamten nöthigenfalls zwangsweise gebeugt
werden sollten. Aber sobald Leo mit Byzanz und dem

---

[30]) Der sechste Kanon von Nicäa hatte nämlich, mit Hinweisung
auf die Rechte des römischen Stuhls über einen Theil der italie=
nischen Kirche, die gleichen Rechte den Bischöfen von Alexandrien und
Antiochien über die ihnen unterstehenden Patriarchal = Sprengel
gewahrt.

Orient verkehrte, wagte er diesen Grund, der eigentlich allein schon die Nichtigkeit des ihm so verhaßten 28. Kanons von Chalcedon entschieden haben würde, doch nicht geltend zu machen und berief sich lieber auf die Nicänische Synode, wie unhaltbar auch seine aus dem sechsten Kanon gezogene Folgerung den Griechen erscheinen mußte. Auch seiner Nachfolger Widerspruch gegen jenen Kanon blieb fruchtlos; derselbe trat dennoch in volle Kraft und bestimmte von nun an die Gestalt und Lage der orientalischen Kirche, sowie ihre Ansicht von Rom's Prärogative. —

9) Das System, welches man später das Papalsystem genannt hat, ist, als es zuerst, obwohl nur in Titeln, sich ankündigte, von dem besten und größten Papste, Gregor dem Großen mit Abscheu zurückgewiesen worden. Nach diesem System hat der Papst die Fülle der Gewalt, sind alle andern Bischöfen nur seine dienenden und von ihm beigezogenen Gehilfen, ist jede Macht nur ein Ausfluß der seinigen und bliebe er concurrirender Ordinarius in jeder Diöcese. So verstand Gregor den Titel „Oekumenischer Patriarch" und duldete daher nicht, daß man einen so „gotteslästerlichen und frevelhaften Titel" ihm oder andern beilege. [31])

10) Es finden sich mehrere Landeskirchen, welche nie in einer Unterordnung unter Rom, nie auch nur in einem

---

[31]) Lib. V. epist. 18 ad Johannem; lib. VIII epist. 30 ad Eulogium. etc.

Verkehr oder Briefwechsel mit Rom gestanden sind, ohne daß dieß damals als ein Defect angesehen worden, oder bezüglich der Kirchengemeinschaft eine Schwierigkeit daraus erwachsen wäre. Eine solche autokephale, von Rom stets unabhängige. Kirche war einmal die älteste jenseits der römischen Reichsgrenzen entstandene, die Armenische, in welcher die Primaswürde längere Zeit in der Familie des nationalen Apostels, Gregor's des Erleuchters, sich vererbte. Gleich frei von jedem römischen Einflusse war von Anbeginn und blieb die große, durch Tausende von Martyrern verherrlichte Syrisch=Persische Kirche in Mesopotamien und den westlichen Ländern des Sassaniden= Reiches. In ihren Denkmalen und ihrer reichen Literatur begegnen wir keiner Spur, daß der päpstliche Arm sich je bis dorthin ausgestreckt habe. Dasselbe gilt von der Ae= thiopischen oder Abyssinischen Kirche, die wohl an den Stuhl von Alexandrien geknüpft war, in der man aber von den Ansprüchen Roms nie auch nur einen fernen Nachklang vernommen hatte. Im Westen blieb die Irische Kirche und mit ihr die Altbritische Jahrhunderte lang in autonomer, von Rom in keiner Weise beeinflußter Stellung.

Fassen wir diese bisher negativ ausgedrückte Stellung der alten Päpste positiv, so ergibt sich folgendes Bild des altkirchlichen Organismus:

Unbeschadet der Uebereinstimmung mit dem großen

Ganzen in allen wesentlichen Dingen ordnet und verwal=
tet jede Kirche ihre Angelegenheiten mit autonomer Freiheit,
bewahrt ihre eigenen überlieferten Gebräuche und ihre
Disciplin, und werden kirchliche Fragen und Streitigkeiten,
die nicht das Ganze betreffen und nicht eine größere
Tragweite angenommen haben, an Ort und Stelle ent=
schieden. Dabei gliedert sich die Kirche in Diöcesen, Pro=
vinzen, Patriarchate (später kamen die Landeskirchen im
Westen hinzu), und steht der römische Bischof an der
Spitze als erster Patriarch, als Centrum und Repräsen=
tant der Einheit, als das die Kirche griechischer und latei=
nischer Zunge, den Osten und den Westen verknüpfende
Mittelglied, als oberster kirchlicher Wächter und Bewahrer
der (noch sehr wenig zahlreichen) allgemeinen Kirchengesetze
(lange nur der Nicänischen), — aber er greift nicht ein
in die kirchlichen Kreise der Patriarchen, Metropoliten und
Bischöfe. Allgemeine verbindende Gesetze und allgemein
verbindende Glaubensdecrete erläßt nur die ganze auf einer
ökumenischen Synode concentrirte und repräsentirte Kirche.

Mit Thomas von Aquin, dem ersten Theologen, wel=
cher aus Gründen, die im Nachfolgenden enthüllt werden,
die Lehre vom Papste und seiner Machtfülle förmlich in
die Dogmatik, in die scholastische nämlich, aufgenommen
hat, also seit 1274, ist es in den dogmatischen Werken
bis auf den heutigen Tag zur Regel geworden, dem Papste
einen eigenen „Tractat" oder „Locus" zu widmen. Jede

Darstellung oder Behandlung der Glaubenslehre hat seit=
dem ihre Abschnitte vom „Primat", und seit Melchior Ca=
nus (um 1550) besonders, aber auch kürzer schon bei Tho=
mas, eine Erörterung der Autorität des Papstes in Glau=
benssachen. Bei den jesuitischen Theologen (man vergleiche
z. B. von lebenden: Passaglia, Schrader, Weninger u. s. w.)
ist die monarchische Gewalt und die magistrale Autorität
des Papstes der Hauptartikel, von welchem alles Uebrige
abhängt, der allen andern an Gewicht und fundamen=
taler Bedeutung voran geht. Mit vollem Rechte, wenn
der Papst wirklich in seinen Entscheidungen unfehlbar ist;
denn dann ist, wie jede Autorität in der Kirche, so auch die
der Concilien nur ein Ausfluß der seinigen, und alle Ge=
wißheit des Glaubens ruht auf dem Papste, geht in letzter
Analyse auf ihn und sein göttliches Vorrecht, der Träger
permanenter höherer Erleuchtung zu sein, zurück. Jeder
Christ muß sich dann sagen: ich glaube diesen Artikel oder
jenen, weil ich an die Unfehlbarkeit des Papstes glaube,
und weil ihn der Papst entschieden oder die von Andern
getroffene Lehrentscheidung oder vorgetragene Lehre ge=
nehmigt hat.

Nun vergleiche man dagegen die Schweigsamkeit der
alten Kirche. In den ersten drei Jahrhunderten ist Jre=
näus der Einzige, welcher den Vorzug der römischen
Kirche mit der kirchlichen Lehre in Zusammenhang bringt,
diesen Vorzug aber, richtig verstanden, doch nur in ihr

Alter, in den doppelt apostolischen Ursprung und darein setzt, daß die reine Ueberlieferung daselbst durch die fort= während aus allen Gegenden ankommenden Gläubigen be= wahrt und constatirt werde. Tertullian, Cyprian, [32] Lactantius wissen nichts von besonderen päpstlichen Rech= ten, nichts von einem höheren oder höchsten Entscheidungs= recht in Sachen des Glaubens und der Lehre. In den Schriften der griechischen Kirchen=Lehrer Eusebius, Athana= sius, Basilius des Großen [33]), der beiden Gregore von Na= zianz und Nyssa, Epiphanius ist nicht ein Wort zu finden von Vorrechten eines römischen Bischofs. Der fruchtbarste der griechischen Väter, Chrysostomus, schweigt vollständig darüber und ebenso die beiden Cyrille, desgleichen schwei= gen die Lateiner Hilarius, Pacian, Zeno, Lucifer, Sul= picius, Ambrosius. Selbst die Schrift des Römers Ursinus von der Wiedertaufe (um 440) [34] vertheidigt die römische

---

[32]) Von der berühmten verfälschten Stelle in Cyprians Schrift: de Unitate ecclesiae siehe später.

[33]) Basilius (Opp. ed Bened. III. 301 ep. 239 und ep. 214) hat in den stärksten Ausdrücken seine Geringschätzung gegen die Schreiben der Päpste „dieser übermüthigen und aufgeblasenen Occidentalen, welche nur die Irrlehre befestigen wollten" ausgesprochen. Selbst wenn ihre Briefe vom Himmel herabfielen, würde er sie nicht anneh= men, sagt er. Die Unterstützung der offenbar den Sabellianismus er= neuernden Irrlehre des Marcellus und die von Rom aus genährte Zerrüttung der antiochenischen Kirche hatte ihn erbittert.

[34]) Daß dieser der Verfasser sei, ergibt sich mit Sicherheit aus der Angabe des fast gleichzeitigen Gennadius und der ältesten Hand= schriften. Siehe Bennettis, Privilegia R. P. vindicata, Romae 1756. II, 274.

Auffassung dieser Frage, vermeidet es aber oder wagt es nicht, sich auf die Autorität der römischen Kirche, als ob diese entscheidend oder auch nur von besonderem Gewichte sei, zu berufen.

Aus den zahlreichen, zehn Folianten füllenden Werken des Augustinus, der gerade über die Lehre von der Kirche, von ihrer Einheit und Autorität mehr geschrieben, als alle anderen Väter zusammen genommen, läßt sich im Grunde nur das in einem Briefe hingeworfene Wort anführen, daß in Rom der Prinzipat der apostolischen Cathedra stets in Kraft bestanden habe[35], was freilich auch von Antiochien, Jerusalem, Alexandrien damals gesagt werden konnte. Wer Augustinus Schrift von der Einheit der Kirche, ein Pastoralschreiben an die getrennten Donatisten, liest, muß es, vom Standpunkte jesuitischer Unfehlbarkeitslehre aus, unbegreiflich finden, daß in diesen 75 Capiteln auch nicht ein Wort von der Nothwendigkeit der Gemeinschaft mit Rom als dem Centrum der Einheit gesagt wird. Augustin hat die mannigfaltigsten Gründe für die Pflicht der Donatisten angeführt, sich wieder der Kirche anzuschließen, aber gerade den vom päpstlichen Stuhl herzunehmenden kennt er nicht. — So ist es mit Vincenz von Lerins in seinem berühmten im Jahre 434 verfaßten Commonitorium. Wäre damals nur irgendwo in der

---

[35] Ep. 43. Opp. Antwerp. II, 69.

Kirche die Ansicht von der römischen Unfehlbarkeit vorhanden gewesen, der Verfasser hätte sie in einem Buche,
das sich ausschließlich mit der Frage von den Erkennt-
nißmitteln der ächten Christuslehre beschäftigt, unmöglich
unerwähnt lassen können. Aber er bleibt bei den drei
Kennzeichen der Allgemeinheit, der Permanenz und des
Consensus und bei den ökumenischen Synoden stehen. —
Selbst der Papst Pelagius I. preist es an Augustin, daß
er „der göttlichen Lehre eingedenk, welche das Fundament
der Kirche in die apostolischen Stühle setzt, gelehrt habe:
diejenigen seien Schismatiker, welche sich von der Lehre
und der Gemeinschaft dieser apostolischen Stühle abson-
derten."[36] Dieser Papst (555—560) weiß gleichfalls nichts
von einem Vorzug der römischen Kirche in der Lehre, sondern nur von einer Nothwendigkeit, sich bei auftauchen-
den Glaubenszweifeln der Lehre den apostolischen Kirchen
(also Alexandrien, Antiochien, Jerusalem neben Rom) anzuschließen.[37]

Wir haben ferner Schriften oder Angaben über die
Abstufungen der Hierarchie in der alten Kirche; nie wird
die Papstwürde als eine eigene Stufe der Hierarchie genannt, nie als etwas in der Kirche für sich Bestehendes
erwähnt. So in dem gegen Ende des fünften Jahrhunderts verfaßten Buche des Areopagiten von der kirchlichen

---

[36] Bei Mansi, Concil IX, 716.
[37] ib. IX, 732.

Hierarchie, wo nur Bischöfe, Presbyter und Diakone auf=
geführt werden. Im Jahre 631 beschreibt Isidor von
Sevilla, der berühmte spanische Theolog, alle Stufen des
Kirchenamtes und theilt die Bischöfe in vier Abstufungen:
Patriarchen, Erzbischöfe, Metropoliten und Bischöfe. Gratian
hat den langen Abschnitt aus Isidor in sein Decret auf=
genommen, so unbegreiflich es ihm auch erscheinen mußte,
daß derselbe gerade das erste und höchste Amt nicht er=
wähnt habe. Noch um das Jahr 789 stellt der spanische
Abt Beatus die Hierarchie ganz ebenso dar; auch er kennt
als oberste Amtsstufe in der Kirche nur die Patriarchen,
als deren Ersten er den römischen nennt.[38])

Eine andere Thatsache, welche der Infallibilist schlech=
terdings nicht zu erklären vermag, ist, daß wir eine reiche
Literatur über die christlichen Secten und Häresien in den
sechs ersten Jahrhunderten haben (Irenäus, Hippolytus, dann
Epiphanius, Philastrius, Augustinus, später auch Leontius
und Timotheus haben uns Beschreibungen dieser Secten
und Häresien, deren an achtzig gewesen sind, hinterlassen);
aber von keiner einzigen wird berichtet, daß sie die päpst=
liche Autorität in Glaubenssachen verworfen habe, wäh=
rend es z. B. an Aërius hervorgehoben wird, daß er das
Episcopat als eigene hierarchische Stufe geläugnet habe.
Hat man etwa sich Jahrhunderte lang allseitig das Wort

---

[38]) S. Beati Commentarius in Apocalypsin ed. Florez. Madr. 1776, p. 99.

gegeben, über diesen articulus stantis vel cadentis ecclesiae (nach ultramontaner Auffassung) zu schweigen?

Alles dieß wird verständlich, wenn man sich die Deutung der bekannten, den Petrus auszeichnenden Worte Christi bei den Vätern näher ansieht. Von allen Vätern jener Zeit, welche die evangelischen Stellen von der dem Petrus übertragenen Gewalt (Matth. 16, 18 und Joh. 21, 18) exegetisch erklärt haben, hat nicht ein einziger die Anwendung davon auf die römischen Bischöfe als Nachfolger Petri gemacht. Wie viele der Väter haben sich mit diesen Stellen beschäftigt und weder einer von denen, deren Commentare wir noch besitzen, Origenes, Chrysostomus, Hilarius, Augustinus, Cyrillus, Theodoret, noch die, deren Erklärungen in den Catenen zusammengestellt sind, haben auch nur mit einer Silbe auf den Primat Roms als die Consequenz der dem Petrus gegebenen Aufträge und Verheißungen hingedeutet. Nicht einer unter ihnen erklärte den Felsen oder das Fundament, auf welches Christus seine Kirche bauen will, als ein dem Petrus übertragenes und von ihm aus sich vererbendes Amt, sondern sie verstanden darunter entweder Christus selbst oder den von Petrus bekannten Glauben an Christus; beides fiel in ihren Vorstellungen häufig zusammen. Oder sie meinten auch: Petrus gleich allen übrigen Aposteln sei das Fundament, die Apostel also alle zusammen die zwölf Grundsteine der Kirche (Apocal. 21, 14.). In der Verleihung

7

der Schlüssel= und der Binde= und Lösegewalt aber konn=
ten die Väter um so weniger ein den römischen Bischöfen
ertheiltes Vorrecht oder gar eine Herrschaft erkennen, als
sie, was ohnehin auf den ersten Blick Jedem einleuchtet,
eine Vollmacht, welche zuerst dem Petrus, dann aber allen
Aposteln mit den gleichen Worten verliehen wurde, nicht
für etwas dem Petrus Eigenthümliches oder bloß auf die
römischen Bischöfe Vererbtes nahmen, und das Symbol
der Schlüssel allgemein für völlig gleichbedeutend mit dem
bildlichen Ausdruck des Bindens und Lösens hielten.[39]

Bekanntlich ist jetzt die eine klassische Stelle, welche
dem Gebäude päpstlicher Unfehlbarkeit als Fundament
dienen soll, das Wort Christi zu Petrus: „Ich habe für
Dich gebeten, daß Dein Glaube nicht ablasse, und bist Du
einst zurückgekehrt, so befestige Deine Brüder“ (Luc. 22,
32—37). Aber diese Worte sind offenbar bloß auf Petrus
persönlich, auf seine nachherige Verläugnung und Bekehrung
zu beziehen; er wird nämlich darin gemahnt, daß er, dessen
Glaubensschwäche rasch vorübergehen werde, die anderen

---

[39] Es war darum auch eine vergebliche Mühe, welche sich z. B.
Döllinger (Christenthum und Kirche, p. 30; zweite Ausgabe)
gegeben hat, die Schlüsselgewalt als etwas nach biblischem Sprach=
gebrauche von der Binde= und Lösegewalt Verschiedenes zu erklären,
so daß in jener eine Gewalt über die gesammte Kirche läge, welche
dann auch auf die römischen Nachfolger des Petrus übergegangen
wäre. Dieß widerspricht allen Erklärungen der Väter und der exege=
tischen Tradition der Kirche.

gleichfalls im Glauben an Christus wankend gewordenen Apostel stärken solle. Es ist also sinnwidrig, hier, wo blos von dem erst wankend gewordenen, dann wieder zu befestigen= den Glauben an die Messiaswürde Jesu die Rede ist, die Verheißung der künftigen Unfehlbarkeit in einer Reihenfolge von Päpsten finden zu wollen, bloß weil diese Männer später in der römischen Kirche die Stelle einnahmen, welche Petrus zuerst behauptete. Kein einziger der alten Kirchen= lehrer bis zu Ende des siebenten Jahrhunderts ist denn auch auf diese Erklärung verfallen; alle ohne Ausnahme, acht= zehn an der Zahl, haben hier bloß ein Gebet Christi, daß sein Apostel in der schweren bevorstehenden Versuchung nicht völlig unterliegen, den Glauben nicht ganz verlieren möchte, gefunden. Der Erste, der von dieser Auslegung abwich und die Verheißung des Vorrechtes der römischen Kirche darin finden wollte, war Papst Agatho im Jahre 680, als es den Versuch galt, die drohende Verdammung seines Vor= gängers Honorius abzuwenden, durch welche der römischen Kirche ihr so oft gerühmter Vorzug besonderer doctrineller Reinheit verloren gehen mußte.

Da nun der dem Klerus seit Pius IV. allgemein auferlegte Glaubenseid (die professio fidei Tridentina) die Verpflichtung enthält, die heilige Schrift nie anders als nach dem einstimmigen Consensus der Väter (also der Kirchenlehrer der sechs ersten Jahrhunderte, denn nach Gregor dem Großen, gestorben 604, giebt es keinen Kir=

7*

chenvater mehr) auszulegen; so verletzt · jeder Bischof und
Theologe den von ihm geschworenen Eid, wenn er aus
der fraglichen Stelle exegetisch folgert, daß Christus den
Päpsten das Privilegium dogmatischer Unfehlbarkeit ver=
heißen habe.

Um den Beginn des neunten Jahrhunderts war
in den vorgeführten Verhältnissen und insbesondere be=
züglich der kirchlichen Autorität in Glaubenssachen noch
keine Aenderung eingetreten. Leo III. versicherte noch die
fränkischen zu ihm gesandten Bischöfe: weit entfernt, sich
den Vätern jener Synode von 381, welche die Zusätze
zum Glaubensbekenntnisse gemacht, vorzuziehen, wage er
es nicht einmal, sich ihnen gleichzusetzen,⁴⁰) und schlug
daher das Begehren dieser Bischöfe, die Einschaltung des
Filioque in das Glaubensbekenntniß zu billigen, ab.⁴¹)

Nun aber ereignete sich in der Mitte dieses Jahr=
hunderts (um 845) die großartige Erdichtung der Isido=
rischen Decretalen, deren Wirkung weit über die Ab=
sichten der Urheber hinausreichte, und, wenn auch langsam,
allmählig eine vollständige Umwandlung der kirchlichen
Verfassung und Verwaltung herbeiführte. Es dürfte in
der ganzen Geschichte kaum ein zweites Beispiel aufzufinden
sein von einer so vollständig gelungenen und dabei doch so

---

⁴⁰) Concil. Gall. ed. Sirmond. II, 256.
⁴¹) d. h. jene Formulirung der Trinitätslehre, wornach der hl.
Geist vom Vater und Sohn procedirt.

plump angelegten Fiction. Sie ist seit drei Jahrhunderten
enthüllt, aber die Grundsätze, welche durch sie verbreitet
und praktisch verwirklicht werden sollten, haben so tiefe
Wurzeln in den Boden der Kirche getrieben und sind so
verwachsen mit dem kirchlichen Leben, daß die Aufdeckung
des Betrugs nicht einmal eine nachhaltige Erschütterung
des herrschenden Systems zur Folge gehabt hat.

Etwa hundert angebliche Decretalen der ältesten Päpste,
zugleich mit einigen Schreiben anderer Kirchenhäupter und
Akten einiger Synoden, wurden damals im westfränkischen
Gebiete erdichtet, wurden begierig sofort in Rom von dem
Papste Nicolaus I. ergriffen und als ächte Dokumente den
neuen, von ihm und seinen Nachfolgern erhobenen An=
sprüchen zu Grunde gelegt. Der nächste Zweck der Ur=
heber dieser Erdichtung war allerdings nur Sicherstellung
der Bischöfe gegen ihre Metropoliten und andere Mächte
bis zur absoluten Straflosigkeit und Ausschließung jedes
Einflusses der Weltlichen. Dieser Zweck sollte aber erreicht
werden durch eine solche Steigerung und Erweiterung der
päpstlichen Gewalt, daß die Kirche in dem Maaße, als diese
Grundsätze durchdrangen und bis in ihre Consequenzen ver=
folgt wurden, nothwendig die Gestalt einer der absoluten
Willkürherrschaft eines Einzigen unterworfenen Monarchie
annehmen mußte, und die Grundsteine zum Gebäude der
päpstlichen Unfehlbarkeit schon gelegt waren.

Vor allem durch den Grundsatz, daß jede Synode der

Genehmigung oder Bestätigung ihrer Beschlüsse durch den
Papst bedürfe; dann durch die Behauptung, daß die Fülle
der Macht (also auch in Glaubenssachen) demselben allein
zustehe, während die Bischöfe nur seine dienenden Gehil=
fen, er aber der Bischof der ganzen universalen Kirche sei.
Ist aber der Bischof von Rom wirklich zugleich der
Bischof der ganzen Kirche, so daß jeder Einzelbischof nur
sein Vicarius ist, so darf ihm, der dann der alleinige und
legitime Mund der Kirche ist, die Prärogative der Un=
fehlbarkeit nicht mangeln. Wenn auch die Glaubensdecrete
der Concilien ohne päpstliche Bestätigung kraftlos sind,
so liegt das göttliche Siegel für eine Lehre zuletzt — es
läßt sich nicht läugnen — in dem Ausspruche des Einen,
und die Vorstellung von der schrankenlosen Machtfülle dieses
Einen über die ganze Kirche umschließt, wie die Schale den
Kern, den Gedanken seiner Unfehlbarkeit. Folgerichtig läßt
es daher Pseudo=Isidor seine alten Päpste aussprechen: die
römische Kirche bleibt bis zum Ende von jeder Makel des
Irrthums unberührt. [12])

Früher waren die gelehrten Kenner des kirchlichen Alter=
thums und des kanonischen Rechtes, Männer, wie de Marca,
Baluze, Couftant, Gibert, Berardi, Zallwein u. f. w., dar=

---

[12]) Ep. Lucii, in der Ausgabe der Decretalen von Hinschius,
p. 179, cf. 206. Auch dem Marcus und Felix I. wird diese Be=
hauptung mit den aus dem Schreiben Agatho's entlehnten Worten
in den Mund gelegt.

über einig, daß die Veränderung der Kirchenverfassung, welche Pseudo=Isidor angebahnt hat, eine durchgreifende ge= wesen, daß durch ihn an die Stelle des alten Kirchenrech= tes das neue getreten sei. Dann haben Neuere[43]) die entgegengesetzte Behauptung aufgestellt, daß der Verfasser nur die damals schon vorhandenen Verfassungszustände durch seine Dichtung gleichsam habe cobifiziren und ihnen eine geschriebene Unterlage geben wollen; daß auch ohne seinen Betrug die Entwicklung der kirchlichen Verfassungs= zustände denselben Gang genommen haben würde. Das Wahre ist:

Erstens: Ehe die Pseudo=Isidorische Fälschung ent= stand, hatten in Rom schon einige sehr wirksame und all= mälig anerkannte Fictionen am Beginn des sechsten Jahrhunderts stattgefunden, welche die Maxime begrün= den sollten, daß der Papst als der Höchste in der Kirche von Niemandem gerichtet werden könne.

Zweitens: Die Isidorische Doctrin trug den Wider= spruch in sich selber, sie bezweckte zwei innerlich unverein= bare Dinge, nämlich die völlige Unabhängigkeit und Un= antastbarkeit der Bischöfe einerseits und die päpstliche Macht= erweiterung andererseits; das erstere mit so unpraktischen

---

[43]) So Walter, Phillips, Schulte, Pachmann unter den Kanonisten; auch Döllinger in seiner Kirchengeschichte (II, 41—43) und zwar mit Gründen, die eine ganz unzureichende Kenntniß der Decretalen zu verrathen scheinen.

und unnatürlichen Bestimmungen, daß sie nie vollständig
ins Leben überzugehen vermochten, wogegen die Grundsätze
über die Macht des römischen Stuhles sich allerdings unter günstigen Umständen verwirklichen und herrschend werden konnten, dann aber einen den eigenen Absichten Pseudo-
Isidors widersprechenden Erfolg haben und die Bischöfe
in die vollständigste Abhängigkeit von Rom, wie sie der
Urheber der Decretalen weder geahnt noch gewollt hatte,
hinabdrücken mußten. Daß aber durch die Pseudo-Isidorischen Grundsätze selbst in späterer Zeit die ganze
Kirchenverfassung umgestaltet worden sei, ein neues Kirchenrecht sich an Stelle des alten gesetzt habe, darüber
sollte unter Historikern billiger Weise kein Streit mehr
bestehen.

Eben als die Dichtung Pseudo-Isidors in weiteren
Kreisen bekannt wurde, waltete ein Papst, Nicolaus I.
(858 — 867), der alle seine Vorgänger an Kühnheit des
Strebens übertraf. Geschirmt und begünstigt durch die
politische Zersplitterung der Universalmonarchie Karls des
Großen, trat er dem Orient wie dem Occident gleichzeitig
mit dem Entschlusse gegenüber, jeden von einem seiner
Vorgänger erhobenen Anspruch im weitesten Umfange
zu behaupten, zugleich aber die Grenzen der römischen
Suprematie bis zur Monarchie vorzurücken. Durch die
dreiste aber unscheinbare, einen ganzen Gesetzes-Codex auf-
wiegende Umdeutung eines einzigen Wortes wußte er dem

Kanon eines allgemeinen Concils,[44]) welches gerade' jede Appellation nach Rom ausgeschlossen hatte, die Wendung zu geben, als ob dem ganzen morgen= und abendländischen Klerus damit die umfassendste Appellations=Instanz in Rom eröffnet, und der Papst wirklich zum obersten Rich= ter aller Bischöfe und Kleriker der ganzen Welt bestellt sei. Das schrieb er dem griechischen Kaiser, dem west= fränkischen Könige Karl und sämmtlichen fränkischen Bi= schöfen.[45]) Dabei berief er sich den Orientalen und einem so gelehrten und scharfsinnigen Mann wie Photius gegen= über auf jene an die Namen der Päpste Sylvester und Sixtus geknüpften römischen Erdichtungen, welche dort allerdings schon seit Jahrhunderten gebraucht wurden, die aber der römischen Kirche von griechischer Seite jenen später so oft erneuerten Vorwurf zuzogen, daß absicht= liche Erdichtungen und Fälschung von Dokumenten dort einheimisch seien. So schlug Nicolaus denn auch gleich, als ihm die neuen aus der Isidorischen Werkstätte her= vorgegangenen Decretalen mitgetheilt wurden (um 863

---

[44]) Der XVII. Kanon von Chalcedon, wo von Appellationen an den Primas dioeceseos die Rede ist, d. h. an einen der östlichen Pa= triarchen, nicht wie Baxmann (Politik der Päpste, II, 13) meint, an einen politischen Statthalter. Die Deduction des Papstes, daß unter dem Singular der Plural dioeceseon zu verstehen sei und damit dann er, der Papst, gemeint sei, mußte in Konstantinopel kaum einer Antwort werth erscheinen.

[45]) Mansi, Concil. XV. 202, 638, 694,

oder 864), die Bedenken, welche fränkische Bischöfe dagegen erhoben, mit der Versicherung nieder, daß die römische Kirche alle diese Stücke schon längst in ihren Archiven und alten Monumenten besitze und verehre, und daß jedes Schreiben eines Papstes an sich schon, wenn es auch nicht einen Bestandtheil der (Dionysischen) Kanonensammlung bilde, volle Gesetzeskraft für die Kirche habe. [46] Folge-richtig hatte er denn auch auf einer zu Rom 863 gehaltenen Synode das Anathem über alle gesprochen, welche eine von dem Papste kundgegebene Lehre oder Anordnung nicht achten würden. [47] Wenn nun alle päpstlichen Aussprüche und Decrete maßgebend für die ganze Kirche waren, und alle Entscheidungen der Synoden nach Gutdünken von den Päpsten verworfen oder gutgeheißen werden konnten, wie Nicolaus, gestützt auf Pseudo-Isidors Fiction, es for-derte — dann war von da bis zur Promulgirung der eigenen Unfehlbarkeit nur e i n Schritt, der aber gleich-wohl noch lange nicht gethan wurde. Man begnügte sich, von Zeit zu Zeit die Versicherung zu wiederholen, daß die römische Kirche den Glauben rein bewahre und frei von jeder Makel sei.

Es sind noch nahezu drei Jahrhunderte vergangen, bis der ausgestreute Same seine volle Frucht trug. In der ganzen Zeit von beinahe 200 Jahren, vom Tode

---

[46] Mansi, Concil XV, 695.
[47] Harduin, Concil. V, 574.

Nicolaus I. bis auf Papst Leo IX. befand sich der päpstliche Stuhl in einer Lage, welche an eine planmäßige
Erwerbung und Geltendmachung neuer oder erweiterter
Rechte nicht denken ließ. Ueber siebzig Jahre (von 883—
955) währte die Knechtschaft und Erniedrigung der römischen Kirche, als der apostolische Stuhl die Beute und der
Spielball rivalisirender Adelsfaktionen und selbst eine Zeit
lang herrschsüchtiger und ausschweifender Weiber war. Nur
für kurze Frist erfolgte durch das Eingreifen der sächsischen
Kaiser eine Wiedererhebung in den Personen Gregor's V.
und Sylvester's II. (997—1003). Aber dann sank das
Papstthum in die alte Verwirrung und sittliche Ohnmacht
zurück; die Tuscischen Grafen machten es in ihrer Familie
erblich, abermals bestieg und entehrte ein so schändlicher
Knabe, wie ehedem der lasterhafte Johann XII. war, als
Benedict IX. (1033—1044) den heiligen Stuhl, der nun
wie eine Waare gekauft und verkauft wurde, so daß drei
Päpste zuletzt um die Tiara sich stritten, bis es endlich
Kaiser Heinrich III. gelang, dem Verderben durch die Erhebung deutscher Bischöfe auf den römischen Stuhl zu
steuern.

Mit Leo IX. (1048—1054) wurde eine neue Aera
des Papstthums, die Hildebrandische, inaugurirt. Und nun
binnen siebzig Jahren und durch den Kampf gegen Simonie,
Priesterehe und Investitur mit Königen, Bischöfen und Klerikern erklomm der römische Stuhl eine Höhe der Macht,

wie sie selbst Nicolaus I. noch nicht erstrebt und nicht ge=
ahnt hatte. Eine mächtige und zahlreiche Partei, stärker
als jene, welche vor 200 Jahren die Isidorische Fiction
durchzuführen unternommen hatte, arbeitete seit der Mitte
des eilften Jahrhunderts mit gemeinsamen Kräften daran,
die europäischen Staaten in einem theokratischen Priester=
reiche mit dem Papste an der Spitze zu vereinigen. Die
so dringend gewordene Reform der Kirche diente den Ab=
sichten der neuen geistlichen Monarchie und wiederum
schien die Reinigung der Kirche eine solche Concentration
und Steigerung der kirchlichen Gewalt zu erfordern. In
Frankreich stützte sich diese Partei auf die einflußreichste
geistliche Körperschaft jener Zeit, die Congregation von
Cluny. In Italien dienten Männer, wie Petrus Damiani,
Anselm Bischof von Lucca, Humbert, Deusdedit, vor Allen
Hildebrand, die Seele der Unternehmung, dem neuen System,
wenn sie auch, wie Damiani und Hildebrand, in der Theorie
wie im Leben doch vielfach sich abstießen.

Es ist vielleicht noch nicht genug hervorgehoben wor=
den, daß im Grunde in der ganzen Reihe der Päpste Gre=
gor VII. der Einzige ist, der mit vollem, klarem Bewußt=
sein einen neuen Zustand der Kirche mit neuen Mitteln
herbeizuführen entschlossen war. Er hat sich nicht bloß
als den Reformator der Kirche, sondern als den gott=
berufenen Begründer einer früher nie dagewesenen Ord=
nung der Dinge (wenn er sich auch vielfach auf frühere

Vorgänger berief) betrachtet. Nur Nicolaus I. kommt ihm
hierin nahe, aber keiner der späteren Päpste, die alle,
auch die kühnsten, doch eigentlich nur die von Gregor VII.
gezogenen Linien weiter führten.

Gregor erkannte frühe schon, daß regelmäßig vom
Papste selbst gehaltene Synoden und dann neue kirchliche
Gesetzbücher zu den Mitteln gehörten, mit denen das neue
System durchgeführt werden müsse. Die Synoden wurden
unter Hildebrand's Leitung schon von Leo IX. und den nächst-
folgenden Päpsten veranstaltet, und er selbst setzte dann als
Papst mit den von ihm seit 1073 gehaltenen Kirchenversammlungen das Werk fort. Aber nur die Päpste oder ihre
Legaten sollten von nun noch Synoden abhalten, sonst jedoch
das Institut aus der Kirche verschwinden. — Für die Bear-
beitung des Kirchenrechts in seinem Sinne fand Gregor allmälig auch die rechten Männer in seiner Umgebung. Das
wichtigste und umfassendste Werk verfaßte auf sein Geheiß
Anselm von Lucca, Neffe des Papstes Alexander II.,
zwischen 1080—1086. Man kann sagen: Anselm wurde
der Begründer des neuen Gregorianischen Kirchenrechts,
einmal, indem er zuerst alles der monarchischen Papstgewalt Dienliche aus den Pseudo-Isidorischen Erdichtungen
heraushob, in bequeme und übersichtliche Ordnung brachte
und verwerthete; dann, indem er durch eine Reihe von
neuen Fictionen und Fälschungen das Kirchenrecht den
Bedürfnissen der Partei und dem von Gregor VII. einge-

nommenen Standpunkte gemäß umgestaltete.⁴⁸) Ihm folgte
kurz nachher der von Gregor zum Cardinal beförderte
Deusdedit, der mit einigen neuen Erdichtungen nach=
half. Gleichzeitig verfaßte Bonizo sein Werk, in wel=
chem wieder die päpstlichen Prärogativen die Hauptsache
waren. Die vierzig Sätze oder Capitel=Ueberschriften, die
diesen Theil seines Werkes zusammenfassen,⁴⁹) entsprechen
völlig den Dictatus Gregor's und dem Material bei
Anselm und Deusdedit. Das letzte Hauptwerk der Gre=
gorianer (vor Gratian) war der Polycarpus des Car=
dinals Gregor von Pavia (vor 1118), der fast immer,
namentlich in den Fälschungen, an Anselm sich anschloß.⁵⁰)

Die Vorrede des Deusdedit zu seinem Werke⁵¹) ist
das Programm der ganzen Schule, deren Bemühungen
zuletzt mit so vollständigem Erfolge gekrönt worden sind.

---

⁴⁸) Den Inhalt der Anselmischen Sammlung erkennt man aus
dem Verzeichnisse der Kapitel in dem Spicilegium Rom. ed.
Maio VI.; aus des Antonius Augustinus, Epitome juris
pontificii, Paris 1641, und aus den Anführungen der Pithou
zum Gratian, Ed. Paris. 1686, fol.

⁴⁹) In der Nova Patrum Bibliotheca ed. Maio, VII, 3, 48.

⁵⁰) Ivo von Chartres, Zeitgenosse des Cardinals Gregor, kann
doch nicht einfach in die Reihe der Gregorianischen Kanonisten gestellt
werden. So sehr er auch in seinen Sammlungen von Pseudo=Isidor
und theilweise von Anselm sich beherrschen ließ, hielt er sich doch in
einigen wichtigen Artikeln an das alte Kirchenrecht. —

⁵¹) Sie steht in den Memorie del Card. Passionei, Roma
1762, p. 30.

Die römische Kirche, sagt der Cardinal, ist die Mutter aller Kirchen; denn Petrus hat zuerst die Patriarchalkirchen des Orients gegründet und dann allen Städten des Occidents Bischöfe gegeben. Concilien dürfen gemäß den Beschlüssen der 318 Väter von Nicäa ohne das Urtheil des Papstes nicht gehalten werden. Auch ohne Papst, bei Erledigung des Stuhles, führt der römische Klerus das Kirchenregiment, weßhalb Cyprian und die Afrikaner ´sich seinen Beschlüssen schon vor der Wahl des Cornelius demüthig unterworfen haben, — (eine Lieblingstheorie des Cardinals, welche Anselm, der nicht Cardinal war, keineswegs adoptirte.) Hierauf führt er aus, daß er dieses Werk schreibe, um die Autorität Roms und die so stark angefochtene Freiheit der Kirche zu begründen, und behauptet hiebei, Widersprüche unter den von ihm gesammelten Quellen und Beschlüssen müßten einfach durch das Princip beseitigt werden, daß die geringere Autorität immer der größeren (also die Autorität eines Concils oder Kirchenlehrers dem Ausspruche eines Papstes) zu weichen habe. Mit diesem einen Satze, der den Isidorischen Decretalen nicht nur ein weites Thor öffnete, sondern auch gleich jeden Versuch, ihr System durch die alten Kanones zu ermäßigen, niederschlug, war in der einfachsten und mühelosesten Weise die Revolution in der Kirche vollzogen.

So klug und berechnend die Männer der Gregorianischen Partei zu Werke gingen, sie lebten doch eigentlich,

was die Vergangenheit und was entfernte Länder und
Völker betraf, in einer Welt der Träume und Fictionen.
Der gebieterischen Anforderung, ihr neues System als das
stets dagewesene, durch die ganze Geschichte der Kirche be=
stätigte nachzuweisen, konnten sie sich nicht entziehen, und
da wird es denn schwer oder unmöglich zu unterscheiden,
wo bei ihnen die unfreiwillige Täuschung aufhörte und
der bewußte Betrug begann. Haftig und unbesehen wurde
aus dem schon vorhandenen mythischen Vorrathe ausge=
wählt, was den jetzigen Bedürfnissen entsprach; neue Dich=
tungen kamen sofort hinzu, und bald konnte jeder römische
Machtanspruch als rechtlich längst begründet und in be=
stimmten Zeugnissen und Decreten bereits vorliegend nach=
gewiesen werden.

Wenn man gesagt hat, ohne Pseudo=Isidor würde es
einen siebenten Gregor nicht gegeben haben, so ist dieß
insofern vollkommen richtig, als die Isidorischen Fictionen
die breite Grundlage bildeten, auf welcher die Gregorianer
ihr Gebäude aufführten. Pseudo=Isidor aber hatte vor
Allem die Sicherheit und Straflosigkeit der Bischöfe er=
strebt, wogegen die römische Partei, welche die große
Mehrheit der Bischöfe lange Zeit gegen sich hatte, jetzt
vielmehr einen Zustand herbeizuführen wußte, in welchem
die Päpste und ihre Legaten die Bischöfe rasch und durch
ein summarisches Verfahren absetzen, sie gehörig einschüch=
tern und zugleich zur vollständigsten Unterwürfigkeit unter

jede päpstliche Verfügung hinabbrücken konnten. Dazu
kamen die eben erst ersonnenen Doctrinen über die welt=
liche Gewalt und die Absetzbarkeit der Monarchen; kurz
man bedurfte eine neue Geschichte und ein neues Kir=
chen= und Staatsrecht, Beides mußte auf dem Wege der
Fortbildung Pseudo=Isidorischer Grundsätze mittelst neuer
Fictionen gewonnen werden. Für die Correction der
Geschichte sorgte einigermaßen in Deutschland der
Mönch Bernold, in Italien der eifrige Gregorianer
Bonizo, Bischof von Piacenza, der unter andern selbst
die Kaiserkrönung Karls des Großen wegzuräumen ver=
suchte.[52] Auch die übrigen Gehilfen wußten geschichtliche
Thatsachen zu erfinden oder für die Zwecke der Partei
zuzurichten; denn ihre neuen Kirchenrechtsbücher brachten
viel Neues über die älteste Kirchengeschichte. Und Gregor
selbst besaß seinen eignen kleinen Vorrath von erdichteten
oder verdrehten Thatsachen, mit denen er Ansprüche und
Unternehmungen, die den Zeitgenossen noch unberechtigt
und fremd erschienen, stützte. Ihm stand es z. B. fest,
daß Papst Innocenz I. den Kaiser Arcadius gebannt, daß
Papst Zacharias den fränkischen König Childerich abgesetzt,
daß Gregor der Große die Könige, welche eine Herberge
zu Autun etwa berauben würden, mit Absetzung bedroht

---

[52] Man vergleiche die Einleitung Jaffé's zu seiner Ausgabe
des Bonitho in den Monumenta Gregoriana, p. 596 flg.

8

habe.[53]) Die Conſtantiniſche Schenkung war für ihn ein koſtbares und gewichtiges Dokument,[54]) es gewährte ihm ein Recht auf Corſika und Sardinien. Sein Zögling, Leo IX., machte es gegen die Griechen, ſein Freund Petrus Damiani gegen Deutſchland geltend, Anſelm und Deusdedit räumten ihm in ihren Rechtsbüchern eine hervorragende Stelle ein. Dabei ſchien es Gregor VII. bringend nöthig, bei ſeiner geſetzgeberiſchen Thätigkeit und in ſeinen Anſprüchen und Gewaltmaßregeln nicht allzuſehr als Neuerer, als an= maßender Despot zu erſcheinen; häufig behauptete er da= her, er wolle nur die alten Kirchengeſetze auffriſchen, nur ſpät erſt aufgekommene Mißbräuche beſeitigen. Wenn er in ſeinen „Dictatus" das ganze Syſtem päpſtlicher Allge= walt und Herrlichkeit in 27 Sätzen zuſammenfaßte, ſo waren dieſe Sätze theils nur Wiederholungen oder con= ſequente Folgerungen aus den Pſeudo=Iſidoriſchen Decre= talen; theils ſuchten er und ſeine Freunde und Gehilfen ihnen durch neue Fictionen den Schein des Alterthüm= lichen und Ueberlieferten zu verleihen.[55])

---

[53]) Er berief ſich auf ein nicht lange vorher in Autun unter= ſchobenes Dokument, welches Launoi, (Opp. V, p. II, 445) zergliedert hat.

[54]) Döllinger's Behauptung (Papſtfabeln p. 84.), daß ſich Gregor nie auf dieſe Schenkung berufen habe, iſt unrichtig.

[55]) Daß dieſe Dictatus ſein Werk und ein ächter Beſtandtheil ſeines von ihm ſelbſt redigirten Regiſtrum ſind, darüber ſiehe Gieſe= brecht: Die Geſetzgebung der römiſchen Kirche. (Münchner hiſtoriſches Jahrbuch 1866, p. 149.)

Gregor's Hauptschrift ist das Sendschreiben an den Bischof Hermann von Metz, welches den Beweis führen sollte, wie gut die Herrschaft der Päpste über Kaiser und Könige und ihr Recht, sie erforderlichen Falles auch abzu=setzen, begründet sei. Hier zeigte er seinen Anhängern, wie man mit Thatsachen und Texten umgehen müsse, indem er eine Stelle in einem Schreiben des Papstes Gelasius an den Kaiser Anastasius durch Auslassungen und durch Zusammenrückung getrennter Sätze so zurichtete, daß Ge=lasius das Gegentheil von dem sagt, was er wirklich ge=schrieben hat, nämlich daß die Monarchen unbedingt und allgemein dem Papste unterworfen seien; während er in Wahrheit geschrieben hatte, daß die Kirchenvorsteher aller=dings den Gesetzen der Kaiser unterthan seien, und nur für Sachen des Glaubens und der Sakramente das Ein=greifen der weltlichen Macht abgelehnt hatte.[56])

Wie man selbst das, was schon eine Fälschung war, zum Behufe des neuen Systems noch einmal fälschte, noch mehr im Dienste des kirchlichen Despotismus zuspitzte, da=von bietet der eilfte Kanon der 25. Causa (quaest. 1) bei Gratian ein Beispiel. Die Synode zu Toledo im J. 646 hatte die spanischen Priester, welche an Empörungen gegen den König Theil nehmen würden, gebannt und bei=gefügt, daß der König selbst, wenn er diesen Bann (hujus

---

[56]) Registr. ed. Jaffé p. 457.

canonis censuram) verletzen würde, dem Anathem verfalle.
Daraus machte Pſeudo-Iſidor 200 Jahre ſpäter: das
Anathem ſolle alle Könige treffen, welche irgend eine von
einem Kanon verhängte Cenſur verletzen oder deren Verletzung dulden würden; und er legte dieß dem Papſte
Hadrian in den Mund.[57] Jetzt, in den neuen Geſetzbüchern — von Anſelm, Deusdedit, Gregor von Pavia —
wurden an die Stelle der Concilienkanonen die Decrete der
Päpſte geſetzt; und ſo hatte man, was man brauchte: ein
altes Kirchengeſetz, durch welches das Verfahren Gregor's
VII. und Urban's II. gegen die Fürſten ihrer Zeit gerechtfertigt erſchien, und es einem Papſte nie an Anlaß fehlen
konnte, den Bann mit allen ſeinen jetzt poſtulirten Folgen
zu verhängen.[58]

Einen Grundpfeiler ſeines Syſtems hatte Gregor VII.
den falſchen Decretalen entlehnt. Pſeudo-Iſidor hatte den
Papſt Julius (alſo um 338 etwa) an die öſtlichen Biſchöfe
ſchreiben laſſen: „durch ein ſingulares Privilegium hat die
römiſche Kirche die Macht, die Pforten des Himmels zu
ſchließen oder zu öffnen, wem ſie will."[59] Darauf baut
Gregor ſeinen Herrſchaftsgedanken. Wie ſollte der, ſin

---

[57] Capp. Angilramni, cap. ult., p. 769 ed. Hinschius.
[58] Der Mönch Bernold hat ſchon in ſeiner im J. 1087 ge-
ſchriebenen Apol. contra schismaticos (ed. Ussermann
p. 361) die Fälſchung: „Apostolicae sedis statuta".
[59] Decret. Pseud-Isid. ed. Hinschius p. 464.

deſſen Willkür Seligkeit und Verdammniß der Menſchen
ſteht, nicht über den Erdkreis zu Gericht ſitzen dürfen?[60])
Die Stelle wurde denn [auch in den neuen Geſetzbüchern
zu einem eigenen Decret oder Kapitel geſtaltet.[61]) Der
bildliche Ausdruck des Bindens und Löſens war zu einer
unerſchöpflichen Vorrathskammer von Befugniſſen und An=
ſprüchen geworden. Die Gregorianer bedienten ſich ſeiner
wie einer Zauberformel, die ſie in den Beſitz jedes be=
gehrenswerthen Gutes ſetzen ſollte. Wollte Gregor — und
bekanntlich iſt er der Erſte, der Monarchen zu entthronen
unternommen hat — den deutſchen König abſetzen, ſo hieß
es: „mir iſt die Gewalt zu binden auf Erden und im
Himmel gegeben."[62]) Sollten, was gleichfalls er zum er=
ſtenmale that, die Unterthanen eines Fürſten von dem
Treueid, den ſie geſchworen hatten, entbunden werden, ſo
verfügte er dieß kraft ſeiner Gewalt zu löſen. Galt es
über fremdes Eigenthum zu verfügen, ſo erklärte Gre=
gor, wie er auf der Synode zu Rom 1080 that: „wir
wollen der Welt zeigen, daß wir Königreiche, Herzog=
thümer, Grafſchaften, kurz die Beſitzungen aller Menſchen

[60]) Monument. Gregorian. ed. Jaffé p. 455.
[61]) Bei Deusdedit I. c. 8. 19. ſ. Gallandii Sylloge II, 745.
Bei Anſelm ſ. Maii Spicileg. Rom. VI, 317 nro 23. Bei
Bonizo ſ. Maii Patrum Nova Biblioth. VII, p. III. 47. Im
Polycarpus des Gregorius l. 4, tit. 34.
[62]) S. die Bannformel bei Mansi, XX, 467.

jedem nehmen und jedem geben können, denn — wir können binden und lösen."[63] In ähnlicher Weise wurde ein Wort, das nach einem von Rufinus erzählten Märchen Kaiser Constantin auf der Nicänischen Synode geäußert haben sollte, aus= gepreßt und zu einer Fundgrube hochfliegender Ansprüche umgeschaffen. Constantin, so lautete die Fabel, hatte, als ihm Anklagen der Bischöfe gegen einander übergeben wur= den, sie verbrannt und mit Anspielung auf eine Psalm= stelle geäußert: die Bischöfe seien Götter, er aber dürfe als Mensch nicht über Götter richten. Das hatte Nico= laus I. dem Kaiser Michael vorgehalten.[64] Anselm nahm die Fabel wieder in seine Sammlung auf, Gratian folgte, und Gregor selbst fand darin den klaren Beweis, daß er, der Papst, der Bischof der Bischöfe, in unantastbarer Ma= jestät hoch über allen Monarchen der Erde stehe. Wie nun aber die Stelle bei Anselm und Gratian stand, lautete sie, als ob der Papst es gewesen sei, welchen Constantin einen Gott genannt habe,[65] und so wurde sie dann auch später= hin allgemein verstanden und ausgelegt.

---

[63] Die Anrede bei Mansi, XX, 536: „quia si potestis in coelo ligare et solvere, potestis in terra imperia .... et omnium ho- minum possessiones pro meritis tollere unicuique et concedere."

[64] Bei Mansi, XV. 215.

[65] Dist. 96, 7: Satis evidenter ostenditur, a seculari potentia nec ligari prosus nec solvi posse Pontificem, quem constat a pio Principe Constantino Deum appellatum, nec posse Deum ab hominibus judicari manifestum est.

Ein Mann, wie Gregor VII. mußte, wie wenig er sich auch mit theologischen Dingen zu beschäftigen pflegte, doch das Privilegium der Unfehlbarkeit als das kostbarste Juwel seiner Krone hoch halten. Seine Ansprüche auf Weltherrschaft, sein Recht, Könige abzusehen, seine Macht, beschworne Eide zu vernichten — Alles ruhte doch zuletzt auf seiner eigenen Autorität. Weil er, der unfehlbare Papst, es behauptete, mußte Jedermann es glauben. Für diese seine Unfehlbarkeit mußten demnach neue stärkere Beweise und Zeugnisse, als Pseudo=Isidor sie darbot, bei= gebracht werden.

Papst Agatho hatte auf einer römischen Synode im J. 680 erklärt: Alle englischen Bischöfe sollten die schon früher auf römischen Synoden für die angelsächsische Kirche gemachten Anordnungen beobachten.[66] Daraus machte jetzt der Cardinal Deusdedit ein an alle Bischöfe der Welt von Agatho erlassenes Decret, worin es hieß: Alle päpst= lichen Anordnungen seien so anzunehmen, als ob sie mit der eigenen Stimme Petri bestätigt (also untrüglich) seien.[67] Eine der dreistesten Fälschungen, welche die Gregorianer

---

[66] Labbé, Concil. VI. 580.

[67] In dieser gefälschten Gestalt ist es dann auch in den Poly-carpus des Cardinals Gregor, in Jvo's Sammlung, und, was na= türlich ganz entscheidend wurde, in Gratians Decret (dist. 19, c. 2) übergegangen. —

sich erlaubten, findet sich zuerst bei Anselm, [68]) dann beim Cardinal Gregor und von diesen herübergenommen bei Gratian. Augustinus hatte gesagt: Jene kanonischen Schriften (des Bibelkanons) seien ganz vorzüglich beglaubigt, welche apostolische Kirchen zuerst empfangen und besessen hätten. Er meinte unter diesen Kirchen Corinth, Ephesus u. s. w., welche Stelle nun dahin geändert wurde, daß heraus kam: zu den kanonischen Schriften gehörten die Briefe, welche der päpstliche Stuhl an Andere erlassen habe. So wurde bewirkt, daß die Theologen und Kanonisten des Mittelalters, welche ihre Kenntniß der patristischen Literatur in der Regel nur aus den von Petrus Lombardus und Gratian gelieferten Stellen schöpften, wirklich glaubten, Augustinus habe die Decretalbriefe der Päpste den biblischen Schriften gleichgesetzt. [69]) Als dann um 1450 und 1516 die Cardinäle Turrecremata und Cajetan die päpstliche Unfehlbarkeitslehre in schulgerechte Form brachten, stützten sie sich auf das klare Zeugniß Augustins, welches keinen Zweifel darüber lasse, daß der angesehenste Theologe der alten Kirche jede päpst-

---

[68]) Nach den Anführungen der Pithou in ihrer Ausgabe Gratians hat sie Anselm zweimal angebracht. Bei Gratian steht sie dist. 19, c. 6.

[69]) Die Ueberschrift des Kanon bei Gratian lautet denn auch: „Inter canonicas scripturas decretales epistolae annumerantur".

liche Kundgebung für ebenso irrthumsfrei, als die aposto=
lischen Briefe es seien, erklärt habe. [70]

Damit die Unfehlbarkeit der Päpste desto sicherer ge=
glaubt werde, wurde auch noch jedem Papste persönliche
Heiligkeit zugeeignet. Diesen Gedanken hatte zuerst im
J. 503 der römische Diakonus und Secretär des Papstes
Symmachus, Ennodius, in der Vertheidigungsschrift für
diesen gewisser Vergehen beschuldigten Mann ersonnen;
man müsse, meinte er, bei den Päpsten eine von Petrus
ererbte Unschuld und Heiligkeit annehmen. [71] Pseudo=Isi=
dor hatte dieß begierig ergriffen und noch zwei römische
Synoden erdichtet, [72] welche die Schrift des Ennodius
einstimmig approbirt und unterzeichnet haben sollten. Auch
Gregor VII. legte diese Heiligkeit aller Päpste, die er an
sich selbst erprobt zu haben behauptete, [73] seinem Anspruch
auf Weltherrschaft zu Grunde. Jeder König und Fürst,
sagt er, wenn er auch vorher gut und bemüthig war,
wird sofort durch den Besitz der Gewalt schlecht; wogegen

---

[70] Turrecremata, Summa de Ecclesia. p. II. c. q. Ca-
jetanus, De primatu Rom. ecclesiae, c. 14. — Die ganze
Fälschung hat schon der spanische Theologe Alfons de Castro in seinem
Werke: Adversus haereses, Paris 1565, I, 11 ausführlich
erörtert.

[71] Liber apologet. pro Synodo, opp. Sirmondi I.
1621.

[72] Dec. Pseudo-Isidor. ed. Hinschius p. 675 fg.

[73] Ep. VIII, 21 bei Jaffé p. 463.

der in rechter Weise ordinirte Papst [74]) alsbald durch das
ihm zugerechnete Verdienst des Petrus ein Heiliger wird.
Ist doch auch schon, bemerkte er, ein Exorcist im Klerus
höher und mächtiger als jeder weltliche Monarch, da
er die Dämonen bannt, deren Knechte die schlimmen Für=
sten sind.

Diese jetzt festgestellte Doctrin von der persönlichen
Heiligkeit jedes Papstes wurde von den Gregorianern als
angeblicher Ausspruch des Papstes Symmachus, wofür sie
auch Gregor VII. ausgegeben hatte, in die kirchlichen Ge=
setz=Bücher aufgenommen. Weil ihr aber doch die offen=
baren Thatsachen und die nicht wegzuläugnenden Verbrechen
und Ausschweifungen mancher Päpste allzu grell wider=
sprachen, so wurde zur Ergänzung noch eine andere Theorie
ersonnen, die zuerst der Cardinal Deusdedit unter dem
verehrten Namen des hl. Bonifazius, des Apostels der
Deutschen, bekannt machte. Sie lautete: Wenn auch ein
Papst so schlecht sei, daß er unzählige Völker schaaren=
weise mit sich in die Hölle führe, so dürfe ihn deßhalb
doch Niemand tadeln; denn Er, der Alle richte, könne von
keinem Menschen gerichtet werden; die einzige Ausnahme
bilde der Fall einer Abweichung vom Glauben.

---

[74]) Mit diesem Vorbehalt wollte er sich wohl gegen die That=
sache sichern, daß doch so oft schon die nichtswürdigsten Menschen wie
Johann XII., Benedict IX. und A. den päpstlichen Stuhl einge=
nommen hatten.

Daß dieß an keinem andern Orte der Welt als nur in Rom und sicher nicht von Bonifazius geschrieben sein kann, leuchtet ein. In der Zeit des Bonifazius gab es noch nicht „unzählige Völker", welche der Papst wie Skla= ven mit sich in die Hölle hätte schleppen können, die Worte setzen die Erfahrung mehrerer lasterhaften Päpste und eine Zeit der schon sehr erweiterten und auf die Völker mächtig einwirkenden Papstgewalt voraus, und sind wohl erst nach der an Benedict IX. gemachten Er= fahrung erdichtet werden. Gratian hat sie selbstverständ= lich aus Deusdedit herübergenommen. [75])

Die Lehre, welche seit etwa 1080 von den Gregori= anern verbreitet wurde, war demnach, daß jeder Papst, wenn er nur rechtmäßig ordinirt und nicht gewaltsam eingedrängt worden, heilig und unfehlbar sei. Diese Heilig= keit scheint aber doch nur als eine zugerechnete (nicht in= härirende) verstanden worden zu sein, weßhalb auch ge= sagt wurde, daß, wenn ein Papst keine eigenen Verdienste habe, ihm die seines Vorgängers Petrus zu Gute kom= men. Unbeschadet dieser Heiligkeit kann es daher auch geschehen, daß ein Papst zahllose Schaaren von Menschen, deren keiner ihm widersprechen oder vor ihm warnen darf, zur Hölle führe; und seine Unfehlbarkeit hindert ihn nicht, vom Glauben abzuweichen, in welchem Falle man

---

[75]) Dist. 40, c. 53.

sich gegen ihn erheben darf. Wahrscheinlich liegt schon hier die von spätern Theologen gemachte Unterscheidung zwischen der amtlichen oder cathedralen Unfehlbarkeit und der Möglichkeit einer persönlichen Glaubensverläugnung beim Papste zu Grunde.

Gregor VII. scheint alles Ernstes geglaubt zu haben, daß seine Unfehlbarkeit bereits in der ganzen christlichen Welt, selbst im Orient anerkannt sei. „Die griechische Kirche, schrieb er an Kaiser Heinrich, ist abgefallen und auch die Armenier haben sämmtlich den rechten Glauben verloren; aber, fügt er bei, alle Orientalen erwarten von dem hl. Petrus (b. h. von mir) die Entscheidung über ihre verschiedenen Meinungen, und gerade in dieser Zeit wird die Verheißung von dem die Brüder stärkenden Petrus in Erfüllung gehen."[76]) Er wollte damals selbst (im J. 1074) an der Spitze eines großen Heeres, denn auf die freie Unterwerfung der Griechen scheint er doch nicht gerechnet zu haben, hinüber nach Constantinopel ziehen und dort sein großes Glaubensgericht halten; doch begnügte er sich dann, Deutschland und Italien in einen Religions= und Bürgerkrieg zu stürzen, dessen Ausgang er nicht mehr erlebte.

Wie mit der Unfehlbarkeit stets die Heiligkeit bei den Päpsten verschwistert war, lehrt, sagt Gregor, die ganze Geschichte; während es nur äußerst wenige Könige oder

---

[76]) Ep. II, 31, p. 45 bei Jaffe.

Kaiſer gibt, die Heilige geweſen, ſind von 153 Päpſten
100 nicht blos heilig geweſen, ſondern haben ſogar den
höchſten Grad der Heiligkeit erſtiegen. [77] — Die Grego=
rianer ſtreuten auch die Fabel aus, welcher jedoch ſelbſt
das allgemein verbreitete Papſtbuch widerſprach, daß von
den dreißig Päpſten vor Conſtantin alle, mit Ausnahme
eines Einzigen, Martyrer geworden ſeien. [78] Ueberhaupt
beſchäftigten ſich die Gregorianer viel mit Rectificirung
der älteren Papſtgeſchichte, und da die Apoſtaſie des Li=
berius, wie ſie durch die Chronik des Hieronymus in ſo=
viele Geſchichtswerke übergegangen war, mit der päpſt=
lichen Heiligkeit und Unfehlbarkeit nicht wohl vereinigt
werden konnte, ſo nahm Anſelm in ſein Rechtsbuch die
früher erſonnene Fabel auf: Liberius habe, als der Kaiſer
ihn exilirte, auf den Rath der römiſchen Prieſter ſelber
den Felix zu ſeinem Nachfolger ordinirt, alſo abgedankt;
wodurch dann ſein ſpäter erfolgter Abfall unſchädlich wurde. [79]

Iſt nun jeder Papſt heilig und unfehlbar, ſo ſoll —
das gehörte zur Gregorianiſchen Anſchauung — die ganze
Chriſtenheit vor ihm wie vor einem aſiatiſchen Despoten,
deſſen Ungnade ſchon todbringend, zittern. Darum hoben

---

[77] Ep. VIII, 21, p. 463 Jaffé.
[78] So Bonizo in der Patrum Nov. Bibl. ed. Maio VII,
3, 37.
[79] Schelstrate (Antiquit. illust. I, 456.) führt die Stelle
aus Anſelm an.

Anselm und der Cardinal Gregor aus älteren Fälschun=
gen und zwar aus einer dem hl. Petrus angedichteten
Rede Stellen heraus, nach denen Niemand mit einem
Menschen umgehen darf, dem der Papst gram ist oder
mit dem er nicht redet. [80])

Gleich den succeſſiv durch Ablagerung entſtandenen Erd=
ſchichten legte ſich auch in der Kirche eine Schichte von
Entſtellungen und Fälſchungen über die andere. Es zeigt
ſich dieß am deutlichſten in der großen Frage des kirch=
lichen Lebens, der ſynodalen, in der ſich die zwei einan=
der ausſchließenden Prinzipien einer Selbſtverwaltung und
Rechtspflege der Kirche durch die Concilien und der abſo=
lut monarchiſchen Beherrſchung aller Kirchen durch den
Papſt und ſeine Curie gegenüberſtanden. Im J. 342
hatte Papſt Julius den öſtlichen Biſchöfen, welche auf der
Synode zu Antiochien die Abſetzung des Athanaſius be=
ſtätigt hatten, geſchrieben: ſie hätten nicht für ſich, ſondern
in einer die ganze Kirche berührenden Angelegenheit ge=
mäß dem kirchlichen Herkommen in Gemeinſchaft mit den
Biſchöfen des Occidents („uns allen", ſagt er) verfahren
ſollen. [81]) Socrates, dem eine Gelegenheit die römiſche
Herrſchſucht bemerklich zu machen, willkommen war, [82])

---

[80]) S. bei Gratian, der dieß von Anſelm hat, dist. 93, c. 1.

[81]) Ep. Rom. Pontif. ed. Coustant. p. 386.

[82]) So bemerkt er (l. 7 c. 11.): der römiſche Stuhl ſei, gleich dem
Alexandriniſchen, ſchon ſeit geraumer Zeit über das Prieſterthum
hinaus zur Herrſchaft (δυναστεία) vorgeſchritten.

hatte dieß so gedreht, als ob Julius behauptet habe: ohne
die Zustimmung des römischen Bischofs dürfe nichts in der
Kirche entschieden werden. Der lateinische Uebersetzer des
Socrates, der Italiäner Epiphanius (um das Jahr 500)
ging wieder um einen Schritt weiter und ließ den Papst
erklären, ohne seine Einwilligung dürfe kein Concil gehalten
werden. [83]) Diesen Stoff verarbeitete dann Pseudo-Isidor
und ließ den Papst Julius in zwei erdichteten Briefen
schreiben: schon die Apostel und dann die Väter der Nicänischen Synode hätten verordnet, kein Concil solle ohne
Weisung des Papstes gehalten werden. So konnten denn
Anselm und die andern Gregorianischen Kanonisten schon
eine ganze Reihe uralter Decrete vorführen, wonach die
Concilien mit allen ihren Beschlüssen ganz in die Willkür
des Papstes gestellt wurden, und Gratian hat seine ganze
siebzehnte Distinction dann aus Anselm entlehnt.

Doch dieß genügte nicht. Nicht bloß abhängige Concilien wollte man; das ganze Institut, wie es seit etwa
900 Jahren bestanden, sollte vernichtet werden. Wie die absolut gewordenen Könige des 16. und 17. Jahrhunderts keine
Ständeversammlungen mehr ertragen konnten, so fand das
absolut werden wollende Papstthum, daß Synoden der einzelnen Landeskirchen besser ganz verschwänden. Denn nur
in und mit den Synoden der einzelnen Sprengel, Provin-

---

[83]) Hist. tripart. l. 4, c. 9.

zen und Landeskirchen konnte ein friſches und einigerma=
ßen ſelbſtſtändiges kirchliches Leben gedeihen und ſich er=
halten; dieſe mußten alſo unmöglich gemacht oder wenig=
ſtens erſchwert und ſoweit gebrochen werden, daß ſie nur
nach den von Rom ausgehenden Winken verführen. Dieß
wurde durch folgende Fälſchung erreicht.

Die Gegner des Papſtes Symmachus hatten im J.
503, um zu zeigen, daß ſie auch ohne ihn ſich in Rom
zu einem Concil hätten verſammeln können, geäußert: die
von der Kirche vorgeſchriebenen jährlichen Provinzialſyno=
den würden ja doch nicht, bloß weil der Papſt nicht dabei
gegenwärtig ſei, ihre Geltung verloren haben. Darauf
hatte Ennodius in ſeiner Schutzſchrift für Symmachus er=
wiedert: wichtige Angelegenheiten (causae majores) ſeien
durch den Kanon von Sardica dem Arbitrium des Papſtes
vorbehalten. — Das war nun ſelbſt ſchon eine, freilich
in Rom längſt geläufige, Verdrehung; denn der Kanon
beſtimmte ja bloß eine Reviſions=Inſtanz für verurtheilte
und appellirende Biſchöfe. Daraus machte nun Anſelm
von Lucca (und nach ihm Cardinal Gregor und Gratian)
ein Decret des Papſtes Symmachus, in welchem es wört=
lich hieß: „die Concilien der Biſchöfe, welche jährlich in
den Provinzen zu halten die Kirchengeſetze anordneten.
haben, da auf ihnen der Papſt nicht anweſend iſt, ihre
Geltung verloren". Und die Ueberſchrift lautete: „Provin=
zial=Synoden ohne Anweſenheit des Papſtes ſind ohne

Gewicht (pondere carent).[84] So hatte man, wenn dieß durchdrang, eine kirchliche Umwälzung mit drei Zeilen vollbracht.

Man wollte aber noch ein förmliches Verbot aller Sy= noden und dieß wurde dadurch erreicht, daß Anselm, Cardi= nal Gregor und Gratian nach ihnen, den Papst Gregor den Großen erklären ließen: es sei nie Jemandem erlaubt gewesen und werde auch künftig nie erlaubt sein, eine partikuläre (nicht ökumenische) Synode zu halten.[85] Die Fälschung lag darin, daß das, was Pelagius I. von einem besonderen durch das Schisma von Aquileja veranlaßten Falle, einem gegen die fünfte ökumenische Synode gerich= teten Concil geäußert hatte, zu einem gegen alle Syno= ben gerichteten Verbot, welches Gregor I. erlassen habe, um= gestaltet wurde, zugleich wurde durch eine Veränderung des Plurals in den Singular eine Hinweisung auf die Autorität der apostolischen Kirchen (Alexandrien, Antiochien) in eine Erhebung der päpstlichen Autorität verwandelt.[86] So hatte man den doppelten Zweck erreicht, jeden Zu= sammentritt von Bischöfen an sich schon als eine illegale Anmaßung unterdrücken zu können, und dabei die päpstliche Machtfülle, welche nach Gutdünken der ganzen Christenheit

---

[84] Dist. 17, c, 6.
[85] Decret. dist. 17, c. 4.
[86] Vergl. über diese und viele andere Fälschungen: Berardi, Gratiani Canones II, 439.

9

selbst das apostolische Institut der Synoden entziehen konnte, in glänzendstem Lichte erscheinen zu lassen.

Am besten hatte Pseudo-Isidor durch seine Erdichtungen über die Wirkung des Kirchenbannes den Plänen Gregors VII. vorgearbeitet; [denn die schneidigste Waffe, mit welcher der Kampf für die Papstherrschaft geführt wurde, war doch die Excommunication in der Ausdehnung, welche Gregor ihr nun gab. Daß man mit einem Gebannten auch nicht einmal reden dürfe, hatte Pseudo-Isidor schon durch Päpste der ersten Zeit versichern lassen. Daraus zogen nun Gregor und seine Anhänger den Schluß: dies gelte auch bei Königen und Kaisern; wenn der Papst sie banne, dürfe Niemand auch nicht in geschäftlichen Dingen mit ihnen reden, wodurch sie dann zur Regierung unfähig würden und abgesetzt werden müßten. Schon durch diese der älteren Kirche völlig unbekannte und eigentlich für den ganzen Charakter des altkirchlichen Institutes zerstörende Erweiterung des Bannes wurde eine unermeßliche Macht geschaffen, eine Macht, welche nicht etwa in einzelnen Fällen mißbraucht werden konnte, sondern welche an sich schon ein stehender Mißbrauch, eine Verkehrung göttlicher und menschlicher Ordnung, eine stets fließende Quelle bürgerlicher Verwirrung und Entzweiung war. Bossuet hat es eingestanden, es sei eine falsche Lehre gewesen, welche Gregor mit Alterirung und Umstellung des Excommunications-Begriffs in die Kirche ein=

zuführen sich bemüht habe.⁶⁷) Gregor selbst mußte wissen,
daß er der Erste sei, der diese Ansprüche erhob, daß selbst
in den Isidorischen Decretalen nichts Aehnliches sich finde;
gleichwohl berief er sich vor der Synode 1078 darauf,
daß er hierin nur den Statuten seiner Vorgänger folge.⁶⁸)
Um die geistlichen Waffen geradezu unwiderstehlich zu
machen, nahmen die Gregorianer auch noch aus Pseudo-
Isidor — Papst Urban I. sollte das allen Bischöfen geschrieben haben — die Regel herüber: auch wenn ein
Bischof ungerechter Weise Jemanden banne, sei dieser
Bann doch sehr zu fürchten, und dürfe man den Gebannten nicht aufnehmen.⁶⁹)

Ueberblickt man das ganze im Laufe der sieben Jahrhunderte aufgerichtete und nun seiner Vollendung rasch
und kräftig entgegenstrebende Gebäude der päpstlichen Universalmonarchie, so erkennt man deutlich die einzelnen
Steine, aus denen das Werk sich zusammenfügte. Lange
Zeit beschränkte man sich auf die Ausbeutung des Kanons
von Sardica und die Erweiterung des dort dem Papste
übertragenen Revisionsrechts zu dem unbestimmten und
sehr elastischen Begriffe „größerer Angelegenheiten". Damit aber reichte man, als seit dem Ende des fünften

---

⁶⁷) Defensio declar. p. I, l. 3, c. 7.

⁶⁸) Dieß haben dann Ivo und Gratian (c. 15, qu. 6, 4) in
ihre Rechtsbücher zum Unglück für Europa aufgenommen.

⁶⁹) So Anselm und der Cardinal Gregor, dann Gratian
c. 11, qu. 3, 27.

Jahrhunderts die römischen Ansprüche sich in Folge der von Leo und Gelasius eingenommenen Stellung so sehr gesteigert hatten, nicht mehr aus, und so beginnt denn von dieser Zeit an eine Reihe von Fälschungen, welche theils in Rom selbst zu Stande gebracht, theils, nachdem sie anderswo entstanden, sofort in Rom adoptirt und be= nützt wurden.

Man kann es nicht gerade als bewußten Betrug be= zeichnen, daß die Päpste seit Innocenz I. und Zosimus so beharrlich den Kanon von Sardica über die Appellationen für ein Produkt des ersten Nicänischen Concils ausgaben, sie waren dabei wohl durch die Einrichtung ihrer Kano= nensammlung irre geführt. Aber mehr Absicht zeigt sich schon, als der sechste Nicänische Kanon, der im Original kein Wort von dem römischen Primat hatte, in der römischen Handschrift den Zusatz erhielt: „Die römische Kirche hat stets den Primat gehabt" — eine Täuschung, die auf der chalce= donischen Synode (451) zur Beschämung der römischen Legaten durch die Vorlesung des ächten Textes aufgedeckt wurde.[90])

Gegen Ende des fünften Jahrhunderts und am An= fange des sechsten wurde bereits rüstig in Rom an Fälschungen und Fictionen, wie sie der römische Vortheil dictirte, ge= arbeitet. Es begann die einige Jahrhunderte lang fort= gesetzte Verfertigung unächter Geschichten römischer Mar=

---

[90]) Mansi, Concil. VII. 444.

tyrer, welche die neuere Kritik, sogar die römische, wie sie noch Papebroch und Ruinart, Orsi und Saccarelli geübt haben, doch alle hat preisgeben müssen. Die fabelhafte Geschichte der Bekehrung und Taufe des Kaisers Constantin wurde ersonnen, um die römische Kirche durch dieses Ereigniß zu verherrlichen und den Papst Sylvester in der Glorie eines Wunderthäters erscheinen zu lassen. Sofort sollte die völlige Unantastbarkeit des Papstes erreicht und der Grundsatz zur Geltung gebracht werden, daß kein Papst einem irdischen Gerichte Rede zu stehen habe, sondern nur durch sich selber gerichtet werden könne. Damals war Rom (vor 514) vier Jahre lang der Schauplatz eines blutigen Kampfes um die Papstwürde; die Anhänger des Symmachus und seines Gegners Laurentius mordeten sich in den Straßen; man wollte den arianischen Gothenkönig Theodorich ebensowenig als den byzantinischen damals in Rom gehaßten Kaiser zum Richter haben. So wurden die Acten der Synode zu Sinuessa mit der fabelhaften Geschichte des Papstes Marcellinus erdichtet; so auch in denselben Jahren das Constitutum Sylvestri, d. h. die Beschlüsse eines angeblich von Sylvester im Jahre 321 zu Rom gehaltenen Concils von 284 Bischöfen, dessen Kapitel augenscheinlich noch unter dem frischen Eindrucke der blutigen Scenen, in denen auch Kleriker ermordet oder wegen Verbrechen hingerichtet wurden, verfaßt sind. Auch darin war der Grundsatz, daß Nie-

manb den ersten Stuhl (den Papst) richten dürfe, einge=
schärft.⁹¹)

Ju dem gleichen ganz verwilderten Latein sind noch
einige Stücke damals in Rom erbichtet worden, wie die
Gesta Liberii, deren Zweck war, die Fabel von der rö=
mischen Taufe Constantins zu bestätigen, und den Libe=
rius als einen durch Buße von seiner Ketzerei gereinigten
und durch ein göttliches Wunder begnabigten Papst darzu=
stellen. Dasselbe Gepräge tragen die Gesta des Papstes
Xystus III. und die bamit verbundene Geschichte des Polychronius, wo wieder der Papst angeklagt wird, aber
als Strafe bafür die Verbammung auf die Ankläger zu=
rückfällt, was bann in berselben Weise dem Ankläger
des erbichteten Bischofs Polychromius von Jerusalem
widerfährt. — Diese Dichtungen aus bem Anfange bes
sechsten Jahrhunderts, welche alle bas gleiche Gepräge
tragen, standen auch in Beziehung zu der Stellung Roms
gegen die Kirche von Constantinopel. Es war die Zeit
jener lange dauernben, durch bas Henotikon verursachten
Unterbrechung der Kirchengemeinschaft zwischen Orient und
Occident (484—519), als Felix II. den Patriarchen Aca=
cius sogar nach Rom vorlub und Papst Gelasius um 495
zum erstenmal auch den Griechen gegenüber und ihrem
28ten chalcedonischen Kanon zum Trotze die Behauptung

---

⁹¹) Append. ad Epp. Pontiff. Rom. ed. Constant.
p. 38 ff

aufstellte: Rom bestätige jedes Concil, Rom urtheile über jede Kirche, keine aber könne über Rom urtheilen. Nicht durch Synodalbeschlüsse (wie das chalcedonische Concil behauptete), sondern durch das Wort Christi habe es den Primat empfangen.[92] — Damit überbot er alle von seinen Vorgängern bisher aufgestellten Ansprüche. Daher nun die römischen, doch wohl erst nach seinem Tode verfertigten Fictionen: Ein Schreiben des Nicänischen Concils, das den Papst Sylvester um Bestätigung seiner Beschlüsse bittet und die darauf von Sylvester gehaltene römische Synode und ertheilte Confirmation; dann in den Acten Xystus III. die Erklärung dieses Papstes, daß der Kaiser die Synode auf die Autorität des Papstes hin versammelt habe; die Geschichte des Polychronius, welche den Papst schon im Jahre 435 als Richter eines orientalischen Patriarchen vorführt; endlich wie der eine von Sylvester gehaltene Synode, welche die Worte des Gelasius von dem göttlichen Ursprung des römischen Primats sich aneignet und dann die Rangfolge der zwei Hauptkirchen nach der römischen, Alexandrien und Antiochien, mit stillschweigender Ausschließung der Kirche von Constantinopel festsetzt, also die Kanonen von 331 und 451 über den Vorrang dieser Kirche umstoßen soll.[93]

---

[92] Mansi, VIII, 54.

[93] Die erwähnten Stücke sind abgedruckt auch bei Amort, Elementa juris canon. II, 432—486 aus Handschriften des achten Jahrhunderts.

So stark die Neigung zu Fictionen in Rom war,
so wurde doch merkwürdiger Weise hier tausend Jahre
lang kein Versuch gemacht, eine eigene Kanonversammlung,
wie sie die Orientalen schon im fünften Jahrhundert besaßen, aufzustellen — wohl darum, weil der Antheil Roms
an der kirchlichen Gesetzgebung lange Zeit so überaus gering war. Man berief sich zwar stets auf die Concilien-
Kanonen, für deren Beobachtung die Päpste mit ihrer
ganzen Kraft und ihrem vorleuchtenden Beispiele einzu-
stehen versicherten, aber der Kanon, der am meisten am
Herzen lag, war doch der dritte Sardicenische; während
die Kanonen dieser Synode in den orientalischen Sammlungen keine Aufnahme gefunden hatten.[94] Als Dionysius der römischen Kirche ihre erste etwas reichhaltigere
Kanonensammlung, d. h. seine Uebersetzung der griechischen
Kanonen nebst den afrikanischen und Sardicenischen gab,
hatte man in Rom seit 313 mehr als zwanzig Synoden
gehalten; von allen diesen war aber nichts vorhanden
oder konnte nichts aufgenommen werden.

---

[94] Wie Dionysius Exiguus in der Vorrede der zweiten Ausgabe seiner Sammlung, die er auf Geheiß des Papstes Hormisdas
verfertigte, bemerkt. Diese Vorrede steht bei Andres, Lettera
a G. Morelli, Parma 1802, p. 66. Man sieht daraus, daß noch
immer über die Nicänischen Kanonen Streit herrschte, und eine
Partei diese Kirchengesetze (wahrscheinlich den sechsten Kanon) durch
andere verdrängen wollte. Dies deutet auf die oben erwähnten Beschlüsse des Sylvester und seiner Synode.

Gegen Ende des sechsten Jahrhunderts wurde in Rom eine Fälschung unternommen, deren volle Wirkung erst in viel späterer Zeit eintrat. Die berühmte Stelle aus Cyprians Buch von der Einheit der Kirche wurde in dem Briefe des Papstes Pelagius II. an die istrischen Bischöfe mit Zusätzen, wie sie die römischen Ansprüche er= heischten, versehen. Wenn Cyprian gesagt hatte: Alle Apostel hätten die ganz gleiche Gewalt und Autorität wie Petrus von Christus empfangen, so lag darin ein zu greller Widerspruch gegen die seit Gelasius aufgestellte Theorie; man schaltete daher ein: „der Primat wird dem Petrus gegeben, um die Einheit der Kirche und der Cathedra zu zeigen. Wer die Cathedra des Petrus, auf der die Kirche gegründet ist, verläßt, wie kann der glauben in der Kirche zu sein." [95]) Das ungleiche Urtheil der späteren römischen Kleriker über Cyprian, der sich bis zu seinem Tode als ein entschiedener Gegner Roms gezeigt hatte, scheint auf diese Interpolation Einfluß gehabt zu haben; denn Cyprian war früher fast der einzige auswärtige Martyrer gewesen, dessen Festtag jährlich in Rom begangen wurde; aber seit Gelasius, der in seinem Verzeichniß der kirchlich verwor= fenen Schriften auch Cyprians Werke als apogryph an= führte, mußte doch Etwas zur Ausgleichung dieses Wider= spruches zwischen der hohen auch von Rom aus beförderten

---

[95]) Vergl. die Noten von Rigault, Baluze und Krabinger zu ihren Ausgaben Cyprians.

Verehrung des Mannes und dem durch seine Schriften erregten Mißfallen geschehen, und so scheint diese Inter= polation entstanden zu sein, so daß dann Cyprian der erste Rang unter den orthodoxen Kirchenvätern in dem revidirten Verzeichniß des Gelasius mit dem Zusatze, daß man sich in Allem an ihn halten solle, angewiesen wurde; freilich im Widerspruch mit der ihm in demselben Decrete unter den Apogryphen, d. h. den verworfenen Autoren, gelassenen Stelle. [96]) Da nun aber die Schriften Cyprians nicht von Rom aus sich verbreiteten, sondern längst schon an den gallischen und norbitalienischen Kirchen viel gelesen wurden, vermochten die Zusätze nicht in die Handschriften einzubringen.

---

[96]) Als in neuerer Zeit Cyprian in Rom 1563 von Manutius herausgegeben wurde, mußten die interpolirten Stellen auf Befehl der römischen Censoren beibehalten werden, obgleich sie in den Hand= schriften fehlen, wie der Editor Latino Latini in seinen Briefen (Viterbii, 1667, II, 109) klagt. So ging es auch mit der Pariser Ausgabe von Baluze auf Befehl des Ministers Cardinal Fleury. Details darüber giebt Chiniac seiner Histoire des Capitulaires, Paris 1772, p. 226. Der Minister setzte eine eigene Commission von Theo= logen nieder, um zu entscheiden, ob die Interpolationen, die Baluze beseitigt hatte, wieder eingerückt werden sollten; aber Fleury war Car= dinal und: à moins que de vouloir se faire une querelle d'état avec Rome imperieuse, il falloit que le passage fût restitué, par- ceque en le laissant supprimé en vertu d'une décision ministe- rielle, il auroit semblé qu'on vouloit porter atteinte à la pri- mauté Romaine. Le passage fut restitué par le moyen d'un carton. — In jeder kritischen Ausgabe Cyprians sind diese Inter= polationen natürlich ausgemerzt.

Früher schon war eine Interpolation des alten Ka=
talogs der römischen Bischöfe zu bestimmten Zwecken un=
ternommen und damit die Grundlage des später noch er=
weiterten Papstbuches [97]) geschaffen worden. Dieses Werk
liegt in seiner ersten Gestalt, die ihm um 530 gegeben
wurde, in Schelstrate's Ausgabe vor. [98]) Die zweite Be=
arbeitung und Fortsetzung bis Conon (687), geschrieben um
730, später noch von derselben Hand fortgeführt bis 724,
beruht für das sechste und siebente Jahrhundert auf gleich=
zeitigen Aufzeichnungen. [99]) Es ist also die erste Bearbei=
tung vom Jahre 530, welche vorzüglich unter den Gesichts=
punkt einer berechnenden Fiction zu stellen ist und ein
wichtiges Glied in der Kette der römischen Erdichtungen
und Interpolationen bildet.

Das Ganze ist in dem barbarischen und ungramma=
tischen Latein, wie es den römischen Fictionen des sechs=
ten Jahrhunderts gemeinsam ist, abgefaßt. Die Absichten
dabei waren: Erstens: die zahlreichen, erdichteten Acten
römischer Martyrer zu beglaubigen; daher die wiederholten

---

[97]) Der Liber Pontificalis oder der fälschlich so genannte Ana=
stasius, im Mittelalter gewöhnlich als das Werk des Papstes Dama=
sus citirt.

[98]) Er hat den kürzeren Text von 530 und den späteren erwei=
terten in Columnen in seiner Antiquitas Eccl., Romae 1693,
I, 402—495 einander gegenüber gestellt.

[99]) Vergl. die sorgfältige Analyse des ganzen Werkes bei Piper,
Einleitung in die monumentale Theologie. Gotha 1867.
p. 315—349.

Angaben, daß die ältesten Päpste eine Anzahl von Notaren für die Abfassung solcher Acten und dann wieder sieben Subdiakone, um diese Notare zu überwachen, aufgestellt hätten. Zweitens: sollten die schon vorhandenen Fabeln in Betreff einzelner Päpste und Kaiser (die römische Taufe Constantins, die Erdichtungen bezüglich des Sylvester, Felix und Liberius, des Xystus III. und ähnliche) bestätigt werden. Drittens: wollte man gewisse später aufgekom= mene liturgische Gebräuche in ein höheres Alter hinauf= rücken. Viertens: sollten die Päpste als Gesetzgeber für die ganze Kirche erscheinen, obgleich man außer den litur= gischen Anordnungen, die man ihnen unterlegte, und der so oft wiederholten Angabe, daß sie die römischen Paro= chien eingetheilt und die Abstufungen des römischen Klerus geordnet hätten, keine von ihnen ausgegangenen Verord= nungen anzuführen wußte, sondern sich mit der allgemei= nen Phrase begnügte, Papst Damasus oder Gelasius oder Hilarus habe ein die ganze Kirche angehendes Statut gemacht.[100]

In dem späteren, mehr geschichtlichen Theile (von 440—530) tritt noch besonders die Tendenz hervor, die Päpste den Orientalen gegenüber als Glaubenslehrer und

---

[100] Die Phrase „fecit Constitutum de omni ecclesia" wieder= holt sich fast auf jeder Seite; aber nie wird angegeben, worin denn diese Anordnung bestanden habe, während die vergeblichen Bestim= mungen über die Liturgie stets den Gegenstand präcis ausdrücken.

oberſte Richter erſcheinen zu laſſen. In der erſten Bear=
beitung iſt, abgeſehen von den Notizen über Gebäude, Weih=
geſchenke und Grabſtätten, alles was geſchichtlich ſein ſoll,
falſch; die Angaben des Verfaſſers über die Schickſale oder
Thaten der einzelnen Päpſte treffen nie mit der ſonſt be=
kannten Geſchichte zuſammen, widerſprechen ihr vielmehr,
mitunter in der grellſten Weiſe, und ſo muß auch das,
deſſen Unrichtigkeit ſich aus den uns zugänglichen Quellen
nicht mehr nachweiſen läßt, doch für erdichtet gelten, wie
denn auch faſt immer eine Abſicht darin durchſchimmert.[101]

Die Fictionen des Papſtbuches ſind von weitgreifen=
dem Einfluſſe geworden, ſeitdem ſie im übrigen Occident
bekannt und — zuerſt von Beda um 710 — benutzt wur=
den. Sie legten den Grund zu der Vorſtellung, daß die

---

[101] Tillemont und vollſtändiger noch Couſtant haben die
Angaben des Papſtbuches einer kritiſchen Muſterung unterzogen und
die groben Anachronismen nachgewieſen, ſo daß über die Fabelhaf=
tigkeit der Notizen kein Zweifel beſtehen kann. Das Ganze macht
auch durchaus den Eindruck des abſichtlichen Betruges. Offenbar lag
den Verfaſſern weder geſchichtliches noch documentariſches Material
vor. Die erſte Erörterung des Liberianiſchen Kataloges reichte bis
nahe an Damaſus hin und muß in der früheren Zeit des ſechsten
Jahrhunderts verfaßt ſein. Für ſie wurden die beiden Briefe von
Damaſus und Hieronymus erdichtet, wonach Damaſus auf die
Bitte des letzteren ſammelte, was ſich an Biographien der Pärſte
vorfand und dem Hieronymus ſandte. Dazu kam dann in einer
zweiten, etwa 20 Jahre ſpäter (um 536 etwa) veranſtalteten Aus=
gabe die Papſtreibe von Damaſus bis Felix IV. Dieſer letztere Theil
iſt von 440 an allerdings hiſtoriſch, aber auch wieder ſtark im römi=
ſchen Intereſſe gefärbt und mit berechneten Erdichtungen ausgeſtattet

Päpste stets und von den frühesten Zeiten an als Gesetzgeber für die ganze Kirche thätig gewesen seien. Sie forderten gleichsam die spätere Fälschung Pseudo-Isidors heraus, der die Notizen des Papstbuches über päpstliche
Verfügungen in seine erdichteten Decretalen aufnahm und
diesen dadurch einen Schein der Aechtheit verlieh. Dieses
Zusammenstimmen des Papstbuches und der Decretalen
war ein Hauptgrund, warum die Täuschung bezüglich der
letztern so lange vorhielt.

Nach der Mitte des achten Jahrhunderts wurde zu
Rom die berühmte Schenkung Constantins verfertigt.
Sie ist gebaut auf die früher schon im fünften Jahrhundert dort ersonnene Heilung Constantins vom Aussatze
und seine Taufe durch Papst Sylvester. Das wird hier breit
erzählt, worauf der Kaiser aus Dankbarkeit Rom, Italien
und die occidentalischen Provinzen dem Papst schenkt,[102])
und insbesondere noch sehr viel über die Ehrenvorrechte
und den Kleiderschmuck des römischen Klerus anordnet.
Ueberdieß sollte nach dieser Dichtung der Papst Herr und
Gebieter aller Bischöfe sein, und der Stuhl Petri die Gewalt haben über die vier vornehmen Throne Antiochien,
Alexandrien, Constantinopel und Jerusalem.

---

[102]) Unter diesen occidentalischen Provinzen sind nicht etwa auch
Gallien, Spanien u. s. w. verstanden, sondern nur der nördliche nicht
zum eigentlichen römischen Italien gerechnete Theil der Halbinsel,
also Lombardien, Venetien, Istrien.

Das ganze verräth seinen römischen Ursprung in jeder Zeile; man erkennt selbst, daß ein der Laterankirche zugehöriger Kleriker der Verfasser ist. Das Dokument war wohl bestimmt, dem Frankenkönige Pipin gezeigt zu werden, und ist also dicht vor dem Jahre 754 verfertigt worden. Constantin berichtet nämlich darin, daß er, um den Papst zu ehren, Reitknechtsdienste bei ihm verrichtet und sein Pferd eine Strecke weit geführt habe. Dies bewog denn Pipin, diese den Franken so ganz fremde Huldigung dem Papste zu erweisen, und dieser sagte dem König gleich von Anbeginn an, daß es nicht eine Schenkung, sondern eine Restitution sei, welche er von ihm und seinen Franken erwarte.[103]) Die erste Bezugnahme auf diese Constanti=

---

[103]) Ueber den römischen Ursprung der „Donatio" kann kein vernünftiger Zweifel bestehen. Es hat das bereits der Jesuit Cantel in seiner Historia Metropolitanarum urbium, p. 196, richtig gesehen. Er meint, der Verfasser müsse ein römischer Subdiakon Johannes gewesen sein. Die Urkunde sollte wohl nach drei Seiten hin gebraucht werden: gegen die Rom bedrohenden Longobarden, gegen die Griechen, welche kein Imperium des römischen Stuhles über ihre Kirche anerkennen wollten, und bei den Franken. Den Versuch der Jesuiten der Civiltà, einen Franken zum Verfasser zu machen, bloß weil Aeneas von Paris und Ado von Vienne im neunten Jahrhundert der Schenkung gedenken, kann man wohl nicht ernsthaft erörtern; er richtet sich von selbst. Zwischen der Donatio und den römischen Dokumenten jener Zeit, namentlich dem Constitutum Pauli I (bei Harduin, Concil. III, 1999 ff,) und der im Jahre 753 oder 754 gleichzeitig mit der Donatio ersonnenen Epistola S. Petri findet die vollständigste Uebereinstimmung in Styl und Gedanken statt. Der Ausdruck „Concinnatio luminarium", der nur in

nische Schenkung findet sich in dem Briefe Hadrians an Karl vom Jahre 777, wo er dem erklärt, daß er als ein neuer Constantin durch seine Schenkung der Kirche zwar das Ihrige gegeben, aber noch weit mehr von den alten kaiserlichen Schenkungen zu restituiren habe. Doch schon mehrere Jahre vorher, schon seit 752, pflegten die Päpste nicht vom Schenken, sondern vom Rückerstatten in ihren Schreiben zu reden, und zwar sollten die italienischen Land=schaften und Städte bald dem hl. Petrus, bald der römischen Respublica restituirt werden.[104]) Diese Forderung erhielt erst ihren verständlichen Sinn, wenn die Constantinische Schenkung hinzu genommen wurde, welche den Papst als den rechtmäßigen Besitzer und Erben des römischen Kai=serreichs in Italien erscheinen ließ; denn indem er zugleich der Nachfolger Petri und der Nachfolger Constantins war,

---

ten damaligen Briefen der Päpste, dem Constitutum Pauli und der Donatio vorkommt und sonst nirgends, verräth schon die römische Hand. So auch die Verwünschungsformel und Androhung der Höllen=strafen, gerade wie in dem Constitutum und der Epistola S. Petri. Auch die Satrapae, welche, dem ganzen Occident völlig fremd, nur in der Donatio und den damaligen Briefen der Päpste (bei Cenni, Monumrenta dominat. pontif. I, 154) vorkommen, verrathen den Ursprung.

[104]) Exarchatum Ravennae et reipublicae jura seu loca reddere, ist der Ausdruck im Papstbuch. S. Le Cointe, Annales eccles., Franc. V, 424. Auch im Briefe des Papstes Stephanus heißt es: „per Donationis paginam — civitates et loca ... restituenda confirmastis." Und so noch oft, wenn vom Exarchat und der Pontapolis die Rede ist.

wurde, was der römischen Respublica gegeben wurde, zu=
gleich dem Petrus gegeben und umgekehrt. Auf solche
Weise wurde es denn auch Pipin einleuchtend gemacht, daß
er die Forderungen des griechischen Kaiserhofes wegen
Rückgabe der ihm gehörigen Gebiete einfach als unberech=
tigt abzulehnen habe.

In der That wäre es auch unbegreiflich, wie Pipin
darauf verfallen sei, das Exarchat mit zwanzig Städten
dem Papste zu schenken, der es nie besessen, und sich die
Feindschaft des doch immer mächtigen Kaiserreiches zuzu=
ziehen, bloß damit die Lampen in den römischen Kirchen
mit Oel versehen würden;[105] wenn man ihm nicht in der
Constantinischen Schenkung den Rechtstitel der Päpste auf
diese Länder vorgezeigt und ihn mit der Rache des über
Vorenthaltung seines Eigenthums grollenden Apostelfürsten
geschreckt hätte. An dem kriegerischen Hofe Pipins war
nicht zu fürchten, daß solche Urkunden, wie die Epistel des
Petrus und die Schenkung Constantins, kritisch geprüft
und enthüllt würden. Männer, denen man schreiben durfte,
daß, wenn sie nicht wider die Feinde der Kirche zögen,
ihre Leiber und ihre Seelen ewig in der Hölle zerfleischt und
gemartert werden würden, glaubten auch bereitwillig, daß
Constantin dem Papste Sylvester Italien geschenkt habe.

---

[105] Dieß nämlich wird in den bittenden und begehrenden Schrei=
ben der Päpste stets als der Hauptgrund für die gewünschten Länder=
schenkungen angegeben.

Es waren damals Tage der Finsterniß im Frankenreiche, und bei dem vollständigen Erlöschen aller Studien gab es auch nicht einen Mann in Pipins Umgebung, dessen Scharfblick die römischen Agenten zu scheuen gehabt hätten.[106]

Man ist versucht, die Epistel des heil. Petrus an die Könige der Franken, „seine Adoptivsöhne", die gerade auch in diesem Zeitpunkte der großen Gefahr und harten Bedrängniß und der hochfliegenden Ansprüche und Hoffnungen erschien (im Jahre 754), derselben Hand zuzuschreiben — eine Fiction, so keck und seltsam, wie nur jemals eine ersonnen worden ist. Bittend und Sieg verheißend und dann wieder mit den Schrecknissen der Hölle drohend, beschwört der Apostelfürst hier die Franken, Rom und die römische Kirche zu erretten. Der Brief ging wirklich von Rom nach dem Frankenreiche ab und scheint dort seine Wirkung gethan zu haben.[107]

Zwanzig Jahre später empfand man in Rom das Bedürfniß einer weiteren Erdichtung oder Interpolation. Pipin hatte dem Papste das den Longobarden abgenommene Exarchat mit dessen Hauptstadt Ravenna und noch zwanzig anderen Städten der Aemilia, Flaminia und Pentapolis oder das

---

[106] Vergl. die Benedictiner in ihrer Histoire littéraire de la France. IV, 3.

[107] Ist er doch selbst in die officielle Sammlung des Codex Carolinus aufgenommen worden. Er steht bei Cenni, l. c. I. 150.

literale Dreieck zwiſchen den Städten Bologna, Comacchio und Ancona geſchenkt.[105] Mehr hätte er nicht ſchenken können; denn nur dieſes Gebiet hatten die Longobarden erſt kürzlich ſich angeeignet und mußten es jetzt herausgeben.

Im Jahre 774 war Pipins Sohn, Karl der Große, nach der Eroberung von Pavia König des weit nach Süden hin ſich erſtreckenden Longobardenreiches geworden. Da konnte von der Conſtantiniſchen Schenkung nicht mehr die Rede ſein; Karl müßte geradezu abgedankt haben. Auch bedurfte man in Rom eines ſtarken italieniſchen Königs, der von dem ihm gehörigen Gebiete der Halbinſel aus die päpſtlichen Landestheile in Unterwerfung hielt; zugleich war aber die römiſche Begierde nach Land und Leuten und Einkünften noch lange nicht mit dem Exarchat und, was daran hing, befriedigt. So wurde denn dem Könige in Rom ein Do=kument vorgelegt, welches die Schenkung oder Verheißung (promissio) ſeines Vaters von Kierſy ſein ſollte. Karl erneuerte ſie, wie ſie ihm gezeigt wurde, und verſchenkte damit den größern Theil von Italien, darunter Vieles, was gar nicht in ſeiner Gewalt war; denn die Urkunde, wie ſie der Biograph Hadrians auszugsweiſe mittheilt, bezeichnet als dem Papſte zu ſchenkende Gebiete: ganz Corſika, Venetien, und Iſtrien, Luni, Monſelice, Parma, Reggio, Mantua,

---

[105] Dies ergiebt ſich aus den Aufzählungen des Papſtbuches und der Notiz bei Leo von Oſtia. S. Le Cointe, V, 484; und Mock: De donatione a Carolo M. oblata, p. 8, sq.

10*

die Ducate von Spoleto und Benevento nebst dem Exar=
chat.[109]

Daß Karl eine so umfassende Schenkung gemacht habe,
vermöge welcher ihm von seinem italienischen Reiche nicht
viel übrig geblieben wäre, ist Jedermann bis jetzt räthsel=
haft und unerklärlich vorgekommen. Muratori, Sugen=
heim, Hegel, Gregorovius, Niehues haben daher
theils die Stelle für unächt erklärt, theils den päpstlichen
Biographen der Unwahrheit beschuldigt; sonst müßte man,
bemerkt z. B. Niehues, Karl eines wissentlich fortgesetzten
Meineides, Hadrian einer feigen Nachlässigkeit zeihen.[110]
Abel meint, die Bedenken gegen die Richtigkeit der Angabe
seien zwar groß, aber doch nicht ausreichend, und hilft sich
endlich mit der Annahme, die Schenkung sei zwar der
Pipin'schen wirklich gleich, aber eine sehr bedingte gewesen.[111]
Mock endlich nimmt den Umfang der Schenkung als rich=
tig an, giebt aber die Gleichheit derselben mit der Pipin'=
schen, also doch wieder die Wahrhaftigkeit des Biographen
Hadrians auf, und der neueste Darsteller Baxmann läßt
wieder Alles ungewiß.[112] Kurz, Niemand hat demnach
das Räthsel zu lösen vermocht.

---

[109] Liber Pontificalis ed. Vignoli, II. 193.

[110] Geschichte des Verhältnisses zwischen Kaiserthum
und Papstthum. I. 565.

[111] Forschungen zur deutschen Geschichte, I. 469 fg. und
Jahrbücher, I. 131.

[112] Politik der Päpste, I. 277.

Die Sache erklärt sich aber, wenn man die bereits zwei=
mal gedruckte [113]) und allerdings erdichtete Urkunde ver=
gleicht, welche sich für das Pactum oder die Verschreibung
Pipin's ausgiebt und welche wirklich den geographischen Umfang
der Schenkung, nur mit Aufzählung von mehr Städte=
Namen, so beschreibt, wie ihn auch der Biograph Hadrians
angiebt. Dieses Document ist der Constantinischen Schen=
kung nahe verwandt; wie in dieser Constantin, so giebt in
dem Pactum Pipin eine ausführliche Vorgeschichte seiner
Beziehungen zum Papste, den Griechen und Longobarden
als Motiv seiner Schenkung und versichert, daß er sich
und seinen Nachfolgern keine Gewalt in den abzutretenden
Gebieten, nur Gebete für seine Seelenruhe und den Titel
eines römischen Patricius vorbehalten habe; denn diese
Gebiete seien durch soviele Schenkungen der Kaiser recht=
mäßiges Eigenthum des Papstes. Dieses Dokument, sicht=
lich im Styl der Constantinischen Schenkung und der römi=
schen Papst=Biographien dieser Zeit geschrieben, macht es
schwer, einen anderen Ursprung und Zweck dabei voraus=
zusetzen, als den, dem Könige Karl vorgelegt zu werden [114]),

---

[113]) Bei Fantuzzi, Monumenti Ravennati VI. 264 und
bei Troya, Codice diplom. Longobardico, Napoli 1854,
IV. 503 ff. Troya selbst hält das Document für ächt, was bei
einem in den Urkunden jener Zeit so bewanderten Manne unbe=
greiflich ist.

[114]) Man müßte denn vermuthen wollen, daß es bestimmt ge=
wesen sei, einem der späteren Karolinger als Pipin'sche Schenkung

und erklärt, wie Karl verleitet wurde, ein Versprechen zu geben, welches er dann unausführbar fand; weshalb er den stets sich erneuernden Forderungen der Päpste beharrlichen Widerstand und das Verlangen entgegensetzte, daß Rom seine Rechtstitel auf die einzelnen Gebiete speziell nachweise.

Unstreitig wurde auch an den Privilegien, welche die Kaiser nach Karl dem Großen dem römischen Stuhle aus= gestellt haben, manche Fälschung verübt, obgleich die ange= brachten Aenderungen nicht soweit gehen, als man früher häufig behauptet hat. Das Pactum oder die Schenkung Kaiser Ludwigs des Frommen vom Jahre 817 trägt doch innere Kennzeichen der Aechtheit, ist aber offenbar durch einige Zusätze gefälscht.[115] Es läßt nämlich den Kaiser die Inseln Corsika, Sardinien und Sicilien mit den zu= nächst gelegenen Seeküsten, dazu dann ganz Tuscien und Spoleto dem Papste Paschalis schenken. Es bedarf keines

---

vorgelegt zu werden. Für die Augen und Ohren eines fränkischen Königs war es offenbar bestimmt, und da die Hervorhebung, daß Pipin sich keine Gewalt in den fraglichen Gebieten vorbehalten habe, nach der Aufrichtung des Kaiserthums keinen Zweck mehr gehabt hätte, so wird man bei Karl und bei dem Jahre 774 stehen bleiben müssen, und den falschen vorangesetzten Papst=Namen auf Rechnung des später lebenden, sehr unwissenden Abschreibers zu setzen haben.

[115] Sie wurde bisher von den meisten Gelehrten, wie von Pagi, Muratori, Beretta, Le Bret, Pertz, Gregorovius, Baxmann und jüngst auch noch von dem Meister in der Karolini= schen Urkundenkritik, Sickel, als völlig erdichtet angesehen, während Marini [Nuovo Esame etc. Roma 1822] und Gfrörer ihre Aechtheit vertheidigten.

weiteren Nachweises, daß, wenn wirklich Kaiser Ludwig dem
Papste den größeren Theil von Italien, noch dazu in so
unbestimmter, elastischer Ausdrucksweise, theils bestätigt, theils
neu geschenkt hätte, die ganze folgende Geschichte des Papst=
thums bis auf Gregor VII. dann ein unerklärbares Räth=
sel wäre, da die Päpste damals diese Gebiete, die zusammen
einem großen Königreiche gleichkamen, weder besaßen noch
einen Anspruch darauf erhoben. Die Behauptung, daß ganz
Tuscien päpstliches Eigenthum sein solle, stellte erst Inno=
cenz III. auf, vor ihm Niemand. Auf das Herzogthum Spoleto
erhob zuerst Gregor VII. Ansprüche. Sicher ist die Fälschung
gegen Ende des eilften Jahrhunderts, als man in Rom das
Geschäft so thätig und umsichtig betrieb, gemacht worden;
denn Gregor VII. ist auch der Erste, welcher Ansprüche
auf Sardinien erhebt, aber zugleich bemerkt, daß die Sar=
dinier bisher mit dem römischen Stuhl in keinem Verkehr
gestanden, vielmehr durch die Nachlässigkeit seiner Vorgän=
ger, wie er meint, demselben fremder geworden seien, als die
Völker am äußersten Ende der Welt.[116] Freilich erwies
Urban II. im Jahre 1091, daß Corsika Eigenthum der
Päpste sei, nicht durch die Privilegien Karls oder Ludwigs,
sondern mit der Constantinischen Schenkung, nach welcher,
wie man sie damals auslegte, alle Inseln des Westens, auch
die Balearischen und selbst Irland von Constantin dem

[116] Epist. I. 29.

Papste Sylvester geschenkt worden wären. Aehnlich verhält
es sich auch mit den Privilegien Kaiser Otto's I. von 962
und Heinrich's II. von 1020. Die Dokumente sind großentheils ächt (oder von ächten copirt); als spätere in sehr
plumper Weise vollbrachte Einschiebung aber erweist sich
in beiden die Angabe des Papstbuches über Karl's Schenkung.[117]

Bekanntlich hat die Markgräfin Mathilde, welche sich
ganz der Leitung Gregor's VII. und Anselm's von Lucca
ergeben hatte, im Jahre 1077 dem römischen Stuhl die
Provinzen Ligurien und Tuscien geschenkt.[118] Bedenkt
man, daß Gregor VII. von dem Gegenkönig Rudolf im
Jahre 1081 den Eid forderte, die Länder und Einkünfte,
welche Kaiser Constantin und Karl dem hl. Petrus gegeben,
demselben zurückzuerstatten;[119] daß ferner schon Papst
Leo IX. sich in feierlichster Weise auf die Constantinische
Schenkung berufen hatte, und daß der Gewissensrath Ma-
thildens, Anselm, diese Schenkung in sein Rechtsbuch einrückte,
so läßt sich wohl ermessen, welches Dokument man ihr vorhielt, um ihr eine so umfassende Abtretung oder Restitution
als Gewissenspflicht erscheinen zu lassen.

---

[117] Vgl. Watterich, Vitae Pontiff. I. 45; Hefele, Concil. — Geschichte, IV., 580, und Beiträge, I, 255.

[118] So Leo Cassinensis ap. Pertz, Monum. Germ.
IX., 738. Unter Ligurien sind wohl die der Mathilde zuständigen
lombardischen Grafschaften gemeint.

[119] Ep. VIII., 8, 26.

Wir dürfen von einem Manne, wie Gregor VII. war, nicht annehmen, daß er an diesen Fälschungen einen be= wußten Antheil gehabt habe, aber in seiner maßlosen Leicht= gläubigkeit und seiner hastigen Begierde nach Länderbesitz und Herrschaft berief er sich auf die handgreiflichsten Er= dichtungen als sichere Beweisstücke. So behauptete er im Jahre 1081: Nach Ausweis der im Archive der Peters= kirche aufbewahrten Urkunden habe Karl der Große ganz Gallien der römischen Kirche zinspflichtig gemacht und ihr ganz Sachsen geschenkt.[120] Es ist damit ohne Zweifel die im zehnten oder elften Jahrhundert in Rom geschmiedete Urkunde gemeint, welche Torrigio[121] mitgetheilt hat. Karl nennt sich da schon im Jahre 797 Kaiser, seine Reiche sind Francia, Aquitania und Gallia; Alcuin ist Kanzler und jedes seiner Reiche hat jährlich einen Zins von 400 Pfund nach Rom zu entrichten.

Wir haben diese die Schenkungsurkunden betreffenden Thatsachen hier nur hervorgehoben, weil sie das ganze in Rom vom sechsten bis zum zwölften Jahrhundert constant beobachtete Verfahren in helles Licht setzen und weil die

---

[120] Epist. VIII. 23.
[121] Le Grotte Vaticane. Roma 1639. p. 505—510. Wie früher Martyrer=Akten, so wurden seit dem 10. Jahrhundert in Rom falsche Urkunden in Menge gefertigt, wie die Monographien über einzelne römische Kirchen ausweisen. Gleich die erste Urkunde vom Jahre 570, welche Marini (Papiri diplomatici, Roma 1805) bringt, ist erdichtet. S. Jaffé, Regesta, p. 936.

Urheber derselben unverkennbar die nämlichen Personen sind, denen die im Interesse der kirchlichen Suprematie unternommenen Fictionen zur Last fallen.

Wir gehen nun in der Aufzählung und Untersuchung jener Erdichtungen weiter, durch welche allmälig die ganze Kirchenverfassung umgeändert wurde.

Der Pseudo-Isidorischen Fälschung, welche in der Mitte des neunten Jahrhunderts erfolgte, wurde bereits gedacht. An ihr hatte, wie wir gesehen, Rom keinen Antheil, obschon es nachher allen Gewinn für seine Machterweiterung aus derselben zog — erst dann nämlich, als der wesentliche Inhalt dieser Fictionen in die Rechtsbücher der Gregorianischen Partei übergegangen war.

Das mächtigste Werkzeug des neuen Papalsystems wurde um die Mitte des zwölften Jahrhunderts das von der ersten Rechtsschule Europa's, der juristischen Lehrerin der ganzen abendländischen Christenheit, von Bologna nämlich, ausgegangene Decret des Gratian. In diesem Werke vereinigten sich die Isidorischen Fälschungen mit denen der Gregorianer Deusdedit, Anselm, Gregor von Pavia und mit den von Gratian selbst hinzugefügten. Sein Werk hat alle älteren Kirchenrechtssammlungen verdrängt, ist das Handbuch und Magazin nicht nur für Kanonisten, sondern auch für die scholastischen Theologen geworden, welche die Väter und Concilien größtentheils nur aus ihm kannten. Es hat in der Kirche nie ein Buch gegeben, welches an

Einfluß dem ſeinigen gleichgekommen wäre, obgleich es, wie
kaum ein anderes, von groben Fehlern, abſichtlichen und
unfreiwilligen, wimmelte. Nicht blos Anſelm, Deusdedit
und Cardinal Gregor, deren Werke doch nur geringe Ver=
breitung fanden, auch der Deutſche Burkard (oder deſſen
Gehilfe der Abt Olbert) hatten Gratian vorgearbeitet.
Burkard hatte in ſeiner zwiſchen 1012 und 1022 verfaß=
ten Sammlung nicht nur Pſeudo = Iſidoriſche Fictionen in
reichlichem Maße aufgenommen, er hatte auch die kirchlichen
Beſtimmungen aus den Capitularien verſchiedenen Päpſten
zugeſchrieben, ſo daß ſeit Mitte des eilften Jahrhunderts die
irrige Vorſtellung erweckt wurde, das, was noch im neunten
Jahrhundert von fränkiſchen Synoden frei verordnet worden
war, ſei in autokratiſcher Weiſe von den Päpſten geboten
worden.

Alle dieſe Fälſchungen nun — die reiche Ernte von
drei Jahrhunderten — hat Gratian guten Glaubens in
ſeine Sammlung herübergenommen; aber er hat auch noch
eine Anzahl neuer Corruptionen, immer im Geiſte und In=
tereſſe des Papalſyſtems und mit unverkennbarer Abſicht=
lichkeit, angebracht.

Es mag an einigen, zugleich tief in die Entwicklung
des neuen Kirchenſyſtems eingreifenden Beiſpielen gezeigt
werden, wie Gratian, der Italiener, durch ſeine eigenen
Zuthaten noch die große nationale Angelegenheit, durch das
Papſtthum gewiſſermaßen die ganze chriſtliche Welt zur

Domäne des italienischen Klerus zu machen, förderte. Die deutschen Bischöfe hatten früher noch als die westfränkischen vor den Isidorischen Decretalen sich gebeugt. Die Wirkung derselben zeigt sich in den Beschlüssen der deutschen National=Synode zu Tribur im Jahre 895. Man sieht hier, wie tief schon Pseudo=Isidor ins Blut der deutschen Hier= archie mit der imperatorischen Hoheit seiner Päpste und ihrer von ihm ersonnenen Machtgebote eingedrungen war. Es kam allerdings noch hinzu, daß die Bischöfe damals auf's Engste mit dem an der Synode stark betheiligten und auf ihr gegenwärtigen König Arnulf sich verbunden hatten, und dieser, begierig nach der Kaiserkrone, die ihn schon einmal nach Italien gelockt hatte, dieselbe nur durch die Gunst des Papstes Formosus erlangen konnte. So erhoben sie es denn zum Beschlusse: Selbst wenn das Joch, das Rom ihnen auferlegte, unerträglich werde, so wollten sie es doch in frommer Ergebung tragen.

Wie oft ist nachher dieser Ausspruch wiederholt wor= den! Man legte ihn auch Karl dem Großen bei, sowie man von Constantin versicherte, er habe den Papst einen Gott genannt. Dadurch nun, daß Gratian ihn als Ka= pitulare Karls [122]) aufnahm und zum allgemeinen Kanon stempelte, ist es bis zum Constanzer Concil herrschende, zuweilen indeß doch thatsächlich widerlegte Ansicht gewor=

---

[122]) Dist. 19, c. 3.

ben, daß es Pflicht sei, auch das Unerträgliche sich gefallen zu lassen, wenn Rom es auferlege.

Nicht von Anderen entlehnt, sondern Gratian eigen= thümlich ist die Fälschung des 36. Kanons der ökumeni= schen Synode von 692.[123]) Hier war der Chalcedonische Kanon, gemäß welchem den Patriarchen von Neu=Rom oder Constantinopel gleiche Rechte wie dem römischen zu= kommen sollten, erneuert worden. Gratian nun verkehrt durch zwei Wörtchen den Kanon ins gerade Gegentheil und unterdrückt die Hinweisung auf den gleichlautenden Kanon von Chalcedon. Zugleich reducirt er die Fünfzahl der Patriarchen auf vier; denn jetzt sollte die alte Gleich= stellung des römischen Bischofs mit den vier östlichen Kir= chenhäuptern, obgleich selbst die Gregorianer, wie z. B. Anselm, ihn noch als einen der Patriarchen betrachtet hatten, verschwinden.[124]) Für eine Patriarchenwürde des römi= schen Stuhles war eigentlich kein Raum mehr; derjenige, der jedes erdenkliche Recht in der Kirche schon an sich ge= zogen hatte, konnte nicht wohl in einem Bruchtheil der=

---

[123]) Dist. 22, 6. Die römischen Correctoren haben statt Gra= tians Fälschung „non tamen", die sich 400 Jahre lang ruhig be= hauptete, „nec non" gesetzt.

[124]) Anselm und Deusdedit haben nämlich das berühmte Decret Nikolaus II. über die Papstwahl, welches dem deutschen Könige ein Bestätigungsrecht einräumte, für ungiltig erklärt, weil Ein Patriarch, der römische, das von fünf Patriarchen (zu Chalcedon) gesetzte Recht nicht einseitig aufheben könne.

felben noch) eine befonbere Gewalt als Patriarch ausüben.
Die Vollmachten des Papftes waren zu einem „marc
magnum"[125]) geworben, innerhalb beffen es nicht etwa
noch einen See ober Teich von fpeciellen Befugniffen geben
fonnte. Augenfällig zeigte fich biefes Verhältniß in Be=
zug auf bie Provinzen des öftlichen Illyrifum (Macebo=
nien, Theffalien, Epirus, Darbanien), welche früher unter
ber Patriarchalgewalt bes römifchen Bifchafs ftanben, fo
baß ber Metropolit von Theffalonifa zum Vicar beffelben
ernannt war. Kaifer Leo ber Ifaurier hatte biefe Pro=
vinzen um 730 von Rom losgeriffen, unb fie gehörten
nun zum Patriarchat von Conftantinopel. Darüber wurbe
lange geftritten; bie ftets erneuerten Zurückforberungen
ber Päpfte fanben in Conftantinopel fein Gehör, bis bie
Aufrichtung bes lateinifchen Kaiferthums im Jahre 1204
ben Päpften momentan auch in biefen öftlichen Ländern
bie Macht überlieferte. Da war es nun bezeichnenb, baß
Innocenz III., weit entfernt feine alten Patriarchalrechte
geltenb zu machen, vielmehr ben Bifchof von Tornobus
zum Patriarchen erhob — eine fehr ephemere, balb wie=
ber erlofchene Kirchenfchöpfung.[126])

Den Kanon ber · afrifanifchen Synobe — biefen

---

[125]) Wie fpäter bie zahlreichen Vorrechte, welche bie Bettel=
mönche von ben Päpften erhielten, ein „mare magnum" genannt
wurben.
[126]) Le Quien, Oriens Christianus, I. 96—98; II. 24—25.

nicht wegzuräumenden Stein des Anstoßes für alle Papa=
listen —, der jede Appellation über das Meer, d. h. nach
Rom untersagte, machte Gratian dadurch dem neuen Sy=
stem dienstbar, daß er durch einen Zusatz die Synode ge=
rade das bejahen ließ, was sie ausdrücklich verneint hatte.
Hatte ferner Pseudo=Isidor schon das alte Kirchenrecht,
welches den Wechsel der Bischöfe von einer Kirche zur
anderen verbot, durch seine Fälschungen umzustoßen un=
ternommen, so wurde jetzt von Gratian nach dem Vor=
gange von Anselm und Cardinal Gregor in die ältere
Corruption noch eine neue Erdichtung eingeschoben, um
dem Papste allein die Befugniß der Translation zuzu=
eignen.[127]

Einer der folgenreichsten Bestandtheile Gratians und
zugleich ein Beweis von dem weiten Abstande des neuen
Kirchenrechts von dem alten ist der Abschnitt,[128] in wel=
chem Gratian, auch hier an Anselm, Deusdedit und Car=
dinal Gregor sich anschließend ein System des Zwanges
um der Religion willen entwickelt. Während er einer=
seits und, zwar mit Fälschung eines vor ihm von Ivo
und Burkard angeführten Kanons, den Papst Gregor den
Großen anordnen läßt, die Kirche solle Todtschläger und
Mörder[129] vertheidigen, ist er andererseits ängstlich be=

---

[127] Caus. 7, qu. 1. 34.
[128] Caus. 23, qu. 4. 5. 6.
[129] Caus. 23, 5. 7.

müht, in einer langen Reihe von Kanones einzuschärfen,
daß es erlaubt, ja Pflicht sei, die Menschen zum Guten,
und also auch zum Glauben, und zu dem, was damals
zum Glauben gerechnet wurde, mit allen Gewaltmitteln
zu zwingen, und insbesondere Häretiker zu quälen, ihres
Eigenthumes zu berauben, sie hinzurichten. Hier ist er
noch über die Gregorianischen Kanonisten hinausgegangen.
Er verfehlt nicht hervorzuheben, daß Urban II. erklärt
habe, wer aus Eifer für die Kirche einen Excommunicirten umbringe, sei keineswegs als Mörder zu behandeln,
und schließt nun ganz allgemein: hieraus sei klar, daß
man die „Bösen" (zunächst also die von der Kirchenmacht
für „Böse" erklärten) nicht blos geißeln, sondern auch hinrichten lassen dürfe.

Noch Schlimmeres als dieß findet sich in dem Werke
des Bolognesischen Mönchs, welches zum Unsegen von
Religion und Kirche durch die von der Kurie angewandten Mittel das Lehr- und Gesetzbuch der abendländischen
Welt wurde. Und das Wirrsal von nicht einfachen, sondern complicirten und gehäuften Fälschungen wurde gerade in den Materien sehr fühlbar, welche die Keime
weiterer Entwicklung ·in sich trugen, und in ihren Consequenzen tief in das bürgerliche wie kirchliche Leben des Occidents einschnitten. So war es mit dem Begriff Ketzerei,
der eben damals zu einem zweischneidigen Schwerte und
einem wirksamen Mittel kirchlicher Herrschaft gestaltet

wurde. Papst Nikolaus I. hatte in seinem Schreiben an
den griechischen Kaiser Michael behauptet: nach dem sechs=
ten Kanon des ökumenischen Concils von 381 sei jeder
Gebannte und Schismatiker auch sofort als Häretiker
anzusehen, in gröblicher Verdrehung des Kanons. Dies
wurde nun von Anselm und Gratian [130]) in die neuen
Rechtsbücher aufgenommen, so daß der Begriff der Häre=
sie, gerade in der Zeit, wo Ketzerei zu einem todeswür=
digen Verbrechen gestempelt wurde, eine ebenso furchtbare
als maßlose Ausdehnung erhielt; wie denn auch durch die
sonst angebrachten Fälschungen und Fictionen Alles ge=
schehen war, jeden sofort als Ketzer erscheinen zu lassen, der
einem päpstlichen Befehle nicht zu gehorchen oder einer
päpstlichen Lehrentscheidung zu widersprechen wagte.

Die früheren Gregorianer hatten es doch noch nicht
so klar und nackt ausgesprochen, wie es jetzt bei Gratian
entwickelt war, daß bezüglich der unbedingten Herrschaft
über das Gesetz der Papst dem Sohne Gottes geradezu
gleichstehe. Wie Christus, sagt Gratian, auf Erden dem
Gesetze untergeben, in Wahrheit aber doch der Herr des
Gesetzes gewesen sei, so stehe auch der Papst hoch über
allen Kirchengesetzen und könne frei mit ihnen schalten,
wie auch er allein es sei, der erst jedem Gesetze Kraft
verleihe.[131]) Dies wurde denn auch und zwar wesentlich

---

[130]) Caus. 4, qu. 1, c. 2.
[131]) Caus. 25, qu. 1, c. 11. 12. 16.

durch Gratian's Einfluß herrschende Doctrin der Curie,
so daß selbst nach den großen reformatorischen Concilien
Papst Eugen IV. im Jahre 1439 dem Könige Karl VII.,
der sich auf die Gesetze der Kirche berufen hatte, erwiederte:
es sei geradezu lächerlich, dem Papste, der nach Gutdünken
die kirchlichen Gesetze erlasse, suspendire, umändere oder
umstoße, mit einer Berufung auf dieselben nahe zu
treten.[132])

In den fünfzig Jahren, welche von dem Erscheinen
des Gratianischen Rechtsbuches bis zum Pontificat des
mächtigsten der Päpste, Innocenz III., verflossen, rang sich
das päpstliche System, wie es in dreifacher Potenzirung,
Pseudo-Isidor, Gregorianische Schule und Gratian, em-
porgestiegen war, zu vollständiger Herrschaft durch. In
den römischen Gerichtshöfen wurde nach Gratian Recht
gesprochen, in Bologna nach ihm gelehrt, selbst Kaiser
Friedrich I. ließ bereits seinen Sohn Heinrich VI. im
Decretum und im römischen Recht unterrichten.[133]) Die
ganze Decretalen-Gesetzgebung von 1159 an bis 1320 ist
auf dem Fundamente Gratians erbaut und setzt ihn voraus. Dasselbe gilt von der Dogmatik des Thomas von
Aquin in den einschlägigen Materien, wie denn überhaupt
die scholastische Dogmatik in Fragen der Kirchenverfassung

---

[132]) Raynald, a. 1439, 37.

[133]) Vgl. Böhmer, Diss. de decret. Grat., vor seinem
Corpus jur. can. p. XVII.

sich gänzlich der Lieblingswissenschaft des damaligen Klerus,
der Jurisprudenz, wie sie Gratian, Raymund und die
übrigen Decretalensammler zurecht gelegt hatten, unter=
ordnete. Die Theorie sowohl als die Texte und Belege
dazu entlehnten die Theologen aus diesen Rechts=Samm=
lungen.

Schon im zwölften Jahrhundert pflegten die Päpste,
wenn sie aus Gratian eine Stelle anführten, zu sagen, sie
stehe „in sacris canonibus" oder „in decretis."[134]) Und
noch um das Jahr 1570 sagten die römischen, von drei
Päpsten aufgestellten Correctoren des Decrets: das Werk
sei ihnen aufgetragen worden, damit die Autorität dieses
nützlichsten und wichtigsten Codex nicht wanke.[135]) So hoch
stand das Ansehen dieses durch und durch von Trug und Irr=
thum durchzogenen und mit Fälschungen überfüllten Werkes,
welches wie ein mächtiger in die Structur der Kirche ein=
getriebener Keil allmälig die ganze ältere Ordnung der=
selben gelöst, aus den Fugen gehoben und gesprengt hat
— allerdings nicht ohne eine andere in ihrer Art sehr
feste Verfassung an die Stelle zu setzen.

Alexander III (1159—81) und Innocenz III (1198—

---

[134]) So Alexander III. (Decret. c. 6 de despons. impub.);
Clemens III. [de jure patron. c. 25); Innocenz III. citirt aus
Gratian mit der Verweisung: in corpore decretorum.

[135]) „Ne hujusce utilissimi et gravissimi Codicis vacillaret
auctoritas."

1216) sind die Fortbildner des neuen Kirchenrechts, die Schöpfer des Decretalenrechts durch die Menge ihrer Er= lasse und die von einem einzigen Grundgedanken getragene Einheit und Folgerichtigkeit ihres Systems geworden. Mehr noch als bei Gregor VII. ist bei Innocenz die Idee vorherrschend, daß der Papst der Statthalter Gottes auf Erden sei, der mit einer der göttlichen Providenz analo= gen Wachsamkeit und Voraussicht über die Menschheit in ihren socialen und politischen wie in ihren religiösen Beziehungen als oberster Aufseher und Herrscher gesetzt sei und jeden Widerstand sofort brechen müsse. Auch bei ihm wie bei Gregor liegt die Vorstellung zu Grunde, daß alle weltliche nicht von Priestern bekleidete Würde und Ge= walt etwas nicht recht in den göttlichen Weltplan Pas= sendes, durch menschliche Thorheit und Sündhaftigkeit zwi= schen hinein Gekommenes, und nur das Priesterthum allein von Gott eigentlich gewollt und gestiftet sei.[136]

Gregor — freilich im directen Widerspruch gegen die evangelische Lehre von der göttlichen Einsetzung der Ob= rigkeit — hatte geradezu erklärt, daß auf Anstiften des Satans die königliche Gewalt von solchen, die nichts von Gott gewußt und von allen Lastern erfüllt gewesen,

---

[136] Ep. ad Joannem Angl. Regem, bei Rymer-Clarke, foedera Regum Angliae, I, I, 119: „Institutum fuit — Sa- cerdotium per ordinationem divinam, regnum autem per extor- sionem humanam etc."

aus blinder Herrschbegierde unter den bis dahin gleichen Menschen aufgerichtet worden sei. [137]

Durch die Kreuzzüge, durch die daran geknüpfte Um= wandlung des Buß= und Indulgenzenwesens, durch die Privilegien, welche die Päpste den Kreuzfahrern gewähr= ten, durch die Oberleitung dieser heiligen Kriege, welche den Päpsten wie von selbst zufiel, wurden neue Mittel der Macht für den römischen Stuhl geschaffen. Dazu kamen die geistlichen Ritterorden, die nur im Papst ihren Oberherrn erkannten, dazu das stete Bündniß mit Frank= reich, mit dem dortigen Klerus sowohl als dem Königthum (vor 1300); und weiter die geistige Kraft, welche von den zwei großen Universitäten, von Bologna, der Schule des päpstlichen Rechts, und von Paris, der mehr und mehr dem Papalsysteme sich dienstbar machenden Scholastik, der päpstlichen Monarchie zufloß. Vor allem aber wurden seit dem Beginn des dreizehnten Jahrhunderts die neuen geist= lichen Bruderschaften, die wie im Fluge über die christliche Welt sich ausbreitenden einflußreichen Orden der Mendikan= ten, die Franziskaner, Dominikaner, Augustiner und Carme= liten, vorzüglich die beiden ersteren, die stärksten Säulen und Stützen dieser Monarchie.

---

[137] Epist. lib. VIII, ep. 21: „Quis nesciat, reges et duces ab iis habuisse principium, qui deum ignorantes, superbia, rapi- nis, perfidia, homicidiis, postremo universis pene sceleribus, mundi principe diabolo videlicet agitante, dominari caeca cupi- ditate et intolerabili praesumtione affectaverunt!"

Nach den Isidorischen Decretalen und nach Gratian war die Einführung dieser Orden in ihrer strenggeschlossenen monarchischen Einrichtung der dritte große Hebel, durch welchen die alte auf die Ordnung und Unterordnung der Bischöfe, der Presbyterien und der Pfarrer ruhende Kirchenverfassung untergraben und zerrüttet wurde. Ganz der römischen Leitung unterstellt, bereit allenthalben als päpstlich delegirte, von den Bischöfen völlig unabhängige, die Weltpriester und Pfarrer an Vollmacht übertreffende Agenten aufzutreten und einzugreifen, bildeten sie eigne Kirchen in der Kirche, arbeiteten für die Ehre und Größe ihrer Orden und für die Macht des Papstes, auf welcher ihre privilegirte Stellung beruhte. Man darf wohl sagen, daß diese Macht durch die neuen Orden geradezu verdoppelt worden ist. Sie bemächtigten sich der Literatur, der Kanzeln in den Kirchen und der Lehrstühle an den Universitäten, sie zogen umher als Geld-Sammler und Ablaß-prediger des Papstes, ausgerüstet von ihm mit der Vollmacht, selbst den Kirchenbann zu verhängen.

So wurde der geistliche Krieg, der Kampf Aller gegen Alle bis in die Dörfer hinein von Rom aus organisirt, — ein Kampf, in welchem der Pfarrklerus gegenüber den vom Scheitel bis zur Zehe mit Privilegien gewappneten Mendikanten gewöhnlich unterlag. Denn diese hatten und gebrauchten auch noch die wirksamen Mittel der leicht gewährten Absolution, der neuen Andachtswerke und der

von ihnen ersonnenen Seligkeitsmittel, welchen allen die
Pfarrer nichts entgegensetzen konnten, und schlugen jeden
offenen Widerstand derselben, die schon durch ihre Verein=
zelung weit schwächer waren, nieder. Konnten sie doch
durch den Bann Volk und Priester zwingen, ihre den
päpstlichen Ablaß anpreisenden Predigten zu hören, und
wieder im Beichtstuhle von vorbehaltenen Sünden los=
sprechen. Da mußten Bischöfe und Priester der neuen noch
durch die Inquisition verstärkten Macht dieser Mönche ge=
genüber ihre Ohnmacht erkennen und sich, wenn auch
klagend und entrüstet, unter das Joch beugen, das ihnen
durch zwei in ihrer Vereinigung unwiderstehliche Gewalten
auferlegt wurde.

Wenn Gregor VII. schon seine neuen Ansprüche, seine
politische Herrschaft und Unterwerfung der Monarchie auf
erdichtete Thatsachen, die er jedoch nicht selber ersonnen
hatte, stützte, so ging Innocenz III. auf diesem Wege noch
weiter und verfuhr, wo es ihm Bedürfniß war, mit der
Geschichte wie mit der Bibel. Er erfand die Uebertragung
des Kaiserthums von den Griechen auf die Franken, die
durch päpstlichen Machtspruch geschehen sein sollte; [139] er
schloß daraus, daß die deutschen Fürsten ihr Recht der
Königswahl doch eigentlich nur durch den Papst hätten, und
behauptete, das Recht den Gewählten nach eignem Ermessen

---

[139] De elect. c. 34.

zu verwerfen, habe den Päpsten stets zugestanden. Die späteren päpstlichen Schriftsteller haben dann diese Behauptungen in geschichtliche, von ihnen ersonnene Thatsachen umgesetzt.

Einen der Lehrsätze Gregor's VII. ließ man indeß doch wieder fallen, nämlich den, wonach jedem rechtmäßig eingesetzten Papst persönliche Heiligkeit zukommen sollte. Es lag nämlich nahe, daß man vom Mangel der Heilig= keit auf Ungültigkeit der Einsetzung schließen würde, deß= halb schwieg nun das Decretalenrecht, welches die übrigen Postulate Gregor's aufrecht erhielt oder voraussetzte, über die Heiligkeit. Dazu kam, daß die allgemein als Ketzerei betrachtete Simonie, wie Jedermann wußte und sagte, ganz offen an der römischen Curie herrschte, daß Geld= spenden für Pfründen und Bestechung in Processen selbst bei den Päpsten und den Cardinälen alltägliche Erschei= nungen waren. Die Beschuldigung, daß unter den Augen des Papstes und mit seiner ausdrücklichen oder schweigen= den Zustimmung Ketzerei getrieben werde, konnte nicht widerlegt werden und wurde oft genug erhoben, bis die Kanonisten auf den Ausweg verfielen zu behaupten: das, was bei allen andern Menschen Simonie sei, verliere vom Papste geübt diesen Charakter, weil er der Herr des Ge= setzes und alles in der Kirche sein Eigenthum sei, mit dem er nach Gutdünken schalten könne. [139]

---

[139] So führt der Kanonist Joh. de Deo an, der um 1245 schrieb: „Lex Julia dicit quod apud Romam non committitur Si-

Das Gregorianische System erheischte eine möglichst weit ausgedehnte Unabhängigkeit des gesammten Klerus von weltlicher Gewalt und Gerichtsbarkeit. Derselbe sollte ein großes, dem Papste unbedingt gehorchendes, durch das ge= meinsame Standesgefühl und Standesinteresse von der Laien= welt weit abgesondertes Heer bilden. Dazu war vor Allem Befreiung von jedem bürgerlichen Gerichte und Heraus= ziehung des Klerus aus dem Unterthanenverband gefor= dert. Jeder Geistliche sollte nur einen Herrn und Ge= bieter anerkennen, den Papst, welcher entweder mittelbar durch die ihm eiblich verpflichteten Bischöfe oder unmittel= bar, im Falle der Exemtion, über ihn verfügte, und ihn als Werkzeug zur Vollstreckung seiner Gebote gebrauchte. Gratian hat theils durch Pseudo=Isidorische Erdichtungen, theils durch neuere von ihm oder von Gregorianern vor= genommene Corruptionen sein Rechtsbuch diesen Absichten entsprechend eingerichtet. [140] In den päpstlichen Verord= nungen der Decretalen ist dann der Satz, daß Geistliche

monia" und verwirft es (De poenitentia D. Papae. S. die Ex= cerpta hinter Theodori Poenitentiale, ed. Petit. Paris, 167). Es ist darüber lange und viel gestritten worden.

[140] So hat er (caus. 11, qu. 1, can. 5.) die die Immunität auf rein kirchliche Dinge beschränkenden Worte eines Gesetzes des Kaisers Theodosius ausgemerzt und dadurch dasselbe durchaus um= gekehrt; ebenso änderte er (ib. can. 5) die Worte „sine scientia Pontificis" in „sine licentia", so daß die Gewalt der Obrigkeit über Kleriker von einer Delegation der Bischöfe abhängig gemacht wurde.

nicht unter weltlicher Gerichtsbarkeit stehen dürfen und
daß dieß auf göttlicher Anordnung beruhe, vollständig
durchgebildet worden. [141]) Zugleich erklärten die Päpste
daß kein Geistlicher auf dieses Recht verzichten dürfe, da
es der ganzen Kirche gehöre.

Es schien als ob das für die Autorität selbst so ge=
fährliche Mittel der Fälschung nicht weiter mehr ange=
wendet zu werden brauchte, da man auf dem festen und
breiten Unterbau des Gratianischen Rechtsbuches alles, was
noch irgend als wünschenswerth für die Entfaltung der päpst=
lichen Weltherrschaft in Staat und Kirche erachtet wurde,
ohne Mühe noch anbringen konnte. Und gleichwohl wurde
auch jetzt noch das Mittel angewendet und zwar an bib=
lischen Stellen. Innocenz III. wollte darum das Deute=
ronomium zur Geltung eines christlichen Gesetzbuches erhe=
ben, weil er dadurch einen Bibeltext für seine Lehre von
der Gewalt der Päpste über Leben und Tod gewann;
dazu mußten aber die Worte alterirt werden. Wenn es
nämlich dort hieß: ein Israelite solle in der Appellations=
Instanz Recht nehmen von dem Hohenpriester und dem
Oberrichter, und falls er bei ihrem Spruche sich nicht be=
ruhige, den Tod erleiden; so machte Innocenz durch eine
kleine Einschiebung in den Text der Vulgata daraus:
wer sich dem Urtheile des Hohenpriesters (an dessen Stelle,

---

[141]) Decr. de judic. c. 4. 8. 10. und de foro compet.
c. 1. 2. qu. 12. 13.

so meint er, im Neuen Bund der Papst getreten sei) nicht unterwerfe, den solle der Richter hinrichten lassen. [142]) Und ganz mit derselben Corruption führte später wieder Leo X. in seiner Bulle [143]) die Stelle an mit der falschen Citation des Buches der Könige statt des Deuteronomiums, um zu beweisen, daß wer dem Papste nicht gehorche, getödtet werden müsse.

Vor allem in der Bestimmung des Verhältnisses zum Staate und den weltlichen Fürsten ging Innocenz über Gratian hinaus. Die päpstliche Gewalt, lehrt er, verhält sich' zu der kaiserlichen und königlichen, wie die Sonne zum Mond, der sein Licht nur von jener empfängt, wie die Seele zum Leibe, welcher nichts für sich, sondern nur der unterwürfige Diener der Seele sein soll, [144]) und die zwei Schwerter (Luc. 22, 38) sind das Symbol der kirch= lichen und weltlichen Gewalt, welche beide dem Papste ge= hören, aber so, daß das eine vom Papste selbst geführt wird, das andere vom Fürsten, doch für die Kirche und nach den Weisungen des Papstes. [145])

In der berühmten Decretale Novit stellte Innocenz III. als der Erste die seitdem von den Päpsten öfter wie=

---

[142]) Decr: Per Venerabilem, „qui filii sint legitimi-4, 17.

[143]) Pastor aeternus, bei Harduin, Concil. IX, 1826.

[144]) Das Bild von den zwei Himmelslichtern gebrauchte bereits Gregor VII. in derselben Anwendung cf. Ep. ad Guilelm. Regem,

[145]) Innoc. III. in c. 6. de majorit. et obed. D. 1, 33.

derholte Theorie auf, daß es dem Papste zustehe, überall
da, wo eine schwere Sünde stattgefunden habe oder von
dem einen Theile dem anderen vorgeworfen werde, mit
seiner richterlichen Macht einzuschreiten, zu strafen und
die Entscheidungen weltlicher Gerichte zu annulliren. [146]
Nach der Begründung, welche diesem neu ersonnenen Rechte
gegeben wurde, hätte es eigentlich jedem Geistlichen in
seiner Amtssphäre, den Pfarrern, den Bischöfen zustehen
müssen, und würde eine allgemeine Herrschaft des Klerus
über die Laien, einen Zustand, wie etwa in Tibet, zur
Folge gehabt haben; doch die Päpste nahmen das Prinzip
nur für sich allein in Anspruch. Damit aber ergab sich
ein neues Recht für dieselben, welches wirklich ins Gren-
zenlose reichte und ihnen über Fürsten, Völker und Ge-
richtshöfe eine Macht einräumte, wie sie bis dahin kein
Sterblicher besessen hatte, nämlich die sogenannte, „evangelische Denunciation," welche darin bestand, daß man durch
die Behauptung, es sei von dem Beklagten Sünde, daß
er das Recht des Klägers nicht anerkenne, jede Streit-
sache vor den Papst bringen konnte, wenn dieser nämlich
darauf sich einzulassen für gut fand — vor einen Richter
also, der sich nur Gott allein verantwortlich erkannte. [147]

---

[146] c. 13. de judic. D. 2, 1, „de quocunque peccato corri-
pere quemlibet Christianum" stehe dem Papste zu.
[147] Die Hauptstelle darüber ist: Decret. c. 13. de judi-
ciis 2. 1.

Alle Wege führten damals nach Rom. Von welchem der Iſidoriſch=Gregorianiſchen Sätze man auch ausging, man gelangte immer zu dem gleichen Ergebniſſe. Es hieß entweder: das Recht der Kirche als das allein göttliche geht jedem andren Rechte vor, und in der Kirche iſt wie= der nur der Papſt Quelle und Beſitzer alles Rechtes, alſo iſt Jedermann unbedingt dem Papſte unterworfen; oder: der Papſt iſt der Gebieter der Seelen; nun iſt aber der Leib bloß beſtimmt der Seele als Gefäß und Werkzeug zu dienen, alſo iſt der Papſt auch Herr über die Leiber, Gebieter über Leben und Tod. Und wieder: wer einem päpſtlichen Gebote nicht gehorcht, der zeigt dadurch, daß er unrichtige Vorſtellungen von dem Umfang der Papſtge= walt, von der ſchlechterdings unwiderſtehlichen Kraft ihrer Gebote und Verbote hegt; er iſt alſo der Ketzerei min= deſtens dringend verdächtig, er muß ſich vor dem Glau= benstribunal verantworten und ſeine Rechtgläubigkeit erſt beweiſen.

Selbſt in den Namen, die die Päpſte führten oder die man ihnen zu geben pflegte, drückte der weite Ab= ſtand vom früheren Papſtthum zum neuen Gregorianiſchen ſich aus. Bis zu Ende des zwölften Jahrhunderts hieß und nannte der Papſt ſich Vicarius Petri, [148] aber ſeit Innocenz III. wurde der Titel Vicarius Chriſti beliebt

[148] Bouquet, Scriptor. rer. Gallic. X. praef. XLVII.

und verdrängte den früheren völlig. In der That war
die Kluft zwischen der Stellung und den Befugnissen eines
Gregor I. und den Ansprüchen und der Machtfülle eines
Gregor IX., oder zwischen 600 und 1230 fast so breit
und tief, als der Abstand von Petrus zu Christus. Früher
hatte man wohl allen Bischöfen den Titel Stellvertreter
Christi gegeben; aber wenn jetzt der Papst sich denselben
beilegte, so hieß dieß: „ich bin der Stellvertreter des all=
mächtigen Gottes auf Erden und meine Gewalt steht hoch
über jeder irdischen Macht und Schranke, in mir und
durch mich allein ist die Kirche frei" — nach dem mittel=
alterlich klerikalen Begriffe von Freiheit der Kirche, wo=
nach die Kirche nur frei ist, wenn sie Alles und Alle be=
herrscht, die Kirche aber in letzter Instanz eben nur der
Papst ist.

Noch weiter in der Behauptung einer absoluten Herr=
schaft über das ganze Staatsgebiet ging Gregor IX., indem
er auf die fictive Schenkung Constantins gestützt, erklärte:[149]
der Papst sei eigentlich der Herr und Gebieter der ganzen
Welt, der Sachen sowohl als der Personen, so daß seine
Vorgänger sich nur durch Delegation (der Kaiser und
Könige) ihres Besitzes einigermaßen entäußert, aber von
der Substanz ihrer Jurisdiction nichts abgegeben hätten.

---

[149] Bei Huillard Bréholles, Codex dipl. Frieder. II.
IV, 921. „Ut in universo mundo rerum obtineret et corporum
principatum."

Dasselbe directe Dominium über die Welt und alles darin Befindliche nahm dann Innocenz IV. als selbstverständlich in Anspruch, nur daß er mit noch kräftigeren Worten die absolute Weltherrschaft der Päpste, die Vereinigung der zwei höchsten Gewalten in Einer Hand aussprach. Falsch, meinte er, sei es zu sagen, Constantin habe durch seine Schenkung dem päpstlichen Stuhl weltliche Macht gegeben, da diese ihm doch naturgemäß und unbedingt von Christus verliehen worden sei, der auch eine königliche Herrschaft gegründet und dem h. Petrus zugleich die Schlüssel des irdischen und des himmlischen Reiches übergeben habe. Die weltliche Macht sei nur insoweit eine legitime, als die weltlichen Fürsten sie als eine vom Papst verliehene gebrauchen. Constantin habe in Wahrheit der Kirche nur zum Theil wiedergegeben, was ihr von Anfang an gehörte und was er darum mit Unrecht besaß. Wo möglich noch geringschätziger als Gregor VII. sprach er sich über den Ursprung des weltlichen Fürstenthums und die Herkunft seiner Inhaber aus. — Innerhalb der hierarchischen Organisation ergänzte Innocenz IV. ein Glied, welches bis dahin in der päpstlichen Machtkette noch gemangelt hatte, indem er den Grundsatz feststellte: jeder Kleriker müsse dem Papste auch dann noch gehorchen, wenn er Ungerechtes befehle; denn Niemand dürfe über das, was der Papst thue, urtheilen. Eine Ausnahme von dieser Regel dürfe nur dann gemacht wer-

ben, wenn der Befehl eine Häresie enthalte oder auf Um=
sturz der ganzen Kirche abziele.[150]) Den Doctrinen von
der päpstlichen Universalherrschaft gab Bonifaz VIII. eine
dogmatisch biblische Begründung in der Bulle Unam
sanctam, wo er die Behauptung, daß die weltliche Ge=
walt in ihrer Sphäre von der geistlichen unabhängig sei,
als Manichäismus verdammte. Er führte darin noch ein=
mal aus, daß der Papst Richter über alles Weltliche sei,
soweit demselben etwas Sündliches anklebe, daß er beide
Schwerter, das geistliche und das weltliche, in seiner Hand
halte, wovon das eine von ihm selbst, das andere von
den Königen und Kriegern, aber nach seinem Wink und

---

[150]) Comment. in Decret ales. Francof. 1570. f. 555.
Innocenz schrieb diesen Commentar als Papst. Er hat es auch offen
ausgesprochen, welcher Grad von christlicher Bildung und Erkenntniß
sich beim Klerus sowohl als bei den Laien mit dem päpstlichen
System vertrage. Für die Laien, sagt er, genügt es zu wissen, daß
es einen alle Guten belohnenden Gott gibt, und im Uebrigen alles
implicite für wahr zu halten, was die Kirche glaubt. Dagegen sollen
Bischöfe und Seelsorger die Artikel des apostolischen Bekenntnisses
distinct wissen; die übrigen Geistlichen, wenn sie minder vermögend
sind, brauchen nicht mehr zu wissen als die Laien und außerdem noch
dieß, daß im Altarsacrament der Leib Christi gesetzt werde (conti-
citur); Commentar. in Decr. f. 2. Hiernach war es denn auch na=
türlich, daß den Laien jetzt verboten war, die Bibel in ihrer Mutter=
sprache zu lesen und daß, wenn sie untereinander öffentlich oder
privatim über Glaubenssachen sich nur unterredeten, sie nach einer
Bulle Alexander's IV. in den Kirchenbann verfielen und ein Jahr
darin bleibend vor die Inquisition gezogen werden konnten. (Sext.
Dec. 5, 2).

seiner Zulassung gebraucht werde; daß er alle richte, aber von Niemandem gerichtet werden könne, da er nur Gott allein verantwortlich sei; und wer nicht glaube, daß jede menschliche Creatur auf solche Weise dem Papste unterworfen sei, vom ewigen Heile ausgeschlossen werde. Da Bonifaz für seine biblische Begründung dieser Entscheidungen die klarsten Schrifttexte gewaltsam zu verdrehen gezwungen war, so wurde selbst damals Erstaunen und Spott laut. [151])

Seitdem der päpstliche Stuhl nach Frankreich übergesiedelt und in Avignon die Curie alsbald den Personen und der politischen Richtung nach französisch geworden war, richtete sich die juristische Dogmatik der Päpste vorzugsweise auf das Kaiser-Reich, dessen Macht in Deutschland sowohl als in Italien zu brechen und dessen Einheit aufzulösen schon seit einem Jahrhundert das unverrückbare Ziel der päpstlichen Politik war. Clemens V. erklärte „aus apostolischer Autorität," daß jeder Kaiser dem Papste einen eigentlichen Gehorsams-Eid zu schwören habe, so daß er mit einem Fürsten, der dem Papste verdächtig sei, kein Bündniß eingehen dürfe. [152])

---

[151]) Man vergleiche nur die Denkschriften der damaligen französischen Juristen und Theologen, wie sie in der Sammlung von Dupuy stehen.

[152]) Clementina de jurejurando. tit. 9. p. 1058 ed. Boehmer.

Auch gegenüber den griechischen Kaisern und Patri=
archen beriefen sich die Päpste auf die unzweifelhafte
Glaubenswahrheit, daß ihnen mit der geistlichen auch die
Fülle der weltlichen Macht, mindestens in der ganzen
Christenheit zukomme. So Gregor IX. und Gregor X.
„Wir wissen dieß aus der Lesung des Evangeliums", sagte
der Letztere. „Christus, schrieb Innocenz III. dem Patri=
archen von Constantinopel, hat den Päpsten die gesammte
irdische Weltordnung zu guberniren übertragen." Als bün=
digen Beweis dafür führt er an, daß Petrus einmal
auf dem Meere gegangen sei; das Meer aber bedeute die
Völkermasse, und so sei es klar, daß der Nachfolger Petri
die Völker zu regieren berechtigt sei. [153])

Eines der weitestgreifenden Prinzipien, welches all=
mälig aus dem Gregorianischen System entwickelt wurde,
war: daß jeder Getaufte schon dadurch ein Unterthan
des Papstes geworden sei und es mit oder gegen seinen
Willen auf Lebenszeit bleiben müsse. Jeder Christ, auch wenn
er außerhalb der päpstlichen Gemeinschaft getauft worden
wäre, ist also nicht nur sämmtlichen päpstlichen Gesetzen
unterworfen (wenn gleich unverschuldete Unwissenheit hier
denkbar ist und im concreten Falle entschuldigen würde),

---

[153]) Innoc. III. lib. II, 209 ad Patr. Constantin. „Dominus Petro non solum universam Ecclesiam, sed totum reliquit
seculum gubernandum".

ſondern der Papſt kann ihn auch wegen jeder ſchwereren von
ihm begangenen Sünde zur Verantwortung ziehen und ſtrafen,
und dieß kann in geregelter Stufenfolge zuletzt ſelbſt bis
zur Anwendung der Todesſtrafe führen. Denn einmal
iſt Ungehorſam gegen einen päpſtlichen Befehl an ſich
ſchon häretiſch oder doch der Häreſie ſelbſt nahe verwandt;
dann aber kann ihn der Papſt wegen jedes Vergehens ex=
communiciren; bleibt er aber ein Jahr im Banne, ohne
ſich durch völlige Unterwerfung unter die päpſtlichen Ge=
bote die Löſung zu erwerben, ſo wird er für einen Häre=
tiker erklärt und verfällt der Vermögensconfiscation und
dem Tode.

Um die alte Kirchenverfaſſung und die geordnete Ver=
waltung der Diöceſen durch die Biſchöfe vollends zu zer=
ſtören, wurde ſeit Hildebrands Zeiten das Legatenweſen
als ſtehendes Inſtitut durchgeführt. Theils mit dem allge=
meinen Auftrage die Kirchen zu viſitiren, theils in beſon=
deren Angelegenheiten, immer aber mit ſchrankenloſen Voll=
machten ausgerüſtet und mit dem Entſchluſſe, beträchtliche
Geldſummen über die Alpen zurückzubringen, durchzogen
die Legaten, von einem Gefolge gieriger Italiener begleitet,
durch Bann und Interdict gegen jeden Widerſtand ge=
waffnet, die Länder und hielten erzwungene Syno=
den, deren Verordnungen ſie dictirten. Die erſchreckten
Zeitgenoſſen verglichen das Erſcheinen eines ſolchen Le=
gaten mit phyſiſchen Kalamitäten, mit Hagelſchlag oder

Pest.[154] Klagen, Appellationen in Rom selbst halfen nichts; denn die Päpste hatten es sich zum Prinzip gemacht, vor Allem die Autorität ihres Legaten aufrecht zu halten.

Der Papst ist nach dem neuen Rechte nicht nur oberster, sondern im Grunde einziger Gesetzgeber der ganzen Kirche. Er trägt, wie es einer der Päpste, Bonifaz VIII., ausgedrückt hat, alle Rechte in dem Schreine seiner Brust und aus diesem Schreine zieht er von Zeit zu Zeit hervor, was er den Bedürfnissen der Welt und der Kirche angemessen erachtet. So ist es gekommen, daß ein einzelner Papst des dreizehnten oder vierzehnten Jahrhunderts, ein Innocenz III., Gregor IX. oder Johann XXII. mehr Gesetze gemacht hat, als fünfzig Päpste früherer Zeit zusammengenommen. Es sind die Vorstellungen des sinkenden römischen Reiches von der Gewaltfülle der alten Kaiser, welche hier Einfluß geübt haben; daher auch die Päpste ihren Erlassen dieselben Namen geben, wie sie die römischen Kaisergesetze geführt hatten: Rescripte und Decrete. Und wie der Papst als oberster Herr die Gesetze gibt, so kann er sie auch im Ganzen oder für einzelne Fälle aufheben, d. h. er und nur er allein kann von den bestehenden

---

[154] Vgl. z. B. Johann. Sarisb. Opp. ed. Giles, III, 331. Polycrat. 5, 16: „Ita debacchantur ac si ad ecclesiam flagellandam egressus sit Satan a facie Domini". — Petri Blesensis epist. ap. Baron. a. 1193, 2 ff.

kirchlichen Satzungen, gleichviel ob es conciliarische Kanones oder päpstliche Gebote sind, dispensiren. Die Schranke, welche gewöhnlich gesetzt wurde, daß der Papst nicht von einem göttlichen Gebote dispensiren dürfe, ist bennoch von den Kanonisten nicht selten überschritten worden, besonders da Innocenz III. durch seine Erklärung über das Ehe= band und das noch heiligere Band zwischen Bischof und Diöcese, welches der Papst nach Gefallen auflösen könne, der Vorstellung Bahn gebrochen hatte, daß auch Dispen= sation von göttlichen Gesetzen, wenigstens von einigen, nicht außer der päpstlichen Machtsphäre liege.

So oft der Papst ein neues Gesetz erließ, berechnete die Curie, was es an nothwendig werdenden Dispensatio= nen ihr eintragen werde; wie denn bei manchem Gesetze in der That die Rücksicht auf die zu erkaufende Dispense unverkennbar mitgewirkt hat. Aehnlich verhielt es sich mit den Exemtionen, d. h. den Befreiungen von der bischöf= lichen Gewalt; denn jedes exemte Stift oder Kloster hatte dafür einen jährlichen Zins an den römischen Stuhl zu entrichten, in dessen Vortheil es lag, der bischöflichen Ge= walt, wo immer sie sich geltend machen wollte, hemmend und störend entgegenzutreten. So sah sich ein Bischof, wenn er die Verwaltung seiner Diöcese ernstlich angreifen wollte, bei jedem Schritt und Tritt gehemmt und bedroht, im eigenen Lande wie von feindlichen, ihm verschlossenen Burgen umgeben; stets in Gefahr, in eine päpstliche Suspension

ober Excommunication durch Verletzung eines römiſchen
Privilegiums zu verfallen oder nach Rom vorgeladen zu
werden; denn jedes Kloſter, jedes Collegium wachte arg-
wöhniſch über ſeine Vorrechte und Exemtionen und ſah
in den Biſchöfen ſeine natürlichen Feinde. Und wie Biſchöfe und Corporationen einander feindlich gegenüberſtanden, ſo erkannte wieder der Pfarrklerus in den mit Gewalten und Vorrechten reichlich begnadigten Bettelmönchen,
den Lieblingsſöhnen der Päpſte, ſeine Gegner und gefähr-
lichen Nebenbuhler, welche unermüdlich ſtrebten, die einträglichen Functionen des Prieſterthums an ſich zu reißen und das
Volk aus der Pfarrkirche hinweg in ihre Kirche zu locken.
Einen Zug hatten, wie ſchon Johann von Salisbury
bemerkt,[155]) die Mitglieder der Curie gemein: wer nicht
der dort geltenden Lehre zuſtimmte, war Häretiker oder Schismatiker. Unfehlbar wollte die Curie ſchon ſein, ehe noch
die Päpſte ſich ſelber dafür hielten. Sie glaubte dieſes
Schildes für ihre Geſchäftsführung durchaus nicht ent-
behren zu können.

Die Päpſte hatten zuerſt mit dem Pallium die ſpäter vielfach beſtätigte Erfahrung gemacht, daß Ehrenzei-
chen, Decorationen, Titel, Auszeichnungen in Farbe und
Schnitt des Gewandes für Menſchen, wie ſie gewöhnlich
ſind, ganz beſonders aber für Klerifer einen unwiderſteh-

---

[155]) Polycrat. 6, 24. opp. ed. Giles, IV, 61. „Qui a
doctrina vestra dissentit, aut haereticus aut schismaticus est.“

lichen Reiz besitzen und daher zu den wirksamsten Mitteln
der Herrschaft zu rechnen sind. Das Pallium hatten die
Päpste seit dem fünften Jahrhundert den von ihnen zu
Vicarien ihrer Patriarchalgewalt ernannten Erzbischöfen
verliehen, im achten Jahrhundert wurde es Metropoliten
überhaupt ertheilt; obgleich diese sich noch mitunter wei=
gerten, es unter den von Rom angebotenen Bedingungen
von dort zu nehmen, wie das Verhalten der fränkischen
Erzbischöfe gegenüber dem ganz dem römischen Interesse
ergebenen Bonifacius bewies.[150] In Folge der Pseudo=
Isidorischen Erdichtungen, welche für die Metropolitan=
gewalt überhaupt vernichtende Wirkungen hatten, stellten
nun jene Päpste, welche die Begründer des neuen Systems
wurden, Nicolaus I., Johann VIII., Gregor VII., die
Forderung auf, daß ein Metropolit vor dem Empfang
dieses kirchlichen Ehrenschmucks keine kirchliche Function
vornehmen dürfe. Das Nächste war, demselben eine ge=
heime mystische Kraft beizulegen und, wenn Paschalis II.
und alle Päpste nach ihm und ihnen folgend das Decre=
talenrecht sagte: die Fülle des hohenpriesterlichen Amtes
hafte an demselben; so konnte der Schluß nicht abgewie=
sen werden, daß dieses Amt ein Ausfluß der päpstlichen
Machtfülle sei, soweit es reiche. Dieser Vorstellung, wonach
die Metropolitangewalt eine vom Papst belegirte sein sollte,

---

[150] Bonifacii epist., ed Serarius; ep. 141 und 142,
p. 211—212.

verwickelte indeß doch in Widersprüche mit den Thatsachen; denn einmal hatten die Päpste eben die wichtigsten und werthvollsten Rechte der Metropoliten sich angeeignet und thaten dies seit Anfang des dreizehnten Jahrhunderts noch mehr; und dann begannen sie das Pallium auch einzelnen Bischöfen zu ertheilen, bei denen es nun offen eingestanden doch nur eine bloße Verzierung ohne irgend ein daran geknüpftes Recht war. Als ein Mittel, die Metropoliten in völlige, auch noch durch einen Gehorsamseid besiegelte Abhängigkeit vom Papste hinabzudrücken, hat indessen das Pallium vollständig seine Dienste gethan. Gregor VII. gestaltete die schon vor ihm gebräuchliche Formel zu einem förmlichen Vasalleneid um, so daß das Verhältniß ganz das der persönlichen Fidelität war und die Worte dem weltlichen Lehenrecht entlehnt wurden.[157])

Die nächste Aufgabe war nun, auch die Bischöfe durch einen Gehorsamseid zu fügsamen Werkzeugen des römischen Imperiums zu machen, und jedem Widerstande, der sonst von ihnen gegen die weitergreifenden Pläne und Ansprüche der Curie zu erwarten gewesen wäre, vorzubeugen. Lange Zeit war die Lage der Bischöfe eine viel günstigere als die der Metropoliten; denn sie empfingen noch im dreizehnten Jahrhundert ihre Bestätigung, die man in der alten Kirche nicht von der Ordination trennte, von den Metropoliten,

---

[157]) Die Regulae Patrum, welche der Metropolit zu beobachten schwur, wurden in „Regalia (Herrscherrechte) S. Petri" umgewandelt.

während diese das Pallium und damit erst die Erlaubniß
ihr Amt antreten zu dürfen, um eine hohe Summe von
Rom erkaufen mußten.[168)]
Auf Grund einer in falschem Sinne genommenen Aeuße=
rung Leo's I., der an einen von ihm zum Vicar seiner
Patriarchalgewalt bestellten Bischof von Thessalonika ge=
schrieben hatte, er habe ihm einen Theil seiner Fürsorge
übertragen, und dann einer von Pseudo=Isidor erdichteten
Stelle des Papstes Vigilius, stellte Innocenz III. es als Regel
auf, der Papst allein in der Kirche habe die Fülle der
Macht, alle Bischöfe seien von ihm nur zur Aushilfe für
einen Theil der Geschäfte, soviel er ihnen nämlich über=
tragen wolle, beigezogen. Man kann sagen, daß damit
das Papalsystem erst seine Vollendung erhielt. Damit
waren nämlich alle Bischöfe herabgesetzt zu bloßen Gehil=
fen, denen der Papst von dem, was sein Recht ist, soviel
giebt oder überträgt, als er für gut findet, weshalb es auch
in der Willkür der Päpste lag, soviel sie von den alten Rech=
ten der Bischöfe sich zueignen wollten, an sich zu ziehen.[159)]
Nun erhielt auch der Ausdruck „Universal=Bischof,“
vom Papste gebraucht, seine volle Bedeutung, und wenn
selbst noch Leo IX. ihn zurückgewiesen hatte, seit dem Be=
ginn des dreizehnten Jahrhunderts bezeichnete er nach der

[168)] Im funfzehnten Jahrhundert mußten deutsche Erzbischöfe
für das Pallium 20,000 fl. (damals soviel als jetzt die zehnfache
Summe) zahlen.
[159)] Innoc. III. Ep. I, 350. Decret. Greg. 3, 8.

Theorie, die in Rom galt, in ganz adäquater Weise das wahre Verhältniß. Im altkirchlichen Sinne des Wortes gab es eigentlich da, wo die römische Theorie herrschend wurde, keine Bischöfe mehr, sondern nur Delegirte oder Vicarien des Papstes.

Eine Menge von Befugnissen, an welche keiner der alten Päpste noch gedacht hatte, ergab sich nun wie von selbst. Es bedurfte in manchen Dingen nicht einmal eigener Gesetze oder päpstlicher Vorbehalte darüber. Man durfte nur aus den Isidorischen und Gregorianischen Fictionen und Interpolationen die Folgerungen ziehen. Es schien selbstverständlich zu sein, daß der Papst und nur er die Bischöfe versetzen und entsetzen könne, daß er in ihre Diöcese jederzeit auch unmittelbar eingreifen, und eine der ihrigen concurrirende Gewalt ausüben, jede Sache vor sein Forum ziehen könne. Wie wir gesehen, machte es Innocenz III. sogar zu einem von Gott selbst durch specielle Offenbarung in der Kirche gesetzten Rechte des Papstes Bischöfe zu entsetzen. Man hat ihm dies zwar als einen argen Irrthum und ganz willkürliche Erfindung vorgeworfen; es ist indeß dabei zu erwägen, daß dieser Papst, nachdem er einmal sich und andere beredet hatte, jeder Papst besitze, nicht durch Uebertragung von Seiten der Kirche, sondern kraft göttlicher Ordnung, die Fülle der Gewalt und sei absoluter Gebieter der ganzen Kirche, ganz wohl annehmen durfte, auch sein Recht, über die Bischöfe ebenso wie ein uuumschränkter Monarch über seine Beamten zu verfügen, sei ein göttliches. Und in der That fanden sich jetzt bald Bischöfe, die sich „von des päpstlichen Stuhles Gnade" schrieben.

Wo noch irgend ein Rest von Freiheit aus der alten Kirche sich in die neue herübergerettet hatte, wurde er jetzt vollends niedergetreten und ausgerottet. Niemandem war es früher eingefallen zu bezweifeln, daß ein Bischof sein Amt auch wieder niederlegen könne, wenn er sich demsel= ben nicht mehr gewachsen fühle. Die Resignation ge= schah meist auf Provinzial=Synoden. Aber seit Gratian und Innocenz III. wurde der neue Grundsatz, daß nur der Papst das den Bischof an seine Kirche knüpfende Band lösen könne, auch auf die Amts=Niederlegung ausgedehnt.[160] Und daran reihte sich dann die weitere, von Johann XXII. zur Regel erhobene Forderung, daß das dadurch erledigte Bisthum vom Papste vergeben werden solle.

Aber auch die von den Päpsten in jeder Weise er= munterten Appellationen und die bereitwillig gewährten Dispensationen bahnten ihnen den Weg zu der Eroberung eines der wichtigsten Rechte, des Rechtes Bischöfe zu er= nennen. Hatte schon Pseudo=Isidor den Appellationen nach Rom einen bis dahin unerhörten Umfang und Im= puls gegeben, so war die neue Decretalen=Gesetzgebung

---

[160] D. de translat. c. 2 (1. 7).

seit Alexander III. ganz besonders darauf berechnet, die Berufungen an die Curie zu vervielfältigen und möglichst lockend zu machen. Alexander wußte wohl, was er sagte, als er die Appellationen, welche wie ein Damoklesschwert über dem Haupte jedes Bischofs hingen, für das wichtigste Stück seiner Gewalt erklärte. Gegen dreizehn neue Satzungen in der Decretalen-Sammlung[161]) sorgten dafür, daß die römische Curie Jahr aus Jahr ein mit tausenden von Processen versehen war, die sich häufig Jahre lang fortspannen, den Beamten der Curie reichlichen Gewinn abwarfen und die Straßen, aber auch die Kirchhöfe Roms füllten. Zugleich war auch dafür gesorgt, daß die ohnehin schon durch die Menge der päpstlichen Exemtionen und Privilegien gehemmten und entmuthigten Bischöfe und Archidiakonen vollends die Lust verloren, sich durch Handhabung kirchlicher Disciplin auch noch kostspielige und langwierige Processe in Rom zuzuziehen. So kam es, daß die Anarchie in den Diöcesen, die Demoralisation und Verwilderung des Klerus einen Grad erreichte, dessen Schilderung man bei den Zeitgenossen nicht ohne Grauen lesen kann. Wenn nun wegen streitiger Pfründenbesetzungen oder Bischofswahlen nach Rom appellirt wurde, benützten die Päpste öfter die Gelegenheit, um mit Verwerfung der beiden Streitenden einen Dritten zu ernennen.

---

[161]) Sie sind aufgeführt in der Geschichte der Appellationen von geistlichen Gerichtshöfen. Frankf. 1788, S. 127 ff.

„Es ist kein Bisthum, keine geistliche Würde, keine Pfarrstelle mehr, sagt der Abt Konrad von Lichtenau, die nicht zum Gegenstand eines Processes in Rom gemacht würde, und wehe dem, der mit leeren Händen hinkommt. Freue dich, Mutter Rom, über die Laster deiner Söhne, denn du hast den Gewinn davon; dir fließt alles Gold und Silber zu. Nicht durch die Frömmigkeit, sondern durch die Bosheit der Menschen bist du die Besiegerin der Welt geworden."[162])

Für kein Volk war dieses Appellations= und Proceß= wesen schädlicher als für das deutsche. Nach dem Worm= ser Concordat (1122) hatten die Päpste allmälig die deutschen Kaiser von allem Einfluß auf die Besetzung der Bisthümer ausgeschlossen und das Concordat thatsächlich zu entkräften gewußt; dann fand sich, daß theils durch die inneren Zustände der deutschen Diöcesen, theils durch die neuen päpstlichen Gesetze die meisten Wahlen streitig wur= den, und war nun irgend einem Betheiligten oder einer Partei der Anlaß geboten, den Proceß nach Rom zu brin= gen, so wurde dieser sofort festgehalten und ausgebeutet. Die Bewerber oder ihre Procuratoren mußten Jahre lang in Rom processiren, starben dort oder brachten nur Schul= den, Siechthum und den Eindruck der dort herrschenden Corruption in die Heimath zurück. Die Päpste aber konn= ten nun über die deutschen Erzbischöfe und ihre Wahl=

---

[162]) Chron. p. 321.

ſtimmen zum Königthum nach Gutbünken verfügen; denn
zu dem Pallium, der ſchweren Taxe und dem Gehorſams=
eid kamen nun auch noch die römiſchen Schulden dieſer
Prälaten und die päpſtlichen Cenſuren hinzu, mit welchen
ſie im Falle der Zahlungsunfähigkeit bedrängt wurden,
und brachten ſie in die Lage, die päpſtlichen Weiſungen
auch bezüglich des Reichs als bindend hinzunehmen, falls
etwa der Gehorſamseid, den ſie dem Papſte hatten ſchwö=
ren müſſen, noch nicht hinreichte, ſie zu ganz ergebenen
und willenloſen Werkzeugen der Curie zu machen. Nur
aus dieſen Verhältniſſen in Deutſchland von 1245—1273
finden die Wahlen von Heinrich Raspo 1246, von Wil=
helm von Holland 1247, von Richard und Alfons 1257
und das verderbliche Interregnum von 1256—1273 ihre
Erklärung. Nur auf dieſem Wege konnte der Ruin des
Stauſiſchen Hauſes bewirkt, konnte Deutſchland in einem
Zuſtand der Zerſplitterung und Ohnmacht erhalten wer=
den, wie ihn das franzöſiſche und Angioviniſche Intereſſe
und die Politik ⸱der franzöſiſchen Päpſte, Urbans IV.,
Clemens IV., Martin IV. erheiſchten.

In Erwerbung neuer und in Vernichtung fremder
Rechte machten die Päpſte im dreizehnten und vierzehnten
Jahrhundert Rieſenſchritte. Das erzbiſchöfliche Recht, die
Biſchöfe ihrer Provinz zu beſtätigen und zu ordiniren,
hatte noch Innocenz III. anerkannt,[163] aber ſchon Nicolaus III.

---

[163] D. de elect. c. 11, 20, 28 (1. 6).

(st. 1280) erklärte die Bestätigung für ein päpstliches Re=
servat. — In der alten Kirche würde man es für unka=
nonisch gehalten haben, daß ein Papst oder Patriarch sich
einfallen ließe, in einem fremden Sprengel Stellen zu be=
setzen oder Pfründen zu vergeben. Die Päpste begannen
auch nur ihre Einmischungen in dieses Gebiet durch bit=
tende Empfehlungen einzelner von ihnen begünstigten Per=
sonen und ohne Bezeichnung einer bestimmten Stelle oder
Pfründe. So noch im zwölften Jahrhundert. Bald aber
nahmen die Empfehlungen die Gestalt von Mandaten an.
Italiener, päpstliche Neffen und Günstlinge, Personen,
welche in den damaligen Kämpfen der Päpste sich um
ihre Sache verdient gemacht oder Verluste erlitten hatten,
sollten in fremden Ländern untergebracht, bereichert, ent=
schädigt werden. Entgegenstehende Patronatsrechte wur=
den nicht beachtet, die päpstlichen Precisten wußten sich,
oft durch eigens ernannte päpstliche Executoren unterstützt,
überall einzudrängen. Große Gährung und Unzufrieden=
heit in den Landeskirchen wurde laut, man protestirte,
selbst auf der Synode zu Lyon 1245. Inzwischen hatten
die Päpste eine andere Pforte entdeckt, durch welche sie
zum umfassendsten Vergebungs= und Besetzungsrechte ge=
langen konnten. Eine große Zahl von Bischöfen und
Prälaten wurde durch angesponnene Processe nach Rom
gezogen und dort lange hingehalten. Sie starben in der
ungesunden Stadt, dem Fiebern este, wie es Petrus Da=

miani nennt, haufenweise weg, und nun wurde plötzlich ein neues päpstliches Recht erfunden, alle an der Curie durch den Tod oder auch durch die Beförderung der Besitzer erledigten Pfründen zu vergeben. Clemens IV. machte es im Jahre 1266 der Welt bekannt, indem er aber zugleich in der umfassendsten Weise das Recht des Papstes, alle Kirchenstellen ohne Unterschied zu vergeben behauptete.[164]

Dann kamen die Reservationen der französischen Päpste zu Avignon. Sie behielten sich die Besetzung einer gewissen Zahl von Bisthümern vor, die jedoch in Frankreich häufig nach dem Willen des Königs von ihnen vergeben werden mußten. Gleichzeitig wurden die Commenden eingeführt, durch welche die Päpste Abteien an Weltgeistliche, andere Kirchenstellen zuweilen selbst an Laien vergaben.

Der Gehorsams= oder eigentliche Vasalleneid, den die Bischöfe jetzt den Päpsten schwören mußten, wurde von diesen so verstanden, daß sie dem Papste nicht etwa bloß in kirchlichen, auch in politischen Dingen zu unbedingter Unterwerfung verpflichtet seien; so daß Innocenz III. die deutschen Bischöfe für meineidig erklärte, welche als Reichsfürsten einen andern König als den von ihm hiezu ausersehenen Otto anerkennen würden.[165] Die Verdrängung des Staufischen Hauses vom deutschen Thron setzten die

---

[164] Sext. Decr. 3, 4. 2.
[165] Registrum de negotio imperii, ep. 68.

Päpste durch Berufung auf diesen ihnen geleisteten Eid
durch.[166] Nach der Erklärung des Papstes Pius II. war
es ferner schon eine Verletzung des bischöflichen Eides,
wenn ein Bischof eine dem Papste etwa zum Nachtheil
gereichende Wahrheit äußerte. Und derselbe Papst forderte
von dem Erzbischof von Mainz kraft des Eides, daß er
ohne Zustimmung des Papstes keine Reichsversammlung
berufe.[167]

So war die römische Curie die Universalerbin aller
früheren Autoritäten und Institutionen in der Kirche geworden. Sie hatte die ehemaligen Rechte der Metropoliten, der Synoden, der Bischöfe, der Einzelnkirchen an sich
gezogen und sich dazu noch in den Besitz jener Gewalt
gesetzt, welche ehedem die Kaiser und fränkischen Könige
in kirchlichen Dingen geübt hatten. Die unausbleibliche
Folge war, daß die Kraft und Lebensthätigkeit der Kirche
in den alten Einrichtungen der pastoralen Diöcesan- und
Pfarreiverwaltung erlahmte, daß in diesen unmittelbar auf
das Volk angewiesenen und für dasselbe bestimmten Instituten
ein allgemeines Siechthum und religiöser Verfall eintrat, die
Bischöfe und Pfarrer sich von der Sorge für die ihnen
anvertrauten Gemeinden mehr und mehr abwandten. Dafür
nahm das Mönchswesen in seiner nunmehr fester organi-

---

[166] Raynald, a. 1206, 13; Leibnitii Prodrom. Cod.
jur. gentium, I, 11. 12.
[167] Gobelinus, Comm. Pii II, 65 u. 143.

13

sirten und centralisirten Gestalt einen ungemeinen Auf=
schwung, die Klöster, die großen klösterlichen Vereine waren
die Stätten und Kreise, in denen das kirchliche Leben vor=
zugsweise pulsirte. Die Exemtion nebst anderen nur von
Rom zu erlangenden Privilegien knüpften sie alle an das
Papstthum, und die Päpste wußten, welchen starken Rück=
halt gegen die Bischöfe diese Institute ihnen gewährten.
Hat doch noch Leo X. in Rom eine eigene Commission
aus Mitgliedern aller geistlichen Orden zusammengesetzt,
damit sie über Mittel berathen, des Papstes Interessen
und die ihrigen gegen die Bischöfe als gemeinschaftliche
Gegner zu fördern.[168] „Denn jede monarchische Regierung,
sagt Pallavicini, muß in jeder Provinz ihres Reiches
einen Kern von Untergebenen haben, welche den dort
waltenden unmittelbaren und bleibenden Obern nicht
unterstellt sind, daher die Exemtionen.“[169] Den als geborene
Feinde betrachteten und behandelten Bischöfen gegenüber
waren die exemten Mönche die willigen und ergebenen
Diener und Agenten des römischen Hofes.[170]

In keiner Zeit, an keinem Orte waren die Wider=
sprüche zwischen der Theorie und der Praxis, den Prin=

---

[168] Bzovius, Annal. eccl. XIX a. 1516.

[169] Storia del Concil. di Trento, 12, 13, 8.

[170] Bossuet sagt: „La cour de Rome regardant les évêques
comme ses ennemis, n'a plus mis sa confiance et ses espérances
que dans cette multitude d'exempts.“ Oeuvres, XXI, 461. Ed.
de Liège 1768.

zipien und den Handlungen ſtärker als in jenen Jahr=
hunderten in Rom und Avignon. Die Päpſte verdamm=
ten alles Zinsnehmen, aber unter ihren Augen und in
engſter Verbindung mit der Curie beſtand das ausge=
bildetſte Bankiergeſchäft, und dieſer wäre die Lebensluft
ausgegangen, wenn nicht die florentiniſchen und ſieneſi=
ſchen Kapitaliſten und Geldmäkler an ihrem Sitze den
Prälaten, den Stellenbewerbern, den zahlloſen Prozeß=
führenden Parteien die nöthigen Summen zu wucheriſchen
Zinſen vorgeſchoſſen hätten. Die Bankiere des Papſtes
waren, während der Bann überall anderwärts ihre Stan=
desgenoſſen traf, eine geſchützte und privilegirte Klaſſe,
und trieben, mit päpſtlichen Cenſuren bewaffnet, unnach=
ſichtlich ihre Schulden und Zinſen ein.[171]) Denn ſchon im
zwölften Jahrhundert hatte die Curie die Entdeckung
gemacht und ſchon im dreizehnten die Früchte davon ge=
erntet, daß es höchſt vortheilhaft für ſie ſei, in ganz
Europa eine große Zahl von ihr verſchuldeten Biſchöfen,
Diöceſen und Pfründenbeſitzern zu haben, welche um ſo füg=
ſamer waren, je leichter ſie zur Zahlung, auch mit dem

---

[171]) Vgl. darüber: Bibliotheque de l'école des Chartes,
19e année, Paris 1858, p. 118; und die Schilderung des Peter
Dubois um 1306 (De recuperatione terraesanctae, bei
Bongars, Gesta Dei per Francos, II, 315), wie man „sub
gravibus usuris" viel tauſende ab illis, qui publice vocantur Papae
mercatores" entlehnen mußte, um ſie dem Papſt und Cardinälen zu
ſpenden.

Banne, angehalten und durch die Zinsenschraube gepreßt
werden konnten, in einer Zeit, wo baares Geld gewöhn=
lich sehr schwer und nur gegen maßlose Procente aufzubringen
war. So bemerkt der ausgezeichnetste Kanonist seiner Zeit,
der Cardinal Nicolaus Tudeschi: Mit unerschwinglichen
Abgaben und Erpressungen seien die kirchlichen Würden
so belastet, daß sie endlos verschuldet blieben oder ihnen
von ihren Einkünften nichts mehr zu religiösen Zwecken
verwendbar gewesen wäre.[172]) Der Cardinal Zabarella
sah wohl, daß die Wurzel des kirchlichen Verderbens die
Lehre der juristischen Schmeichler von der päpstlichen
Omnipotenz sei, mit welcher sie die Päpste beredet hätten,
daß sie Alles könnten, was ihnen gefalle. „Dergestalt
sagte er, hat der Papst die Rechte aller geringeren Kirchen
an sich gerissen, daß die Vorsteher dieser Kirchen sogut
wie nichts sind.“[173]) Oder, wie der Kanzler Ger=
son noch nachdrücklicher sagte: „In Folge des klerikalen
Geizes, der Simonie, Habgier und Herrschsucht der Päpste
ist die Autorität der Bischöfe und der niederen Kirchenvor=
steher entleert und vollständig zerstört, so daß sie in der
Kirche nur noch wie gemalte Bilder sich ausnehmen und
fast entbehrlich sind.“[174]) Später schildert der Bischof von

---

[172]) Tract. de Concil. Basil. in: Pragmatica Sanctio,
ed. Paris 1666, p. 913.

[173]) De Schismatibus, ed. Schardius p. 560. 61.

[174]) Opp. ed. Dupin, II. p. I, 174.

Lifieux, wie durch das Gebahren der Päpste das ganze Kirchenwesen im Zustand der Auflösung sich befinde und Alles von Haber und Zwietracht schon seit so langer Zeit erfüllt sei.[175] Und neben und mit dieser allgemeinen Gährung und Zerrissenheit machte die Kirche auf denkende Männer, wie Gerson, Pelayo, d'Ailly, Zabarella u. s. w. den Eindruck, sie sei „brutal" geworden, eine harte Zwing=burg, in der man Kerkerluft athme und zugleich und eben darum ganz von Hypokrisie und Verstellung erfüllt. Konnte doch der Venetianer Sanuto im Jahre 1327 be=rechnen, daß jetzt die Hälfte der Christen etwa excommunicirt sei, und darunter auch die ergebensten Diener der Kirche sich befänden[170] — so verschwenderisch waren die Päpste mit Bann und Interdict seit 1073 umgegangen. Nach dem Vorbilde der Päpste verfuhren dann auch die bischöf=lichen Officialen, die Archidiakone und Alle, die damals bannen konnten. Die römische Kirche, hieß es wieder, ist unsere Lehrmeisterin; an ihrem Muster erkennen wir, daß man mit dem Banne nicht sparsam umgehen soll. Wenn, wie jetzt so häufig geschah, selbst Bischöfe gebannt oder sus=pendirt wurden, bloß weil sie den päpstlichen Legaten die von diesen geforderten Reisegelder nicht zahlen wollten

---

[175] In einem Schreiben an König Ludwig XI, in der Samm-lung von Durand de Maillane, Libertés de l'Eglise Gallicane, III, 6, 61, ff.

[170] Epistolae, ap. Bougars, Gesta Dei per Francos, II, 310.

ober konnten, warum sollten die Laien besser behandelt werden, als ihre Bischöfe. So geschah es, daß, wie es in der Denkschrift von Dubois vom Jahre 1300 heißt: an jedem Tage, an welchem die bischöflichen Officialen Sitzung hielten, in Frankreich allein mehr als 10,000 Seelen aus dem Wege des Heils in die Hände des Satans gestürzt wurden;[177]) daß in jeder Pfarrei dreißig, vierzig, ja siebzig Personen wegen ganz geringfügiger Dinge gebannt waren. Mit Geldzahlungen war freilich Entbindung vom Banne zu erkaufen, aber die geforderten Summen waren oft unerschwinglich.[178])

Die Mittel, welche die Päpste anwandten, um sich Gehorsam zu verschaffen und jeden Widerstand im Volke, bei den Fürsten und im Clerus zu brechen, wurden immer gewaltsamer. Das Interdict, welches plötzlich Millionen Menschen, die ganze Bevölkerung eines Landes um oft geringfügiger, ihr völlig fremder Ursachen willen des Gottesdienstes und der Sacramente beraubte, genügte nicht mehr; die Päpste erklärten Familien, Städte, Staaten für vogelfrei und gaben sie der Plünderung und der Sclaverei preis; wie z. B. Clemens V. mit den Venetianern verfuhr,[179]) oder sie excommunicirten, wie Gregor XI. that, bis

---

[177]) Mémoires de l'Acad. des Inscriptions, 1855, XVIII, 458.

[178]) So die bischöfliche Denkschrift für das Concil von 1311, in den Annales eccl. von Bzovius a. 1311, p. 163, ed. Colon.

[179]) Verci, Storia della Marca Trivigiana, III, 87.

zur ſiebenten Generation,[180]) oder ſie ließen Städte von
der Erde vertilgen und die Einwohner fortſchleppen, wie
Bonifaz VIII. ein ſolches Schickſal über Paleſtrina verhängte.

Pſychologiſch iſt es auffallend, daß dieſe unnatürliche
Theorie einer die ganze Welt umſpannenden, alles Leben
beherrſchenden und unterjochenden Prieſterherrſchaft überhaupt aufgeſtellt werden konnte. Dieſe Macht, wenn
ſie auch nur in der mangelhafteſten Weiſe, aber doch mit
einiger Gleichmäßigkeit und Gerechtigkeit hätte gehandhabt werden ſollen, würde übermenſchliche Kräfte, göttliche
Eigenſchaften erfordert haben, und hätte das Bewußtſein
ihrer Berechtigung, wie der mit ihr gegebenen Verpflichtung auf gewiſſenhafte, wahrhaft religiöſe Männer be-
ängſtigend, ja erdrückend wirken müſſen. An beſcheidenen
Phraſen hat es nun allerdings nie gemangelt; jeder Papſt
verſichert in herkömmlicher Weiſe, daß ſein Verdienſt und
ſeine Leiſtungsfähigkeit der Würde und Bürde nicht ge-
wachſen ſei; aber im Uebrigen iſt doch ſchon das ſtete
Streben nach Erweiterung der bereits übergroßen Macht,
wie es Jahrhunderte lang angehalten, ein Beweis, daß
die Nothwendigkeit der Selbſtbeſchränkung in der Regel
nicht empfunden wurde. Es hat Könige gegeben, welche
ſagen durften, daß ſie nicht abſolute Herrſcher ſein möchten,

180) Opere di S. Caterina di Siena. II, 160.

wenn sie es auch sein könnten. Auch die Päpste der
ersten Jahrhunderte konnten sagen: Wir wollen nicht über
die Kanones der Concilien herrschen, sondern uns von
ihnen beherrschen lassen. Aber seit Nikolaus I. und hauptsächlich seit Gregor VII. lautete das Prinzip: der Papst
ist Herr der Concilien, Herr der Kanones; nicht das Gesetz ist sein Wille, sondern sein Wille ist das Gesetz. —
In unzähligen Fällen ist freilich dieser Wille nur das
Herkommen, die Geschäfts-Ueberlieferung der Curie gewesen, und der mächtigste Herrscher der Welt, der Papst, war
schon seit dem eilften Jahrhundert nach einer Seite hin
der gebundenste; denn er durfte sich nur als den zeitwei-
ligen Depositär dieses Machtkapitals betrachten, als einen
Verwalter, der es wohl vermehren solle, aber nie eine
Verminderung desselben zugeben dürfe. Gegenüber dem
stillen, passiven, aber energischen Widerstande einer durch
gleiches Interesse eng verknüpften, nach der gleichen Regel
arbeitenden und auf ein Ziel hinstrebenden Corporation
hätte auch der festeste Wille scheitern müssen, wie viel
mehr die guten Absichten einzelner Päpste, welche, meist
hochbetagt zu ihrer Würde gelangt, nur noch wenige Jahre
irdischer Thätigkeit vor sich sahen, und aus langer Erfahrung die Festigkeit jener geschlossenen Beamten-Phalanx
kannten, auf die sie nun angewiesen waren, und deren
Widerstand sie alsbald zu einem der Arme und Füße be-
raubten Rumpf gemacht hätte. So kam es, daß, während

die Fernestehenden die Empfindung hatten und ausspra=
chen, die sprichwörtlich gewordene Kurzlebigkeit der Päpste
sei von Gott in Gnaden verhängt, um den gänzlichen
Ruin der Kirche abzuwenden,[181] die Päpste selber nicht ver=
hehlten, daß sie sich als die unglücklichſten Menſchen fühl=
ten; wie denn Hadrian IV. zu der ſchmerzlichen Aeuße=
rung gedrängt wurde: der elendeſte Stand ſei der eines
Papſtes, ſein Thron allerſeits mit Stacheln umgeben, ſein
Lebensglück nichts als Bitterkeit und eine erdrückende Laſt
liege auf ſeinen Schultern.

Es war das Bewußtſein der höchſten Machtfülle in der
Theorie, in der Wirklichkeit aber einer kläglichen Knechtſchaft
und Abhängigkeit von einer nur auf ihren Vortheil ſinnenden
Curie, verknüpft mit der Ahnung des Unſegens, der auf
einer ſolchen, aus geiſtlichen Paraſiten und Vampyren
zuſammengeſetzten Verwaltungsmaſchine liegen müſſe, was
auch einem Manne, wie Nikolaus V. die Klage auspreßte,
die er gegen zwei Karthäuſer=Mönche äußerte: Es gebe
auf der Welt keinen elenderen und unglücklicheren Men=
ſchen als er ſei; kein Menſch, der zu ihm komme, ſage ihm
die Wahrheit und ſeine Italiener ſeien unerſättlich u. ſ. w.[182]
Wie denn auch ſpäter noch Marcellus II., von dem gleichen

---

[181]) Joh. Sarisb., Polyc. 6, 24 opp. IV., 60. ed. Giles.
[182]) Vespasiani, vita Nicolai V, bei Muratori, Scr.
rer. Ital. XXV, 286.

Angstgefühl ergriffen, einmal ausrief: er sehe nicht, wie ein Papst selig werden könne.[188]

Man kann indeß ohne jede Uebertreibung sagen: die einzelnen Päpste kannten damals den ganzen Umfang ihrer Macht selber nicht, so unermeßlich war sie. Es war im Laufe einer mehrhundertjährigen, stets auf das gleiche Ziel der Machtvergrößerung gerichteten Gesetzgebung, von den Dictatus Gregor's an bis zu den letzten Stücken der Extravaganten-Sammlung, für jedes Ereigniß so 'gesorgt, daß ein Papst nie in Verlegenheit gerathen konnte, einen Rechtstitel zur Einmischung und Entscheidung zu finden, wie fremd und unkirchlich auch die Sache sein mochte. Durch die neue Formel „non obstante" u. s. w. hatte man auch erreicht, daß jeder Papst in jedem Falle, wo es der Vortheil der Curie erheischte, ein bestehendes päpstliches Gesetz umgehen, für diesen gerade gegebenen Fall es unwirksam machen konnte. Die ganze Gesetzgebung der alten Kirche war nach und nach abrogirt, mitunter in das gerade Gegentheil verkehrt. Gleich den sieben mageren Kühen Pharao's hatten die Decretalen der Päpste die Beschlüsse der Concilien aufgezehrt. Was war aus den Nicänischen, Chalcedonischen, Afrikanischen Kanones geworden? Wie halbversunkene Leichensteine auf einem verödeten Kirchhof ragten noch hie und da einzelne Trümmer

---

[188] Pollidori de vita Marc. II, 132. Rom. 1744.

dieſer vergangenen Ordnung hervor. „Es iſt ja ſonnen=
klar, ſagt der Kanzler Gerſon, der gelehrteſte Theologe
und wärmſte Freund der Kirche in jener Zeit, daß die
Verordnungen der vier erſten allgemeinen Concilien und
der ihnen nachfolgenden bei der ſtets wachſenden Hab=
ſucht der Päpſte, der Cardinäle und Prälaten, durch die
ungerechten Conſtitutionen der päpſtlichen Kammer, durch
die Kanzleiregeln, durch die von Herrſchſucht eingegebenen
Dispenſationen, Abſolutionen und Indulgenzen umgewan=
delt und dem Spott und der Vergeſſenheit überliefert wor=
den ſind."[184])

Den Päpſten, nicht den deutſchen Kaiſern, gebührt
der Titel „semper Augustus", wie man ihn früher ver=
ſtand. Sie nur ſind „allezeit Mehrer des Reiches" —
ihres Reiches geweſen. Sie ſind es geweſen, in der auf=
richtigen, von frühſter Jugend an genährten Ueberzeugung,
daß auf der Größe und Unwiderſtehlichkeit ihrer Gewalt
das Wohl der ganzen Kirche, der ganzen chriſtlichen Welt
beruhe; daß nur ihr Recht und ihre Gewalt und außer
ihr keine wahrhaft göttlich und darum ſchrankenlos ſei,
weil eine gottgegebene Macht von keinem bloß irdiſchen
Rechte beſchränkt werden dürfe. Und dieſe Ueberzeugung,
welche die Päpſte erfüllte, muß man ſelbſt dann noch als
ernſtlich und aufrichtig gelten laſſen, wenn ſie zu unlau=

---

[184]) Tractat. de ref. eccl. in Concilio Universali,
c. 17.

teren Mitteln, zu Fälschungen und Fictionen und zu arger
Verdrehung biblischer Stellen greift.

Alles, was die Päpste sonst gescheut und vermieden
hatten oder wovor man sie sonst gewarnt hatte, das wird
jetzt begierig von ihnen ergriffen. So hatte ehedem Gregor
der Große geklagt, daß sein Geist, unter der Last der Ge=
schäfte erliegend, nicht zu höheren Dingen sich aufschwingen
könne.[185]) Selbst Alexander II. hatte noch im Jahre 1066, als
die große Centralisationsbewegung eben beginnen sollte, ge=
äußert:[186]) er habe seit fünf Jahren kaum die inneren
Angelegenheiten seiner speziellen Gemeinde, der römischen
Stadtkirche erörtern, vielweniger die Angelegenheiten frem=
der Kirchen in's Reine bringen können. Und die ältere
Kirchengeschichte war eine lange Warnungstafel für die
Päpste, sich nicht in die Zustände fremder Kirchen einmischen
und aus weiter Ferne, auf stets einseitige und gefärbte
Berichte hin, entscheiden zu wollen. Jedermann in der
alten Kirche, zuweilen auch die Päpste selbst waren über=
zeugt, daß in kirchlichen Dingen nichts schädlicher sei, als
Entscheidungen in weiter Entfernung zu fällen, in Un=
kenntniß der Orts=Verhältnisse. Meistentheils griffen sie
fehl und zogen sich Zurückweisungen und Demüthigungen
zu. So war es mit Basilides in Spanien, mit Hilarius
von Arles in Gallien, mit Marcellus von Ancyra, Eusta=

---

185) Greg. M. ep. l. I, ep. 7, 25. 5.

186) Ap. Bouquet, Script. rer. Gallic., XIV, 543.

thius von Sebaste, mit Meletius in Antiochien, mit Eros
und Lazarus und mit Apiarius in Afrika gegangen; stets
hatten die Päpste übereilte Mißgriffe gethan, waren sie
getäuscht, belogen, durch ihr voreiliges oder zubringliches
Vorgehen irre geführt worden. Und stets hatte man in
der Kirche die Weisheit der Nicänischen Satzungen geprie=
sen, nach denen alles an Ort und Stelle untersucht und
entschieden werden solle. Jetzt freilich beriefen sich die
Päpste und die Gregorianer auch noch gerne auf die
Nicänischen Kanones, aber nicht auf die ächten, sondern
auf die erdichteten. Und wenn damals, im vierten und
fünften Jahrhundert, die Päpste in längeren Zwischen=
räumen nur hie und da und nicht anders als in der
Weise der übrigen Bischöfe apostolischer Stühle sich an
den Angelegenheiten fremder Kirchen betheiligten, so kamen
jetzt derartige Fälle zu Tausenden in einem Jahre vor,
und jede neue Reservation wurde eine ergiebige Geld=
quelle, so daß der Bischof Alvaro Pelayo erzählt, so oft
er in die Gemächer der päpstlichen Hofgeistlichen trete,
habe er sie mit Zählen der Goldstücke, die in Haufen da=
gelegen, beschäftigt gefunden.[187]

Jede Gelegenheit, den Geschäftskreis der Curie zu
erweitern, war willkommen. Auch die kleinsten Dinge
wurden nicht verschmäht. Man richtete die Exemtionen
und Privilegien, die man gewährte, so ein, daß immer

---

[187] De planctu ecclessiae, II, 29.

wieder neue Ausfertigungen und Verleihungen nöthig
wurden. Eine unerschöpfliche Quelle waren z. B. die
Schutzbriefe, welche sich Einzelne und ganze Collegien gegen
die bischöflichen Censuren zum voraus ertheilen ließen.
Die Bischöfe sahen sich nun wieder gezwungen, sich ihrer=
seits päpstliche Privilegien zu verschaffen, kraft welcher sie
wenigstens ihren Güterbesitz mit Censuren gegen die mit
römischen Indulgenzen Versehenen vertheidigen durften,
wie sich z. B. der Bischof von Laon ein solches Privilegium
von Urban IV. ausstellen ließ.[188]) Soweit trieb man in
Rom das divide et impera, daß man sogar die Dom=
kapitel, die doch den nächsten Kreis von Gehilfen und
Räthen des Bischofs, sein Presbyterium bilden sollten,
mit Privilegien und Exemtionen gegen die Bischöfe, und
dann wieder die Bischöfe gegen die Kapitel bewaffnete.
— Uebersieht man die ungeheure Menge von päpstlichen
Privilegien, wie sie im dreizehnten Jahrhundert nur für
eine Landeskirche, die französische, ausgefertigt wurden,
so verwundert man sich sowohl über den Knechtssinn der
Bischöfe, welche keinen Schritt mehr ohne römische Sanc=
tion zu thun wagten, als über die Bedeutungslosigkeit und
Kleinlichkeit der Gegenstände, für welche eine eigene päpst=
liche Vollmacht oder Dispense als nothwendig erachtet
wurde. Wollte ein Kloster seinen Kranken Fleisch reichen,
oder wollten die Mönche bei Tisch miteinander reden, so

---

[188]) Gallia Christ. VI, instr. 308.

bedurfte man dazu einer vom Papst ertheilten Erlaubniß.
Vor allem wollten Bischöfe, Klöster, Individuen gegen die
von den Legaten mit verschwenderischen Händen geschleu=
derten Censuren und geistlichen Erpressungsmittel durch
päpstliche Privilegien sich sicher stellen.[189]) Nur ein Heil=
mittel hatte die Kirche gegen das in ihrem Schooße um
sich greifende Verderben bis dahin gekannt, das der Con=
cilien. Aber die Stellung, welche die Päpste seit Gre=
gor VII. zu den Concilien einnahmen, mußte auch dieses
unwirksam machen. Die Concilien wurden zu einem
Werkzeug der päpstlichen Herrschaft verkehrt und in einen
Zustand von entwürdigender Unfreiheit versetzt, welcher nur
den Schatten dieser altkirchlichen Institute übrig ließ.

Alle Synoden, welche die Kirche als ökumenisch be=
trachtete und deren Decrete daher als Aussprüche und
Satzungen der Gesammtkirche galten oder gelten sollten,
waren in den neun ersten Jahrhunderten im Orient, zu
Nicäa, Ephesus, Chalcedon, Constantinopel gehalten wor=
den. Nie hatten die Päpste während dieser ganzen Zeit
auch nur den Versuch gemacht, eine größere Synode von
Bischöfen mehrerer Länder um sich zu versammeln. Hier=
auf gingen zwei Jahrhunderte, das zehnte und eilfte, ohne
eine größere Synode vorüber. Im Jahre 1123, gerade

---

[189]) Eine recht anschauliche Uebersicht dieser Zustände gewähren
Brequigny und Pardessus in ihren Tables chronologiques
des diplom. etc für die Zeit von 1230—1300.

nach dem Ausgange des Investiturstreites und gleichsam
zur Constatirung und zur Besiegelung des großen durch
das Gregorianische System errungenen Sieges, veranstal=
tete Calixtus II. eine zahlreich besuchte, nachher öku=
menisch genannte Synode, auf welcher — sehr bezeich=
nend — doppelt soviel Aebte als Bischöfe, 600 auf 300, sich
einfanden. Niemand von den Zeitgenossen hat von dieser
ersten allgemeinen Versammlung des Abendlandes irgend
etwas berichtet; sie ist unbeachtet und spurlos vorüberge=
gangen. Der Papst verkündete auf derselben einige Ge=
setze über untergeordnete Fragen, über Simonie, Priester=
ehe und Gottesfrieden. Von Verhandlungen unter den
Bischöfen zeigt sich keine Spur; sie schienen nur gerufen
worden zu sein, um dem Papstthum zur Folie zu dienen;
denn es wurde hier das erste Beispiel eines sich für öku=
menisch ausgebenden Concils vorgeführt, auf welchem
nicht das Concil, wie tausend Jahre lang geschah, son=
dern der Papst in seinem Namen die Gesetze machte und
verkündigte.[190])

Sechszehn Jahre später 1139 veranstaltete Innocenz II.
eine zweite ökumenische Synode, wieder zu Rom. Aber=
mals erschienen die Bischöfe nur als passive Zeugen, um die
päpstlichen Machtgebote zu vernehmen und es mit anzu=
schauen, wie der Papst den von seinem Nebenbuhler Pier=

---

[190]) „Autoritate sedis apostolicae prohibemus" heißt es gleich
im ersten Kanon (Harduin, Concil. VI, II. 1111.)

leone ordinirten Prälaten unter Schimpfworten selbst die
Stäbe aus der Hand und die Pallien von den Schultern
riß.[191])
Ernsthafter und erfolgreicher war die dritte dieser
römischen Kirchenversammlungen, welche Alexander III. im
Jahre 1179 abhielt. Doch genügten drei Sitzungen, und
die 27 Kanones, welche der Papst hatte vorlegen lassen,
wurden von ihm, als „mit Zustimmung der Synode" gefaßt, verkündigt. So sehr betrachtete die Welt bereits diese
Synoden als bloße Veranstaltungen zur feierlichen Promulgirung päpstlicher Gebote, daß der Kaiser in einer Urkunde
die dritte lateranensische Synode geradezu als „das Concilium des obersten Pontifex" bezeichnete.[192])
Eine freie Berathung vor dem Antlitze eines Innocenz III., als er 453 Bischöfe im Jahre 1215 zur vierten lateranensischen Synode um sich versammelte, war
vollends nicht denkbar. Nach dem Standpunkte, den die
Päpste jetzt einnahmen, mußte das Geschäft der zur
Synode versammelten Bischöfe sich darauf beschränken, dem
Papste über die Zustände in ihren Diöcesen zu berichten,
Rath zu ertheilen und zur feierlichen Promulgation der
Decrete den Hintergrund zu bilden. Vielleicht die größte
Zahl von Bischöfen, die bis jetzt auf einer abendländischen

---

[191]) Harduin, l. c. 1214.
[192]) Bei Trouillart, Documens de Bâle; I. 389: „In
generali Concilio Summi Pontificis — judicatum est."

14

Synode gesehen worden, war auf den Ruf des Papstes gekommen, dazu die Gesandten der Monarchen. Innocenz ließ ihnen seine Decrete vorlesen[193]), und, nachdem sie schweigend zugehört, durften sie zustimmen.[194]) Als sie wieder heimkehren wollten, verbot es ihnen der Papst, bis sie ihm große Geldsummen gezahlt hatten, die sie von den Geldmäklern der päpstlichen Curie mit Wucherzinsen ent= leihen mußten.[195])

Die einzige nennenswerthe That des ersten Concils von Lyon im Jahre 1245 war die Absetzung des Kai= sers Friedrich II., welche Innocenz IV. mit 144, größten= theils spanischen und französischen Bischöfen vollbrachte.[196])

---

[193]) „Recitata sunt in pleno Concilio capitula 70" sagt Matth. Paris (Hist. Angl. ad a. 1215).

[194]) Wir kennen die Beschlüsse auch nur dadurch, daß sie in die Decretalensammlung Gregor's IX. mit der Bezeichnung „Innocentius III. in concil. Lateran." zerstreut eingerückt sind.

[195]) Matth. Paris, Historia Minor, Lond. 1866 II. 176

[196]) Aus Raynald (Annal. a. 1245, 1) sieht man, daß Innocenz nur den Erzbischof von Sens mit seinen Provinzialbischö= fen, den König von Frankreich, und eine Anzahl englischer Bischöfe zum Concil berief. Raynald, der das päpstliche Regest mit allen Schreiben vor sich hatte, konnte nicht mehr entdecken. Die deutschen Prälaten, die zum Papste nach Lyon gekommen waren, reisten kurz vor Eröffnung des Concils ab. Innocenz hat es daher auch ver= mieden, das Concil als ein allgemeines zu bezeichnen, und so ist es ein Beweis der unhistorischen und unwissenschaftlichen Beschaffenheit so vieler theologischer Lehrbücher, wenn sie dieses Concil gewöhnlich als eines der ökumenischen anführen, worauf es nach den von ihnen selbst aufgestellten Bedingungen keinen Anspruch hat. In noch grel=

In diefer für Italien und Deutfchland fo wichtigen
Angelegenheit waren diefe beiden Nationen gar nicht oder
doch nur höchft ungenügend vertreten; eine vorzugsweife
aus Prälaten fremder Nationen zufammengefetzte Ver=
fammlung war es alfo, welche den Papft in diefem
feinen Vorgehen unterftützte und auf folche Weife mit
ihm in das Schickfal Italiens und Deutfchlands fich ein=
zugreifen erlaubte. Das Recht, den Kaifer abzufetzen und
Deutfchland und Italien dadurch in unheilvolle Verwir=
rung und langen Bürgerkrieg zu ftürzen, wurde wieder mit
den Fabeln erwiefen, auf die fchon Gregor VII. fich be=
rufen hatte; nämlich, daß Papft Innocenz den Kaifer
Arcabius gebannt und Papft Anaftafius den Kaifer Ana=
ftafius nicht nur excommunicirt, fondern auch des Reiches
beraubt habe.[197] Wenn die Päpfte, fo mußte man nach
diefen Fictionen fchließen, fogar in Conftantinopel griechi=
fche Kaifer abgefetzt haben, warum follten fie es mit einem
deutfchen König und Kaifer nicht ebenfo machen dürfen.
Auch diesmal mußten die Bifchöfe und Aebte dem Papft
zum Kampfe gegen den Kaifer wieder große Geldfummen

lerer Weife ift dies bei der Synode von Vienne 1311 der Fall, be=
züglich welcher Clemens V. felbft erklärte, er berufe nur einige von
ihm ausgefuchte Bifchöfe zu demfelben. (Raynald, a. 1311, 52, in
dem Schreiben an Kaifer Heinrich VII.)

[197] So der offizielle Gefchichtfchreiber der Curie, Nicolaus
de Curbio, Vita Innoc. IV; bei Baluze, Miscell. I. 198;
ed. Mansi.

zahlen oder versprechen, und ihre Kirchen und Klöster deshalb mit Schulden belasten.[198])

Die zweite Synode von Lyon — sie sollte die
sechste ökumenische unter den abendländischen sein, —
zu welcher im Jahre 1274 gegen 500 Bischöfe und
doppelt soviel Aebte u. s. w. zusammenkamen, veranstaltete der beste der Päpste jener Zeit, der gerne, wenn
es nur möglich gewesen wäre, das, was die Politik seiner
Vorgänger verdorben hatte, wieder geheilt hätte — Gregor X. Aber auch er durfte die alte Concilienform nicht
wieder herstellen, so nothwendig und heilsam sie auch gerade hier, wo von einer Reformation der verwilderten
und ausgearteten Kirche gehandelt werden sollte, gewesen
wäre. Die Union mit der griechischen Kirche wurde ohne
Berathung bloß formell abgeschlossen und zerfiel wieder
nach wenigen Jahren. Im Uebrigen weiß man nicht einmal, welche Decrete der Papst auf dem Concil verkündigen
ließ; denn die 31 Artikel, welche sich in dem päpstlichen
Gesetzbuche [199]) unter dem Titel „Gregor X. auf der
Lyoner-Synode" finden, sind, wie der Papst selbst erklärt,
theils während, theils erst nach der Synode von ihm
promulgirt worden. [200]) Aus der beabsichtigten Reform
der Kirche ist denn auch Nichts geworden.

---

[198]) Näheres darüber bei Tillemont, Vie de S. Louis. III, 83.
[199]) Dem Sextus Decretalium.
[200]) Harduin, Concil. VII, 705.

Wie die Absetzung des Kaisers Friedrich das einzige
Ereigniß der ersten Lyoner Synode war, so ist die Unter=
drückung des Templerordens die einzige Frucht, welche
die Synode von Vienne im Jahre 1311 trug. Als Cle=
mens V. auf derselben, zu der er nur die von ihm vorher
ausgesuchten Bischöfe zuließ, bemerkte, daß die Mehrheit
derselben eine dem Orden der Templer günstige Gesinnung
hege, ließ er in der dritten und letzten Sitzung durch einen
Kleriker verkünden: Wenn einer der Bischöfe, ohne vom
Papst besonders dazu aufgefordert zu sein, ein Wort rede,
so treffe ihn der große Kirchenbann. Und darauf erklärte
er, daß er „aus der Fülle seiner Macht" den Orden ver=
nichte, obgleich er ihn in Folge des gegen ihn geführten
Criminalverfahrens nicht aufheben könnte. — Clemens
selbst aber war nur das Werkzeug des französischen Königs;
ihm dienend hatte er seine Inquisitoren überall angewie=
sen, daß sie mit der Folter Geständnisse von den unglück=
lichen Tempelrittern erpressen sollten. Und dennoch mußte
er jetzt vor der Versammlung bekennen, daß das Ergeb=
niß des Processes eine Vernichtung des Ordens als Strafe
nicht rechtfertige. Alles, was er dadurch gewann, war,
daß der König ihm gestattete, den Proceß gegen seinen
Vorgänger Bonifazius VIII. einzustellen, welcher eine
Quelle der Angst und Sorge, der Schmach und Ernied=
rigung für Clemens wie für das Papstthum überhaupt
war; denn wenn die Verurtheilung des Bonifazius auf

die von König Philipp erhobene Anklage der Ketzerei und
des Unglaubens eingetreten wäre, so würde dieß die Ver=
nichtung aller Regierungs=Handlungen dieses Papstes und
damit die unheilvollste Verwirrung der ganzen Kirche zur
nothwendigen Folge gehabt haben.

„Man kann diese Versammlung gar nicht ein Conci=
lium nennen, sagt der Zeitgenosse Walter von Heming=
burgh, denn der Papst that alles aus seinem eigenen
Kopfe, so daß das Concil weder antwortete noch zu=
stimmte." [201]) Größer konnte die Knechtschaft des Epis=
copats, die Herabwürdigung der Concilien nicht mehr
werden. Nun trat ein Umschwung ein, zu welchem das
große Schisma den Weg bahnte. —

Das Papstthum war, in Folge des Tages, an wel=
chem der letzte deutsche Kaiser, der diesen Namen ver=
diente, abgesetzt worden (dem 17. Juli 1245), die Beute
geworden, um welche Italiener und Franzosen sich stritten.
Im langen Kampfe dieser Päpste und Gegenpäpste wurden
die alten Waffen, mit denen die Riesenmacht des Papst=
thumes bisher ihre Siege erfochten, theilweise abgestumpft,
die Nationen rafften sich empor; auf den Concilien des
fünfzehnten Jahrhunderts, zu Pisa, Constanz und Basel, wehte
ein anderer Geist, herrschten andere Prinzipien und war

[201]) Chronicon Walteri de Hemingburgh, Lond. 1849,
II. 293.

das Uebergewicht der italienischen Bischöfe durch neue Ein=
richtungen gebrochen. Selbst auf der Synode von Florenz
1439 mußte um der Griechen willen die Gestalt der alt=
kirchlichen Synoden, die freie, einläßliche Berathung zu=
gelassen und auf das bloße Diktiren und Promulgiren
der in der päpstlichen Curie verfertigten Decrete 'ver=
zichtet werden.

Doch kamen bald nachher wieder bessere Tage für die
Curie. Julius II. begann, Leo X. beendete die fünfte la=
teranensiche Synode mit etwa 53 italienischen Bischöfen
und einer Anzahl von Cardinälen (1512—1517). Daß
eine derartige Versammlung keine Repräsentation der
ganzen Kirche sei, daß es wie Hohn klinge, sie mit den
Synoden von Nicäa, Chalcedon und Constantinopel auf
gleiche Linie zu stellen, in einer Zeit, wo es, nach dem Ge=
ständnisse eines dortigen Bischofs, unter den 200 Bischöfen
Italiens nicht vier brauchbare Männer gab, das leuchtete
auch dem blödesten Auge ein. Julius selbst zeigte, was
er von dieser seiner Synode halte und wofür sie gut genug
sei, indem er ihr gleich in der dritten Sitzung ein Decret
vorlegen ließ, in welchem er den sonst zu Lyon gehaltenen
Jahrmarkt verbot und ihn nach Genf verlegte. [202] Der
Prior Kilian Leib von Rebdorf wundert sich in seinen
Annalen, wie man diese Versammlung, auf welcher außer

---

[202] Concil. ed. Labbé, XIV, 82.

dem gewöhnlichen Hofgesinde des Papstes fast Niemand
zugegen gewesen, und nichts von Bedeutung geschehen oder
beschlossen worden sei, ein allgemeines Concil nennen
könne. [203]) Bedeutungslos waren indeß die verkündeten
Decrete des Papstes keineswegs. Vielmehr wurde hier
ein Decret erlassen, dem an Wichtigkeit und Tragweite
kein anderes der früher in den römischen Synoden ver=
kündeten Gesetze gleich kam, nämlich die Bulle Leo's Pastor
aeternus, in welcher, zugleich mit der Verwerfung der
pragmatischen Sanction in Frankreich, als Dogma erklärt
wurde: „der Papst hat volle Autorität und unumschränkte
Macht über die Concilien; er kann sie nach Gutdünken
berufen, verlegen und auflösen." Die Bulle führt den
Beweis dafür mit Thatsachen und Zeugnissen, die alle
erdichtet oder verdreht oder von keiner Bedeutung für die
Frage sind. Aeltere und spätere Fictionen, zum Theil aus
Pseudo=Isidor entlehnt, sollen darthun, daß die alten Con=
cilien unter der vollständigen Herrschaft der Päpste ge=
standen, daß schon die Nicänische Synode um die Bestä=
tigung ihrer Beschlüsse beim Papst gebeten habe u. s. w.
Die lange Deduction, in der jeder Satz eine Lüge heißen
müßte, wenn man bei dem Verfasser eine Kenntniß der
Kirchengeschichte voraussetzen dürfte, schließt mit der Er=
neuerung von Bonifaz' VIII. Bulle Unam sanctam.

---

[203]) In Aretin's Beiträgen. VII, 624.

Befremdend mag es erscheinen, daß, seit das neue System der in Rom centralisirten Kirchenregierung aufgekommen war und die Concilien großentheils ihre Bedeutung verloren hatten, die Päpste nicht an die Errichtung einer theologischen Schule in Rom und am Sitze der Curie dachten. Die tiefe Unwissenheit des römischen Klerus und seine Unfähigkeit zur Beurtheilung theologischer Dinge war fast sprüchwörtlich. Schon am Ende des siebenten Jahrhunderts mußte Papst Agatho den Griechen gegenüber das demüthigende Bekenntniß ablegen: im römischen Klerus sei das rechte Verständniß der h. Schrift nicht zu finden, da sie mit der Arbeit ihrer Hände sich ihre Nahrung verdienen müßten. Sie könnten nichts thun als das ihnen von den alten Concilien und Päpsten Ueberlieferte in Einfalt bewahren. [204]) Wohl mögen es darum die biblisch besser bewanderten Griechen dieser seiner vom Papste selbst eingestandenen Unwissenheit zugeschrieben haben, wenn er von dem Texte des Lukas bezüglich des Gebetes Christi für Petrus eine Auslegung gab, wie sie bis dahin noch Niemandem in den Sinn gekommen war, und welche offenbar nur dazu dienen sollte, der römischen Kirche trotz der nicht zu läugnenden Rohheit und Unwissenheit ihres Klerus die Autorität in Sachen der Lehre zu bewahren. Was an Studium und Kenntniß mangelte,

---

[204]) Harduin, Concil. III, 1078.

sollte durch spezielle göttliche Eingebung ersetzt werden. —
Mit gleicher Bescheidenheit, wie Papst Agatho äußerte sich
50 Jahre nachher Gregor II. Im zehnten Jahrhundert
hatten sich Otto von Vercelli und Gerbert, [205]) im eilften
Bonizo stark über diese theologische Unwissenheit des rö=
mischen Klerus geäußert. [206]) Seit Gratian wurde jedoch
die Jurisprudenz die Königin unter den Disciplinen; nicht
um Auslegung der h. Schrift, nicht um die Erforschung
der Tradition und der Väter handelte es sich, welche zu
sehr bedenklichen Ergebnissen, zu gefahrvollen Entdeckungen
geführt und am Ende gar die argen Widersprüche zwischen
dem alten Recht der Kirche und dem neuen aufgedeckt haben
würde; sondern das Studium der neuen Rechtsbücher, Gra=
tians, der Decretalen, des römischen Kaiser=Rechts, dieß
war es, was man brauchte; weßhalb Innocenz IV. eine
Rechtsschule in Rom stiftete und die Theologie dem fernen
Paris überließ. Theologie ist in Rom nie in größerem
Maaßstabe oder mit einigem Erfolge betrieben worden,
wie man denn auch im ganzen Mittelalter, wenn man
Theologie studiren wollte, nicht nach Rom ging. Unter
den Cardinälen, kommen immer mindestens zwanzig Ju=
risten auf einen Theologen. Und hierin war die römische

---

[205]) Pertz, Monum. III, 675.

[206]) Maii Nova Coll. VI, II, 60: „In tanta ecclesia vix unus
posset reperiri, quin vel illiteratus, vel simoniacus, vel esset
concubinarius.“

Curie ächt italienisch oder war Italien ächt römisch; denn in
ganz Italien, obgleich seit dem Beginne des dreizehnten Jahr=
hunderts ein Wetteifer für Errichtung von Universitäten
stattfand, war es doch nie die Theologie, auf welche man
dabei achtete, sondern die Rechtswissenschaft und die Medizin.
Die Pflege der Theologie überließen die Italiener, welche
trotzdem einige große Theologen, Thomas, Bonaventura,
Aegidius Colonna, aufzuweisen hatten, doch gern den
Franzosen, Engländern und Deutschen und ihre Landes=
kinder mußten darum, wenn sie Theologen werden woll=
ten, im Auslande, wie die eben genannten, Bildung und
Wirkungskreis sich suchen. Nur die Decretalen studirt
man, die Evangelien und die Kirchenväter werden ver=
säumt, sagt Dante von seinen Landsleuten. Und unter
den Italienern leistete wieder der römische Klerus für den
Anbau der theologischen Disciplinen am wenigsten. [207])
Auf Einfluß durch Pflege der Wissenschaft verzichteten
die Päpste um so leichter, als ihnen soviele andere Mittel
der Wirksamkeit zu Gebote standen, und darunter solche,
welche eine wissenschaftliche Beleuchtung auf die Dauer
nicht vertragen hätten. Auch hatten sie jetzt dafür die neuen
geistlichen Orden der Dominikaner und Minoriten, welche
unter der strengsten von Rom aus durch ihre Generale
geübten Censur und Zucht, und gewohnt die Interessen

---

[207]) Auch Reumont, Geschichte der Stadt Rom, II, 678, be=
merkt, daß die geistige Produktion in Rom äußerst gering gewesen sei.

ihres Ordens und der römischen Curie als zusammenfallend zu betrachten, alle Bürgschaft boten, daß sie, was nur immer für die Behauptung des neuen römischen Systems bedenklich werden konnte, ferne halten würden. Aus dem Schooße dieser Orden, besonders der Dominikaner, nahm auch die Curie ihre officiellen Hoftheologen, denn einen mindestens mußte sie doch haben — den Magister Sancti Palatii.

So war denn, was Roger Bacon und die Zeitgenossen allgemein behaupten, die Rechtswissenschaft und nicht die Theologie der sichere Weg zu den kirchlichen Würden und einträglichen Pfründen. Denn die Theologie, in den Händen der Schule des Anselm von Canterbury, des Abailard, Bernhard, Robert Pullus, der Victoriner und der übrigen Scholastiker vor Thomas von Aquin, hatte direct noch nichts für die Befestigung der päpstlichen Weltherrschaft und die Begründung des Gregorianischen Systems geleistet. Nirgends findet sich in den Schriften dieser Theologen eine Ausführung der Lehre von der kirchlichen Autorität auf Grundlage des Papalsystems. Erst die Verhandlungen mit den Griechen vor und nach der Lyoner Synode von 1274 und neuentdeckte angebliche Zeugnisse griechischer Väter und Concilien, so wie die Decretalensammlung Gregor's IX. führten dasselbe auch in die Theologie ein. Die Juristen waren denn auch die Ersten, welche ihre Wissenschaft zu einem Werkzeug der

Schmeichelei erniedrigten, und erst seit dem Ende des drei=
zehnten Jahrhunderts folgten ihnen die Theologen auf
derselben Bahn nach. Die Theologen dieser Richtung ge=
hörten meist den großen Mendikanten=Orden an, welche
schon um der so reichlich ihnen gewährten Exemtionen und
Privilegien willen die dringendste Aufforderung hatten,
die Machtfülle der Päpste eher zu steigern als zu vermin=
dern, und die, wenn sie auch anders hätten schreiben
wollen, sicher bald in dem Kerker ihres Klosters sich be=
funden hätten. Nur Männer in einer so außerordentlichen
und abnormen Stellung, wie Occam und andere Spiri=
tualen, konnten zu einer abweichenden Auffassungsweise
geführt werden; doch auch die Vertreter dieser Richtung
vermochten, wie man an dem scharfsinnigen Marsilio von
Padua sieht, in dem Dickicht von Fälschungen und Fictio=
nen weder Weg noch Steg zu finden, wenn sie auch manche
derselben bereits durchschauten.

Aus der Jurisprudenz, nämlich aus dem verdorbenen,
zu einem Werkzeuge des geistlichen Despotismus verkehrten
Kirchenrechte und aus dem Papstthum leitete man allge=
mein das Elend, den tiefen sittlichen und religiösen Ver=
fall der abendländischen Christenheit ab. Aus diesen zwei
zusammenfließenden Quellen — denn beide waren (bis
1305) italienisch, und die eine, die Bolognesische Rechtschule,
diente der anderen, der Curie — werde, sagte man, die
ganze Welt vergiftet.

„Die Juristen sind es, läßt Roger Bacon sich vernehmen, welche jetzt die Kirche regieren und die Christen
mit lange hinausgezogenen Processen quälen und verwir-
ren.“ [208]) Und in der That waren die großen mächtigen
Päpste, ein Innocenz III. und IV., ein Clemens IV. und
Bonifacius VIII. als Juristen zur höchsten Würde und
Weltherrschaft emporgekommen. Das Kirchenrecht müsse,
meinte Bacon, wieder mehr theologisch (biblisch) werden,
sonst sei kein Heil. Gerade wie Dante eine Quelle des
Verderbens in den päpstlichen Decretalen und dem Vorrange, den man ihnen vor der h. Schrift gebe, erblickte. [209])

Man sieht, welche tiefen Blicke in die den Meisten
damals verborgene Ursache der Corruption Roger Bacon,
dieser merkwürdige Mann, that, obgleich ihm wie Allen
hier nur eine Ahnung vergönnt war und nicht eine klare
Einsicht, die ohne die zu jenen Zeiten unerreichbaren
geschichtlichen Kenntnisse und kritische Befähigung nicht
möglich war. Aber er glaubte doch und mit ihm hofften
dieß damals seit 40 Jahren (also etwa seit 1225) Viele,
daß eine nahe Reinigung der Kirche bevorstehe, die
durch einen gottesfürchtigen Papst, vielleicht auch durch
einen guten mit ihm zusammenwirkenden Kaiser herbeige-

---

[208]) Opus tertium, ed Brewer. p. 84, Lond. 1859.
[209]) Paradis. IX, 136—138.

führt und wesentlich auch in einer Umgestaltung des Kir=
chenrechts bestehen werde. [210])

Die zwei Grundsäulen des neuen Papstthums und
zugleich die beiden Institutionen, welche zu Zeiten den
Päpsten selber Fesseln anzulegen und sie ihren Interessen
dienstbar zu machen verstanden, waren das Cardinals=
collegium und die Curie. Gerade als der theils
bewußte, theils unbewußte Bruch des Papstthums mit der
alten kirchlichen Ordnung und Gesetzgebung sich vollzog,
bildete sich das Collegium oder der Senat der Cardinäle,
welcher zugleich durch das ihm im Jahre 1059 übertra=
gene Recht der Papstwahl ein Wahlkörper geworden war.
Durch die Legationen und die Theilnahme an der Hand=
habung einer schrankenlos gewordenen Gewalt erhoben sich
die Cardinäle bald zu einer Höhe, von welcher aus sie
auf die Bischöfe, die ihnen noch im eilften Jahrhundert
auf Concilien im Range vorangegangen waren, herab=
blickten. Gleich beim Beginne, als das neue System des
Papalismus noch in den Geburtswehen lag, im Jahre
1054, forderten zwar die Cardinalbischöfe den Vorrang
vor den Erzbischöfen, aber im Jahre 1196 gingen noch

---

[210]) Rog. Baconis Compendium studii, ed. Brewer.
p. 339—403. „Totus clerus vacat superbiae, luxuriae, avaritiae
etc." Auch hier betont er wieder das große Verderben aller Stu=
dien seit 40 Jahren, dessen Hauptursache für ihn in der Corruption
des Kirchenrechts liegt.

immer die Erzbischöfe den Cardinalbischöfen voran. Erst
auf der Synode von Lyon vom Jahre 1245 war der
Vorrang sämmtlicher Cardinäle, auch der Cardinalpres-
byter und Diakone, vor allen Bischöfen der christlichen Welt
entschieden und von Niemandem mehr bestritten. Allmälig kam man soweit, daß Bischöfe mit den Cardinälen nur
knieend sprechen durften und wie Bediente von ihnen behandelt wurden. [211])

Nicht ohne Absicht hatten die Gregorianer Anselm
und Gregor von Pavia, dann ihnen folgend Gratian, die
bekannten Stellen des Hieronymus in ihre Gesetzbücher aufgenommen, in denen die ursprüngliche Gleichheit der Bischöfe und Presbyter behauptet und der Vorrang der Bischöfe auf bloßes Gewohnheitsrecht reducirt wurde. Daß
damit auch die Axt an die Wurzel des römischen Primats
gelegt wurde, sahen jene kurzsichtigen Architecten des
Papalsystems nicht; ihnen kam es nur darauf an, dem
Vorrang der Cardinäle und damit der Herrschaft der Curie
die Bahn zu brechen und das Papalsystem auf den Trüm-
mern des alten Episcopalsystems aufzurichten. Da Gratian im Grunde die einzige Quelle war, aus der man die
Vorstellungen über Kirche und Hierarchie schöpfte, so wurden die Bischöfe gegen das Ende des dreizehnten Jahr-

[211]) S. die Schrift eines ungenannten Franzosen am Ende des
14. Jahrhundert in Paulin Paris, Manuscrit. francais·
VI. 265.

hunderts dahin gebracht sich sogar zu Cardinalpresbytern machen zu lassen, und diese Degradirung vom Episcopat zum Presbyterat, welche man im ersten Jahrhundert der Kirche für eine Monstrosität angesehen hätte, noch als eine Beförderung zu betrachten. In der Blüthezeit der Exemtionen, des Umsturzes aller alten Kirchengesetze, der Auflösung des Diöcesan=Verbandes, in einer Zeit, wo die geordnete Pfarrverwaltung durch herumwandernde und bettelnde Mönche zerrüttet wurde, gehörte auch dieß zum System.

Lange schwankte die Wagschale in der römischen Kirche zwischen dem oligarchischen Prinzip, dem Ueberwiegen der Cardinäle und dem päpstlichen Absolutismus. Es hat Päpste gegeben, welche ihre französische Politik trotz des Widerstrebens der italienischen Cardinäle durchführten, wie Martin IV, Clemens V; Päpste, vor denen die Cardinäle kaum die Augen aufzuschlagen oder zu reden wagten, wie Bonifaz VIII., Paul IV.; Päpste, welche Cardinäle ums Leben brachten, wie Urban VI., Alexander VI., Leo X. Aber gewöhnlich war doch das Cardinalscollegium, dem der Papst seine Erwählung verdankte, in welchem die Interessen und Traditionen des Papstthums sich fortpflanz= ten, die leitende Macht. Es wachte darüber, daß der Papst den angenommenen Prinzipien nichts vergab, von der erworbenen Gewaltfülle Roms nichts verkommen ließ, und nahm, wie den Rechten nach, so auch thatsächlich seinen

15

beträchtlichen Antheil an der Kirchenregierung. Es sorgte,
daß der Papst in vielen Fällen doch nur der Vollstrecker
seines Willens, seiner Beschlüsse war. Die von späteren
Päpsten und noch in unseren Tagen geübte Kunst, mit
Zuziehung von zwei oder drei mit dem Papste gleichge=
sinnten Cardinälen und durch Verhinderung von Ver=
sammlungen des Collegiums, Dinge zu Stande zu bringen,
welche der großen Mehrheit widerstreben, ist im dreizehn=
ten Jahrhundert noch kaum oder nur unter Martin IV.
geübt worden. Aber Bonifaz VIII., Clemens V., Johann XXII.
und die Päpste nach der Mitte des fünfzehnten Jahrhunderts,
verstanden und übten sie fast alle mit Nachdruck — um so
sicherer, als sie stets die große Mehrheit der Cardinäle
durch die Pfründen= und Emolumenten=Verleihung in der
Hand hatten.

Wirklich dauerte der Kampf zwischen der rein abso=
luten Monarchie und zwischen der Oligarchie an zwei
Jahrhunderte hindurch. Die Cardinäle wollten den
Papst nach Außen, den Landeskirchen gegenüber wohl in
schrankenloser Machtvollkommenheit walten lassen, ver=
suchten ihn aber durch Wahlcapitulationen, durch eine ge=
setzliche Mitregierung im Namen der Curie zu binden.
Innocenz VI. hatte schon im Jahre 1353 solche Wahl=
capitulationen verworfen, weil die päpstliche Gewalt, als
von Gott in schrankenloser Fülle gegeben, nicht begrenzt
werden dürfe. Gleichwohl wurde der Versuch immer

wieder erneuert. Man setzte in den Conclaven eine Reihe von Artikeln auf, die der Erkorene unmittelbar nach seiner Wahl, vor seiner Consecration, beschwor und, die theils auf den Vortheil der Cardinäle berechnet waren, wie z. B. Theilung der Einkünfte zwischen dem Papst und den Car= dinälen und Unabsetzbarkeit derselben, theils den ärgsten Verschleuderungen und Gewaltthätigkeiten der Päpste durch die Bedingung der Zustimmung der Cardinäle eine Schranke setzen sollten. Eugen IV. bestätigte diese Artikel, ohne sich in Wirklichkeit stets daran zu binden.[212]) Pius II. hatte einen ähnlichen Schwur geleistet, sogar geschworen, die römische Curie zu reformiren, und es war in der That dringend nothwendig, diese Kapitulationen, welche an sich schon ein düsteres Bild von der Mißregierung der Kirche erschlossen, geheim zu halten, da sonst zu den übrigen schweren Anklagen gegen die Päpste jener Zeit auch noch die des Meineides von allen Seiten erhoben worden wäre. Denn auch Pius II. verfuhr den beschworenen Artikeln zum Trotz wider so eigenmächtig, als die Vorgänger. Gleichwohl wurde der Eid, den Paul II. 1464 im Conclave leisten mußte, auf noch mehrere Artikel ausgedehnt. Er sollte sie sich jeden Monat öffentlich vorlesen lassen, sollte gestatten, daß die Cardinäle sich zweimal jährlich versam= melten, um über die Art, wie der Papst seinen Eid ge= halten, zu berathen. Bald fand Paul und sagten ihm

---

[212]) Raynaldi Annales, a 1431, 5.

15*

seine Schmeichler, daß seine päpstliche Freiheit zu sehr
eingeschränkt sei, brach darum seinen Eid und zwang
oder beredete die Carbinäle, eine neue völlig veränderte
Capitulation ungelesen zu unterzeichnen. Den aus dem
Gemache entfliehenden Bessarion riß er zurück und preßte
ihm die Unterschrift unter Androhung der Excommunica=
tion ab. Dafür gab er den Carbinälen einen neuen
Kopfputz, eine seidene Mütze nebst einer rothen, vorher nur
von den Päpsten getragenen Kapuze.[213] DieserVorgang hielt
die Carbinäle nicht ab, nach dem Tode Sixtus IV. wieder
eine Capitulation zu entwerfen, die der neue Papst be=
schwören sollte. Wiederum war darin für den Vortheil
und die Bereicherung der Carbinäle auf Kosten aller kirch=
lichen Disziplin und Ordnung gesorgt. Innocenz VIII. be=
schwor sie — und brach sie.[214]

Mit Julius II. wurde 1503 dasselbe Schauspiel auf=
geführt. Die Päpste schworen ein öcumenisches Concil
balbigst zu berufen, und so wiederholte sich fast ein Jahr=
hundert lang ein Kampf, in welchem die Carbinäle grö=
ßeren Antheil an der Kirchenherrschaft und ihren Vortheilen
begehrten, die Päpste aber im Vollgenusse ihrer despoti=
schen Macht sich nicht beschränken lassen wollten. Zuletzt
blieb der Sieg, wie es nicht anders möglich war, den

---

[213] Card. Jacobi Papiensis Commentt. Francof.
1614, p. 372.
[214] Raynaldi Annal. a 1484, 28.

Päpsten; und im Laufe des sechzehnten Jahrhunderts ver=
loren die Carbinäle wieder die bis dahin behaupteten
Rechte und wurden wieder einfache Rathgeber, welche der
Papst beliebig befragen oder nicht befragen konnte, deren
Meinung aber für ihn nicht bindend war.

Es erschien wie eine Nemesis, daß die Päpste, seit
Gregor VII. so erfinderisch in Eidesformeln, mit welchen
sie die Gewissen der Menschen verstrickten und Alles zur
Unterwerfung unter ihre Gebote nöthigten, nun selber
Eide schworen, die sie nachher regelmäßig brachen. Und
andererseits ist es wieder räthselhaft, wie dieselben Carbi=
näle, welche einen Sixtus IV., Innocenz VIII., Alexander
VI. nach einander wählten und durch solche Wahlen ihren
Eid brachen, wie diese Carbinäle glauben konnten, daß
ein Papst durch eine von ihm beschworene Wahlcapitula=
tion sich wirklich von dem lockenden Genusse unumschränk=
ter Gewalt werde abhalten lassen. Daß der Sieg dem
Papste verblieb, war vielleicht doch das kleinere Uebel;
denn der Despotismus einer Oligarchie pflegt noch drücken=
der zu sein als die Herrschaft eines Einzigen.

Unstreitig ist der Einfluß der Carbinäle auf das
kirchliche Leben ein überwiegend nachtheiliger geworden.
Das Institut war eine spätere künstliche Schöpfung, ein
erst tausend Jahre nach der Gründung der Kirche einge=
schobenes Glied, welches fremdartig und störend sich in
die ursprüngliche auf der Anordnung Christi und der

Apostel beruhende Hierarchie eindrängte. Die Cardinäle wollten auch die reichsten Bischöfe an Aufwand, Gepränge und Dienerzahl übertreffen, und dazu bot Rom und die Umgebung nicht die Mittel. Sie wollten ihre Nepoten und Freunde mit Pfründen versorgen, ihre Familien bereichern. In ihrem Interesse, zur Befriedigung ihrer Bedürfnisse mußte die kirchliche Ordnung zerrüttet, die Häufung unverträglicher Kirchenstellen auf eine Person gestattet[215]), mußten die nur auf dem Wege der Simonie zu erwerbenden Einkünfte der Curie fort und fort gesteigert werden. Sie waren es, welche von der um sich greifenden Corruption der Kirche lebten und reich wurden[216].) Verbindung des Cardinalats mit auswärtigen Bisthümern war bis Anfang des dreizehnten Jahrhunderts nur in ein paar seltenen Fällen vorgekommen, war aber unter Innocenz IV. (1250) schon gewöhnlich, und so gab die römische Kirche selbst das Beispiel der Verachtung und Versäumniß kirchlicher Amtspflichten.

Schon Jacob von Vitry meinte: die Einkünfte von ganz Frankreich reichten kaum hin, um den Aufwand, den die Cardinäle machten, zu bestreiten. [217])

---

[215]) Die Pfründen-Aneignung trieben die Cardinäle im 14. Jahrhundert soweit, daß einzelne von ihnen bis zu 500 besaßen, cf: De corrupto eccles. statu, in Lydius Ausgabe der Werke des Clemangis, ed. 1614, p. 15.

[216]) cf. Alv. Pelagius, de planctu eccles. II, 16, f. 52.

[217]) Acta Sanctorum Bolland. 23. Juni, p. 675.

Der Herrschsucht und Habgier, der Cardinäle allein
schrieb die abendländische Welt jene große Kirchenspaltung
zu, welche von 1378 bis 1429 fast ein halbes Jahrhun=
dert hindurch dauerte.

Im dreizehnten und vierzehnten Jahrhundert griffen
die Cardinäle bei der Wahl eines Kirchenhauptes zu=
weilen noch über ihren Kreis hinaus; aber nach der Mitte
des fünfzehnten ist auch dieß nicht mehr vorgekommen.
Waren noch im ganzen zwölften und in der ersten Hälfte
des dreizehnten Jahrhunderts die Papstwahlen stets binnen
wenigen Tagen nach dem Tode des Vorgängers zu Stande
gekommen, so traten gerade, seitdem das Papstthum auf
dem Gipfel seiner Macht angelangt und der Papst als
Sponsus der ohne ihn verwittweten Kirche betrachtet war,
die langen durch Jahre sich fortschleppenden Sedisva=
canzen ein. Es war als ob die Cardinäle in seltsamer
Ironie der Welt hätten zeigen wollen, daß derjenige, von
welchem alle Gewalt in der Kirche nach der neuen Theorie
ausfließen sollte, gerade am leichtesten auch entbehrt wer=
den könne. So wurde Cölestin IV. erst nach zwei Jahren,
Gregor X. nach einer Erledigung von drei Jahren, Ni=
kolaus IV. nach fast einem Jahre erwählt. Dann ver=
flossen zwischen seinem Tode und der Wahl Cölestin's V.
wieder zwei Jahre und drei Monate. Nach dem Tode
Benedicts XI. trat eine Vacanz von eilf Monaten und
gleich wieder nach Clemens V. eine von zwei Jahren und

vier Monaten ein. Und zugleich mußte die christliche Welt
sich daran gewöhnen, daß jedes Conclave der Schauplatz
von Ränken und Zwistigkeiten zwischen den beiden um
den Besitz der Papstwürde ringenden Nationen, der italienischen und französischen, wurde, bis es endlich der
letzteren gelang, sich im Alleinbesitz derselben zu befestigen.

Damals war die deutsche Nation vom Cardinalscollegium so gut wie ausgeschlossen. Die deutschen Päpste,
die sich von 1046—1057 folgten, machten keine Deutschen
zu Cardinälen. In den Zeiten des päpstlichen Kampfes
gegen die salischen und staufischen Kaiser wurden einige
Deutsche, welche sich als Gegner der Kaiser hervorgethan,
zu Cardinälen gemacht; so Kuno, Cardinalbischof von
Präneste, um 1114, der, noch päpstlicher als der Papst,
als Legat ganz Deutschland mit Excommunicationen erfüllte. Nach ihm findet sich der Cluniacenser Gerhard und
Ditwein im J. 1134. Dann wurden Conrad v. Wittelsbach
und Siegfried von Eppenstein als Feinde der staufischen Kaiser
zu Cardinälen gemacht; ebenso Conrad von Urach durch
Honorius III. Nach ihm erscheint im dreizehnten Jahrhundert
nur noch Oliverius von Paderborn als Cardinal; von
da an aber wurde diese Würde mehr als anderthalbhun-
dert Jahre lang keinem Deutschen zu Theil. Man setzte
voraus, daß jeder Deutsche kaiserlich gesinnt sein würde,
und dieß reichte hin, besonders seitdem die französische Politik
in der Curie emporkam, jedem Deutschen die Exclu-

five zu geben. Erst im J. 1379 ernannte der von den
Franzosen verstoßene Urban VI. in der äußersten Bedräng=
niß einige deutsche Carbinäle.

Wenn man die große Veränderung, welche sich vom
Ende des eilften Jahrhunderts bis gegen 1130 hin —
in dem kurzen Zeitraume von etwa 40 Jahren vollzog —
mit den wenigen Worten ausdrückt: die römische Kirche
ist damals zur römischen Curie geworden, so
liegt darin die Andeutung einer in ihren noch immer un=
übersehbaren Folgen welthistorischen Erscheinung. Der
Unterschied zwischen einer Kirche und einer Curie ist in
der That ein sehr großer. Wenn man ehedem von der
Kirche von Jerusalem, von Alexandrien, von Ephesus, von
Rom oder Carthago redete, so verstand man ein christliches
mit seinem Bischofe und seinem Presbyterium vereinigtes
Volk, eine Gemeinschaft von Klerikern und Laien, die sich
alle als Brüder fühlten. [218]) Da wurden die täglich vor=
fallenden Angelegenheiten in der permanenten Synode des
Bischofs und seines Klerus, wichtigere und außerordentliche
Fälle auf einem aus den benachbarten Bischöfen gebilde=
ten Concil erledigt. In einer solchen Kirche gab es
Gläubige, Sakramente spendende und lehrende Bischöfe und
Priester, aber keine juristischen Geschäftsmänner. Eine
solche Kirche konnte, solange kirchlicher Geist, kirchliche

---

[218]) Nach der bekannten Definition des hl. Cyprian, epist. 69:
„Ecclesia est sacerdoti plebs adunata et pastori grex adhaerens"

Sitte herrschte, nie zur Curie werden. Nun aber war
das, was ehedem die römische Kirche hieß, eine Curie geworden, das heißt, ein Tummelplatz Proceß führender
Parteien, eine Kanzlei von Schreibern, von Notaren und
Taxatoren, wo man mit Privilegien, Dispensen, Schutz-
briefen u. s. w. Geschäfte machte, von Thür zu Thür
bittend und werbend ging, ein Sammelplatz für pfründe-
gierige Kleriker aus allen europäischen Ländern. In
früheren Zeiten hatten die Männer, welche zunächst und
vorzugsweise für den Gottesdienst in Rom und die römische
Kirche angestellt waren, auch nebenbei die durch die höhere
Stellung derselben nothwendig gewordenen Geschäfte be-
sorgt. Wichtiges wurde auf Synoden mit Zuziehung der
Provincialbischöfe entschieden, und ein so beschränkter Kreis
von Geschäften und Ausfertigungen, wie man ihn noch
im Anfang des achten Jahrhunderts aus der officiellen
römischen Formelsammlung, dem Liber Diurnus erkennt,
bedurfte nur weniger Personen. Wie ganz anders war
dieß seit dem Wormser-Concordat vom Jahre 1122 und noch
mehr seit Gratian geworden! Vor der überwältigenden
Masse der Geschäfte, Processe, der Gnaden, Indulgenzen und
Absolutionen, der bis in die entlegensten Gegenden von
Europa, bis nach Asien hin gerichteten Befehle und Entscheidungen, verschwanden die Functionen des lokalen Kir-
chendienstes und wurde eine Schaar von mehreren hundert Personen erforderlich, deren Heimath die Curie, deren

Ehrgeiz ein höherer Rang in ihr, deren Streben finan=
zielle Ausbrutung der Geschäfte, Vervielfältigung der Taxen
und Steigerung des für sie und die stets bedürftige päpst=
liche Kasse sich ergebenden Gewinnes war. Völlig gesichert
und unantastbar gemacht durch die Macht, in deren Dienste
sie standen, kümmerten sich die Beamten der Curie nicht
um den Haß und Hohn der ihnen zinsbar gewordenen
Welt. Oderint, dum metuant. [219])

Vergeblich waren die Warnungen der erleuchtetsten
Männer. Schon frühe im zwölften Jahrhundert durch=
schauten Einzelne die große Gefahr, welche diese Ver=
wandlung der römischen Kirche in eine Curie der christlichen
Welt bringen müsse. — Männer, wie Gerhoch von Reigers=
berg, Bernhard, Johann von Salisbury, Peter von Blois,
und fast alle aus jener Zeit, deren Gesinnung wir noch
kennen. [220])

---

[219]) Mit welchen Riesenschritten die Centralisation, die Erwei=
terung des Geschäftskreises der Curie sich vollzog, zeigt das Beispiel
eines einzigen Beamten. Um die Mitte des dreizehnten Jhrhunderts
hatte die Curie nur einen einzigen Auditor camerae. Um das Jahr
1370 reichten 20 Auditoren für den Papst allein kaum aus, und
dabei hatte jeder Cardinal noch mehrere derselben, Baluze und Mansi,
Miscell. I, 479. Hier wird noch erwähnt, daß einmal sieben Bi=
schöfe unter Gregor XI. excommunicirt gewesen seien, bloß weil sie
die servitia für ihr Provisionsdecret noch nicht gezahlt hatten.

[220]) Gerhoch bemerkt es in seiner früheren an Eugen III. um
1150 gerichteten Schrift: De corrupto ecclesiae statu, (Baluzii
Miscell. V, 63) noch als etwas Neues und Beklagenswerthes:
„quod nunc dicitur Curia Romana, quae antea dicebatur

Als Jacob von Vitry, nachher selbst Cardinal, sich einige Zeit an der Curie aufgehalten, erkannte er (1216), wie er seinem Freunde schreibt, daß aller ächt kirchliche Geist diesem Institut eigentlich fremd sei, nur mit Politik, mit Haber und Processen beschäftigte man sich, von geist= lichen Dingen durfte nicht einmal geredet werden.[221]

Unter den Bischöfen der Zeit Innocenz' IV. war keiner höher geehrt und mehr bewundert, als Robert Großetête, Bischof von Lincoln, keiner auch dem Papste lange Zeit mehr ergeben als er. Beherrscht von Gratian und dem Gregorianischen System meinte auch er: als Bischof habe er seine Gewalt nur als einen Ausfluß der päpstlichen, durch des Papstes Uebertragung. Aber das Verderben, welches einem giftigen Miasma gleich von der Curie aus in alle Theile der Kirche eindrang, die grobe Hypokrisie, welche Zinsnehmen für Todsünde erklärte,

---

Ecclesia Romana." In seinem etwa 15 Jahre später geschriebenen Buche: De investigatione Antichristi schilderte er dann mit düsteren Farben die Zerrüttung in der Kirche, welche durch die in Rom erkauften Exemtionen angerichtet werde, den Geiz und die Habgier der Römer (im Archiv für österreichische Geschichts= quellen XX, 140 ff.). Er ergänzt und bestätigt vielfach die Klagen des hl. Bernhard über das römische Unwesen.

[221] Saint-Genois, sur les lettres inédites de Jacques de Vitry, Bruxelles 1845, p. 31: „Cum autem aliquanto tempore fuissem in curia, multa inveni spiritui meo contraria, adeo enim circa saecularia et temporalia, circa reges et regna, circa lites et jurgia occupati erant, quod vix de spiritualibus aliquid loqui permittebant."

während die päpstlichen Wucherer und Geldmäckler in allen
Ländern die Kirchen und Stifte durch wucherische Zinsen
aussaugten und von London aus alle englischen Bis=
thümer sich zinsbar gemacht hatten — dies und vieles
andere bewog ihn, noch kurz vor seinem Tode, dem Papste
sein tyrannisches Gebahren in einem scharfen, zur Buße
mahnenden Schreiben vorzuhalten; wie er denn auch auf
dem Todbette noch weissagte, daß die ägyptische Knecht=
schaft, zu welcher die ganze Kirche durch die römische Curie
erniedrigt sei, noch schlimmer werden würde. [222]

Etwas später wünschte Papst Nicolaus III. den Ge=
neral der Minoriten, Johann von Parma, den Pius VI.
im Jahre 1777 beatificirte, zum Cardinal zu machen; er
lehnte aber ab, indem er sagte: „die römische Curie be=
schäftigt sich kaum mit andern Dingen als mit Kriegen
und Gaukelwerk (truffae), um das Heil der Seelen kümmert
sie sich nicht." Seufzend erwiederte der Papst: „wir sind
an diese Dinge so gewöhnt, daß wir meinen, Alles was
wir sagen und thun, sei auch wirklich nützlich." [222] —

Seit der Mitte des zwölften Jahrhunderts wurde die
ganze weltliche und geistliche Literatur in Europa gegen
das Papstthum und die Curie immer feindseliger. Die

[222] Epistolae Roberti G., ed. L[u ar]d p. 432, Lond. 1861.
Matth. Paris, Hist. Angl. p. 586, Paris 1644.
[223] Salimbene, bei Affò, vita del b. Giov. di Parma,
1777 p. 169.

deutsche Spruchdichtung so gut wie die provençalische Poesie,
die Historiker wie die Theologen — sie alle greifen in der
Regel nicht die Gewalt, nicht die Rechte des Papstes an,
aber sie fließen über von scharfen Aeußerungen und
schmerzlichen Klagen über den von Rom aus beförderten
Verfall der Kirche, über die Ausartung des durch die Curie
corrumpirten Klerus, über die Simonie eines geistlichen
Hofes, wo jeder Federzug, jede Ausfertigung mit Gold auf-
gewogen werden müsse, und man Pfründen, Dispensen,
Erlaubnißscheine, Absolutionen, Indulgenzen, Privilegien
wie die Waare eines Kaufmanns erwerbe. Weissagte
doch die hl. Hildegard, jene gefeierte, von Päpsten und
Kaisern hochgehaltene Seherin am Rheine, schon um
1170 etwa von den Päpsten: „Gleich reißenden Thieren
fangen sie uns mit ihrer Löse- und Bindegewalt; durch
sie welkt die ganze Kirche dahin. Die Reiche der Welt
wollen sie sich unterwerfen, aber die Völker werden sich
gegen sie und den allzu reich und üppig gewordenen Klerus
erheben, und ihn auf das richtige Maß des Besitzes zu-
rückführen. Die Hoheit der Päpste aber, bei denen keine
Religion mehr wahrgenommen wird, werden die Menschen
verkleinern; nur Rom und ein geringes um Rom herum
liegendes Gebiet wird man dem Papste noch lassen, theils
in Folge von Kriegen, theils nach gemeinschaftlicher Ueber-
einkunft der Staaten."[224]

---

[224] Diese merkwürdige Weissagung steht mit vielen anderen

Schneidiger, schreckhafter klingen die Schilderungen
der faſt zweihundert Jahre ſpäter in Rom lebenden nor=
diſchen Seherin, der hl. Birgitta. Es hat dem hohen An=
ſehen ihrer allgemein für inſpirirt gehaltenen und von
dem Cardinal Torquemada in einer eigenen Schrift ver=
theidigten Viſionen nicht geſchadet, daß darin die ſtärkſten
Schilderungen von dem Verderben des päpſtlichen Stuhles
und ſeiner Curie und von ihrem ſchädlichen Einfluſſe auf
die Kirche ſich finden. Sie ſagt vom Papſte, er ſei ſchlimmer
als Lucifer, ein Mörder der ihm anvertrauten Seelen,
der die Unſchuldigen verdamme und die auserwählten
Gläubigen um ſchmutzigen Gewinn verkaufe.[225]

Die Schilderungen blieben ſich ſtets gleich. Die Bi=
ſchöfe und Aebte mußten häufig ihre Kirchen und Stif=
tungen auspreſſen und entblößen,[226] um der Habgier der
Curialen zu genügen und ihre Proceſſe zu Ende zu führen.
Ein Wettlauf der Beſtechung entſtand. Vom Thürſteher
bis zum Papſt hinauf mußte Jedermann bezahlt, beſchenkt
werden, ſonſt war die Sache verloren. Man ſieht es aus
den Rechnungen der Geſandten, z. B. der im J. 1292 von

Prophezeiungen der hl. Hilgebard in der Sammlung von Baluze
und Mansi, Miscell. II. 444—447.
[225] Revel. I, c. 41, p. 49. cf. l. IV, c. 49, p. 211.
[226] Der Biſchof Stephan von Tournay, um 1192, ſagte
daher: „Romano plumbo nudantur ecclesiae" Epist. 16.

der Commune zu Brügge geschickten Deputirten [227]), daß
einmalige Gaben nicht ausreichten, sondern immer wieder
während der Dauer des Processes erneuert werden mußten.
Ganz besonders waren die Cardinale und päpstlichen Nepoten
unersättlich. Der Jurist Peter Dubois meinte damals: es
sei ein Unglück für die ganze Christenheit, daß die Carbinäle, da ihre Pfründen nicht ausgiebig genug seien, sich
darauf angewiesen fänden, gleichsam vom Raub zu leben.
Die Folge war, daß Arme weder auf Erlangung von
Kirchenstellen hoffen, noch in denselben sich behaupten
konnten, und die Bischöfe schon gleich mit schweren
Schulden belastet ihr Amt antraten, was durch die im
vierzehnten Jahrhundert eingeführten Annaten noch schlimmer wurde.

Im eilften Jahrhundert war eine gewaltige Bewegung
durch die ganze Kirche gegangen, um sich des an den
Fürstenhöfen getriebenen Pfründenverkaufes zu entledigen;
aber nun war durch die Curie die Simonie die Gebieterin
der ganzen Kirche geworden. Der kleine Finger der Curie
lastete schwerer auf den Kirchen als ehedem der Arm der

---

[227]) Sie stehen bei **Kervin de Lettenhove, Histoire de
Flandre,** II. 589. Auch **Herculano, Historia de Portugal,**
II, 294 theilt aus dem **Codex Vatican.** 3457 eine Rechnung
des Erzbischofs von Braga mit, wonach dieser im Jahre 1226 an
19 Cardinäle durch die römischen Bankiere die Summe von
3000 Floreni vertheilen ließ.

Fürsten. Ein Mittel der Heilung wußte Niemand anzu=
geben; Klagen und Vorwürfe wurden nicht beachtet, die
Synoden waren ohne Papst oder päpstlichen Legaten ohn=
mächtig und zum Schweigen verurtheilt. Jeder Kleriker
beschönigte sein simonistisches Treiben mit dem Beispiel
der römischen Kirche. Allgemein hieß es: das wird uns
ja von Jugend auf eingeschärft und stets wiederholt, daß
die römische Kirche die Lehrmeisterin und das leuchtende
Vorbild für alle andern Kirchen ist; was sie billigt und
selber offen thut, das müssen auch wir billigen und nach=
ahmen; warum sollten wir nicht unsrerseits die geistlichen
Dinge und Sacramente als Finanzquelle gebrauchen, da
wir mit den Pfründen die Vollmacht für theures Geld
in Rom erkauft haben und die dort gemachten Schulden
nur auf diesem Wege abtragen können. —

Der Bischof Durand von Mende beschaut die
Kirche seiner Zeit, wie sie besonders in Italien und Süd=
frankreich um 1310 war, von allen Seiten; immer aber
wird er auf das Hauptübel und die Ursache so vieler
Corruptionen, die päpstliche Curie, zurückgeführt. „Sie ist
es, sagt er, die Alles an sich gerissen hat und in Gefahr
steht, Alles zu verlieren. Sie sendet fort und fort sitten=
lose, von ihr mit Beneficien versehene Kleriker in die Diö=
cesen, welche die gehorsamen Bischöfe aufnehmen müssen,
während ihnen die zur Kirchenverwaltung nöthigen Personen
mangeln. Sie erpreßt fortwährend große Geldsummen

16

von den Prälaten, die dann zwischen Papst und Cardinälen getheilt werden; durch diese Simonie verdirbt sie die allgemeine Kirche am meisten. Solange es so an der Curie zugeht, sind alle Heilmittel für die Kirche vergeblich."²²⁷) — Er zählt nun die nothwendigsten Reformen auf, ohne welche die Kirche immer mehr in Corruption versinken müsse; aber sie sind im Grunde gegen das ganze päpstliche System, wie es seit 200 Jahren geworden war, gerichtet, und so ist denn von seinem Buche, obgleich es der Papst begehrt hatte und es als Denkschrift für das Concil von Vienne

---

²²⁷) Durand behauptet, in allen Ländern sei die römische Kirche verrufen, Jedermann schmähe über sie und klage sie an als die Verderberin des ganzen Klerus, welcher bei seinem moralisch so kläglichen Zustande der Gegenstand des allgemeinen Hasses sei. „Die Curie ist Schuld, sagt er, ut — inde tota ecclesia vilipendatur et quasi contemtui habeatur." Tractatus de modo generalis Concilii celebrandi. Paris 1761, p. 300. Durand unterscheidet sich übrigens bei aller Ergebenheit gegen den Papst sehr von seinen Zeitgenossen Pelayo und Trionfo. Er will vollständige Herrschaft der Päpste über die Monarchen und dringt daher darauf, daß die Constantinische Schenkung und die daraus fließenden Rechte gehörig eingeschärft werden, aber er begehrt eine gewisse Decentralisation; er will, daß die Curie, welche alle kirchlichen Rechte u. Jurisdictionen verschlungen habe, wieder Einiges herausgebe, wieder den Einzelkirchen und den Bischöfen eine gewisse Freiheit der Bewegung gewähre. S. Tractatus etc. p. 294, wo er bemerkt: omnia traham ad meipsum, verstehe der römische Hof so, daß er allen anderen ihre Rechte nehme und für sich allein behalte. Man möchte wohl wissen, ob denn dieses Buch, welches den Päpsten und Cardinälen einen so furchtbaren Spiegel ihrer an der Kirche begangenen Frevel und Ungerechtigkeiten vorhält, auch in Avignon jemals gelesen worden sei.

dienen sollte, keine irgend nennenswerthe Wirkung aus=
gegangen.

Einer der französischen Päpste, Urban V., der doch
hie und da gute Regungen hatte, erkannte wohl das Elend
und Verderben der Kirche und meinte (im J. 1368): die
Unterlassung der Concilien trage die Hauptschuld daran.²²⁸)
Das aber sah er nicht, oder sagte es wenigstens nicht, daß
es gerade seine Vorgänger waren, welche planmäßig es
dahin gebracht hatten, daß die Abhaltung der Concilien
theils unmöglich, theils fruchtlos geworden war. Es
war ein Zustand, in welchem Theologen, die biblisch sich
ausdrücken wollten, unwillkürlich die Schilderungen der
alttestamentlichen Propheten von dem Verderben ihres
Volkes sich aneigneten und die Kirche ihrer Zeit als die
feile Buhlerin beschrieben, deren Schande Gott vor aller
Welt bald aufdecken werde. Das that z. B. Nicolaus
Dresme, Bischof von Lisieux, in einer Rede, die er im
J. 1363 vor Urban V. und den Cardinälen zu Avignon
hielt.²²⁹) Das Uebel mußte groß sein, wenn selbst Bischöfe
und Cardinäle in solchen Ausdrücken und Bildern von der
Kirche und dem päpstlichen Stuhl sich ergingen, welche mit den
von den Secten jener Zeit gebrauchten zusammenfielen, und
bedenkliche Schlüsse, bezüglich des Rechtes sich von einer in sol=
chem Grade verdorbenen Institution zu trennen, nahe legten.

²²⁸) Concil. ed. Labbé, XI, 1958.
²²⁹) Brown, Fasciculus rer. expetend. II, 487.

Liest man nun alle diese Anklagen, diese in den Hauptzügen stets übereinstimmenden Schilderungen der Curie und päpstlichen Verwaltungspraxis — und immer sind es Augenzeugen, welche die stärksten Dinge sagen — sieht man, wie alle Menschenklassen so ganz die gleichen Eindrücke empfangen und dieselben Erfahrungen gemacht haben, so begreift sich, wie man in jener Zeit immer wieder auf die apokalyptischen Vorstellungen sich hinge= führt und die Erfüllung dieser Bilder in Rom und in der Curie fand. Der Uebergang aus italienischen Händen in französische durch die Verlegung der Curie nach Avignon und durch die Reihe französischer Päpste, welche der Mehr= zahl nach nur französische Cardinäle ernannten, änderte nichts Wesentliches an den Verhältnissen. Die Italiener wurden nur jetzt ebenso scharfsichtig wie Andere in Bezug auf das Verderben der Kirche; denn das Papstthum mit allen seinen unermeßlichen Hilfsquellen, aus denen soviele italienische Familien sich bereichert hatten, war ihnen ent= schlüpft. Sie fühlten, was Italien dadurch eingebüßt habe, oder genauer ausgedrückt, was der „Latinischen Rasse" dadurch entgangen sei, denn das italienische Natio= nalgefühl war damals noch nicht ausgebildet — Lom= bardien war halb deutsch — sondern das latinische; die Bewohner Tusciens und des Kirchenstaats glaubten die ächten und allein berechtigten Nachkommen der alten Römer und als solche zur Weltherrschaft durch das ihnen zuge=

hörige Papstthum berufen zu sein; weßhalb Dante in
seinen Briefen auffordert, es nicht länger zu ertragen, daß
die Schande der von Habgier gestachelten Gascogner (Cle=
mens V. und Johann XXII.) den Ruhm und die Ehre
der Latiner sich aneigne.[230]) Selbst ein Mann, wie der
hl. Bonaventura, den die Päpste mit Ehren überhäuft
hatten, der als Cardinal und General seines Ordens durch
die stärksten Bande an Rom geknüpft war, hatte kein Be=
denken getragen, in seinem Commentar über die Offen=
barung Johannis Rom für die Buhlerin zu erklären,
welche mit dem Wein ihrer Hurerei Fürsten und Völker
trunken mache; denn in Rom, sagte er, werden die Kirchen=
stellen gekauft und verkauft; dort kommen die Fürsten und
Beherrscher der Kirche zusammen, Gott verachtend, der
Unzucht dienend, dem Satan anhängend und den Schatz
Christi plündernd. Er führt weiter aus, wie die durch
Rom verdorbenen Prälaten den Klerus mit ihren Lastern
anstecken und wie der Klerus durch sein böses Beispiel
seinen Geiz und seine Nachlässigkeit das ganze christliche
Volk vergifte und elend verkommen lasse.[231])

Wenn nun der General des Ordens so über die römische
Curie sich äußerte, so ist es sehr begreiflich, daß besonders

---

[230]) Epist. ed. Torri, Livorno 1843, p. 90.
[231]) Operum omnium Supplementum sub auspiciis
Clementis XIV, Tridenti 1773; II, 729. 755. 815; dazu die Stelle
in dem Apologeticus contra eos, qui Ordini Minorum
aversantur. Q. 1.

die Männer der strengeren Obfervanz in demfelben, die
Spiritualen, diefe Vorftellungen weiter verfolgten, die
römifche Curie als die ganz verborbene „fleifchliche Kirche"
fchilderten, daran aber auch die Erwartung einer nahen
großen Erneuerung und Reinigung der fo tief gefunkenen
Kirche knüpften, welche durch einen heiligen Papft, den
lange erfehnten und nie erfcheinen wollenden Papa Ange-
licus bewirkt werden würde.

Es war alfo nicht, wie gewöhnlich gefagt wird, Verblendung des Ghibellinifchen Partei-Geiftes, wenn auch
Dante die Weisfagung der Apokalypfe von der Buhlerin
auf den fieben Hügeln, welche trunken ift von Menfchen-
blut und Fürften und Völker bethört, in den Päpften erfüllt fein ließ, er, der Bonaventura gelefen hatte, und
daher auch gerade ihm im Paradiefe die Strafrede auf
das habgierige Treiben der römifchen Curie in den Mund
legte.[232].) Dabei fchwebte ihm wie Andern noch die Thatfache vor, daß gerade das Papftthum die feindliche Macht
fei, welche das Kaiferthum fchwäche, zerrütte und feinem
Untergange entgegenführe, alfo die Erfcheinung des Anti-
chrift, welche durch den Beftand des Kaiferthums aufgehalten werde, vorbereite und befchleunige.

Wie hätte auch Dante Bedenken tragen follen, das
auszufprechen, was faft gleichzeitig mit ihm ein Bifchof

---

[232]) Parad. XII, 91—94.

und Beamter der päpstlichen Curie, Alvaro Pelayo aus
langjähriger eigner Anschauung und Erfahrung ausführlich
und bis in die einzelnen Züge nachweist, nämlich die Er=
füllung der Johanneischen Weissagung und das Zutreffen
dieses prophetischen Bildes von dem buhlerischen Weibe
in der damaligen Gestalt des Papstthums.²³³) Zugleich
aber ist doch dessen ganzes großes Werk der Aufgabe ge=
widmet, das Papstthum als die von Gott gesetzte, alles in
Welt und Kirche mit absoluter' Willkür beherrschende
Macht darzustellen. Es ist lehrreich zu beobachten, wie
dieser Mann, indem er den Zustand der Kirche nach allen
Seiten untersucht und mit lebhaften Farben schildert,
immer wieder sich genöthigt sieht, zuzugeben, daß es doch
eigentlich der päpstliche Stuhl selber und er allein sei,
welcher die ganze Kirche mit dem Gifte seiner Habgier,
seiner Herrschsucht und seines Uebermuthes angesteckt habe,
daß der Klerus von der ganzen Laienwelt um seiner Laster
willen grimmig gehaßt werde, und daß diese Corruption
des Klerus eben durch die römische Curie zum großen
Theil verschuldet sei. Dies Alles spiegelt sich auf fast
jeder Seite des Werkes ab. Er bemerkt, daß das böse

---

²³³) De planctu eccles. II, 28. Pelayo sagt: ecclesia, aber
jeder Satz zeigt, daß er die Curie zu Avignon meint, wiewohl er
nachher f. 37 bemerkt: „Angesichts der allgemeinen von der päpstlichen
Curie aus über die ganze Kirche ausgegossenen Simonie und der da=
mit verknüpften Corruption des gesammten Religionswesens sei es
natürlich genug, daß die Häretiker die Kirche als die Hure bezeichneten."

von den Päpsten gegebene Beispiel allgemein nachgeahmt
werde; daß die Prälaten sagten: so macht es der Papst,
warum sollten wir es nicht ebenso machen. So sei die
ganze Kirche wie in Blut verwandelt, sei eine allgemeine
Verfinsterung an Haupt und Gliedern eingetreten.²³⁴)
Wenn nun aber der Leser erwartet, Pelayo werde zu dem
Schlusse kommen: also muß die alte Ordnung in der
Kirche möglichst hergestellt, muß diesem unumschränkten
Despotismus wieder eine Schranke gesetzt werden, dann
findet er sich vollständig getäuscht. Pelayo bleibt dabei:
der Papst ist nun einmal der Statthalter Gottes auf
Erden, und sowenig Jemand oder die ganze christliche
Welt sich unterfangen dürfte, der göttlichen Allmacht
Schranken zu setzen, so wenig darf an eine Beschränkung
des Papstthums gedacht werden.

Und schon hatte sein Zeitgenosse, der Augustinermönch
Augustin Trionfo von Ancona, der auf Befehl Jo=
hanns XXII. seine „Summa von der Kirche" schrieb,
ein neues Reich entdeckt, welches der Papst gleichfalls be=
herrsche. Bisher hatte es geheißen: über zwei Welten er=
strecke sich die Macht des Statthalters Gottes, über die
irdische und über die himmlische; über die letztere nämlich

²³⁴) ib. II, 48. 49. Das Werk ist im Jahre 1329 geschrie=
ben. Der Verfasser äußert, daß auch Wohlgesinnte schon nicht mehr
die Wahrheit zu sagen wagen, wegen den Verfolgungen, die auch er
habe erfahren müssen. Indeß ist er doch Bischof von Silves geworden

insoweit, daß der Papst nach Gutdünken 'den 'Himmel aufschließen oder versperren könne. Seit Ende des drei= zehnten Jahrhunderts kam noch ein drittes Reich hinzu, über welches dem Papste die Herrschaft von den Theologen der Curie zugetheilt wurde: das Purgatorium. Trionfo, von Johann XXII. mit Darstellung der päpstlichen Rechte beauftragt, zeigte, daß der Papst als Dispensator des Ver= dienstes Christi durch seine Indulgenzen, wenn er wolle, alle im Fegefeuer befindlichen Seelen auf einmal aus dem= selben entlassen und so das ganze Purgatorium ausleeren könnte, nur mit der Beschränkung, daß es Personen gebe, welche die von ihm zur Gewinnung dieser Ablässe ge= gebenen Vorschriften erfüllten; doch räth ihm Trionfo, es nicht zu thun.[235] Nur diejenigen, welche Gott durch eine außerordentliche Gnadenfügung aus der Masse der Ungetauften in das Fegefeuer versetze, sollen dort der päpstlichen Gerichtsbarkeit nicht untergeben sein. Trionfo bemerkt richtig, er glaube, die Macht des Papstes sei so unermeßlich groß, daß kein Papst Alles, was er zu thun vermag, nur wissen könne.[236]

---

[235] Summa de potestate ecclesiae, Romae 1584. p. 193.

[236] „Nec credo, quod Papa possit scire totum, quod potest facere per potentiam suam.“ Solche Dinge wurden im Jahre 1320 aus päpstlichem Auftrage geschrieben und ein Werk wie dieses, welches fast auf jedem Blatte die Kirche wie einen Zwerg mit einem Rie= senhaupte darstellt, ließ Gregor XIII. im Jahre 1584 sich von dem neuen Herausgeber, dem päpstlichen Sacrista Fivizani dediciren.

Wie Bonaventura, Dante, Pelayo, so sah und fühlte etwas später wieder (1350) Petrarca, der die Curie Jahre lang in der Nähe beobachtet hatte. Auch in seinen Augen ist sie das Johanneische, von Menschenblut trunkene Weib, die Verführerin der Christen, die Pest des menschlichen Geschlechts. Seine Schilderungen[237]) sind so grauenhaft, daß man gehässige Uebertreibung vermuthen möchte, wenn nicht alle Zeitgenossen sie bestätigten. Das Schreiben des Florentinischen Augustinermönches Luigi Marsigli, der Petrarcas Freund und Schüler war,[238]) drückt sich ebenso stark über den päpstlichen Hof aus, der jetzt nicht mehr durch Hypokrisie, so offen trage er seine Laster zur Schau, sondern nur durch die Furcht vor seinen Bannstrahlen und Verfluchungen herrsche.

Vier Jahrhunderte lang haben sich gegen die päpstliche Herrschaft, ihre Tyrannei und Habgier, ihre Profanation des Heiligen und ihre Ausbeutung der ganzen Christenheit aus allen Nationen, in allen Zungen tausendstimmige Anklagen erhoben und, was fast noch auffallender, ist, in dieser langen Zeit hat eigentlich Niemand es gewagt, diese Anklagen zurückzuweisen, sie für Verläum-

---

237) Epist. sine titulo, Opp. II, 719.

238) Lettera del Venerabile Maestro L. M. contro i vizi della Corte del Papa. Genova 1859. Er nennt die Cardinäle die avari, dissoluti, importuni e sfacciati Limogini, weil sie zumeist aus der Provinz Limousin waren und die Curie überhaupt ganz in den Händen dieser Limousins sich damals befand.

dungen oder auch nur für Uebertreibungen zu erklären. Wohl
aber hat die römische Curie, da sie geleistete Dienste wohl zu
belohnen vermochte und verstand, stets Vertheidiger ihrer
Rechts-Ansprüche gefunden. Die später an Thomas sich an=
lehnende Scholastik, die überaus zahlreiche Literatur des Kir=
chenrechts, die Schaar der curialistisch gesinnten Decretalisten,
welche, erst als Italiener, dann in der Zeit von 1305—1375
als Südfranzosen für das als ihre Domäne betrachtete
und ihre Dienste reichlich belohnende Papstthum stritten
und schrieben, sie alle gaben keinen Fußbreit preis von
dem einmal eroberten unermeßlichen Herrschaftsgebiete,
sie spannen vielmehr noch immer neue Befugnisse aus
den schon früher behaupteten. In der langen Zeit von
1230—1530 bebauten und beherrschten die Parasiten der
römischen Curie in der Gestalt von Erklärern der neuen
kirchlichen Rechts-Bücher das Feld des Kirchenrechts, oder,
wie es die Cardinäle, welche das Gutachten von 1538
verfaßten, biblisch ausdrücken: die Päpste häuften sich nach
ihren eigenen Lüsten Lehrer zusammen, weil ihnen die
Ohren juckten, damit diese listige Anschläge und Mittel
ersännen, wie das System einzurichten wäre, wodurch
Alles, was den Päpsten beliebe, ihnen auch erlaubt sei.[239]

---

[239] Consilium delectorum Cardinalium, p. 106, hinter
der Ausgabe des Durandus, tractatus de modo Concilii.
Paris 1671; „ut eorum studio et calliditate inveniretur ratio,
qua liceret id quod liberet." Das Gutachten ist entworfen von
dem Cardinal Paul Caraffa unter Mitwirkung der angesehensten

Gleichwohl ist keiner unter dieser Menge, welcher die Päpste und ihre Verwaltung gegen die von allen Seiten sich heranwälzende Fluth von Vorwürfen und Anschuldigungen zu vertheidigen unternommen hätte, keiner auch unter den Theologen und praktisch kirchlichen Autoren alle beschränken sich auf die Erörterung des Rechtsstandpunktes; sie schärfen stets wieder ein: der erste Stuhl wird von Niemandem gerichtet; Niemand darf auch dem verworfensten und die Kirche verwüstenden Papst sagen: warum thust du das? Man muß alles schweigend und geduldig, bemüthig und sich schmiegend über sich ergehen lassen.

Weiter aber haben sie kein Wort; nur zuweilen bricht bei den weltlichen und verheiratheten Juristen, denen die reichen Kirchenpfründen unerreichbar waren, der Unmuth über den Klerus durch, der alle guten Dinge dieser Welt sich vorbehalten habe. Oder sie deuten auch den Grund ihres Schweigens und ihrer Connivenz an, etwa in der Weise des Bartolo, der sich so ausdrückte: „da wir auf dem Gebiete der (römischen) Kirche leben, so erklären wir die Constantinische Schenkung für gültig."

Die Stärke einer Gewalt, wie die päpstliche, ruht zuletzt doch ganz auf der Meinung der Menschen; nur

---

Männer, welche damals Italien besaß. Als Caraffa unter dem Namen Paul's IV. Papst wurde, ließ er sofort das Consilium auf den Index setzen. Es hat dann nicht an Personen gefehlt, welche einen Act des Heroismus darin sahen, daß ein Papst sich selber auf den Index gesetzt habe.

so lange die Zeitgenossen von ihrer Rechtmäßigkeit über=
zeugt sind und nicht anders wissen, als daß ihr Gebrauch
wirklich auf höherem Willen beruhe, vermag sie sich zu
behaupten. Im dreizehnten und vierzehnten Jahrhundert
hatte aber Niemand in Europa eine Kenntniß, Niemand
auch nur eine Ahnung von dem wahren Stand der Sache;
Niemand wußte zu unterscheiden zwischen dem ursprüng=
lichen schon aus der apostolischen Zeit stammenden Kerne
des Primats und jener colossalen Monarchie, welche jetzt
vor den getäuschten Augen der Menschen als ein aus
einem göttlichen Gusse fertig hervorgegangenes Werk ehr=
furchtgebietend dastand. Den Gedanken, daß hier neben
der Gunst der Umstände vielfache Fälschungen und Erdich=
tungen mitgewirkt haben, würden die allermeisten wie eine
Blasphemie zurückgewiesen haben. Sie grollten dem Ge=
brauche, aber sie tasteten den Besitzstand selber, in welchem
die Päpste sich befanden, nicht an; und der Gehorsam
war immer noch mehr ein williger als ein erzwungener.
Erst mit dem Beginn des funfzehnten Jahrhunderts und
nach dem Eintritt der Kirchen=Spaltung begann die Ver=
gleichung des jetzigen Zustandes und Rechtes mit den
alten Concilienbeschlüssen einigen Wenigen, wie d'Ailly,
Gerson, Zabárella, die Augen allmälig zu öffnen. Sie
sahen, daß da eine ungeheuere Umgestaltung und Ver=
kehrung in der Mitte liegen müsse, aber wie und wann
sie sich vollzogen habe, blieb ihnen verborgen.

Ein ganz neues Institut, eine überaus mächtige Organisation war hinzugekommen, um das Papalsystem unüberwindlich zu machen, um jede Aufdeckung der morschen Grundlagen zu erschweren, und die Unfehlbarkeits-Hypothese zur Herrschaft zu bringen — es war die Inquisition. Durch Gratian, der hierin großentheils dem Jvo von Chartres folgte, und durch die Gesetzgebung und unermüdliche Thätigkeit der Päpste und ihrer Legaten seit dem Jahre 1183 wurde die Ansicht der alten Kirche von dem Verfahren gegen Andersgläubige vollständig und auf längere Zeit hinaus verdrängt und das Prinzip herrschend gemacht, daß jede Abweichung von der Lehre der Kirche und jede prinzipielle Auflehnung gegen eine kirchliche Satzung mit dem Tode und zwar in geschärfter Weise, durch das Feuer, zu bestrafen sei.

Wenn die Gesetze der römischen Kaiser zwischen den Häresien unterschieden und nur einige, die besonders auch in sittlicher Beziehung verwerflich erschienen, mit schwereren Strafen belegt hatten, so fiel dies schon seit Lucius III. im Jahre 1184 weg. Ob Jemand völlig vom christlichen Glauben abfiel, oder ob er in einer einzelnen untergeordneten Frage abwich, war gleich. Jenes und dieses hieß Häresie und wurde in derselben Weise als todeswürdiges Verbrechen behandelt. Die Waldenser oder Armen von Lyon, welche anfänglich nur als Laien das Recht zu predigen sich nicht nehmen lassen wollten und bei gelinderer Behandlung sicher nicht in eine gegen die Kirche feindliche Sectenstellung sich hätten drängen lassen, wurden ebenso behandelt, wie die durch eine weite Kluft von den Katholischen geschiedenen Katharer. Schon die bloße Weigerung zu schwören und die Meinung, daß der Eid verboten sei, erklärte Innocenz III. für todeswürdige Ketzerei.[240]) Und derselbe Papst verfügte, daß wer nur sich von der gewöhnlichen Lebensweise des großen Haufens in Etwas unterscheide, als Häretiker behandelt werden solle.

Die Initiative sowohl als die folgerichtige Durchfüh= rung dieser neuen Grundsätze ist den Päpsten allein zuzu= schreiben. Die Literatur jener Zeit hat nicht vorgearbei= tet. Erst später als das Verfahren schon geregelt und an vielen Orten durchgeführt war, beschäftigte sich die Scholastik damit, die Gründe dafür zu suchen und es zu vertheidigen.[241]) In der alten Kirche hatte man, wenn

---

[240]) Concil. ed: Labbé, XI, 152.

[241]) So namentlich Thomas, Summa II, 9. 11. art 3 und 4, welcher aus symbolischen Bezeichnungen, welche die h. Schrift für die Häretiker gebraucht, zu dem Schlusse der Berechtigung ihrer Hin= richtung zu gelangen sucht; wie wenn er z. B. folgert: Die Häre= tiker werden in der h. Schrift Diebe und Wölfe genannt; Diebe aber pflege man zu hängen und Wölfe todtzuschlagen. Oder er nennt die Häretiker auch Söhne des Satans und meint dann, es sei nur billig, daß ihnen das Schicksal ihres Vaters schon auf Erden zu Theil werde d. h. daß sie brennen wie er. An die Worte des Apostels Johannes, daß man einen Häretiker, nachdem man ihn zweimal vergeb= lich belehrt habe, fliehen solle, knüpft er die Bemerkung, daß diese Ver= meidung am besten durch Hinrichtung geschehe. Bei Rückfälligen aber hält er jede Belehrung für unnütz und schlägt vor, sie kurzweg zu verbrennen.

ein Bischof nur als Ankläger den Tod eines Menschen
wegen Häresie verschuldete, ihn aus der Gemeinschaft der
übrigen ausgeschlossen, wie den Bischöfen Jdacius und
Jthacius um 385 von den heiligen Martinus und Am=
brosius widerfahren war. Jetzt waren es die Päpste,
welche Bischöfe und Priester drängten und nöthigten, die
Andersgläubigen zur Folter, zur Confiscation ihres Ver=
mögens, zu Kerker und Tod zu verurtheilen und die welt=
lichen Behörden mit dem Banne zur Vollstreckung ihrer
Urtheile zu zwingen. Vom Jahre 1200 bis 1500 läuft
die lange Reihe der an Härte und Grausamkeit immer
zunehmenden päpstlichen Verordnungen über die Inquisition
und das, was überhaupt zum Verfahren gegen Ketzerei ge=
hört, ohne Unterbrechung fort. Es ist eine Gesetzgebung
von einem durchaus einheitlichen Geiste; jeder folgeude Papst
bestätigt und erklärt die Anordnungen seiner Vorgänger
und baut auf ihrer Grundlage weiter. Alles ist nur
Mittel zu dem ei n en Ziel völliger Ausrottung jeder Glau=
bens=Abweichung, und es währte nicht lange bis man
dahin kam, es als Princip auszusprechen, vor dem neuen
Glaubenstribunal sei auch schon der bloße Gedanke, der
sich noch durch kein äußeres Zeichen verrathen habe, straf=
bar. Nur das Machtwort der Päpste und der Wahn, daß
sie auch in allen durch die Grundsätze der evangelischen
Moral zu entscheidenden Fragen unfehlbar seien, bewirkte,
daß sich die christliche Welt, schweigend, ohne Reclamation,

den Gesetzescoder der Inquisition aufdrängen ließ, welcher
den einfachsten Regeln christlicher Gerechtigkeit und Näch=
stenliebe widersprach und in der alten Kirche mit allge=
meinem Abscheu aufgenommen worden wäre. Noch im
eilften und in der ersten Hälfte des zwölften Jahrhunderts
haben die gewichtigsten Stimmen in der Kirche gegen die
Hinrichtung der Irrgläubigen protestirt, Männer, wie der
Bischof Wazo von Lüttich,²⁴²) der Bischof Hildebert von Le
Mans, Rupert von Deuß, der heilige Bernhard, hatten
gemahnt, daß Christus ein solches Verfahren, wie es die
Päpste nachher vorschrieben, ausdrücklich verboten habe, daß
man damit nur Heuchler mache und Abscheu und Widerwillen
der Menschen gegen die blutdürstig und verfolgungssüchtig
gewordene Kirche und Geistlichkeit befestige und steigere.

Nur die Unfehlbarkeitstheorie, welche man nun um
jeden Preis zu nähren und empor zu bringen suchte, macht
es begreiflich, daß auch in der langen Reihe der Päpste
seit Lucius III. nicht einmal der eine oder andere wieder
einlenkte. Milder gesinnte Männer und sanftere Charak=
tere, wie Honorius III., Gregor X., Cölestin V., würden
wohl die Härte der von den Vorfahren erlassenen Satzun=
gen ermäßigt, würden die unermeßliche Willkürgewalt,
welche die Päpste in die Hand fanatischer und habgieriger
Inquisitoren gelegt, beschränkt haben; denn es fehlte nicht

---

²⁴²) Ueber Wazo cf. Martene und Durand', ampliss. Coll.
IV, 898 ff.

an Klagen gegen die Inquisitoren, welche ihr Amt häufig
zu Gelderpressungen benutzten und das Glaubenstribunal
zu einer Finanz-Anstalt machten. Die Päpste wurden über-
schüttet mit Beschwerden und Bitten um Abhülfe. Clemens V.
gedenkt derselben,[243]) aber weder er noch ein anderer
Papst vor oder nach ihm hat die Macht der Inquisition
wesentlich ermäßigt, die Drakonischen Gesetze irgendwie
gemildert; vielmehr kamen von der Curie stets neue Aufforderungen zu noch größerer Strenge und Energie, und
zugleich ließen es die Päpste ohne Widerspruch geschehen,
daß die Inquisitoren die von ihnen geübte Kunst, ihre
Opfer auf den Scheiterhaufen zu bringen, zu einem förmlichen System des Truges und der Ueberlistung ausbildeten, wie es in dem von der Curie adoptirten und verbreiteten Werke des Dominikaners Nicolaus Eymerich vorliegt.[244])

Päpstliche Legaten waren es, welche den erst vier-
zehnjährigen Ludwig IX. im Jahre 1229 bewogen, jenes
grausame Gesetz zu geben, welches alle Andersgläubigen zu
verbrennen gebot.[245]) Kaiser Friedrich II., beschäftigt die

---

[243]) Constitt Clementin. Tit 3 de haereticis: „multorum
querela sedis apost. pulsavit auditum et" Gleichwohl werden in
allen vorher und nachher erlassenen Bullen der Päpste die Inquisitoren immer nur zur „justa severitas" ermahnt.

[244]) Directorium Inquisitorum, zu Avignon 1376 verfaßt,
Venet. 1607.

[245]) Am 12. April 1229 wurde in Paris unter der Theilnahme

Welſen in Italien zu erdrücken, hatte in dem Zeitpunkte, wo ihm alles an dem guten Willen oder der Beſänftigung der ihn drängenden und bedrohenden Päpſte gelegen war, 1224, 1238 und 1239 jene barbariſchen Geſetze gegen die Häretiker erlaſſen, worin Güterconfiscation und Feuertod über dieſelben verhängt, jedes rechtliche Schutzmittel ihnen abgeſprochen und ſelbſt ihre Gönner und Freunde mit ſchweren Strafen belegt wurden. Auch dieſe Geſetze beſtätigte wiederholt Innocenz IV., und ihm folgten hierin die ſpäte= ren Päpſte nach, welche beſtändig auf jene Geſetze verwieſen und ihren Vollzug einſchärften, hervorhebend, daß Friedrich II., dieſer große Feind der Kirche, zur Zeit als er ſie gegeben, in der Obedienz derſelben ſich befunden habe.

Ein päpſtlicher Vice=Legat Petrus de Collemedio war der erſte, der Ludwigs Geſetz in Languedoc verkündigte. Und wiederum war es der päpſtliche Legat, Cardinal von St. Angelo, der, nachdem er an der Spitze eines Kriegs= heeres nach Toulouſe in dieſem Jahre gekommen, dort auf einer Synode die Inquiſition einführte.[240]

zweier päpſtlichen Legaten der Vertrag geſchloſſen, der den Grafen Raymund von Toulouſe des größten Theils ſeiner Länder beraubte; und am 14. April erſchien das Geſetz, zunächſt für dieſe Gebiete von Languedoc und Provence, welche die päpſtliche Politik ihrem bis= herigen Beſitzer entriß und zur Krone Frankreich ſchlug. Vaissette, Histoire générale de Languedoc. Paris, 1737, III, 374 ff.
[240] Vaissette l. c. III, 382.

Als vom Papste delegirte Inquisitoren wütheten in den Jahren 1231 und den folgenden Conrad von Mar= burg und der Dominikaner Dorso in Deutschland; Robert, genannt der Bougre, in Frankreich. Und nun übertrug Gregor IX. (1233) den Dominikanern das Amt als ein ständiges, aber immer im Namen und aus Vollmacht des Papstes zu übendes.[247])

Die verbindende Kraft der Gesetze gegen die Ketzer lag nicht in der Macht der weltlichen Fürsten, sondern in der souveränen Herrschaft, welche der Papst als Statthalter Gottes auf Erden[248]) über Leben und Tod aller Christen zu besitzen behauptete. Jeder Fürst, jede städtische Behörde soll daher nach der constanten Doctrin der römischen Curie zur einfachen Vollstreckung der von den Inquisitoren ge= fällten Urtheile in folgender Abstufung gezwungen werden zuerst werden die obrigkeitlichen Personen excommunicirt; dann trifft der Bann alle, die mit ihnen verkehren. Hilft dies noch nicht, so wird die Stadt mit dem Interdict be= legt. Widersteht man noch länger, so werden die Beam= ten ihrer Stellen entsetzt, und wenn alle diese Mittel er= schöpft sind, so wird endlich der Stadt der Verkehr mit

---

247) Kein Bischof hat je einen Inquisitor aufgestellt, bemerkt der Jesuit Salelles, der Papst allein thut das. De materiis tribunal. S. Inquisit. Romae 1651, I, 81.
248) Wie es Innocenz III. nachdrücklichst betont: „Non puri hominis sed veri Dei vicem gerens".

anderen Städte nund ihr Bischofssitz entzogen. So stellen
Eymerich im vierzehnten und noch der Cardinal Albizi
im siebzehnten Jahrhundert das Verfahren dar, wie es
die Päpste den Glaubensrichtern vorgezeichnet haben. Nur
das Letzte, meint Eymerich, solle man doch lieber dem
Papste selbst überlassen.[249]

Das Verfahren der Inquisition hat sich im Laufe
ihrer Entwickelung immer weiter von allen Prinzipien der
Gerechtigkeit und Billigkeit entfernt. Vorzüglich war es
Innocenz IV. (1243—54), der sich in Schärfung der Mittel, in Steigerung der inquisitorischen Gewalt gefiel; er
ordnete die Anwendung der Folter an, welche Bestimmung
Alexander IV., Clemens IV., Calixtus III. approbirten.
Wie das Glaubensgericht bis in's vierzehnte Jahrhundert
in allen Hauptzügen vollendet und in dem classischen
Werke Eymerichs ausgeführt sich darstellt, steht es einzig
und unerreicht in der Geschichte der Menschheit. Hier
genügte ein bloßer Verdacht schon zur Anwendung der
Folter; hier galt es für Gnade, lebenslänglich zwischen
vier engen Mauern bei Wasser und Brod eingeschlossen
zu werden, und war es Gewissenspflicht für den Sohn,

[249] Directorium, p. 432. — Risposta all' historia
dell' Inquisizione, Roma s. a. p. 104. Hier war einmal
die päpstliche Gesetzgebung wirklich gemildert worden, denn Bonifaz VIII. hatte verordnet: Wenn die obrigkeitlichen Personen, welche
sich weigerten, das Henkergeschäft an den Verurtheilten zu vollziehen,
über ein Jahr im Bann blieben, sollten sie selber als Häretiker behandelt, also verbrannt werden.

den eigenen Vater den Qualen der Tortur, dem ewigen Kerker oder dem Holzstoß zu überliefern.

Hier wurden die Namen der Zeugen dem Angeklagten verschwiegen, wurde ihm jedes Rechtsmittel zur Vertheidigung entzogen; Appellation an ein anderes Gericht oder eine höhere Instanz war nicht möglich und ebenso wenig wurde die Wahl eines Rechtsanwaltes gestattet. Würde ein Jurist es unternommen haben, den Angeklagten zu vertheidigen, so hätte ihn der Bann getroffen. Zwei Zeugen vermochten einen Menschen zur Verurtheilung zu bringen, und selbst die Aussage derer, die sonst vor allen Gerichtshöfen wegen persönlicher Feindschaft mit dem Angeschuldigten oder wegen öffentlicher Infamie, wie z. B. Meineidige, Kuppler, Verbrecher, zurückgewiesen worden wären, wurden zugelassen. Dem Inquisitor war verboten, Milde und Schonung zu zeigen; die Tortur in ihrer härtesten Gestalt war das gewöhnliche Mittel, um Geständnisse zu erpressen. Kein Widerruf, keine Versicherung der Uebereinstimmung mit dem Glauben konnte den Angeschuldigten erretten; man gewährte ihm Beichte, Absolution und Communion, glaubte also im Forum des Sacraments seiner Versicherung der Reue und Sinneswandlung, zugleich aber, wenn er ein Rückfälliger war, wurde ihm erklärt, daß man ihm gerichtlich nicht glaube, und er daher sterben müsse. Und endlich, um das Maß voll zu machen, wurde seine nschuldige Familie ihres Eigenthums durch die

geſetzlich ausgeſprochene Confiscation beraubt und gelangte
ihr Vermögen zur Hälfte in die päpſtliche Kammer, zur
Hälfte in die Hände der Inquiſitoren[250]). Nur das Leben
allein, ſagt Innocenz III, ſoll den Söhnen von Irrgläu=
bigen und auch dies nur aus Barmherzigkeit gelaſſen wer=
den. So wurden ſie denn auch zu bürgerlichen Aemtern
und Würden für unfähig erklärt.

Die Staatsgewalten hatten die Kerker zu bauen und
zu erhalten, das Holz zu den Scheiterhaufen zu liefern
und die Todesurtheile des h. Gerichts zu vollſtrecken.
Weigerten ſie ſich dieſer Schergendienſte, oder begehrten
ſie erſt Einſicht zu nehmen von den Gründen der Verur=
theilung, ſo traf ſie der Kirchenbann. Blieben ſie ohne
Sühne oder Unterwerfung ein Jahr lang im Bann, ſo
verfielen ſie ſelber als der Häreſie dringend verdächtig
der Inquiſition.

---

[250]) Calderini (de haeret., Venet. 1571. f. 98.), der um
1330 ſchrieb, beruft ſich auf eine Verordnung Benedicts XI., wonach
das ganze confiscirte Vermögen in die päpſtliche Kammer fließen
ſollte. Das ſpäter am Anfang des ſechszehnten Jahrhunderts ver=
faßte Repertorium der Inquiſitoren (ed. Venet. 1588, p. 270) be=
zeugt: „Inquisitores — dicunt, quod Romana ecclesia vult,
quod dimidia dictorum bonorum assignetur suae camerae." Auch
der berühmte Juriſt Felino Sandei, der 1499 Biſchof von Lucca
wurde, ſagt in ſeinem Commentar. in decretales, de off. ord.
in cap. irrefragabili: „per Extravagantes pontificias bona
Haereticorum dividuntur inter Romanam ecclesiam, episco-
pum et inquisitorem."

Die Inquisitoren aber hatten ihre ganze Gewalt vom Papste,[251] waren seine Delegirte, und nie ist ein Mensch anders als im Namen des Papstes und aus dessen allgemeinem oder speciellem Auftrag zur Folterbank geführt und auf den Scheiterhaufen gestellt werden. Das begann schon, seitdem Lucius III. im Jahre 1183 durch den Erzbischof von Rheims als päpstlichen Legaten viele Häretiker in Flandern verbrennen ließ, [252] und ist seitdem Jahrhunderte lang mit furchtbarer Consequenz fortgesetzt worden. So geschah es, daß im Namen und aus Auftrag der Päpste von jener Zeit an vielleicht mehr Hinrichtungen stattfanden, als im Namen irgend eines weltlichen Herrschers.

Im dreizehnten und vierzehnten Jahrhundert war im Vergleiche mit der nachtridentischen Zeit der Umfang der in der Kirche allgemein geltenden Glaubensentscheidungen noch gering; die Inquisitoren hatten daher in der Bestimmung dessen, was häretisch sei, einen weiten Spielraum und handhabten die furchtbare ihnen übergebene Gewalt über Leben und Tod der Menschen ganz nach

---

251) Den Inquisitoren wird in der bei Calderini angeführten Constitution Benedicts XI. versichert, daß sie durch päpstliche Gnade „absoluti a poena et a culpa" seien, kraft eines Privilegiums Clemens IV. und, daß ihnen alle geistlichen Vergünstigungen und Privilegien, welche den Kreuzfahrern bewilligt worden, zu Statten kämen.

252) Pagi, Critica in Baron. a. 1183.

ihrem Gutdünken; denn von ihrem Urtheil fand keine Be=
rufung statt. Da sie fast immer dem einen der beiden
Mendikantenorden angehörten, denen vor allem die Förde=
rung des Papalsystems oblag, so bot sich ihnen als ein=
fachstes und sicherstes Kriterium des wahren Glaubens die
Lehre des Papstes, so weit sie bekannt war, dar. Da
ferner die große Mehrzahl der Inquisitoren aus Domini=
kanern bestand, so war es selbstverständlich, daß sie als
Thomisten diesen bequemen und leichten Prüfstein anlegten.
Wer einem päpstlichen Lehrsatz widerspricht, ein päpstliches
Gebot mit Bewußtsein übertritt, hat hiermit das Verbrechen
der Häresie begangen und wird der weltlichen Gewalt
übergeben, auf daß sie an ihm das Todesurtheil vollstrecke.
Die Päpste selbst wiesen schon längst dazu an: „Wer mit
dem apostolischen Stuhl nicht übereinstimmt, sagt Paschalis
II. mit (falscher) Berufung auf Ambrosius, ist ohne allen
Zweifel ein Ketzer."[253] Und als der Erzbischof von Mainz
sich über die Verletzung der Concordate durch den Papst
beklagte, erwiederte ihm Calixtus III. im Jahr 1457: er
werde doch wissen, daß darin ein Attentat gegen die Au=
torität des Papstes liege, und er somit das Verbrechen
der Ketzerei in schnöder Weise begehe, also auch in die
vom göttlichen und menschlichen Rechte darauf gesetzten
Strafen verfalle.[254]

---

[253] Bei Martene, Thesaur. Anecdot. I, 338.
[254] Raynald. Annal. a. 1457, 49..

Am bestimmtesten zeigte es sich, daß ein Widerspruch
gegen den Papst sogleich als Häresie betrachtet und ge-
ahndet wurde, als jene strengeren Minoriten verdammt
wurden, welche als ächte Jünger des hl. Franciscus die
Armuth nach seiner Regel beobachten wollten. Der Inquisitor zu Carcassonne, Johann von Belna berief sich auf
den berühmtesten Kanonisten jener Zeit, den Cardinal
Heinrich von Segusio, der erklärt habe: wer päpstliche
Decretalen nicht annimmt, ist Häretiker, und wer dem
päpstlichen Stuhle zu gehorchen sich weigert, verfällt dadurch in's Heidenthum.²⁵⁵). Einer Menge von Spiritualen, welche, wie bereits früher ausgeführt wurde, dem Papst
Johann XXII. das Recht bestritten, die Regel ihres
Stifters und die Bulle seines Vorgängers Nikolaus III.
umzustoßen, kostete dieser Widerspruch das Leben. Kein
Concil hatte ihre Meinung verdammt; immer war es nur
die päpstliche Autorität und diesmal die Autorität des
gerade regierenden Papstes, welche man anrief, wenn man
sie auf den Scheiterhaufen führte, und es widerstrebte
dem natürlichen Gefühle, bei einer Autorität, deren Verwerfung sofort die Todesstrafe nach sich zog, die Möglichkeit eines Irrthums anzunehmen. Juristen und Theologen,
welche das Inquisitionsrecht ausbildeten, gingen daher
bald weiter. Ambrosius von Vignate (der um 1460

---

²⁵⁵) „Peccatum paganitatis incurrit.“ Siehe Baluze et
Mansi, Miscell. II, 275.

schrieb), erklärt jenen für häretisch, der von den Sacramenten anders denke als die römische Kirche;[256]) so daß wenn ein Theologe damals seine Stimme gegen das kürzlich er=schienene Decret Eugens IV. an die Armenier und die darin enthaltenen Irrthümer erhoben hätte, dieß ihm wohl ein Todesurtheil zugezogen haben würde.

Wie es schon im dreizehnten Jahrhundert war, so war es noch im sechzehnten. Cornelius Agrippa schildert das Verfahren der Inquisitoren zu seiner Zeit, um das Jahr 1530, in folgender Weise: „Die Inquisitoren handhaben ihre ganze Gerichtsbarkeit gemäß dem kanoni=schen Rechte und den päpstlichen Dekretalen, als ob es unmöglich sei, daß ein Papst irre. Weder Schrift noch die Tradition der Väter lassen sie gelten. Die Väter, sagen sie, können sich irren und irre führen, aber die römische Kirche, deren Haupt der Papst ist, kann nicht irren. Den Stil dieser Curie nehmen sie als Richtschnur des Glaubens an und stellen daher dem Angeklagten nur die Frage, ob er an die römische Kirche glaube. Bejaht er dieß, so sagen sie: die Kirche verdammt diesen Satz, also widerrufe ihn. Weigert er sich, so wird er der welt=lichen Gewalt übergeben, um verbrannt zu werden."[257])

In dem langen Kampfe der Welfen mit den Ghibel=

---

[256]) Tractatus de haeresi. Romae 1581, f. 11.

[257]) De vanit. scient. c. 96, Hagaecomitum, 1662, p. 444.

linen in Italien waren Inquisitoren und Ketzerprocesse ein von den Päpsten mehrfach angewandtes Mittel, diese Gegner ihrer Politik und des Angiovinischen Uebergewichts zu erdrücken. Schon der Bolognesische Jurist Calderini behauptet: Wer päpstliche Decretalen mißachte, der sei Ketzer; denn er scheine damit die Schlüssel zu verachten.[258] Das konnte man auf jeden Ghibellinen anwenden. So hatte Innocenz IV. bereits im Jahr 1248 den mächtigen Welfen= feind Ezzelino für einen Häretiker erklärt. Vergeblich ließ dieser durch Gesandte die Reinheit seines Glaubens versichern und einen Eid anbieten; Innocenz blieb dabei, Ezzelin sei ein Pateriner (Anhänger einer neuen gnostischen Secte), ohne auch nur einen Scheingrund dafür beibringen zu können.[259] Noch reichlicheren Gebrauch machte Johann XXII. von diesem Mittel, theils um seine eigenen Gebiets= ansprüche durchzusetzen, theils um die Macht des Königs Ro= bert in Italien zu stärken. Deßhalb sahen sich die Markgrafen Rinaldo und Obizzo von Este, eifrige Katholiken und nicht ein= mal Ghibellinen, sondern Welfen, plötzlich im Jahr 1320 vom Papste für Ketzer erklärt und einem Inquisitionsprocesse unterworfen.[260] Zwei Jahre darauf widerfuhr dasselbe

---

[258] Tractatus novus aureus et solemnis de hae-reticis. Venet. 1571, f. 5. Calderini, Adoptivsohn des be=rühmten Giovanni d'Andrea, schrieb um 1330.

[259] Verci, storia degli Eccelini. II, 258.

[260] Muratori, Annali, XII, 138. Milano 1819.

dem ganzen ftandhaft ghibellinifchen Haufe Visconti zu
Mailand; eine päpftliche Bulle fündigte diefen Fürften
an, daß fie Ketzer feien, und verurtheilte zugleich alle ihre
Anhänger und Untergebenen zur Sclaverei.[261] Aehnliche
Fälle wiederholten fich.

Wenn die Päpfte felber einen folchen Gebrauch von
ihrem Glaubensgericht machten, wenn Nikolaus III.‚ wie
ihm die Zeitgenoffen vorwerfen, feine Familie durch die
mittels der Inquifition erpreßte Beute bereicherte, dann
durfte es nicht befonders auffallen, daß die Inquifitoren
fo gewöhnlich, wie Alvaro Pelayo fie anklagt, ihr Amt zur
Gelderpreffung benutzten. Clemens V. erklärte gleichwohl,
daß ein Inquifitor „blos feinem Gewiffen folgend" freie
Macht habe, jeden einzukerkern und felbft in Feffeln fchlagen
zu laffen.[262]

Wenn wir hier die Thatfache behaupten, das ganze
Hexenwefen, wie es vom dreizehnten bis ins fiebzehnte
Jahrhundert beftand, fei theils unmittelbar, theils mittel=
bar ein Erzeugniß des Glaubens an die unwiderfprech=
liche Autorität des Papftes, fo wird dieß vielleicht als
eine Paradoxie erfcheinen, und doch ift es nicht fchwer
zu zeigen, daß es fich allerdings fo verhalte.

Viele Jahrhunderte hindurch wurden die Refte heid=
nifchen Aberglaubens und die im Volk verbreiteten Vor=

---

[261] Muratori l. c. 150.
[262] In ter Clementina de haereticis, c. Multorum.

stellungen vom Teufelsspuk, von nächtlichen dämonischen Zusammenkünften, vom Zauber- und Hexenwesen als ein thörichter Wahn angesehen und behandelt, der mit dem christlichen Glauben unvereinbar sei. Manche Concilien verordneten, daß die diesem Wahne ergebenen Weiber mit Kirchenbußen belegt werden sollten. Ein Kanon, den Regino, Burkard, Ivo, Gratian in ihre Rechtsbücher aufnahmen und auf den man sich immer wieder berief, [263] gebot das Volk über die Nichtigkeit des Hexenwesens und den Widerspruch desselben mit dem christlichen Glauben zu belehren. Man sah es noch lange als einen argen und unchristlichen Irrthum, als etwas Häretisches an, den Dämonen oder ihrer Beihilfe übermenschliche Kräfte und Wirkungen beizulegen. An Zauberei, an die Vorspiegelungen von Hexenmeistern bloß zu glauben, galt noch im eilften Jahrhundert als schwere Sünde, wie man aus Burkard und den Pönitentialbüchern sieht. Damals konnte noch Niemand ahnen, daß eine Zeit kommen werde, in welcher die Päpste diesen Glauben in ihren Bullen

---

[263] Dieser Kanon ist durch ein Versehen Burkards, der ihn aus Regino genommen, aber hier die Verweisungsformel unde supra fälschlich so deutete, als sei auch diese Stelle aus den Ancyranischen Kanones genommen, als Kanon des Concils von Ancyra in Gratians Decret übergegangen. S. darüber Berardi, Gratiani canones I, 40; Regino ed. Wasserschleben, p. 354. Regino hat dieses sein 371. Kapitel gebildet aus Stellen der Pseudo-Augustinischen Schrift „de spiritu et anima" mit einigen eigenen Zusätzen.

bekennen und ihre Bevollmächtigten anweisen würden auf
Grund dieses Glaubens Tausende von Menschen dem
Tode zu übergeben.

Die ganze ältere liturgische Literatur der römischen
Kirche ist noch frei von dem Glauben an teuflische Magie,
sie wird da nirgends erwähnt. Auch im zwölften Jahr=
hundert zählt Johann von Salisbury die verschiedenen
Arten des Zauberglaubens noch zu den Fabeln und Illu=
sionen. Aber nun verbreiteten sich in der Kirche die mit
Visionen, Fabeln, Mirakeln angefüllten Schriften der
Cistercienser und Dominikaner, Schriften, wie die Samm=
lungen des Cäsarius von Heisterbach, des Thomas von
Cantimprè, des Stephan von Bourbon und ähnliche
Gleichzeitig trat die Behauptung, daß unter den so zahl=
reichen häretischen Secten Mirakel stattfänden, die nur
satanisch sein könnten, immer bestimmter auf. Ein neuer
der älteren Zeit unbekannter Wahn kam hinzu. Mit der
Verbreitung der Theophilussage im Abendlande nistete
sich die Vorstellung ein, daß der Mensch mit dem Satan
einen Vertrag schließen, dadurch sich mancherlei Genüsse
verschaffen und in den Besitz übermenschlicher Kräfte
setzen könne.²⁶⁴) Cäsarius und Vincenz von Beauvais

---

²⁶⁴) So bedeutungsvoll erschien die Fabel von dem, dem Satan
sich ergebenden Theophilus „qui diabolo homagium fecit et per
diabolum ad quod volebat, promotus erat", daß Martinus Polo=
nus und Leo von Orvieto sie in ihre Compendien der Papst= und

brachten die ersten Berichte von solchen wirklich zu Stande gekommenen Teufelspakten, und bald theilten die officiellen päpstlichen Geschichtschreiber selber, Martin der Pole und andere, mit, daß wirklich ein Papst, Sylvester II., durch seinen mit dem Satan geschlossenen Bund zur höchsten kirchlichen Würde gelangt sei.

Kaum war die Inquisition von den Päpsten gestiftet, kaum entfalteten die ersten vom Papste gesandten und bevollmächtigten Inquisitoren in Deutschland und Frankreich ihre Wirksamkeit, als auch Häresie und Zauberei oder Satansdienst mit einander vermengt wurden. Die Theologen des Dominikanerordens hingen sich nun an eine in blinder Leichtgläubigkeit hingeworfene Aeußerung Augustins, [265]) um eine Theorie über Buhlschaft zwischen Menschen und Dämonen und Incubuskinder auszuspinnen. Thomas wurde auch dafür Meister und Orakel, [266]) und bald brachte es schon Gefahr, den finsteren Wahn auch nur zu bestreiten.

Schon in einer Bulle vom Jahre 1231 forderte

Kaisergeschichte aufgenommen haben. Und nun seit Ende des dreizehnten Jahrhunderts häufen sich auch die Anklagen, daß Personen, wie z. B. der Bischof von Coventry 1301, dem Teufel gehuldigt hätten.

[265]) Civ. Dei, 15, 23. Bezüglich einer ähnlichen Angabe von der divinatorischen Macht der Dämonen, gestand er später selber (Retractat. 2, 30): „se rem dixisse occultissimam audaciori asseveratione quam debuerit.

[266]) Summa P. I, Quaest. 51, art. 3 ad 6.

Gregor IX. auf, das weltliche Schwert gegen neu ent=
deckte kezerische Greuel in Deutschland, von denen seine
Inquisitoren ihm Kunde gegeben hatten, zu ziehen. [267])
Gläubig berichtet er nämlich von nächtlichen Versamm=
lungen, wo der Teufel in Gestalt einer Kröte, eines
bleichen Gespenstes und schwarzen Katers theilnahm und
arge Greuel begangen wurden.

Diese Informationen verdankte der Papst vorzugs=
weise dem Konrad von Marburg, welcher jeden, der nicht
bekannte, daß er die Kröte berührt, den bleichen magern
Mann und den Kater geküßt habe, sofort verbrennen
ließ. [268]) In Südfrankreich machten die Inquisitoren etwas
später ähnliche Entdeckungen; schon im Jahre 1275 wurde
hier ein Weib von 60 Jahren wegen Buhlschaft mit dem
Satan verbrannt.

Die durch Innocenz IV. in das Glaubensgericht ein=

---

[267]) In dem Schreiben bei **Mansi, Concil.** XXIII, 323. und
Ripoll. Bullar. Ord. Praed. I, 52. Die Bulle ist unrichtig auf
die Stedinger bezogen worden, wie Schumacher (Die Stedinger,
S. 225 ff.) gezeigt hat.

[268]) So berichtet der Erzbischof Siegfried von Mainz in dem
Schreiben an den Papst (**Albericus ad a.** 1233, p. 544 ed.
Leibnit.). Der Jesuit Spee in seiner bekannten **Cautio crimi-
nalis, dub. 23, n. 5** hat schon richtig gesehen, daß es die vom
Papste aufgestellten Inquisitoren waren, welche den Hexenwahn in
Deutschland einbürgerten: „Vereri incipio, imo saepe ante sum
veritus, ne praedicti inquisitores omnem hanc sagarum multi-
tudinem primum in Germaniam importarint torturis suis tam
indiscretis, imo, inquam verissime, discretis et divisis."

18

geführte Folter war es vorzugsweise, welche den ganzen
Wahn stützte, indem man durch sie alle geforderten Geständnisse erhielt. Als Clemens V. Inquisitoren für den
Proceß gegen die Tempelherren ernannte, so erpreßten auch
sie bald in Nimes mittelst der Folter die Geständnisse, daß der
Teufel als schwarzer Kater in den nächtlichen Versammlungen derselben erschienen und Dämonen in der Gestalt
von Weibern (als Incubi) mit ihnen nach ausgelöschten
Lichtern Unzucht getrieben hätten. ²⁶⁹) Um das J. 1330
verordnete Johann XXII. schon in einer ganz allgemein
gehaltenen Bulle, daß alle, welche mit dämonischen Dingen
sich abgäben (die Aufzählung solcher Acte geht schon sehr
weit) mit den gegen Ketzer gebräuchlichen Strafen (Confiscation war ausgenommen) belegt werden sollten. ²⁷⁰)

Seit der Mitte des fünfzehnten Jahrhunderts und
namentlich seitdem Innocenz VIII. seine Hexenbulle erlassen hatte, fingen die Hexenprocesse, die im vierzehnten
Jahrhundert noch verhältnißmäßig selten waren, viel zahl-
reicher zu werden an.

Anfänglich ließen sich die Inquisitoren, die schon seit
der Bulle Johanns völlig freie Hand hatten, juristische
Gutachten ertheilen. Der berühmteste Jurist seiner Zeit,

---

²⁶⁹) Preuves de l'histoire de Nimes par Menard,
Paris 1750, I, 211.
²⁷⁰) Sie steht bei Binsfeld, tractat. de confess. malef.
Trevir. 1596, 760.

Bartolo um das J. 1350, ſtimmte für den Tod durchs
Feuer. [271] Dieſes Gutachten, mit welchem das regelmäßige
Verbrennen der Hexen beginnt, iſt ſehr merkwürdig. Hier
zeigt ſich handgreiflich das Unheil, welches die hierarchiſche,
materialiſtiſch=rohe Bibelauslegung der Päpſte und ihrer
juriſtiſchen und theologiſchen Paraſiten angeſtiftet hat.
Sie gewöhnte daran, das, was Chriſtus und die Apoſtel
in orientaliſcher Bilderſprache, das Geiſtige verſinnlichend,
geſagt hatten, auf weltliche Herrſchaft, auf Zwangsgewalt,
auf Recht über Leben, Tod und Eigenthum der Menſchen
zu deuten. Den Ausdruck Pauli, daß der pneumatiſche
Menſch alles richte, verſtand man, wie in der Bulle Unam
Sanctam gelehrt wurde, dahin, daß der Papſt der
oberſte Richter der Völker und Könige ſei. Wenn Jere=
mias ſein Prophetenamt, ſeine Aufgabe göttliche Straf=
gerichte zu verkündigen, in orientaliſcher Weiſe als einen
Auftrag zu verderben und zu verwüſten bezeichnet, ſo
ſollte nach päpſtlicher Auslegung der Papſt damit gemeint
ſein, dem Gott die Macht verliehen habe zu verderben und
auszurotten, was und wen er wolle. Wenn es in den
Pſalmen von dem künftigen Meſſianiſchen König heißt, er
werde mit eiſerner Ruthe die heidniſchen Völker bezwingen,
ſo ſah man darin den Beweis für das Recht und die
Pflicht der Päpſte, die Inquiſition mit ihren Todesſtrafen

---

[271] Sein Gutachten ſteht bei Ziletti, Consil. select. 1577,
I, 8.

einzuführen So verdarben die päpstlichen Juristen die
Theologie und die päpstlichen Theologen die Jurisprudenz.
Und ganz in diesem Geiste erklärten nun auch die
Juristen, wie Bartolo in seinem Gutachten that, ein zaube=
risches Weib müsse verbrannt werden, weil nach Christi
Ausspruch, wer nicht in seiner Gemeinschaft bleibe, weg=
geworfen werde, wie eine verdorrte Rebe, die man dann
verbrenne.

Jn dem Werke des Eymerich[272]) ist das Zauber= und
Hexenwesen als eine feststehende Realität behandelt und
der Jnquisition unterstellt. Die Grenze zwischen erlaubtem
Gebrauch vermeintlich magischer Kräfte und zwischen der
verbotenen und blutig verfolgten Magie war lange eine
fließende und unsichere. Jn einer im Jahre 1471 erschienenen
Bulle reservirte sich Sixtus IV. das Verfertigen und Be=
graben von aus Wachs gebildeten Gotteslämmern, wodurch
Bezauberungen abgewendet werden sollten, als ein aus=
schließliches Vorrecht des Papstes. Jhm zufolge erwirkt
das Berühren derselben außer der Sündenvergebung auch
Sicherheit gegen Feuersbrunst, Schiffbruch, Gewitter= und
Hagelschlag.[273]) Kurz darauf, nachdem der Papst selbst
in solcher Weise der rohen Superstition des Volkes Vor=
schub gethan, erließ Jnnocenz VIII. im J. 1484 seine
Hexenbulle, da sich in einigen Diöcesen Deutschlands Laien

---

[272]) Director. Inquis. II. quaest. 42. und 43. p. 335 sq.
[273]) Raynald. Annal. a. 1447, 59.

und Kleriker gegen die zur Verfolgung des Zauberweſens
ausgeſchickten Inquiſitoren erhoben und ſie darin zu ver=
hindern verſucht hatten. In derſelben ſpricht nun der
Papſt offen ſeinen Glauben daran aus, daß man mit den
Dämonen als Incubi und Succubi ſich unzüchtig ver=
gehen, gebärende Weiber und tragende Thiere, Früchte,
Weinberge, Obſtkammern, Felder u. ſ. w. durch Zauberei
beſchädigen, Menſchen und Thiere peinigen, Männer und
Weiber zur Zeugung unfähig machen könne. Er beſchwert
ſich dann über die Hinderniſſe, welche von Seite jener
vorwitzigen Laien und Kleriker, die mehr zu wiſſen ver=
langen, als nöthig iſt,⁸⁷⁴) der Wirkſamkeit ſeiner gegen
ſolche Frevel ausgeſchickten Inquiſitoren bereitet würden,
und verſieht dieſe — Sprenger, den Verfaſſer des berüch=
tigten Hexenhammers und Inſtitoris — mit neuen Voll=
machten.

Alexander VI., Leo X., Julius II., Hadrian VI. und
andere Päpſte, mehr als ein Jahrhundert lang nach Inno=
cenz VIII., haben in gleicher Weiſe durch ihre Aufforderung
zur Verfolgung der Magie dieſem Wahnglauben eine kirch=
liche Autoriſation gegeben.

Die Theologie hielt ſich nun für verpflichtet, nach
dem Vorgange ihres Meiſters Thomas auch die größten
Abſurditäten des Hexenglaubens zu vertreten. Die Haupt=

---

²⁷¹) „Quaerentes plura sapere quam oportcat."

Schwierigkeit dabei war nur, ſich des Kanons, den Gratian aus Regino genommen hatte, zu entledigen; man nahm ihn allgemein für eine Verordnung des Concils von Ancyra, wonach die Kirche ſchon ſo frühe (314) die neue Lehre von den Werken Satans und ſeiner Anbeter und An= beterinnen für Unglauben, für Abfall von der chriſtlichen Wahrheit erklärt, alſo Päpſte und Inquiſitoren voraus= greifend als Häretiker bezeichnet hätte. Die Meiſten trö= ſteten ſich damit, daß jedenfalls die Autorität der Päpſte höher ſtehe, oder daß jene dort beſchriebene eine andere Sekte von Hexen geweſen ſei. „Man hat ſchon ſo viele hingerichtet, ſagt der Dominikaner und Inquiſitor Bernard Rategno um 1510, und die Päpſte haben dies geduldet."[275])

Die Minoriten, wie Samuel Caſſini und Alfons Spina, erklärten jedoch den Glauben an die Realität des Hexen= weſens für eine Thorheit oder ſelbſt für eine Ketzerei, ſo daß der Letztere ſogar meinte, die Inquiſitoren ließen die Hexen blos wegen dieſes ihres Glaubens verbrennen.[277]) Die Päpſte aber und die Dominikaner behaupteten die Realität des Teufelsſpucks. Und ſo ſtanden ſich im vier= zehnten und funfzehnten Jahrhundert die Gegenſätze ſchroff gegenüber. Man konnte faſt gleichzeitig in Spanien als Ketzer verurtheilt werden, wenn man die Wirklichkeit der

---

[275]) Bern. Comensis, Lucerna Inquisitorum, Romae 1584, p. 144.

[276]) Fortalitium fidei, Paris 1511, f. 365.

nächtlichen Hexenfahrt behauptete, in Italien aber, wenn man sie leugnete. Allmählich aber siegte die dreifache Autorität der Päpste, des Thomas von Aquin und des hochmächtigen Dominikaner-Ordens. Jeder Widerspruch mußte verstummen. Die Lehre, welche die Dominikaner Nider, Jacquier, Dodo und die beiden päpstlichen Hof-theologen Bartholomäus Spina und Silvester Mozzolini (Prierias) über das Zauber- und Hexenwesen vortrugen, galt als päpstlich approbirt. Spina sprach es geradezu aus, daß die Wahrheit und die Realität des Hexensabbaths mit seinen Gräueln und Wundern auf der Autorität des unfehlbaren Papstes beruhe, in dessen Namen und Auf-trag die Inquisitoren die Angeklagten processirten. Und da einzelne Juristen damals sich auf den angeblichen Kanon des Concils von Ancyra beriefen, wie er in Gra-tians Decret angeführt ist, um die Menschen zu retten, die damals schaarenweise in Italien diesem Wahn zum Opfer fielen, nahm Spina keinen Anstand zu erklären, daß vor der päpstlichen Autorität die des Conciliums, welches dieß alles für Blendwerk erklärt hatte, verschwinde. [277] Ebenso berief sich der Jesuit Delrio für die Vertheidigung des ganzen Aberglaubens auf die Urtheile der Päpste über Hexen und Zauberer, woraus hervorginge, daß sie dieselben und ihre Excesse nicht für Illusionen, sondern

---

[277] Malleus Malefic., apologia prima. Francof. 1588 II, 652—653.

für Realitäten gehalten hätten. „Alle kirchlichen Tribunale in Italien, Spanien, Deutschland und Frankreich, fährt er fort, denken so und alle Inquisitoren haben in ihrer Praxis sich danach gerichtet. Daher ist dieß eine Meinung und ein Urtheil der Kirche, womit nicht übereinzustimmen das Zeichen eines nicht aufrichtigen katholischen Herzens ist, sondern nach Ketzerei schmeckt. [278])

Jeder literarische Versuch der Aerzte, Juristen, Natur- forscher und Theologen, etwas Licht in diese Finsterniß zu bringen und die natürlichen Ursachen der für dämonisch gehaltenen Phänomene zu erklären, wurde durch die römi- sche Censur, soweit ihre Macht reichte, unterdrückt. Ein Jahrhundert lang wurden alle in diesem Sinne verfaßten Schriften auf den Index gesetzt, wie es mit den noch heute auf demselben stehenden Werken von Weier, Godelmann, Wolfhart oder Lycosthenes, Agrippa, Servin, Della Porta u. A. geschah. Dagegen blieben alle Versuche vergeblich, das verderblichste den Gerichtshöfen als Norm dienende Zauberhandbuch des Jesuiten Delrio derselben Censur zu unterwerfen.

Wer immer als Zweifler in dieser Sache auftrat oder die Täuschung aufzudecken wagte, mußte mit der Versiche- rung, daß er nur auf Anstiften des bösen Geistes so geredet habe, widerrufen, und wurde mitunter entweder

---

[278]) Disquis. mag. I, 16.

lebenslänglich eingekerkert oder verbrannt. Einen solchen Widerruf mußte der Theologe be Lure oder Edeline um das Jahr 1460 leisten, ohne daß er ihn gerettet hätte. Hundert Jahre später, als der Priester Cornelius Loos Callidius behauptet hatte, die unglücklichen Frauen geständen nur durch die Folter Dinge, die sie nicht gethan hätten, und so werde durch eine neue Alchemie aus Menschenblut Gold und Silber gewonnen, ließ ihn der päpstliche Nuntius einkerkern. Er mußte widerrufen, wurde aber rückfällig und entging nach langem Kerker nur durch den Tod dem Schicksale, das gleichzeitig den Trierischen Rath Flade traf, welcher, weil er die Hexenprocesse mit Berufung auf den sogenannten Kanon von Ancyra angegriffen hatte, verbrannt wurde.[279]) Noch im J. 1623 verfügte Gregor XV.: Wer einen Pakt mit dem Satan gemacht, aus welchem Impotenz oder Schaden für Thiere oder Feldfrüchte erfolgt sei, solle von der Inquisition lebenslänglich eingekerkert werden. Endlich als die Inquisition 170 Jahre lang ihr Unwesen auf disem Gebiete getrieben, zahllose Menschenleben dem Wahn der Päpste und Mönche geopfert hatte, erschien im J. 1657 eine Instruction der römischen Inquisition, in welcher das schmähliche Geständniß abgelegt wurde, daß seit langer Zeit nicht ein einziger Proceß von den Inquisitoren in correcter Weise geführt worden sei, daß dieselben

---

[279]) ib. III, 58 und 227 sq.

sich durch übermäßige Anwendung der Folter und andere
Unregelmäßigkeiten arg verfehlt hätten und täglich noch
von ihnen sowohl, als von den übrigen geistlichen Gerichten
die gefährlichsten Irrthümer begangen und auf solche
Weise ungerechte Todesurtheile gefällt würden[280]); worauf
dann einige Milderungen und Vorsichtsmaßregeln ange=
ordnet wurden. Noch jetzt steht im römischen Rituale,
welches nach päpstlichem Gebote unverbrüchlich beobachtet
und von jedem Priester allein gebraucht werden soll, daß
ein Mensch, der bezauberte Dinge[281]) zu sich genommen,
den Satan, der dadurch von ihm Besitz ergriffen, durch
ein Brechmittel wieder austreiben soll.[282])

In wieweit die Fälschungen und Fictionen bereits
im Beginne des zwölften Jahrhunderts den römischen An=
sprüchen, irreformabel und infallibel zu sein, Eingang ver=
schafft hatten, das sehen wir an dem französischen Bischof
Jvo, der selber ein reiches Magazin solcher unächten Stücke
in sein Decretum aufgenommen hat. Seine Logik — und
sie ist seitdem unzählige Mal wiederholt worden — faßt
sich in den Schluß zusammen: die Päpste haben behauptet,
daß ihnen dieser oder jener Vorzug zukomme, also muß

---

280) Sie steht bei Pignatelli, Consultat. noviss. I, 123;
ächt und ohne Aenderungen bei Carena, de offic. Inquis. im
Anhang.

281) „Malefica signa vel instrumenta."

282) Ed. Antwerp. 1669, p. 167.

auch geglaubt werden, daß sie ihn wirklich besitzen. „Durch die römische Kirche, sagt er naiv, sind wir belehrt worden, daß Niemand ihr Urtheil mehr in Frage stellen darf, also muß man vor ihr zu ihr fliehen, d. h. eben einfach sich unterwerfen".[283]) Und so ist es ihm denn auch nicht zwei= felhaft, daß ein Widerspruch gegen eine päpstliche Verfü= gung geradezu Ketzerei sei. Darin liegt der Gedanke: Wenn ein Bischof einer päpstlichen Verfügung, die nach seiner Ueberzeugung zum Nachtheil seiner Kirche gereicht, sich unterwirft, so ist er rechtgläubig, widerstrebt er aber dem beginnenden Mißbrauche oder der Usurpation, dann ist er ein Ketzer. Diese Anschauung ist ungemein folgenreich geworden, sie hat die Kirche entwaffnet, sie hat verursacht, daß in ihr die erste Regel der Moral und der politischen Klugheit, daß man den Anfängen eines Uebelstandes wi= derstehen müsse, vernachlässigt wurde, daß das Verderben in der Kirche unaufhaltsam um sich griff und die endlich unternommenen Reformversuche zu spät kamen. —

Um die Mitte des dreizehnten Jahrhunderts wurde eine neue umfassende Fälschung ins Werk gesetzt, welche in ihrer Art nicht minder folgenreich wurde, als die Pseudo= Isidorische. Hatte diese ihren Einfluß neugestaltend auf die Verfassung und das Recht der Kirche geübt, so drang jene in die dogmatische Theologie ein und beherrschte die Schulen.

---

[283]) Epist. 159

Im zwölften und in der ersten Hälfte des dreizehn=
ten Jahrhunderts hatten sich die Theologen mit der Lehre
von der Kirchengewalt nicht beschäftigt, und wurde es in
einer mitunter auffallenden Weise vermieden, sich über die
Stellung des Papstes in der Kirche zu erklären. Die Vic=
toriner, Hugo und Richard, die Sententiarier, Robert Pulleyn,
Petrus von Poitiers, Petrus der Lombarde, dann Rupert
von Deutz, Wilhelm von Paris, Vincenz von Beauvais,
haben sich jedes Eingehens auf diese Materie enthalten.
Die eigentlichen Väter der Scholastik, Alexander von Hales,
Alanus von Ryssel, selbst Albert der Große, der frucht=
barste aller Theologen jener Zeit, haben sich gleichfalls auf
eine Erörterung nicht eingelassen. Nur einmal, in der Er=
klärung der bekannten Lucas=Stelle, nämlich des Gebetes
Christi für Petrus, meint Albert: Darin liege, daß ein
Nachfolger Petri den Glauben nicht gänzlich und für immer
(finaliter) verlieren werde.

Den Anlaß zu der neuen Erdichtung gab die Con=
troverse mit den Griechen, welche eben die im Orient be=
findlichen Dominikaner in frischen Fluß gebracht hatten.
Den Griechen war das Isidorisch=Gregorianische Papstthum,
wie die Dominikaner es ihnen jetzt als ächte und allein=
heilbringende Gestalt der Kirchenregierung verkündeten,
ebenso unerhört als unbegreiflich. Wenn früher Nico=
laus I., dann schon weiter gehend Leo IX., jüngst Gre=
gor IX. in ihren Schreiben an Kaiser und Patriarchen

derartige Ansprüche erhoben hatten, so wurde dies in Constantinopel nicht weiter beachtet; man scheint darauf nicht geantwortet zu haben. In der Vorstellung der Orientalen war der „Patriarch von Altrom" allerdings der erste unter den Patriarchen, dem der Primat in der Kirche, vorausgesetzt, daß er sich nicht durch Heterodoxie desselben unwürdig gemacht habe, zukam; aber die absolute Monarchie, welche jetzt die Sendlinge Roms predigten, war etwas davon völlig Verschiedenes. In allen großen, die ganze Kirche betreffenden Angelegenheiten, meinten die Orientalen, sei die Action des Papstes durch die Zustimmung der übrigen Patriarchen bedingt; eine arbiträre und autokratische Macht in der Kirche konnten sie sich nicht denken. So mußte denn zu einem besonderen Mittel gegriffen werden, um den Griechen beizukommen.

Ein lateinischer Theologe, wahrscheinlich ein Dominikaner, der sich unter den Griechen aufgehalten hatte, stellte eine erdichtete Traditionskette von griechischen Concilien und Kirchenvätern, des Chrysostomus, der beiden Cyrille, von Jerusalem und Alexandrien, und eines angeblichen Maximus zusammen, in welchen jene neuen päpstlichen Ansprüche ihre dogmatische Basis erhalten sollten. Sie wurde im J. 1261 dem Papst Urban IV. vorgelegt, der sich denn auch gleich der Fälschung in seinem Schreiben an Kaiser Michael Paläologus bediente, doch vorsichtig die Namen der Zeugen verschweigend. Er wollte mit diesen eben erst

erfonnenen, angeblich aber vor 800 Jahren geschriebenen
Texten beweisen, daß der „apostolische Thron" die einzige
und alleinige Autorität in der Lehre sei[284]). Es war dieß
nun einmal ein Mißgeschick, welches die Päpste seit Nico=
laus I. in ihrem Verkehr mit den Byzantinern verfolgte;
stets beriefen sie sich auf gefälschte oder erdichtete Zeug=
nisse und Autoritäten, was der Sache der kirchlichen Ein=
heit unsäglichen Schaden gethan hat.

Urban, offenbar selbst getäuscht, stellte die Schrift dem
Thomas von Aquin zu, der dann auch das den Primat
betreffende Stück ganz in seine Schrift gegen die Griechen
einrückte, ohne den mindesten Verdacht zu schöpfen; denn
die Bedenken, die er in der Zuschrift an den Papst äußert,
beziehen sich nur auf die in jener Schrift von der Trini=
tät und dem Ausgang des heiligen Geistes gebrauchten
Ausdrücke. Gleichzeitig übersetzte ein im griechischen Reich
befindlicher Dominikaner Buonaccursio in seinem Thesau=
rus die bezüglichen Stellen ins Griechische[285]).

Thomas, der griechischen Sprache unkundig, im Gre=
gorianischen System erzogen, seine Kenntniß des kirchlichen

---

[284]) Raynald. Annal. a. 1263, 31.

[285]) Der Dominikaner Dete, der um 1330 diese Schrift im
Abendlande bekannt machte, sagt, Buonaccursio habe sie ins Latei=
nische übersetzt und beide Texte nebeneinander gestellt. Daß viel=
mehr diese Texte lateinisch geschrieben und dann ins Griechische über=
setzt wurden, haben bereits Quetif und Echard (Scriptores
Ordinis Praedicatorum, I, 156 ff.) gesehen.

Alterthums einzig aus Gratian schöpfend, sah sich auf
einmal im Besitze dieses Schatzes der gewichtigsten Zeugnisse
aus den ersten Jahrhunderten, welche es ihm unzweifel=
haft erscheinen ließen, daß die großen Concilien und die
angesehensten Bischöfe und Theologen des vierten und
fünften Jahrhunderts im Papste bereits den dogmatisch
unfehlbaren und die ganze Kirche mit absoluter Gewalt
beherrschende Monarchen verehrt hatten. Er that nun, was
die Scholastiker bisher nicht gethan hatten, er führte die
Lehre vom Papst und seiner Unfehlbarkeit, wie er sie, zum
Theil mit denselben Worten, aus den fingirten Beweisstücken
ableitete, in die Dogmatik ein — ein Schritt, dessen Wichtig=
keit und vollständiger Erfolg kaum überschätzt werden kann.

Was nun nach jener Fiction die Orientalen über den
Primat in den ersten fünf Jahrhunderten gelehrt haben
sollen und Thomas auf ihre Autorität hin weiter aus=
gesponnen hat, ist im Wesentlichen Folgendes:

Christus hat dem Petrus die eigene Gewaltfülle, die
er besessen, bestätigt, und so ist es der Papst allein, wel=
cher zu gebieten, zu lösen und zu binden hat. Ihm ge=
horcht Jedermann, so als ob er Christus selber wäre;
was er entscheidet, muß beobachtet werden. Denn „Chri=
stus ist mit jedem Papst vollständig und vollkommen im
Sakrament und der Autorität."[286] Der apostolische Stuhl

[286] Soll wohl heißen: auf eine mysteriöse, nur durch den

Pregiert, allein unerschütterlich im Glauben etri stehend während andere Kirchen durch Irrthum beschimpft sind. So ist die römische Kirche die Sonne, von welcher alle andern Kirchen ihr Licht empfangen. Ein Concilium hat seine Autorität nur vom Papste; die Aufstellung eines neuen Glaubensbekenntnisses ist sein Recht, und wer seiner Autorität sich nicht unterwirft, ist Häretiker; denn dem Papste allein steht es zu, über jede Frage der Lehre zu entscheiden.[287]

Auf Grundlage von Erdichtungen eines Ordensge= nossen also, unter welchen sich auch noch ein Kanon der Chalcedonischen Synode befand, der allen Bischöfen ein unbeschränktes Recht der Appellation an den Papst ge= währte, und dann aus den Fälschungen bei Gratian hat Thomas sein Papalsystem, mit den beiden Hauptsätzen daß der Papst erster unfehlbarer Lehrer der Welt und daß er absoluter Beherrscher der Kirche sei, auferbaut.[288] Der erdichtete Cyrill von Alexandrien ist in dieser Materie sein Lieblingsautor geworden und ihn pflegt er stets wie= der vorzuführen.

Glauben zu erfassende Weise. Es scheint eine auf Inspiration be= ruhende Unfehlbarkeit gemeint zu sein.

[287] Summa, 2. 2. q. 1 art. 10. — q. 11. art. 2. 3.

[288] Seine Schrift gegen die Griechen besteht, was den Abschnitt vom Primat betrifft, nur aus diesen Fictionen. In der Pariser von den Dominikanern besorgten Ausgabe des Thomas vom Jahre 1660. T. XX. sind die Parallelstellen aus seinen übrigen Werken am Rande bemerkt.

Am päpstlichen Hofe erkannte man alsbald, wie groß der Gewinn sei, daß das, was bisher nur die Juristen und Rechtsbücher gelehrt hatten, nun auch Bestandtheil der Dogmatik, theologische Doctrin geworden war. Johann XXII. sprach in seinem Entzücken das berühmt gewordene Wort: Thomas habe soviele Wunder gethan, als er Artikel geschrieben, also könne man ihn, auch ohne daß Mirakel durch ihn geschehen, kanonisiren, und versicherte in seiner Bulle, Thomas habe seine Werke nicht ohne spezielle Eingießung des göttlichen Geistes geschrieben. Innocenz VI. hatte sogar geäußert: wer eine Lehre des Thomas bestreite, werde dadurch schon verdächtig.[289])

In der That war auch die neue griechische Tradition im Occidente gerade in dem Momente ihrer Erscheinung nothwendiger noch und erwünschter als im Orient. Eben ergoß sich über die Kirche des Abendlandes der Strom der neuen Orden, deren ganze Dotation im Bettel, im Beichtstuhle und im Gebrauche päpstlicher Privilegien, nämlich der Ablaßverkündigung und der Lossprechung von dem Papste vorbehaltenen Fällen bestand. Eben erst im Jahre 1215, hatte Innocenz III. auf der großen römischen Synode befohlen, daß jeder Christ einmal im Jahre dem eignen Pfarrer beichten solle, ohne dessen Erlaubniß Niemand absolviren könne. Kurze Zeit darauf beschloß der

---

[289]) Vgl. die Zusammenstellung in Touron, vie de S. Thomas, 590 ff.

päpstliche Stuhl, die neuen Mönche als die ihm unbedingt ergebenen, unmittelbar von ihm gesendeten und bevoll= mächtigten Werkzeuge in allen Diöcesen und Pfarreien den Bischöfen und Pfarrern an die Seite zu setzen; das Gesetz von 1215 bezüglich des „eignen Pfarrers" mußte zu Gun= sten der neuen wandernden und aus dem Beichtstuhl vor= züglich ihren Erwerb schöpfenden Beichtväter durch Pri= vilegien wirkungslos gemacht werden. Dazu war die Theorie vom Universal=Bischof, der in der ganzen Kirche kraft direct eingreifender Macht und mit der bischöflichen Gewalt concurrirend wirksam sei, unentbehrlich. Der Titel, den Gregor der Große mit Abscheu verworfen, wurde nun in seinem weitesten Umfange ausgebeutet, und Thomas, aus seinen neuen Apokryphen schöpfend, versicherte, das Chalcedonische Concil habe dem Papst diesen Titel gegeben. Der Streit über die den neuen Orden eingeräumten Vor= rechte entbrannte heftig auf vielen Punkten.

Innocenz IV. hatte im Jahre 1254 die Pfarrer und Bischöfe gegen diese Invasion herumwandernder und be= reitwilligst absolvirender Mönche zu schützen gesucht. Man hatte ihm vorgestellt, daß die durch die Religionskriege und das Ablaßwesen ohnehin schon zerrüttete Bußdisciplin auf diesem Wege vollends untergehen müsse. Es habe sich gezeigt, sagt der Papst, daß die ganze Wirksamkeit der Pfarrer dadurch gelähmt, alle Seelsorge zerrüttet werde, das Volk seine Priester verachten lerne und die Scham wegfalle, da man durch die Absolution eines rasch wieder verschwindenden Mönches, der vielleicht nie wieder in der Gegend sich blicken lasse, so bequem mit der Sünde sich abfinden könne.[290]) Allein seine Verfügung, daß die Mönche nicht ohne Erlaubniß des Pfarrers sich in den Beichtstuhl eindrängen dürften, wurde schon von seinem Nachfolger Alexander IV. wieder umgestoßen.[291]) Gegen die Pariser Theologen, welche sich der Pfarrer und der bisherigen Ord- nung und Gewaltvertheilung in der Kirche annahmen, schrieb nun Thomas, und auf seinen vermeintlichen Cy- rillus gestützt schloß er: was den Gehorsam betrifft, ist zwischen Christus und dem Papste kein Unterschied zu machen, und wirklich gehorchen auch, läßt er seinen Kirchen- vater versichern, die Häupter der Welt (primates mundi) dem Papste gerade so als ob er Christus wäre.[292]) Er kann darum auch die alte durch Concilien festgestellte Ord- nung der Kirche umstoßen; denn alle Concilien haben ja nur von ihm ihre Autorität. Und im Vertrauen auf die ihm eingehändigten Fictionen beruft sich Thomas gerade auf das Chalcedonische Concilium für die Wahrheit seines päpstlichen Absolutismus.

---

[290]) In der Bulle Etsi animarum, bei Raynald. Annal. a. 1254, 70.
[291]) Raynald. ib. Bulae. i. Histor. Univ. Paris, II, 315—50.
[292]) Opusc. XXXIV, ed Paris, XX, 549 und 560.

Der Sieg der beiden Orden war vollständig und mit
demselben war auch das Papalsystem und die Anschauung,
daß der Papst der eigentliche Bischof in jeder Diöcese sei,
der Ordinarius der Ordinarii, wie man sagte, durchge=
drungen. Empfand es doch jeder Pfarrer in seinem Dorfe,
daß er einem bettelnden, auf den Ertrag seiner Privi=
legien angewiesenen Mönche gegenüber ohnmächtig sei
und die aus päpstlicher Vollmacht getriebene Schädigung
und Zerrüttung seiner pastoralen Wirksamkeit nicht ab=
wehren dürfe. Die Bischöfe, schon vorher durch die Menge
der Exemtionen in der Verwaltung ihrer Diöcesen gehemmt,
mußten die Schaaren der neuen Ordensmänner, deren
Exemtion sich noch weiter erstreckte, die nur von ihren
entfernten Ordensobern Befehle annahmen, frei gewähren
lassen. Der Zustand, der sich nun bildete, war derartig,
daß selbst ein Cardinal, Simon de Beaulieu, in Frank=
reich im Jahre 1283 äußerte: durch die den Bettelorden
gewährten Privilegien sei die ganze kirchliche Verwaltung
so zerrüttet, daß man die Kirche jetzt wohl ein Monstrum
nennen könne.[293]) Die Pfarrer waren damals von allen
Klassen des Klerus die ohnmächtigsten und rechtslosesten,
für sie gab es kein Organ, keine Vertretung, um ihre
Klagen laut werden zu lassen. Die Bischöfe beschwerten
sich häufig, die Pariser Universität widerstand lange. Aber

---

[293]) Histoire litt. de France. XXI, 24.

vor der vereinigten Macht der Päpste und der Bettel=
mönche mußte Alles sich beugen. Die Wirkung war nur,
daß die Mönche noch deutlicher erkannten, wie das Papal=
system mit der Unfehlbarkeitstheorie für sie ebenso unent=
behrlich und kostbar sei, als für die Curie selber.
Im Grunde waren nun auch alle Bestimmungen, aus
welchen die Unfehlbarkeit des Papstes sich ergab, durch
die ältern römischen Fictionen, durch Pseudo=Isidor, durch
die Gregorianer und Gratian, zuletzt noch durch die Fäl=
schungen der Dominikaner und die Autorität des Thomas
in der Theologie fast ohne Widerspruch angenommen.
Gleichwohl war es noch nicht allgemein anerkannt, daß
ein Papst in seinen Aussprüchen über Glaubenssachen
wirklich untrüglich sei. In den Ländern, wo die Inqui=
sition nicht als bleibendes Institut sich festgesetzt hatte,
konnte das Gegentheil gelehrt werden, und überhaupt ist
man aus den Widersprüchen in diesem Punkte Jahrhun=
derte hindurch nicht herausgekommen. Daß die römische
Kirche kraft eines speziellen göttlichen Schutzes nicht völlig
vom Glauben abtrünnig werden könne, wurde von Gui=
bert von Tournay[294]) um 1250, von Nikolaus von
Lyra[295]) wohl ausgesprochen und ziemlich allgemein
geglaubt. Zugleich aber wurde auch wieder allgemein

---

[294]) De officio episc. c. 35, in der Biblioth. max.
Patrum; T. XXV.
[295]) Ad Lucam 22, 31.

vorausgesetzt, daß ein Papst in Häresie fallen, daß er auch
in sehr wichtigen ben Glauben betreffenden Fragen eine
irrige Entscheidung geben und daß er dann von der Kirche
gerichtet, ja selbst abgesetzt werden könne. Außer der Geschichte mit Liberius war es besonders der so oft ange-
rufene, dem heiligen Bonifaz zugeschriebene Kanon Gratians,[296]) der hier maßgebend wirkte. Selbst die kühnsten
Vertheidiger des päpstlichen Absolutismus, Männer, wie
Augustin Trionfo und Alvaro Pelayo, nahmen doch an,
daß die Päpste auch irren könnten und ihre Entscheidungen
noch keine volle Sicherheit gewährten. Aber sie meinten
zugleich: durch die bloße Häresie höre ein Papst schon
ohne oder vor jedem Richterspruche auf Papst zu sein,
worauf dann der kirchliche Gerichtshof, das Concil, nur
die vollendete Thatsache, die Erledigung des päpstlichen
Thrones bezeuge. Dann, sagt Trionfo[297]), bleibt die päpstliche Autorität in der Kirche, wie beim Tod eines Papstes.
So meinte auch der Cardinal und nachherige Papst Jacob
Fournier: Entscheidungen eines Papstes seien keineswegs
unantastbar, sondern könnten auch von einem andern
Papste umgestoßen werden; Johann XXII. habe daher
wohl gethan, den so anstößigen und dogmatisch irrigen
Ausspruch Nikolaus' III. über die Armuth Christi und die
Unterscheidung von Gebrauch und Eigenthum zu verwer-

---

[296]) Si Papa. dist. 6, 40.
[297]) Summa, 5, 6.

sen.[298]) Hatte doch auch schon ∙Innocenz III. geäußert: „Für andere Sünden erkenne ich nur Gott als meinen Rich= ter, aber wegen einer in Glaubenssachen begangenen Sünde kann ich von der Kirche gerichtet werden."[299]) Und Inno= cenz IV. gab zu, daß man einem Gebote des Papstes, worin etwas Häretisches enthalten sei oder welches die ganze kirchliche Ordnung zu zerrütten drohe, nicht gehor= chen dürfe, und daß ein Papst im Glauben auch irren könne.[300]) Papst Johann XXII. mußte, nicht ohne per= sönliche Kränkung, die Erfahrung machen, daß seine Au= torität, sobald sie der herrschenden Lehre entgegentrat, von geringem Gewichte sei, und daß ein unumwundener Wider= ruf der einzige Ausweg sei, der ihm offen bleibe. Als er in Avignon die Lehre predigte, die Seligen im Himmel= reich entbehrten vor der allgemeinen Auferstehung die An= schauung Gottes, erhob sich in Paris allgemeiner Wider= spruch. Die Theologen faßten Beschlüsse, in denen sie

---

[298]) Seine Erklärung steht in Eymerici Director. Inquis. p. 295.

[299]) De consecr. Pontif. Sermo 3. opp. ed. Venet. 1578, p. 194. Doch meint er, es falle ihm nicht leicht zu glauben, daß Gott einen Papst gegen den Glauben werde irren lassen.

[300]) Comment. in Dec. 5, 39, f. 595. „Papa etiam potest errare in fide, sagt er f. 1, et ideo non debet quis dicere: credo id, quod credit Papa, sed illud, quod credit ecclesia, et sic di-cendo non errabit". Im Repertorium seines Werkes ist diese Stelle stehen geblieben, im Texte hat man sie in den späteren Ausga=ben getilgt.

diese Doctrin für häretisch erklärten. Der König ließ
die Verdammung unter Trompetenschall in Paris verkün=
digen und entbot dem Papste: er solle dieses Urtheil der
Pariser Doctoren genehmigen; denn diese wüßten besser,
was in Glaubenssachen zu halten sei, als die geistlichen
Juristen, die wenig oder gar nichts von Theologie ver=
ständen.[301]) Das war die Vorstellung, die man schon seit
geraumer Zeit von der Curie hegte. Man setzte in Sachen
der Lehre, in theologischen Materien kein Vertrauen in sie.

Wie unzertrennlich Thomas von Aquin und die
päpstliche Unfehlbarkeit miteinander verknüpft waren, das
zeigte sich bei dem schon erwähnten Streite der Pariser
Universität mit dem Dominikaner=Orden, vertreten durch
Montson. Die Dominikaner sagten: Die Lehre des Thomas
ist von den Päpsten, unter andern durch die Bulle Urban's V.
an die Hochschule zu Toulouse, in allen Punkten gebil=
ligt; die Päpste legen also für Thomas Zeugniß ab, und
Thomas giebt Zeugniß für die Päpste. Nun aber lehrt
Thomas an der Hand seines Cyrillus: die Päpste allein
haben zu erklären, was zu glauben ist, sie allein billigen

---

[301]) Nach der Angabe des Cardinals d'Ailly vor der Versamm=
lung des französischen Klerus im Jahre 1406 lautete die Botschaft
des Königs an den Papst noch weit derber und rücksichtsloser: „qu'
il se revoquast ou qu'il le feroit ardre (verbrennen)." Bei Du
Chastenet, Nouv. Hist. du Concile de Constance, Paris 1718. Preuves p. 153. Villani, dessen Bruder damals in
Avignon verweilte, erwähnt dieß nicht.

ober verdammen eine Lehre. Die Facultät zählte dagegen eine Reihe von Irrthümern des Thomas auf und rechnete nun gerade auch dessen Lehre von der päpstlichen Unfehl= barkeit und Alleinberechtigung zu solchen Irrthümern.[302]) Sie nennt dieselbe geradezu Ketzerei, da es vielmehr noto= rische Lehre der Kirche sei, daß in Sachen des Glaubens von dem Papste an ein allgemeines Concil appellirt werde, und daß jeder Bischof nach göttlichem und menschlichem Rechte befugt sei, über Glaubenssachen zu urtheilen. So wurde denn noch im Jahre 1388 die dogmatische Untrüg= lichkeit der Päpste von der ersten und einflußreichsten wissenschaftlichen Körperschaft der Kirche verworfen, und die Superiorität des Concils in Sachen des Glaubens be= stimmt ausgesprochen, obgleich gewiß kein Pariser Theo= loge an der Aechtheit der imposanten von Thomas vor= geführten Zeugnisse zweifelte.

Die Päpste selbst sorgten dafür, daß ihre dogmatische Autorität immer wieder zweifelhaft wurde. Die unbeding= testen, gläubigsten Verehrer der römischen Hoheit mußten bedenklich werden, wenn sie wahrnahmen, daß es dem römischen Stuhle in einer der wichtigsten und eingreifend= sten Lehren, von welcher alle Sicherheit des religiösen Bewußtseins und kirchlichen Lebens abhing, dem Dogma von der Priesterweihe, an klaren und bestimmten Grund=

[302]) D'Argentré, Collect. Judic. I, 2, 84.

sätzen völlig gebrach; daß die Curie in dieser Frage in
ein anhaltendes Schwanken gerathen war, das sich dann
auch seit der Mitte des zwölften Jahrhunderts der Schule
mittheilte, wie man an Petrus dem Lombarden sieht.
Seit dem achten Jahrhundert nämlich, wie früher besprochen worden, hatte man in Rom Ordinationen, welche nach
den unveränderlichen im Wesen der Kirche und der Sakramente selbst gegründeten Regeln vollkommen gültig waren,
für nichtig erklärt und Reordinationen angeordnet, wodurch
schon am Ende des neunten Jahrhunderts die italienische
Kirche in die ärgste Verwirrung versetzt wurde. Wiederum
nun hatte die weite Verbreitung der Simonie den Päpsten, wie z. B. Leo IX., Veranlassung gegeben, auf einer
römischen Synode eine Menge von Ordinationen zu cassiren und massenhafte Reordinationen theils selbst vorzu-
nehmen, theils anzuordnen.[303] Es geschah dies in Folge
des doppelten Trugschlusses, daß Simonie oder Erlangung
und Gewährung der Ordination mittels einer Geldsumme
Ketzerei sei, diese aber die Ordination ungültig mache.
Der Schaden, den die Päpste damit anrichteten, war
wieder unermeßlich; denn es gab damals in ganz Italien
nur sehr wenige Priester und Bischöfe, welche sich von
Simonie ganz frei bewahrt hatten, so daß Millionen von
Laien irre werden mußten an den Sacramenten, die sie

---

[303] Petri Damiani opusc. V, p. 419: „Leo IX. plerosque
Simoniacos et male promotos tanquam noviter ordinavit.“

aus den Händen eines ungültig ordinirten Clerus empfan=
gen hatten, und Haber und Feindschaft zwischen dem
Volke und seinen Geistlichen bis in die Dörfer getragen
wurde, ein Ausweg aber aus diesem Labyrinth des allge=
meinen religiösen Zweifels und der unterbrochenen oder
zerstörten Succeſſion kaum zu finden war. Noch nicht
genug, daſſelbe Wirrsal wurde auch nach Deutschland ver=
pflanzt; man erklärte nun auch die Ordinationen jener
Bischöfe für ungültig, welche ¦die Päpste wegen ihrer
Ergebenheit gegen Kaiſer Heinrich IV. excommunicirt
hatten; wie dieß auf der Synode zu Quedlinburg im
Jahre 1085 geschah,³⁰⁴) wo der päpstliche Legat Otto die
Weihen der Bischöfe von Mainz, Augsburg und Chur
caſſirte, obwohl längst schon Petrus Damiani gegen die=
ſes willkürliche Umstoßen der Ordinationen und die Reor=
dinationen seine gewichtige Stimme erhoben hatte. Otto,
nachher Papst Urban II., erklärte es ausdrücklich, wenn
auch bei der Ordination ſelbſt keine Simonie stattgefun=
den habe, so sei sie doch, bloß weil ein ſimoniſtiſcher
Bischof (hier Wecilo) sie verrichtet habe, nichtig.³⁰⁵)

----

³⁰⁴) Bernold. bei Pertz, Monum. VII, 442; Harduin
Concil. VI, 1, 614.

³⁰⁵) Dieses Schreiben Urbans II. hat die Theologen, welche
einen Papst nicht gerne offenbare Ketzerei lehren sehen, in Verzweif=
lung versetzt. So äußert sich z. B. Witasse, Tract. theol.
ed. Venet. VI, 81: es sei dieß „intricatissimus et difficillimus
locus.“

Auf einer Synode zu Piacenza annullirte er die Ordinationen seines Gegners, des Erzbischofs Guibert von Ravenna, aber nur die, welche derselbe nach seiner Bannung durch Gregor verrichtet hatte,[306]) womit der Papst abermals einen groben Irrthum kundgab, daß nämlich die Gültigkeit der Sacramente von einer kirchlichen Censur abhänge. Selbst noch Innocenz II. machte eine große Synode, die zweite lateranische, zur Mitschuldigen seines Wahns, indem er die Ordinationen der „Schismatiker" d. h. derjenigen Bischöfe, welche auf der Seite des von der Mehrzahl der Cardinäle gewählten, aber frühe schon gestorbenen Papstes Anaclet gestanden, für nichtig erklärte — ein Act kirchlicher Willkür und zugleich eine offenbar häretische Anschauung, welcher nicht einmal, wie die früheren Reordinationen mit dem Abscheu, den man vor der Simonie zu hegen vorgab, beschönigt werden konnte.[307]) Hier war es die römische Kirche selbst, welche, ungeachtet sogar in ihrer Mitte von Zeit zu Zeit Stimmen gegen das verderbliche Unwesen mit den Ordinationen sich erhoben, doch immer wieder solchem Irrthum verfiel und die Gewissen und Vorstellungen der Gläubigen in einem Grade verwirrte, den man in der alten Kirche völlig unerträglich gefunden und gegen den man wohl bald Hülfe geschafft hätte.

---

306) Concil. ed Labbé, X, 504,
307) ib. p. 1009.

Kurze Zeit nach Thomas, gegen Ende des dreizehnten
Jahrhunderts, ergab sich das Bedürfniß weiterer Dich=
ungen, dießmal auf geschichtlichem Gebiete, um das Sy=
tem zu schützen und zu fördern. Da die Widersprüche
wischen den älteren historischen Quellen und den neuern
Rechtsbüchern, Gratian und der Decretalensammlung, doch
ür jeden etwas tiefer Blickenden sichtbar waren, so schien
s zweckmäßig, die Geschichte der Päpste und der Kaiser
o darzustellen, daß jene Widersprüche verschwänden und
er Inhalt der Rechtsbücher eine geschichtliche Bestätigung
rhielte. Dieser Aufgabe unterzog sich auf Geheiß Cle=
nens V. der Dominikaner Martin von Troppau, genannt
er Pole, da ihn Nicolaus III. 1278 zum Erzbischof von
Gnesen ernannt hatte. Er war Pönitentiar und Kaplan
es Papstes; alle Juristen und Kanonisten sollten sein Buch
nit Gratian und den Decretalen, die Theologen mit der
iblischen Geschichte des Petrus Comestor zusammenbinden.
Dieses Buch nun ist von allen Geschichtswerken des Mittel=
lters zugleich das verbreitetste und das unwahrste, fabel=
jafteste. Viele der darin enthaltenen Erdichtungen sind
infach Erzeugnisse des Mangels an historischem Sinn,
und der seit der Entstehung der Bettelorden so vorwiegend
geworbenen wundersüchtigen Leichtgläubigkeit; aber viele
ind auch mit Berechnung erst gemacht. Die Päpste sollen,
vie schon im römischen Papstbuche, aber noch in stärkerem
Maße, als die Gebieter und Gesetzgeber der ganzen Kirche

erscheinen; die Pseudo-Isidorischen Fictionen und Gratian
sollen bestätigt werden, die Hoheit der Päpste über die
Kaiser in der Geschichte sich abspiegeln. Das Buch bezeichnet auf dem Gebiete der Geschichtschreibung einen
großen Rückschritt, wie denn überhaupt durch den Einfluß der Bettelmönche, vor Allem der Dominikaner, mit
ihrer unbegrenzten Wundergläubigkeit und ihrem Streben,
das Papalsystem in die früheren Zeiten und Zustände
hineinzuverlegen, die historische Erkenntniß vom dreizehnten
bis zum fünfzehnten Jahrhundert wesentlich verdunkelt
und von der Stufe, welche sie schon im zwölften Jahrhundert erreicht hatte, wieder herabgedrückt worden ist.
Die bloße Thatsache, daß ein so kläglich schlechtes und
durch und durch lügenhaftes Buch, wie das des Martinus, zu so allgemeiner Geltung gelangen und solchen
Einfluß üben konnte, ist ein redendes Zeugniß dieses
Verfalls.

Den gleichen Zweck, die Kaisergeschichte sowohl wie
die Kirchengeschichte dem Gregorianischen Papalsystem gemäß darzustellen, verfolgte der Dominikaner Tolomeo
von Lucca, Bibliothekar des päpstlichen Stuhls, welchen
Johann XXII. im Jahr 1318 zum Bischof von Tor-
cello ernannte. Seine Kirchengeschichte (bis 1313) ist viel
reichhaltiger als das dürftige Compendium des Martinus,
und mit weit mehr Geist und Geschick ausgeführt. Dasselbe ist auch in seiner Fortsetzung des von Thomas be-

gonnenen Lehrbuches der Politik³⁰⁸) und in den mit 1062
beginnenden Annalen der Fall. Tolomeo's Hauptwerk
nimmt sich häufig aus wie ein historischer Commentar
zu Gratian's Rechtsbuch oder zu Pseudo-Isidor, den er je=
doch nur aus Gratian kennt. Für die ersten zwölf Jahr=
hunderte ist das Werk eigentlich der Versuch, die Erdich=
tungen und Fälschungen dieser beiden sowie der Decretalen=
sammlung in eine zusammenhängende Geschichte umzusetzen.
Als Probe der Behandlung der älteren Kirchengeschichte
mag genügen, daß nach demselben Papst Vigilius die
fünfte ökumenische Synode in Constantinopel in unange=
tasteter Majestät abgehalten hat, wobei Kaiser Justinian in
tabelloser Devotion gegen den Papst einträchtig mitwirkte.³⁰⁹)
So schrieb man an der päpstlichen Curie Geschichte. Beson=
ders die Grundsätze und Ansprüche Roms auf Beherrschung
des deutschen Reiches, der Königswahlen und der Kaiser,
sollten dadurch als historisch begründet erscheinen.

Damals vollzog sich allmälig der Uebergang des
Papstthums in französische Hände. Das in der alten
Kirche unbekannte Legatenwesen, welches durch einen ge=
fälschten Kanon in's kirchliche System einzuschieben schon

---

³⁰⁸) De regimine principum. Thomas hat nur das erste
Buch und ein paar Kapitel des zweiten verfaßt; der Rest des zwei=
ten, dann das dritte und vierte ist von Tolomeo. Vgl. Quetif-
Echard, I, 543.
³⁰⁹) Ptol. Luc. 895—899.

Gratian für nöthig erachtet hatte[310]) und wodurch nun die Päpste die einzelnen Landeskirchen beherrschten und besteuerten, stand in voller Blüthe. Die Päpste hatten wegen des unteritalischen Königreichs das Staufische Haus vernichtet, eine französische Dynastie und französischen Einfluß nach Italien verpflanzt. Als rechtliche Begründung für diese Maßnahmen genügte das von den Normannen geknüpfte Lehensband nicht, es mußte ein anderer Rechtstitel gefunden werden. Tolomeo weiß darum zu berichten, daß Kaiser Constantin dem Papste dieses Königreich noch ganz besonders als ein „Manuale", worüber er frei verfügen könne, geschenkt habe.[312]) So ist denn seine ganze Kirchengeschichte in der Art gestaltet, wie sie die Curie und der Dominikanerorden im Jahr 1313 bedurften. Mit den Worten: Der erste Papst ist Christus gewesen, beginnt er und diesem Programm bleibt er treu. Der weite Papst ist Petrus, der durch seine Jünger alle Hauptkirchen in Italien und Gallien gegründet hat.

Tolomeo ist auch der Erste,[313]) welcher die Fabel

---

310) Dist. 94, c. 2 mit der Ueberschrift: Excommunicetur qui legatum sedis ap. impedire tentaverit. Die Stelle ist aus Pseudo-Isidor, handelt aber ganz allgemein vom bischöflichen Amte, das nicht gehindert werden dürfe. Durch Weglassung des Wortes vestram und die von Gratian gemachte Ueberschrift kommen die Legaten heraus, die jeden excommuniciren können.

311) Ptól. Luc. 1066.

312) Nicht Trionfo, wie Friedberg (De finium inter eccles. et

von der Einsetzung der Kurfürsten durch Papst Gregor V
um das Jahr 995 im päpstlichen Interesse verbreitet hat.
Es war das die Ergänzung zu der von den Päpsten
Alexander III. und Innocenz III. ersonnenen Translations-
theorie. Die Päpste sind es, erklärte Innocenz, welche
das Kaiserthum den Griechen genommen und den Franken
gegeben haben und sie haben dies um ihretwillen gethan,
damit sie bessern Schutz hätten.[313]) Mit Karl, sagt Tolomeo, hat das Reich der Griechen auf Befehl der Kirche
sein Ende genommen.[314]) Bonifaz VIII. brachte sogar
den deutschen König Albrecht dahin, daß er förmlich anerkannte, die Päpste hätten das Kaiserthum übertragen,
sie seien es, welche bestimmten Fürsten das Wahlrecht verliehen hätten und Königen und Kaisern die Gewalt des
weltlichen Schwertes ertheilten.[315]) Dazu waren die neuen
Ansprüche, welche zuerst Clemens V. geltend gemacht hatte,
gekommen, daß nämlich der Papst bei erledigtem Kaiser-

civitat. regundorum judicio, 1861 p. 25) behauptet hat.
Ebensowenig ist die Stelle bei Thomas unterschoben, wie er meint;
auch gehört das Buch nicht, wie Wattenbach, (Deutschlands Ge-
schichtsquellen 514) annimmt, dem Aegidius de Columna, sondern die Stelle findet sich in der Fortsetzung des Tolomeo. Quetif
und Echard haben diesen Antheil Tolomeo's an dem Werke des Thomas, und daß er der erste Verbreiter und wahrscheinlich auch Er-
finder der Kurfürstenfabel sei, bereits hervorgehoben.
[313]) Registr. ep. 29 u. 62, und Decretal. c. 34 de elect. 1, 6.
[314]) Ptol. Luc. 974.
[315]) Raynald. a. 1303, 8.

throne in der Kaiſergewalt ſuccedire, und daß jeder Kai=
ſer ihm einen Eid der Vaſallentreue zu ſchwören habe —
Anſprüche, welche ſofort Johann XXII. im Kampfe mit
Kaiſer Ludwig verwerthete, wozu er die weitere Conſequenz
zog und auch gleich gegen denſelben thatſächlich geltend
machte, daß während der Erledigung des Imperiums er
als Papſt Reichsverweſer ſei.[316]) Mit Gratian und den
Decretalen reichte für ſolche Zwecke die Curie nicht mehr
aus, und ſo mußten zu der zahlreichen Klaſſe der päpſt=
lichen Hofjuriſten, zu den Hoftheologen, wie Trionfo und
Aegidius Columna, nun auch noch die Hofhiſtoriographen,
Martin und Tolomeo hinzukommen.

Für einzelne Länder und Landeskirchen wurden noch
beſondere Fictionen nothwendig, wodurch ihre Geſchichte
zu Gunſten des Papalſyſtems alterirt wurde. Durchgrei=
ſend geſchah dies in Bezug auf Spanien. Hier wurde
das Geſchäft der hiſtoriſchen Fälſchung zu dieſem Behufe
noch planmäßiger als anderswo getrieben.

Die ältere ſpaniſche Kirche hatte, ohne den Primat

---

[316]) Man vergleiche den Processus in Ludovicum Bav.
bei Martene, Thes. Anecd. II, 710 sq, wo eine ganze Reihe
von Fabeln und Fälſchungen, wie ſie Martin und Tolomeo haben,
als Waffe gegen den Kaiſer und deſſen Anhänger und Vertheidiger
vorgeführt wird, wie z. B. die Bannung des Kaiſers Arcadius durch
Papſt Innocenz, die Fabeln von Conſtantin und Theodoſius und
vieles Andere.

des römischen Stuhls zu verkennen,[317]) doch eine autonome
Stellung demselben gegenüber behauptet. Die mit großer
Regelmäßigkeit gehaltenen Synoden dieser Kirche übten
das Richteramt über Bischöfe und Metropoliten und
widersprachen gelegentlich auch den Päpsten in Sachen
der Glaubenslehre, wie es namentlich die Synode von
Toledo im J. 688 gegen Papst Benedict that, indem sie
sein Schreiben einer scharfen Kritik unterwarf und selbst
den Vorwurf ihm nicht ersparte, daß „er mit schamloser
Stirn den Vätern widerspreche." In der Zeit von der ara=
bischen Invasion bis gegen Ausgang des eilften Jahr=
hunderts[318]) hatte die spanische Kirche ihr selbstständiges
Leben geführt; Einwirkungen von Rom fanden selten
und nur in großen Zwischenräumen statt. Der Erzbischof
Diego Gelmirez, ein eifriger Anwalt des Gregorianischen
Systems, bezeugt noch im Anfang des zwölften Jahrhun=
derts: Kein spanischer Bischof leistete der römischen Kirche

---

[317]) Namentlich hat der angesehenste der spanischen Prälaten und
Theologen Isidor von Sevilla in seinem Briefe an den Dux Clau=
bius seine Unterordnung unter den römischen Stuhl stärker betont,
als es sonst Bischöfe jener Zeit zu thun pflegten.
[318]) Masdeu, Historia critica de España, XIII, 258 ff.
Hier wird bemerkt, daß nach einem um 790 erlassenen Schreiben
Hadrians I, welches einige Mißbräuche rügte, zwei Jahrhunderte
lang kein schriftlicher Verkehr der Päpste mit Spanien mehr stattge=
funden habe. Derselbe beschränkte sich auch noch im eilften Jahr=
hundert bis auf Gregor VII. auf wenige und unbedeutende Ge=
genstände.

damals (im vorigen Jahrhundert) Tribut oder Gehorsam; die spanische Kirche folgte dem toledanischen, nicht dem römischen Gesetze. [319])

Dies änderte sich zu Gunsten Roms durch den Einfluß der Mönche von Cluny, welche Klöster und Bischofsstühle einnahmen, durch die Thätigkeit französischer Königinnen und die Politik einiger in Rom einen Rückhalt suchenden Könige. Gregor VII. behauptete schon, ganz Spanien sei von Alters her päpstliches Eigenthum, wie er auch Ungarn, Rußland, die Provence und Sachsen fordern zu können meinte. Hatte dies auch keine weitere Folge, so gelang doch 1085 die Unterdrückung des mozarabischen Ritus und die Einführung des römischen. Ein französischer Cluniacenser wurde Erzbischof von Toledo, und anderthalb Jahrhunderte lang bis in die Mitte des dreizehnten wurde an der Unterwerfung der spanischen Kirche mit großer Beharrlichkeit gearbeitet. Dazu gehörten denn historische Fictionen, welche zuerst der Bischof Pelayo von Oviedo, dann der Bischof Lucas von Tuy vollbrachte. Der erste hat die Chronik des Sampiro gefälscht,[320]) eine Gesandtschaft der spanischen Kirche an Johann VIII., Dekrete dieses Papstes und eine auf seine Anordnung gehaltene Synode zu Oviedo nebst Anderem

[319]) Historia Compostellana, 253. Im 20. Bande der España sagrada von Florez.
[320]) Florez, España sagrada, XIV, 440.

erdichtet. Von größerem Umfange und noch mehr berech=
net sind die Erdichtungen des Lucas, der die ältere Ge=
schichte Spaniens arg zugerichtet hat. Um die spanische Kirche
in früher und vollständiger Abhängigkeit von Rom erscheinen
zu lassen, hat er den Erzbischof Leander zu einem Legaten
des Papstes gemacht, und die ganze Geschichte Isidor's, welchen
er von Papst Gregor zu seinem Vicarius ernennen läßt,
gefälscht.³¹⁹) Das Unglück Spaniens und der Sturz des
Gothenreichs wird durch eine von Lucas ersonnene, völlig
fabelhafte Geschichte des Königs Witiza motivirt, der dem
spanischen Volk bei Todesstrafe verboten haben soll, dem
Papst zu gehorchen.³²²)

In der Theologie behaupteten vom Beginn des vierzehn=
ten Jahrhunderts an die Pseudo=Cyrillischen Stellen und
die fingirten Concilien=Kanones, schon durch ihren Gewährs=
mann Thomas gegen jeden Verdacht geschützt, ihr Ansehen.
Seit dem Werke des Trionfo (1320) bis zum J. 1450
war merkwürdiger Weise kein einziges der Ausführung
des Papalsystems gewidmetes Werk mehr erschienen. Nun
aber rief der Kampf zwischen der Synode von Basel und

---

³²¹) Florez España sagrada IX, 203—204.

³²²) Chronicou mundi, in Schotti Hispania illus-
trata, IV, 69. Istud quidem causa pereundi Hispaniae fuit, sagt
Lucas. Die Moral davon war: Bestand und Blüthe Spaniens ist
an die Unterwerfung unter die päpstlichen Befehle geknüpft. Die
ganze Chronik, um 1236 geschrieben, ist ein durch und durch lügen=
haftes Machwerk, in höherem Grade noch als man bis jetzt in Spa=
nien erkannt oder wenigstens ausgesprochen hat.

dem Papfte Eugen IV. das Werk des Carbinals Torque=
mada nebft einigen minder bedeutenden hervor. Torque=
mada's Leiftungen, welche bis auf Bellarmin für die
gründlichfte Apologie des Papalfyftems galten, ruhten voll=
ftändig auf den Fictionen feit Pfeudo=Jfidor und ganz
befonders auf dem falfchen Cyrillus. Die Autorität des
Thomas verkennen, äußert der Carbinal, das gehe noch
an, aber felbft über das Zeugniß des Cyrillus fich weg=
fetzen wollen, das fei doch nicht zu dulden. Der Papft ift
unfehlbar, alle Gewalt der übrigen Bifchöfe ift nur eine
von ihm geliehene oder abgeleitete. Entfcheidungen eines
Concils ohne feine Zuftimmung find nichtig[323]. — Diefe
Hauptfätze Torquemada's wurden mit den erdichteten
Stellen von Anaclet, Clemens, der chalcedonifchen Synode,
Cyrillus und einem Berge von fingirten und gefälfchten
Zeugniffen bewiefen. Ganz in feine Fußtapfen traten dann
in der Zeit Leo's X. und Clemens' VII. die Carbinäle
Thomas de Bio oder Cajetan und Jacobazzi.[324] Melchior
Cano baute feft auf den durch feinen Thomas ihm verbürg=

---

[323] De Pontif. M. et Generalis Concilii autoritate,
Venet. 1563, p. 17. — Summa de ecclesia, Venet. 1561,
f. 171. — Apparatus super decreto unionis Grecorum.
Venet. 1561, f. 366. Und fonft noch oft.

[324] Opera, ed Serry, Patav. 1734, p. 194: „Cyrillus —
multo evidentius quam ceteri auctores huic veritati testimonium
perhibet" — daß nämlich der Papft der unfehlbare Glaubensrichter
fei. Wer in der Kürze überfchauen will, bis zu welchem Grade noch
um das Jahr 1563, als die Loci des Canus erfchienen, die ächte

ten Cyrillus, und so auch noch Bellarmin und die ihm fol=
genden Jesuiten. Erst die Dominikaner Nicolai, Le Quien,
Quetif und Echard sagten es offen heraus, daß ihr
Meister Thomas durch einen Betrüger und die ganze
Schaar der folgenden Theologen und Kanonisten dann
durch Thomas hintergangen worden sei,[325] wogegen die
Jesuiten, selbst ein Gelehrter wie Labb:é, die Pseudo=
Isidorischen Decretalen preisgaben, den Cyrillus aber noch
immer festzuhalten sich entschlossen zeigten.[326] In Italien
führte noch im J. 1713 der Professor Andruzzi zu Bo=
logna in seiner Streitschrift gegen den Patriarchen Dosi=
theus die erdichtete Hauptstelle des Cyrillus als unwider=
legliches Argument an.[327]

---

kirchliche Tradition von der Kirchengewalt durch den Wust von
Fälschungen und Erdichtungen wie verschüttet und unkenntlich ge=
macht werden war, muß das fünfte Buch seines Werkes lesen. —
Bei Bellarmin steht es freilich 50 Jahr später noch schlimmer in
diesem Theil seines Werkes. Der Unterschied ist aber, daß Canus
redlich und aufrichtig in seinem Glauben war, was sich von Bellar=
min nicht sagen läßt.

[325] Ausführlich erklärt sich besonders Le Quien darüber in
seiner Panoplia contra Schisma Graecorum, die unter dem
Namen Steph. de Altimura zu Paris 1718 erschien, in der Praefatio
p. XV—XVII.

[326] De Scriptoribus eccles. Paris 1660, I, 244. Er und
Bellarmin flüchteten sich hinter den Vorwand, daß der Thesaurus des
Cyrillus verstümmelt auf uns gekommen sei; daß dieß falsch sei, haben
Dupin, Ceillier, Oudin u. A. längst gezeigt.

[327] Vetus Graecia de Romana sede praeclare sen-
tiens, Venet. 1713. p. 219.

Zu allen diesen Mitteln, welche die päpstliche Welt=
herrschaft stützten und die Vorstellung ihrer Unfehlbarkeit
mehr und mehr in Aufnahme brachten, kamen nun noch
die Interdicte, welche die Päpste so häufig über ganze
Länder verhängten. Der Statthalter Gottes auf Erden,
hieß es, macht es wie Gott, der nicht selten wegen eines
von Wenigen verübten Frevels viele Unschuldige in das
gleiche Strafgericht verwickelt, wer darf ihm einreden? Er
steht unter göttlicher Leitung und der gewöhnliche Maß=
stab menschlicher Gerechtigkeit darf an seine Handlungen
nicht angelegt werden. So wurde mitunter von der
himmlischen Inspiration der Handlungen der Päpste auf
die Unfehlbarkeit der Lehre und umgekehrt von dieser auf
jene geschlossen; wie es auch gegenwärtig besonders in
romanischen Ländern beim Volke und selbst unter dem
Klerus sich findet. — Die Päpste hatten zwar selbst im
neuen Rechtsbuche, dem sechsten Decretalen=Buch erklärt:
das Interdict bringe die nachtheiligsten Folgen für die
Religiosität des Volkes hervor, die Unfrömmigkeit des=
selben greife um sich, Häresien tauchten auf, unzählige Ge=
fahren der Seele entständen und der Kirche gingen die ihr
gebührenden Oblationen verloren[228]). Gleichwohl wandten
die Päpste trotz dieses Geständnisses die Interdicte noch
häufiger an als vorher; das Verfahren gegen Deutschland

---

[228]) Cap. ult. de sent. excomm. in Sexto.

in der langen Zeit des Kampfes mit Kaiser Ludwig dem
Bayern überbot durch die lange Dauer des Interdicts
noch, was früher dort geschehen war. Es schien, als wollte
man die evangelische Lehre von den Rechten eines getauf=
ten Christen bis auf die Wurzel aus den Gemüthern der
Menschen vertilgen und sie dafür lehren, sich als eine
willenlose Heerde des Papstes zu betrachten, oder, wie
Alvaro Pelayo sagte, vor der Rache des Papstes nur zu
seiner Barmherzigkeit, die jedoch auch versagt wurde, zu
flüchten. Ein solches Verfahren hatte jedoch, je nach dem
Charakter der Nationalität, sehr verschiedene Wirkungen.
Während die einen an der göttlichen Berechtigung des so
grauenhaft mißbrauchten Papstthums immer mehr irre zu
werden anfingen, und ein Same ausgestreut wurde, der
anderthalb Jahrhunderte später seine Früchte trug, wurden
die andern in der Idee bestärkt, daß das Papstthum gleich
der Gottheit eine geheimnißvolle Macht sei, über die man
nicht grübeln dürfe, deren Wege unerforschlich seien, der
man aber stets als einer himmlisch erleuchteten, durch gött=
liche Antriebe handelnden blind vertrauen müsse.

So paradox es klingt, so ist es doch geschichtliche
Thatsache, daß je bedenklicher und anstößiger das Ver=
fahren der Päpste mit den Exemtionen, Privilegien, In=
dulgenzen u. s. w. und die dadurch entstehende Zerrüttung
in der Kirche frommen Männern erschien, diese desto mehr
sich geneigt fühlten, sich vor ihren eigenen Zweifeln und

Bedenken in das Asyl der päpstlichen Unfehlbarkeit zu
flüchten. Nach dem einfach christlichen Gefühle hätten sie
dieß und vieles Andere als Mißbrauch, als schwere Ver=
sündigung an der Kirche tadeln müssen. Dagegen sträubte
sich aber wieder die ihnen von Jugend an beigebrachte
Vorstellung, daß der Papst der Herr und Gebieter der
Kirche sei, dem Niemand einreden, den Niemand zur
Rechenschaft ziehen dürfe; wie man dieß schon am Ende
des zwölften Jahrhunderts bei Petrus Cantor bemerkt
Es sei, sagt derselbe, allerdings zu besorgen, daß die päpst=
lichen Exemtionen eine allgemeine Absonderung von dem
geistlichen Reiche Roms bewirken möchten; denn biblisch
ließen sie sich nicht rechtfertigen. Nun aber sei es sacri=
legisch, das, was der Papst thut, tadeln zu wollen. Die
römische Kirche lasse Gott in keinen Irrthum fallen; man
müsse also annehmen, daß der Papst diese Dinge auf
Antrieb des heiligen Geistes thue, damit er zuletzt
nach Wegräumung aller andern Kirchenvorsteher allein
herrsche[229].

Nun aber, im fünfzehnten Jahrhundert, trat in der
Kirche ein Zustand ein, welcher selbst die eifrigsten Ver=
ehrer des Papalsystems zum Zweifel an demselben unwi=
derstehlich nöthigte.

Die lange Kirchenspaltung, welche über 40 Jahre

---

[229] Verbum abbreviatum, ed. Galopinus, p. 114.

lang der Welt das neue Schauspiel feindlicher, sich wechsel=
seitig verfluchender Päpste und zweier Curien, einer fran=
zösischen in Avignon und einer italienischen, zeigte, er=
schütterte eine Autorität, die noch unter den letzten Päpsten
vor 1376 allgemein für unüberwindlich gehalten wurde;
denn die Niederlage, welche das Papstthum zu Anfang des
Jahrhunderts in der Person Bonifacius' VIII. erlitten
hatte, war durch den vollständigen Sieg, den es bald nach=
her über Deutschland und Kaiser Ludwig davon getragen,
dem Gedächtniß der Menschen fast entrückt, und die Wir=
kung jener ersten Demüthigung wurde im Leben wenig,
mehr in der Schule und in den Schriften der französischen
Juristen bemerkt. Langsam verblutete das Kaiserthum und
die deutsche Nationaleinheit an der Wunde, welche die
päpstliche, seit Jahrhunderten beharrlich fortgeführte Politik
beiden geschlagen hatte. Die deutsche Kirche hatte gründlich
verlernt, sich als ein organisches Ganze zu betrachten; daß
es ehedem deutsche Nationalsynoden gegeben, war gänzlich
vergessen. „Theilen und Herrschen" — dieses Experiment
war vor Allem am deutschen Kirchenkörper gemacht worden,
an diesem aber auch vollständig gelungen.

Die Spaltung war die Frucht des Ringens zweier
Nationen um den Besitz des Papstthums; die Italiener
wollten es wieder gewinnen, die Franzosen es sich nicht
entreißen lassen. So geschah es, daß von 1378 bis 1409
die abendländische Welt in zwei, von 1409 bis 1415 in

drei Obedienzen sich theilte. Ein Neapolitaner, Urban VI., war gewählt; der erste kleine Versuch einer Reform, den er machte, gab die nächste Veranlassung zum Ausbruch der Spaltung. Bald nach dem Antritt des Pontifikats kündigte er den Cardinälen, die Simonie begehen würden, Excommunication an. Aber Simonie war längst das tägliche Brod, die Lebensluft der römischen Curie geworden, ohne Simonie mußte die Maschine stille stehen und dann auseinanderfallen. Die Cardinäle hatten von ihrem Standpunkt aus ganz Recht, wenn sie ohne Simonie auszukommen für unmöglich hielten. Da fielen sie von ihm ab[230]) und wählten sich den Mann nach ihrem Herzen, Clemens VII. Wessen Wahl die rechtmäßigere sei, ob die Urban's VI., ob Clemens VII., wußte damals Niemand. Im Grunde waren bei der einen wie bei der andern Wahl Dinge vorgekommen, welche sie gesetzlich ungültig machten. Die Anwälte beider Theile bewiesen mit unwiderleglichen Gründen, daß der Papst der andern Partei kein Recht auf ihre Anerkennung habe. Auf der einen wie auf der andern Seite standen Personen, welche später die ganze Kirche zu den Heiligen zählte, die sich aber damals wechselseitig verdammten; auf der französischen Seite Petrus von Luxemburg, Vincenz Ferrer, auf der italienischen Katharina von Siena und die gleichnamige Schwedin. Unterdeß bestanden

---

230) Thomas de Acerno, de creat. Urbani, bei Muratori III, II, 721.

aber zwei päpstliche Curien, zwei Cardinalscollegien — jede Curie mit verminderten Einkünften, jede entschlossen, die Schraube der kirchlichen Erpressungen endlos zu drehen, jede unerschöpflich in Erfindung neuer geistlicher Erwerbs= mittel und in Steigerung der schon gebräuchlichen.

Was die päpstliche Curie seit Jahrhunderten an Straf= mitteln, an Bannformeln und Verwünschungen im Kampfe mit den weltlichen Fürsten ersonnen hatte, das kehrte nun jeder der Päpste gegen seinen Nebenbuhler. Von den An= hängern als Gemahl und Herr der ganzen Kirche, als Stellvertreter Gottes auf Erden, als untrüglicher Lehrer der Christenheit gepriesen, hieß er in den Schriften und auf den Kanzeln der andern Obedienz: ein verworfener Apostat und Häresiarch, ein Antichrist, ein Götzenbild ewiger Verdammniß.

Die Lage war peinlich für alle Anhänger der päpst= lichen Unfehlbarkeit. Sie befanden sich in einem Labyrinth ohne Ausweg. Jene Vorstellung nöthigte zu der Annahme, daß das bestimmte Individuum, welches, im Alleinbesitz aller Wahrheit, der ganzen Kirche ihre Glaubenssicherheit gibt, stets unzweifelhaft bekannt sei. Es darf hienach be= züglich der Person des rechten Papstes sowenig eine Un= gewißheit stattfinden, als bezüglich der biblischen Bücher. Jetzt aber mußte im Grunde Jedermann sich gestehen, daß nur der zufällige Umstand des Wohnens in diesem oder jenem Lande ihn zum Anhänger des einen oder andern

Papstes mache, von dessen Legitimität er nur wußte, daß
sie von der andern Hälfte der Christenheit verworfen
werde. Der Spanier, der Franzose glaubte an Clemens VII.
oder Benedict XIII., der Engländer, der Italiener an
Urban VI. oder Bonifaz IX. Schlimmer noch war, daß
der alte, von den Päpsten Jahrhunderte hindurch gepflegte
und oft bestätigte Wahn von der Ungültigkeit der Ordinationen und der Sacramente außerhalb der päpstlichen Gemeinschaft noch immer bei unzähligen Menschen, besonders
in Italien fortbestand. Der päpstliche Secretär Coluccio
Salutato[231]) schildert in starken Zügen die allgemeine Ungewißheit, die Angst der Gewissen, welche durch die Kirchenspaltung erzeugt wurde, und er macht als Papalist den
Schluß, daß, da alle kirchliche Gewalt vom Papste ausgeht
und ein fehlerhaft gewählter Papst selber keine Gewalt
hat, er auch keine geben könne und darum denn auch die seit
dem Tode Gregor's XI. geweihten Bischöfe und Priester
unfähig seien, Sacramente zu gewähren. Wenn demnach ein Gläubiger die von einem im Schisma ordinirten
Priester consecrirte Eucharistie adorirt, so betet er ein Idol
an, sagt Coluccio. Das war also jetzt der Zustand der
abendländischen Christenheit. Glücklicher Weise dachte man in

231) In einem Schreiben an den Markgrafen Jost von Mähren
bei Martene, Thes. Anecd. II., 1159: „Quis nescit ex vitiosa
parte veros episcopos esse non posse?" Dies wird dann weiter
ausgeführt.

Frankreich, England, Deutschland, Spanien nicht wie in
Italien und an der päpstlichen Curie über die Bedingungen einer gültigen Ordination und Sacramentenver-
waltung.　　　.

Die Männer, welche einige Kenntniß der älteren
Kirchenverfassung hatten, nahmen nun wahr, daß das
ganze Wirrsal, für welches 30 Jahre lang kein Heilmittel
zu finden war, nur im Gregorianischen System, wie es
bisher fortgebildet worden, seine letzte Wurzel habe. Eine
mächtige Sehnsucht nach dem Episcopalsystem, soweit man
es durch den darüber gelagerten Wust von Fälschungen
und aus der Verzerrung und Verfinsterung der Kirchengeschichte noch erkennen konnte, war erwacht; man fühlte, daß
das alte System eine solche Erniedrigung und Verwüstung
der Kirche, wie sie jetzt erlebt wurde, unmöglich gemacht
haben würde. Mehr und mehr befestigte sich die Ueberzeugung, daß ein allgemeines Concil das einzige noch wirksame
Mittel nicht nur zur Herstellung der kirchlichen Eintracht,
sondern auch zur Beschränkung des päpstlichen Despotismus sei. Deutsche Männer, wie Heinrich von Langenstein
und Nicolaus Cusa, Franzosen, wie D'Ailly, Gerson, Cle-
mange, Italiener, wie Zabarella, Spanier, wie Escobar und
Johann von Segovia kamen seit dem Ende des vierzehnten und
im Beginne des fünfzehnten Jahrhunderts zu dem im Wesentlichen gleichen Resultate, daß die Kirche sich aufraffen, die Fesseln, welche ihr das curialistische System angelegt, zerbrechen

und an Haupt und Gliedern sich reformiren müsse. Und schon
seit einiger Zeit erklärte sich Alles, was in der Kirche an
Geist und Wissen hervorragte, für das Recht der Kirche
und der freien Concilien gegen das Papstthum. Selbst
Stimmen, welche ein so furchtbar entartetes und miß=
brauchtes Institut, wie der römische Stuhl geworden war,
entbehrlich fanden, wurden laut, verhallten aber wirkungs=
los. Die öffentliche Meinung erkannte fortwährend die
Nothwendigkeit seiner Existenz, aber auch die Dringlichkeit
seiner Beschränkung und Reinigung.

Der erste Versuch, welcher gemacht wurde, ein wirk=
liches, freies und autonomes Concil zu Stande zu bringen,
gelang. Statt der drei Jahrhunderte hindurch gebräuch=
lich gewesenen Schattensynoden, deren Bischöfe nur kamen,
um die Vorlesung päpstlicher Decrete anzuhören und dann
wieder heimgingen, wurde in Pisa 1409 eine Synode
aus ganz Europa versammelt, auf der man offen reden
und zwanglos stimmen durfte. Es schien den Zeitgenossen
schon ein Großes, daß die zwei Päpste, Gregor XII. und
Benedict XIII., abgesetzt, ein dritter, Alexander V. erwählt
wurde. Damit hatte aber auch die Kraft der Synode sich
erschöpft; die bloße Gegenwart eines Papstes mit den ihm
nunmehr anhängenden Cardinälen, obgleich er das Ge=
schöpf der Synode war, ließ es nicht einmal zum Ver=
such oder Anfang einer Kirchenverbesserung kommen. Was
Alexander an Reformen zugestand, war geringfügig. Da

die beiden andern Päpste sich dem Beschlusse der Synode nicht unterwarfen, so hatte man nun gar drei Häupter der Kirche, wie ehedem im Jahre 1048; doch war die Obedienz des synodalen Papstes die weitaus größere.

Um das System wirklich zum Falle zu bringen, mußte erst der nichtswürdigste, verrufenste Mann, den man finden konnte, wie ein Zeitgenosse sagt[232]), zum Papst, zum Träger desselben erkoren werden. Balthasar Cossa, Johann XXIII., war dieser von der großen Mehrheit der abendländischen Christenheit bis zum Tage seiner Absetzung anerkannte Papst. Jetzt erst wurde wirklich ein Sieg, nicht bloß über Personen, sondern über das Papstthum erstritten, und dazu bedurfte es einer Versammlung, wie das Concil von Constanz (1414—1418) war, das zahl= reichste, welches jemals im Abendlande gesehen worden und auf dem neben den 300 Bischöfen die Abgeord= neten von fünfzehn Universitäten und 300 Doctoren sich befanden, also Männer, welche wenigstens nicht in der be= denklichen Lage sich befanden, Mißbräuche reformiren zu sollen, welchen sie selber ihre Würden und Pfründen ver= dankten. Und diese Versammlung mußte mit Beseitigung der älteren Abstimmungsform nach Köpfen die neue nach Nationen einführen, sonst würde Alles gescheitert sein an

---

232) Justinger, Berner=Chronik S. 276. „Den bösten ver= lümbetesten Mann, den man finden konnte, wann siner Bosheit im Consilio zu Constanz viel geöffnet ward".

der Menge der italienischen Bischöfe, die in ihrer Mehr=
zahl die Erhaltung des Papalsystems, der Curie und ihrer,
den Italienern, zufließenden Einnahmsquellen für ihre
natürliche Aufgabe hielten. In Italien war das kirchliche
Verderben und dessen Folge die moralische Fäulniß noch
tiefer eingedrungen als bei andern Nationen, und damals
wie später bemerkte man, daß es die italienischen Bischöfe
vor allen seien, welche jeder Heilung und Reformation
am beharrlichsten widerstrebten.

Mit dem Concil in Constanz leuchtete der deutschen
Kirche ein' Hoffnungsstern auf. Glücklich wenn Männer
in ihr gewesen wären, welche die Gunst der Lage sofort
zu benutzen und festzuhalten verstanden hätten. Der neue
König Siegmund, erfüllt von aufrichtiger Begierde, der
schwer kranken Kirche zu helfen, wußte den in Italien be=
drohten Papst Johann so klug zu lenken und zu drängen
daß er für das Concil die deutsche Stadt Constanz wählte
und, wenn auch nicht ohne Widerstreben, selber dahin kam.
Seit 300 Jahren waren die Deutschen von aller thätigen
Theilnahme an den allgemeinen Angelegenheiten der Kirche
durch Italiener und Franzosen verdrängt. Jetzt waren
gerade sie die Nation, welche — nebst den Engländern —
am wenigsten Schuld trugen an dem Unheil der Spal=
tung, die Curie war ja stets nur italienisch und franzö=
sisch gewesen, ein deutsches Element, auch nur in gering=
ster Vertretung, hatte sich nie dort befunden. An dem

deutschen Klerus war mehr gesündigt worden, als er ge=
sündigt hatte; auch in Deutschland war die kirchliche Ver=
derbniß bereits himmelschreiend und unerträglich geworden,
aber sie war nicht, das autochthone Erzeugniß des germa=
nischen Volkes, sie war gleich einer fremden Seuche vom
Süden her eingeschleppt, und dann durch die Zerrüttung
des kirchlichen Organismus bleibend geworden.

Die Constanzer Synode erklärte in den berühmten
Decreten der vierten und fünften Sitzung: „Jedes recht=
mäßig berufene ökumenische, die Kirche repräsentirende
Concil hat seine Autorität unmittelbar von Christus und
in Sachen des Glaubens, in der Beilegung der Spaltung
und der Reformation der Kirche an Haupt und Gliedern
ist Jedermann, auch der Papst ihm unterworfen." — Nicht
eine einzige Stimme erhob sich dagegen.

Ein Beschluß, folgenreich, zukunftsschwanger, wie noch
kein Concil einen gefaßt hatte, primitiv und uralt in
seinem Gedanken; denn das war die Anschauung der Kirche
vor Pseudo=Isidor. Aber den Zeitgenossen mußte er auch
wieder wie eine kühne Neuerung erscheinen, so mächtig
war in einer langen Periode die Gegenströmung, so hoch
erhaben die Stellung der Päpste über den demüthig schwei=
genden und gehorchenden Synoden von 1179—1311 ge=
wesen. — Daß die Synode sich mit vollem Rechte öku=
menisch nennen durfte, leuchtete ein; die geringen damals
noch nicht vereinigten Bruchtheile der beiden andern Obe=

21*

dienzen konnten ihr diesen Vorzug nicht streitig machen. Gregor XII. und Benedict XIII. waren von ihren Cardinälen verlassen, und, was zur römischen Kirche gerechnet werden konnte, nahm an dem Constanzer Concil Theil. Wenn der Papst dem Concil in Sachen des Glaubens unterworfen ist, so ist er nicht unfehlbar, so ist die Kirche und ihre Repräsentation, das Concil, die Trägerin der von Christus gegebenen Verheißungen und nicht der Papst; so kann er auch ohne Concil irren und seiner Irrlehre wegen vom Concil gerichtet werden. Diese Folgerung war klar und unabweisbar. Den Cardinälen aber erschien nicht der Artikel der Glaubenssache, sondern der der Reformation das Bedenkliche an den Decreten. Daß der Papst, wenn er häretisch werde, dem Gerichte der Kirche, also des Concils verfalle, war die allgemeine, seit der Aufnahme des Bonifazius' Kanons in die Rechtsbücher ohne Widerrede angenommene Theorie, die freilich mit der in denselben Rechtsbüchern vorausgesetzten und von Thomas verbreiteten Unfehlbarkeitslehre nicht recht in Einklang zu bringen war. Doch auch die Cardinäle wagten nicht den für die Curie so drohenden Decreten ihre Zustimmung zu versagen.

Diese Beschlüsse der Constanzer Synode sind vielleicht das außerordentlichste Ereigniß in der ganzen dogmatischen Geschichte der christlichen Kirche. Daß sie als Glaubenssätze, als dogmatische Feststellungen der Lehre von der Kirchengewalt

verstanden wurden, darüber kann schon nach ihrem Wortlaut
kein Zweifel bestehen. Das Papalsystem war damit in seinem
Grundgedanken geläugnet, war stillschweigend aber doch sehr
beredt als Irrthum und Mißbrauch bezeichnet. Dieses System
hatte aber seit Jahrhunderten in der Verwaltung der
Kirche geherrscht, es war gelehrt worden in den Rechtsbüchern wie in den Schulen der Ordenstheologen, vor allen
der Thomisten, es war als selbstverständlich vorausgesetzt
oder ausdrücklich behauptet in allen Kundgebungen und
Entscheidungen der Päpste, den neuen Rechtsquellen der
Kirche. Und jetzt erhob sich nicht eine einzige Stimme zu
dessen Gunsten, Niemand widersprach der Constanzer Lehre,
Niemand protestirte.

Aber der Zustand der Kirche war so unnatürlich und
monströs geworden, jenes Maaß menschlicher Gebrechlichkeit
und Fehlerhaftigkeit, welchem in jeder Gemeinschaft, auch
der beßten, Rechnung getragen werden muß, war so weit
überschritten, die permanente Uebertretung der göttlichen und
altkirchlichen Gebote und Ordnungen war so offen und
allgemein, daß Jedermann einsah, nicht die Personen,
sondern das ganze herrschende System trage die Schuld
dieser Verkehrung der ganzen Kirchenverwaltung in eine
Finanzmaschine und ein umfassendes Geldgeschäft, dieser
Verwandlung einer freien, ihre Angelegenheiten berathenden und gemeinschaftlich ordnenden Kirche in ein absolutistisch beherrschtes und oligarchisch ausgebeutetes Reich

des Zwanges. Wenn die Cardinäle in dem Schreiben an ihren Papst Gregor im J. 1408 sagten: Von der Fuß=sohle bis zum Scheitel ist an ¡der Kirche kein gesunder Fleck[333]), so hätten sie, falls sie ganz offen reden, wollten, hinzufügen müssen: wir und unsere Collegen und Deine Vorgänger sind es, die Curie ist es, welche den Leib der Kirche fort und fort mit moralischem Gifte getränkt hat, und darum ist sie jetzt schwer krank.

Gewiß waren es nur Wenige; welche bei der Größe des Uebels auch alle wahren Ursachen klar erkannten aber diese Wenigen sprachen nun bestimmt aus, was jeder dunkel fühlte. Reform an Haupt und Gliedern war das allgemeine Losungswort in ganz Europa, und jeder verstand es so: das Haupt, der päpstliche Stuhl, bedarf vor Allem einer Reform, und erst dann und mit ihm ist eine Reform der Glieder möglich. Daß der etwaige gute Wille eines einzelnen Papstes hier, wenn die Einrichtungen blieben, wie sie waren, völlig ohnmächtig sei, daß Refor=mation diesmal schlechthin gleichbedeutend sein müsse mit Systems=Aenderung, war allgemein einleuchtend. Vor dieser Evidenz verstummte die ganze auf hinfälligen Grund=lagen aufgebaute Weisheit der beiden Schulen, der Kano=nisten und der Ordenstheologen. Sie mußten schweigen, oder wie Tudeschi und mancher Dominikaner den Con=

---

[333]) Raynald. a. 1408.

stanzer Decreten zustimmen. Die öffentliche Meinung der ganzen christlichen Welt, orientirt und gezeitigt durch die seit 40 Jahren zu Paris, Avignon, Rom, Pisa und an den deutschen Hochschulen gepflogene Discussion, war allzu überwältigend.

Und auch der auf dem Concil erwählte neue Papst konnte nicht anders als sich damit einverstanden erklären. Wohl war er ein eifriger Anhänger Johanns XXIII. ge= wesen; erst im letzten Moment hatte er ihn verlassen und sich der Synode angeschlossen. Aber er war nun Papst kraft der Absetzung seines Vorgängers und diese Absetzung war einzig auf Grund des neuen Decrets, also des Epis= copalsystems geschehen. Nicht weil er der Kirchenver= einigung etwa im Wege stand, sondern nur wegen seines eidbrüchigen Ungehorsams gegen das Concil und wegen seiner Verbrechen war Johann nach einer förmlich wider ihn geführten Untersuchung entsetzt worden. Eine beson= dere Bestätigung dieses Decrets durch Martin V. schien damals völlig überflüssig, ja geradezu verkehrt. Es wäre gewesen als ob der Sohn seinen Vater bestätigen wollte; denn nur durch dieses Decret war er Papst. Hätte er es irgendwie anfechten wollen, so wäre er verpflichtet gewesen, sofort abzudanken und den abgesetzten Papst wieder an seine Stelle treten zu lassen. Ihm war es klar, daß er den Anspruch, Gebieter über die ganze auf dem Concil vereinigte oder repräsentirte Kirche zu sein, wie ihn seine

Vorgänger seit 200 Jahren erhoben und geübt, nicht mehr geltend machen könne. Er sprach dies sehr deutlich aus in seiner Bulle gegen Wiklef's Lehre. Bezüglich des Satzes: die Suprematie der römischen Kirche unter den übrigen Kirchen gehöre nicht zu der wesentlichen Heilslehre, äußerte der Papst: das sei ein Irrthum, wenn Wiklef unter der römischen Kirche die allgemeine Kirche oder das Concil verstehe, oder falls er den Primat des Papstes über die andern Einzelkirchen läugne.³³⁴). Martin V. er= klärte gegen Ende des Concils gelegentlich: er bestätige alle Beschlüsse, welche in Constanz conciliarisch gemacht wor= den. Er wollte damit zwei Beschlüssen, welche über die Annaten und über ein Buch des Dominikaners Falkenberg nicht durch das Concil in voller Sitzung, sondern in den Congre= gationen der einzelnen Nationen gefaßt worden waren, seine Genehmigung versagen³³⁵.) Auch die beiden andern Obedienzen, als sie sich später dem Concil anschlossen, traten damit seinen Beschlüssen und Decreten bei, wie sich

---

³³⁴) Super alias ecclesias particulares — also kein primatus super ecclesiam universalem aut concilium generale, ganz ent= sprechend den Constanzer Decreten. Dasselbe zeigt sich auch in den Fragen, welche nach Martin's Anordnung einem Wiklefiten oder Hussiten vorgelegt werden sollten, nämlich: ob er glaube, daß der Papst Petri Nachfolger sei, habens supremam auctoritatem in ecclesia dei — nicht: in ecclesiam dei. Und dann: ob er glaube, daß jedes allgemeine Concil, auch das Constanzer, die allgemeine Kirche reprä= sentire.

³³⁵) Conciliariter ist also entgegengesetzt dem nationaliter.

deutlich an dem in der zwanzigsten Sitzung verkündigten Concordat von Narbonne zeigt, welches die dem Concil zuständigen Materien gemäß den Decreten der vierten und fünften Sitzung aufzählte. Als Johanns Absetzung gelungen war und Gregor XII. entsagt hatte, trat ein Moment ein, in welchem Romanen und Germanen in bedeutungsvoller Weise sich schieden und bekämpften. Die Deutschen und die Engländer begehrten, daß ehe zur Wahl eines neuen Papstes geschritten werde, die wichtigste und schwierigste Aufgabe des Concils, die Reformation der Kirche unternommen werde. Man hatte es eben erst in Pisa erlebt, daß die Wahl eines neuen Papstes sofort jeden neuen Reformationsplan vereitelt hatte. Die Cardinäle aber und mit ihnen die Italiener und Franzosen, die letzteren aus Eifersucht auf die Machtstellung des deutschen Königs Siegmund, drangen auf die Papstwahl vor der Reform. Klug, muthig, beharrlich stritt Siegmund für die Sache der Kirche, des Reiches und des deutschen Volkes, welches damals sich mit Recht „die gottergebene, geduldige, demüthige und doch nicht ohnmächtige Nation" nannte[336]). Hätte sie der Geduld und Demuth etwas weniger, mehr dagegen von jener Macht, welche die Eintracht gibt, besessen, es wäre nicht auf die Niederlage der kirchlichen und deutschen Sache von 1417

---

[336]) V. de Hardt, Acta Conc. Const. IV., 1419.

die Schilderhebung von 1517, nicht die religiöse Zer=
reißung der Nation, nicht der dreißigjährige Krieg und
so vieles andere gefolgt. Die Carbinäle und die Roma=
nen mit ihnen siegten, indem sie die Engländer zum Ab=
fall brachten und einige deutsche Prälaten, wie den Erz=
bischof von Riga und den Bischof von Chur und den von
Leutomischl bestachen³³⁷). Aber schon gleich in den ersten
Wochen des neuen Papstes, Martins V., standen Curie und
Curialismus wieder in üppiger Blüthe. Schon die neuen
Kanzleiregeln, welche Martin alsbald verkündigte, mußten
den kurzsichtigen Franzosen die Augen öffnen und ihnen
zeigen, daß im Benefizienwesen der ganze Knäuel von
Mißbräuchen und corrumpirenden Finanzmitteln beibehal=
ten werden solle³³⁸).

Nur wenige reformatorische Verordnungen kamen noch
zu Stande, die schlimmsten Wunden und Geschwüre am
Kirchenkörper blieben größtentheils unberührt. Martin
verstand es, durch eigene Verhandlungen über Spezial=
verträge die Nationen zu trennen. Die beiden Concor=
date, welche er mit der deutschen Körperschaft einerseits,
mit den romanischen Nationen andererseits schloß, betrafen
vorzüglich die Stellenbesetzung, gewährten dem Papst aus=
drücklich Dinge, die längst und allgemein als verhaßter
Mißbrauch empfunden wurden, wie z. B. die für den sitt=

---

³³⁷) V. de Hardt, Acta Conc. Const. IV., 1427.
³³⁸) ib. I., 965 fl.

lichen Charakter des Klerus so schädlichen, zum Schulden=
machen nöthigenden Annaten. Und die meisten Artikel
waren so gefaßt, daß dem wiederkehrenden Mißbrauch eine
Pforte geöffnet blieb. Im Leben, in der kirchlichen Praxis
war das Papalsystem mit allem, was daran hing, restaurirt.
Aber das Princip der Reform, das Episcopalsystem,
lebte in den Beschlüssen der vierten und fünften Sitzung,
welche noch lange Niemand anzutasten wagte. Noch eine
andere Hoffnung war übrig: der Beschluß der Constanzer
Synode, daß schon nach fünf Jahren ein neues und künf=
tig alle zehn Jahre ein ökumenisches Concil gehalten werden
solle. Martin V. zeigte wieder, daß er durch die Constanzer
Beschlüsse sich gebunden erachte, er berief wirklich das
Concil im Jahre 1423 erst nach Pavia, dann nach Siena.
Kaum aber zeigten sich hier Symptome reformirender Be=
strebungen, als er es „wegen zu geringer Theilnahme"
auflöste; doch noch kurz vor seinem Tode schrieb er die
neue Synode nach Basel aus. Eugen IV., schon im Con=
clave dazu verpflichtet, konnte nicht umhin, die Erbschaft
seines Vorgängers anzutreten. Als die ersten Mitglieder
nach Basel zur bestimmten Zeit kamen, verspotteten sie die
Baseler als Träumer, sowenig konnte man sich nach dem
Gange, den die Dinge seit 1417 genommen, denken, daß es
dem Papste mit dem Concil Ernst sei[330]). In der That

---

[330]) Aeneae Sylvii Commentarius de rebus Basileae
gestis, ed. Fea. Rom. 1823, p. 39.

gebot Eugen schon gleich nach den ersten Verhandlungen
der noch kleinen Versammlung am 18. December 1431
ihre Aufhebung unter sehr durchsichtigen Vorwänden; erst
nach anderthalb Jahren und in Bologna sollte sie und
dann unter seinem Vorsitz fortgesetzt werden. Und doch
schien gerade jetzt ein Concilium, wegen des siegreichen
Hussitenthums, so unentbehrlich wie nur jemals. Die Versammlung, gestützt auf die wiederholt verkündeten Constanzer Beschlüsse, blieb vereinigt, gab sich, gewarnt durch
die schlimmen Folgen, welche die scharfe Sonderung der
Nationen in Constanz erzeugt hatte, eine bessere Organisation durch die Bildung von vier, nach Nationen und
Rangstufen gemischten, Deputationen. und der Kampf mit
dem Papste begann — zuerst unter günstigen Umständen, denn
die öffentliche Meinung in ganz Europa war an sich schon
der Sache des Concils günstig. Dazu kam, daß auch König
Siegmund ihm wieder eine feste Stütze bot und Eugen
sich in Italien bedrängt, von vielen Cardinälen, ja sogar
von den Beamten der Curie, die ihm zu hunderten davon
liefen, verlassen sah. Umsonst kündigte er den nach Basel
ziehenden Prälaten die Excommunication an. Von Königen, Fürsten und Prälaten, von Bischöfen und Hochschulen
trafen in Basel Adhäsionsschreiben ein; wieder einmal
schien es, als ob der Talisman, mit dem das Papalsystem die Geister gefangen gehalten, zerbrochen sei. Eugen
erkannte, daß er nachgeben müsse, in seiner Bulle vom

4. Februar 1433 erklärte er seine Zustimmung zum Fort=
bestand des Concils und ernannte vier Carbinäle zu bessen
Präsidenten.

Diese Bulle genügte aber der Synobe wieder nicht,
obwohl Eugen es aussprach, daß er sie als niemals unter=
brochen betrachte, womit er sein Auflösungsbecret vollstän=
big zurücknahm. Schon wollte man über ihn die Sus=
pension verhängen, als Siegmund, nunmehr Kaiser, uner=
wartet in Basel eintraf und durch seine Bemühungen
einen Frieden zwischen Papst und Concil zu Stande brachte.
Eugen schrieb wirklich Wort für Wort die von dem Concil
entworfene Formel der Genehmigung in seiner Bulle vom
15. December 1433 ab und widerrief seine drei früheren
Bullen; der britten, in welcher er die Autorität des Con=
cils am stärksten und mit den Principien des Papalsystems
angegriffen hatte, schämte er sich nun und behauptete baher,
sie sei ohne seine Billigung veröffentlicht worden³⁴⁰). Er
gestand, daß das Concil vollkommen Recht gehabt habe,
trotz seiner Auflösungsbulle beisammen zu bleiben und
seine Beschlüsse zu fassen, und versprach demselben „mit
aller Devotion und Zuneigung" anzuhängen³⁴¹). „Wir

---

³⁴⁰) Diese Bulle, Deus novit, ist nach Styl und Gebanken un=
verkennbar das Werk des päpstlichen Hoftheologen, des Magister Pa=
latii Torquemaba, der im Jahre 1432 aus päpstlichem Auftrag in
Basel war, balb aber, wie es scheint, zu Eugen zurückkehrte.

³⁴¹) Mansi, Concil. XXIX., 78.

widerrufen, sagt er, die drei Bullen, um der Welt augen=
scheinlich die Reinheit unserer Absichten zu zeigen, und
wie aufrichtig wir der allgemeinen Kirche und dem heiligen
allgemeinen Concil von Basel ergeben sind". — Die
Demüthigung des Mannes, die Niederlage des Systems war
vollständig. Es war nicht ein vereinzelter Act friedfertiger
Nachgiebigkeit, es war die bestimmteste und unzweideutigste
Anerkennung, daß das Concil die höhere Autorität, daß
der Papst demselben unterworfen sei.

Die Synode hatte sich von Anbeginn auf die Basis
der Constanzer Decrete über die Obergewalt eines Concils
gestellt. Sie hatte diese Decrete ausdrücklich von Neuem
als Glaubenssätze verkündet, und in der That waren sie
dieß, wie denn auch die Constanzer Versammlung selbst sie
als solche bezeichnet hatte. Papst und Concil gemeinschaft=
lich wiesen die abendländische Christenheit jetzt an, diese
Lehre zu glauben, und Jedermann hielt es wohl damals
für undenkbar, daß eine Zeit kommen könnte, wo man sie
umzustoßen versuchen würde[342]).

---

[342]) Man hat, von Torquemada und Bellarmin bis Orsi auf
ultramontaner Seite nur die eine Ausflucht gefunden, Eugen habe
damals unter dem überwältigenden Eindruck der Furcht gestanden.
Der Papst war aber persönlich vollkommen frei; Siegmund saß in
Basel, Eugen in Italien, beide correspondirten brieflich mit einander.
Wenn Eugen sich fürchtete, so war es nichts anderes, als die Ueber=
zeugung der ganzen Kirche, die öffentliche Meinung der Fürsten, des
Klerus und der Völker, vor der er sich fürchtete. Und wenn dieses

Selbst in seinen Bullen, in denen er die bisherigen Beschlüsse der Baseler verdammte und für nichtig erklärte, hatte Eugen nicht gewagt, die von ihnen zu Grunde gelegten Constanzer Decrete anzutasten. Die zweite Sitzung der Synode, in welcher bereits dieselben erneuert worden waren, hatte er überdieß anerkannt; sein Angriff hatte sich nur auf das nach seinem Auflösungsdecret in Basel Geschehene bezogen. Dergestalt war, wie man glauben mußte, der päpstliche Stuhl unwiderruflich an die Constanzer Beschlüsse von der kirchlichen Autorität gebunden; denn wenn Eugen in der Bestätigung derselben einen Irrthum beging, so war er nicht unfehlbar und die Unfehlbarkeit mußte im Concil ruhen; hatte er aber die Wahrheit gesagt, so war wieder entschieden, daß er dem Concil in Glaubenssachen unterworfen, also für sich fehlbar sei.

Eugen hatte überdieß behauptet, daß er als Papst jedes Concil nach Belieben auflösen oder verlegen könne.

Bewußtsein Furcht heißen soll, so müßte man sagen, daß jeder Papst in permanenter Furcht lebe. Eugen hatte ja eben erst seine Gesandten überall herumgeschickt und die Stimmung erforschen lassen. Aber selbst die allezeit getreuen geistlichen Orden versagten damals den Dienst. Der Jesuitengeneral Thyrsus Gonzalez, dem das Argument von der Furcht doch gar zu abgeschmackt schien, half sich mit dem Vorgeben: Eugen habe durch zweideutigen Ausdruck in seiner Bulle die Synode zu täuschen gesucht (De infallibil. Rom. Pontif., Romae 1689, p. 695.). Eine ungerechte Beschuldigung des Papstes, die Bulle ist vielmehr von Anfang bis Ende klar und unzweideutig.

Das nahm er jetzt zurück und erkannte an, daß ein allgemeines Concil sich auch rechtmäßig gegen ein päpstliches Aufhebungsdecret behaupten könne.

Drei und ein halbes Jahr lang, von der 14. Sitzung am 7. November 1433 bis zur 25. am 7. Mai 1437 bestand wenigstens äußerlich die Eintracht zwischen der Synode und dem durch seine Legaten und durch Cardinal Cesarini vertretenen Papst. Die Reformdecrete der Synode enthielten nur Dinge, die längst und allgemein als nothwendig erkannt waren, untersagten nur, was als eine Schmach für die Kirche betrachtet worden war. Die ordnungsmäßige Verleihung der geistlichen Aemter wurde hergestellt, Reservationen von Wahlpfründen und Anwartschaften auf solche wurden abgeschafft, Simonie und Aemterhäufung verboten, in das Appellationswesen einige Ordnung und Beschränkung gebracht und die Verhängung des Interdictes seltener gemacht und gemildert. Das Alles war so vernünftig, so billig und kirchlich, daß es überall mit Beifall aufgenommen wurde. So rücksichtsvoll verfuhr die Synode, daß von den zahlreichen Rechten, welche die Päpste sich in den Decretalensammlungen des Corpus Juris zugesprochen, kein einziges aufgehoben wurde. Zudem hatte man dem Papste durch die beigefügte Ausnahme „aus wichtigen und vernünftigen Ursachen" auch noch bei den Verboten ein weites Thor offen gelassen, was der Pariser Universität zu scharfem Tadel der Synode

Anlaß gab.[342]) Eugen selbst hatte noch nach der zwan=
zigsten Sitzung am 23. Januar 1435 sich mit den Reform=
decreten ganz einverstanden erklärt.[343]) Dasselbe sagte er
auch noch am 15. Juni 1435 dem Abgesandten der Sy=
node Johann von Bachenstein.[344]) Doch Eugen grollte
der Synode, daß sie ihm die Geldmittel, deren er zu be=
dürfen behauptete, nicht zufließen lasse, die Annaten auf=
hebe und ihm die von den letzten Päpsten vorbehaltenen
Pfründenverleihungen streitig mache. Ehe der Papst losbrach,
ließ er durch seine, an den Fürstenhöfen herumreisenden
und mit geheimen Instructionen versehenen Agenten die
Synode anklagen: sie habe einen Präsidenten ernannt und
den Constanzer=Decreten eine allzuweit greifende Deutung
gegeben — eine Deutung, die er einst selber vor drei
Jahren als die wahre anerkannt hatte. Die Annaten
seien in unvordenklichem Gebrauche gegründet — in Wirk=
lichkeit hatten die Päpste sie vor etwa 40 Jahren, während
des Schisma eingeführt.[345]) Da man, heißt es weiter in

[342]) Bulaei hist. Univ. Paris. V. 426.
[343]) „Se concilii decreta semper suscepisse et observasse".
Aug. Patricii hist. Concil. Basil. c. 46; bei Labbé, Concil. XIII., 1533.)
[344]) Labbé, ib. p. 866.
[345]) Die Annaten betrugen die Hälfte, oft auch mehr als die
Hälfte des jährlichen Einkommens, welches jeder Inhaber eines Bis=
thums oder einer Pfründe einmal und gleich zum Voraus an die
päpstliche Casse erlegen sollte. Damit waren alle ärmeren Männer,
wenn nicht etwa ihre Familien ihnen die Summe vorstreckten, von

der Instruction, der römischen Curie stets ihre Mißbräuche
vorwerfe, was großen Eindruck mache, so sollen die Nuncien
einen Entwurf in Gestalt einer Bulle mit sich führen und
vorzeigen, worin etwas von Reformation stehe, damit
man den Tadlern den Mund schließe und die Fürsten er=
baue.[346] Zugleich wurden die Nuncien mit besonderen
„Gnaden im Forum des Gewissens" (also Dispensen und
Absolutionen) versehen, durch deren Gewährung sie die
Fürsten für den Papst gewinnen sollten.[347]

---

den höheren Kirchenstellen ausgeschlossen und überhaupt der Klerus in
die Lage versetzt, mit drückenden Schulden sein Amt antreten zu
müssen. Bei einigen deutschen Bisthümern betrugen die Annaten bis
zu 25000 Fl.

[346] „Per hanc reformationem, etiamsi usquequaque plena
non foret, modo esset aliqua, eorum ora obstruerentur, qui con-
tinue lacerant et carpunt Romanae curiae famam — redderen-
turque tunc reges et principes melius aedificati et magis proni
ad condescendendum petitionibus Papae et Cardinalium etc." Hat
der römische Hofannalist, der sonst so Vieles zu verschweigen versteht,
geschlummert, als er dieß abdrucken ließ? Raynald. a. 1436. 15.

[347] Wie weit derartige Gnadenbezeugungen reichten, mit denen
die Fürsten zum Abfall von der Sache des Concils bewogen werden
sollten, ist aus der Bulle nicht zu ersehen, doch mußte man jedenfalls sehr
weit gehen; denn schon ein Jahrhundert vorher hatte z. B. Clemens VI.
dem König Johann von Frankreich und dessen Gemahlin das Privilegium ertheilt, daß ihr Beichtvater sie für die Vergangenheit und
für die Zukunft von allen Verpflichtungen, Verträgen und Eidschwüren
lossprechen könne, welche sie nicht mit ihrer Bequemlichkeit beobachten
könnten. „Sacramenta per vos praestita et per vos et eos prae-
standa in posterum, quae vos et illi servare commode non pos-
setis." D'Achery Spicil. Paris 1661, IV., 275.

Ihrerseits gab die Synode einige Blößen. Getragen und ermuthigt von dem allgemeinen Vertrauen und den Zustimmungen unterlag sie der Versuchung, sich in ein Gewühl von Einzeldingen, Processen und Lokalangelegenheiten einzulassen, welche besonders aus Frankreich und Deutschland an sie gebracht wurden; sie mischte sich schieds=richterlich in politische Verwicklungen, und erweckte sich da und dort auch unter den Fürsten Gegner. Und als nun der Kampf zwischen ihr und dem Papste neuerdings ausbrach, fiel am Ende naturgemäß die Entscheidung den Fürsten zu.

Die Verhandlungen mit dem griechischen Kaiser über die Kirchenvereinigung boten dem Papst den willkommenen Anlaß, der Synode eine andere italienische entgegenzusetzen. Ein Minoritätsbeschluß seiner Anhänger in Basel zu Gunsten des Umzugs nach Italien war vorausgegangen, als er Ende 1437 die Verlegung der Baslersynode oder vielmehr, wie der Erfolg zeigte, die Eröffnung einer neuen in Ferrara ankündigte. Da die Griechen sich für ihn entschieden, der Kaiser, der Patriarch und die Bischöfe der anatolischen Kirche wirklich in Ferrara (später in Florenz) eintrafen, gelang Eugen's Unternehmen.

In Basel wußte man, daß die auf italienischem Boden eröffnete Synode alsbald von den dortigen Bischöfen, Curialen, Curtisanen und Pfründebewerbern überfluthet werden würde, und die Sache der Kirchenverbesserung dann verloren sei. In der That wurde auch während der zwei=

jährigen Dauer des Concils zu Ferrara und Florenz, die der Papst nach der Abreise der Griechen noch um zwei weitere Jahre (bis 1442) verlängerte, nicht ein einziges wirklich reformirendes Decret verfaßt oder verkündet. Anfänglich war indeß der Bruch zwischen den Mitgliedern des Basler=Concils und dem Papst nicht einmal recht sichtbar; denn Eugen gab sich in seiner ersten Bulle das Ansehen, als ob er jenes von der Minorität gemachte Decret als den wahren Beschluß des ganzen Concils zu Grunde lege, so daß die Synode von Ferrara vorerst nur als Fortsetzung der Basler erschien und ihre Beschlüsse sich anreihen sollten an die zu Basel bis zur Verlegung oder bis zur 25. Sitzung gefaßten. Beide Theile schritten indeß alsbald zum Aeußersten. Auf Grund der Constanzer Kanones erklärte die Basler=Synode es für Glaubenssache, daß die Gewalt der Kirchenversammlung höher sei als die päpstliche, daß Niemand dieselbe wider ihren Willen auflösen oder verlegen dürfe. Wer dieß läugne, sei häretisch. Daraufhin wurde Eugen IV., ungeachtet der abmahnenden Stimme des Kaisers, abgesetzt und ein neuer Papst, Herzog Amadeus von Savoyen, der sich Felix V. nannte, erwählt — eine schwere Verirrung und Ueberhebung, denn die Schrecken eines zwei= oder dreiköpfigen Papstthums und einer europäischen Spaltung waren noch in allzufrischem Andenken; auch war die Synode, als sie durch ihren Führer, den Cardinal Allemand

von Arles sich zu diesen Schritten fortreißen ließ, schon
allzu klein an Zahl und Gewicht der Personen geworden.
Sie glich zu sehr einer tumultuarischen, theilweise aus
unlauteren und conciliarisch unberechtigten Elementen zu=
sammengesetzten Masse, die indeß unter der Leitung des
überlegenen Cardinals, dem sie sich unbedingt hingab, sich
wohl disciplinirt und beharrlich ausdauernd erwies. [348]

· Eugen mußte für sein italienisches Concil auf die
nichtitalienischen Bischöfe verzichten. Niemand von ihnen
kam, nur der Herzog von Burgund hatte ein paar Prä=
laten seiner Länder zu erscheinen genöthigt. Der Papst
aber hatte in Ferrara und Florenz die Griechen nach langem
Widerstreben zuletzt dahin gebracht, daß sie — freilich
nur vorübergehend — jene Bedingungen der Kirchenver=
einigung, an welchen er festhielt', annahmen und das
Unionsdecret unterzeichneten. Der Kaiser, der den dro=
henden Untergang seiner Hauptstadt und der letzten Trümmer
seines Reichs vor sich sah, hatte zuletzt den Ausschlag ge=
geben. Eine der Hauptschwierigkeiten lag dabei in der
Frage des Primats, und gerade jetzt war dies für Eugen

---

[348] Auf den häufig erhobenen Vorwurf, daß bei den letzten Be=
schlüssen die wenigen Bischöfe von den vielen Presbytern überstimmt
worden seien, konnte freilich D'Allemand erwidern: wenn die Bischöfe
allein Stimmen haben sollten, so werde stets das geschehen, was der
italienischen Nation gefalle, da ihre Bischöfe die aller andern Nationen
an Zahl überträfen oder ihnen gleich kämen (Aeneas Sylvius de
Conc. Basil. 1791, p. 87.).

der wichtigste Punkt; denn wenn er den Bestrebungen der Baseler Synode mit dem ihm günstigen Zeugnisse der ana= tolischen eben wiedervereinigten Kirche entgegentreten konnte, so wurde seine Sache dadurch in der öffentlichen Meinung des ganzen Abendlands mächtig gehoben. Eine Anerkennung des römischen Primats überhaupt verstand sich eigentlich für die Griechen ihrer Ueberlieferung gemäß von selbst, sobald der Vorwurf, daß dieser Stuhl häretisch oder schismatisch ge= worden sei, wegfiel. Den Orientalen war seit nahezu tausend Jahren die Patriarchen=Theorie geläufig, gemäß welcher die fünf Patriarchen, und unter diesen wieder der Patriarch von Altrom als der erste und vornehmste, an der Spitze der ganzen Kirche standen, so daß ohne die Zustimmung dieser fünf Kirchenfürsten in Fragen der Lehre und des allgemeinen Kirchenwohls nichts einseitig entschieden werden könne. Diese Vorstellung von dem Vorrange des römischen „Papa" (der alexandrinische führte bei ihnen den gleichen Namen) hatte aber in ihrem Geiste mit jener päpstlichen Universal=Mo= narchie, welche im Occident seit 845 und 1073 ersonnen und verwirklicht worden war, nicht mehr gemein, als etwa die Stellung eines Venetianischen Dogen mit der eines Schah's von Persien hatte. Den Griechen war überhaupt eine geistlich=weltliche Willkürherrschaft, ein solches gewalt= sames Eingreifen von Oben in alle Kreise des kirchlichen Lebens, das fortgesetzte Durchbrechen aller gesetzlichen Schranken, wie es im Occident stattfand, fremd und un=

faßbar. Ihre Patriarchen bewegten sich in weit engeren
Bahnen und festgezogenen Normen. Das ganze päpstliche
Indulgenzenwesen war bei ihnen völlig unbekannt. Viele
von den Päpsten allmählig erworbenen Rechte und Macht-
mittel hätten bei der einfachen Verfassung ihres Kirchenwesens nicht einmal zur Anwendung kommen können. Und
gerade die Ansprüche des Papalsystems waren schon seit
Jahrhunderten für die Griechen der Hauptgrund gewesen,
jede kirchliche Vereinigung abzulehnen. Schon im J. 1232
hatte der Patriarch Germanus den Cardinälen geschrieben:
„die Tyrannei eurer Unterdrückung und die Erpressungen der
römischen Kirche sind [die Ursache unserer Trennung."[349])
Dasselbe behauptete der Dominikaner = General Humbert
in seiner für die Lyoner Synode von 1274 bestimmten
Denkschrift: die römische Kirche wisse das Joch, das sie
den Menschen auferlege, nur drückend zu machen, ihre Erpressungen, ihre zahlreichen Legaten und Nuncien, die
Menge ihrer Statuten und Strafen habe die Griechen von
der Vereinigung abgeschreckt.[350]) Es war das im Abendlande die allgemeine Ansicht.[351]) Der französische Klerus
berief sich darauf in seiner Vorstellung an Clemens IV.

---

[349]) Matth. Paris, hist. Angl. p. 461.
[350]) Bei Brown, Fascic. II., 215.
[351]) Schon Gerhoch, de investig. Antichr. um 1150 berichtet: „Graeci a Romanis propter avaritiam, ut dicunt, se alie-
naverunt". p. 171.

im J. 1266,[352]) und der Bischof Durand von Mende hielt es Clemens V. vor.[353]) Der Engländer Johann Mandeville berichtete nach seiner Rückkehr aus dem Orient: die Griechen hätten den Aufforderungen Johann's XXII., sich ihm zu unterwerfen, lakonisch geantwortet: „Deine Machtfülle über Deine Untergebenen glauben wir fest, Deinen maßlosen Hochmuth können wir nicht ertragen, und Deine Habgier können wir nicht ersättigen. Mit Dir ist der Satan, mit uns ist der Herr".[254]) Im J. 1339 hatte der von Benedict XII. nach dem Orient gesandte Minorit Johann von Florenz eine Conferenz mit dem Patriarchen von Constantinopel und dessen Synode, und wieder hieß es: der unerträgliche Hochmuth der römischen Bischöfe sei die Ursache der Trennung.[355])

Die Idee des Papalsystems, wonach der Papst der Träger und alleinige Besitzer der Kirchengewalt ist, der alle Bischöfe umfasse oder in sich trage, war den Orien= talen besonders anstößig[356]), und wenn sie die bei den Lateinern gebräuchliche Menge der Eidschwüre schon un=

---

[352]) Bei Marlot, Metrop. Rhemens. II., 557: „Quod propter ejusmodi exactiones orientalis ecclesia ab obedientia Romanae ecclesiae recesserit, patet omnibus".

[353]) Tractatus de Conc. p. 69.

[354]) Itinerarius, Zwollis 1487, lib. I. c. 7.

[355]) Joh. Marignolae Chronic. bei Dobner, Script. ter. Bohem. II., 85.

[356]) So in der Schrift: Criminationes contra ecclesiam latinam, die um das Jahr 1200 geschrieben ist, in Cotelerii

christlich fanden, so war ihnen die Zumuthung, dem Papste einen Gehorsamseid schwören zu sollen, doppelt verhaßt. Doch nun waren die Griechen durch die Hoffnungs= losigkeit ihrer Lage mürbe gemacht, sie lebten während der Synode von dem Almosen des Papstes, und mochten doch nicht unverrichteter Dinge heimkehren. Eugen verlangte die Griechen sollten seine monarchische Macht über die ganze Kirche mit der im Occident geläufigen Bezeichnungs= weise anerkennen; und als die päpstlichen Theologen die Griechen mit einem Füllhorn von gefälschten und erdichteten Stellen, wie Pseudo=Isidor und Gratian sie darboten, über= schütteten, antworteten diese kurz und trocken: „alle diese Ka= nones sind apokryphisch".[357]) Schon äußerte der Kaiser: wenn der Papst darauf bestehe, so wolle er unverrichteter Dinge mit den Seinigen abreisen. Endlich wurde ein Verständ= niß erreicht, der Papst stand von seiner Forderung ab, daß ihm die oberste Gewalt über die Kirche „nach der Schrift und den Aussprüchen der Heiligen[358])" zuerkannt werden solle. Der Kaiser hatte dagegen erinnert: die Rhetorik der Höflichkeit, wie sie sich in den Zuschriften alter Bischöfe und Kaiser finde, dürfe doch nicht in juristische Logik ver= wandelt werden; man solle vielmehr die Concilien=Kanones

Monum. Eccles. Graec. III., 502: „ἕνα συνεκτικὸν τῶν ἁπάντων ἀρχιερέα τὸν Πάπαν". Das konnten sie nicht begreifen.

[357]) Harduin., Concil. IX., 968—974.

[358]) Darunter waren, wie die Verhandlungen zeigen, die stärksten Pseudo-Isiderischen Stellen nebst den Thomas Fictionen gemeint.

dafür als Norm setzen. Das geschah denn auch, so daß
der Artikel nun' lautete: der Papst sei Vicarius Christi,
Haupt der ganzen Kirche, Vater und Lehrer aller Christen
und habe von Christus volle Gewalt die Kirche zu regie=
ren und zu weiden in der Weise, wie dieß in den Akten
der ökumenischen Concilien sowohl, als in den Kanones
enthalten sei. — Damit waren die Grenzen der päpstlichen
Gewalt und die Regeln ihrer Ausübung bezeichnet, aber
dieselbe war in so enge Schranken eingeschlossen, auf ein
so bescheidenes Maß zurückgeführt, daß Eugen und seine
Theologen wohl nimmermehr zugestimmt hätten, wenn sie
den wahren Sachverhalt gekannt und nicht unter dem Ein=
druck alter und neuer Fälschungen sich ein verkehrtes Bild
von den alten Concilien und der Stellung der Päpste zu
denselben gemacht hätten. Die Griechen verstanden unter
den ökumenischen Concilien nur diejenigen, welche in den
acht ersten Jahrhunderten im Orient und während der
Gemeinschaft der beiden Kirchenhälften, der östlichen und
der westlichen, gehalten worden waren, und das erkannte
man in Rom als selbstverständlich an, weßhalb in der
ersten dort gedruckten Ausgabe und in dem Privilegium
Clemens' VII., ja selbst noch in der römischen Ausgabe
von 1626, das Concil von Florenz als das achte ökume=
nische Concil bezeichnet war. In den ersten sieben Con=
cilien war aber von bestimmten Hoheitsrechten des
Papstes nicht weiter die Rede, nur sein Vorrang vor allen

andern Patriarchen war im 28. Chalcedonischen Kanon
anerkannt; die Appellationen, welche Eugen begehrte, waren
gerade von den alten Concilien verboten. Aber die La=
teiner, denen bei der Erwähnung der alten Concilien nur
die Fabeln von Sylvester, Julius, Vigilius u. s. w. und
die erdichteten Kanones vorschwebten, meinten in diesem
Wortlaute des Decrets ausreichend für den päpstlichen
Vortheil gesorgt zu haben.

Ursprünglich gab denn auch die lateinische Uebersetzung
den griechischen Text treu wieder — denn da man über
jedes Wort solange mit den Griechen gestritten, hatte die
Stelle zuerst griechisch entworfen werden müssen. Flavio
Biondo, Eugen's Secretär, gibt den Wortlaut richtig
an.[359] Allein in der römischen Ausgabe des Abraham
Cretensis war durch die unscheinbare Veränderung eines
einzigen Wörtchens[360] das, was die Griechen damit aus=

---

[359] Im Griechischen heißt es: „καθ' ὃν τρόπον καὶ ἐν τοῖς
πρακτικοῖς τῶν οἰκουμενικῶν συνόδων καὶ ἐν τοῖς ἱεροῖς κα-
νόσι διαλαμβάνεται". Dieß ist redlich in dem ursprünglich latei=
nischen Text wiedergegeben: „quemadmodum (besser: juxta eum modum
qui —) et in gestis oecum. Conciliorum et in sacris canonibus
continetur". Und so führt es auch Biondo in seinem Geschichts=
werk (l. X. Dec. 3) an. Nach ihm haben der Cardinal Marcus
Vigerius, der Bischof Fisher von Rochester, Eck und Pighius die
Worte ebenso angeführt. Aber schon der Dominikaner Antoninus hat
das etiam.

[360] Quemadmodum etiam statt des bisherigen et-et. Es ist
eine von den vielen Unredlichkeiten, deren sich Orsi schuldig gemacht,
wenn er gegen den offenbaren, aus den Verhandlungen sich ergeben=

gedrückt wissen wollten, verschwunden, nämlich daß die
dem Papste zugeschriebenen Vorrechte nach Maßgabe der
alten Concilien zu verstehen und zu gebrauchen seien.
Die Norm war vielmehr zu einer bloß bestätigenden Hinweisung geworden und so wurde der Sinn der Stelle
dieser: dem Papste kämen die aufgezählten Vorzüge zu und
und dasselbe enthielten auch schon die alten Concilien.
Und mit dieser Fälschung ist das Unionsdecret seitdem in
in den Concilien-Sammlungen und sonst abgedruckt worden.

Nach dem Abzuge der Griechen griff Eugen die
Baseler Synode in seiner von Florenz aus erlassenen
Bulle[361]) scharf an, doch traf seine Verdammung nur die

---

den Thatbestand behauptet (De Rom. Pontif. autor. 6, 11): der griechische Text sei erst nach dem lateinischen, der doch ursprünglich das
etiam nicht hatte, übersetzt. Seine Unwissenheit im Griechischen mag
ihn entschuldigen, wenn er auf die Aussage eines jungen Menschen
hin annimmt, man könne doch das και-και auch mit etiam über-
setzen. Launoy, Bossuet, Natalis Alexander, De Marca, der Jesuit
Maimbourg, Duguet haben längst den mit der Uebersetzung getriebenen Betrug aufgedeckt. In dem unmittelbar von Florenz aus von
dem Papste an den König von England gesandten griechischen Texte
fehlen auch noch die Worte vom Primat über die ganze Kirche, so
daß der Verdacht einer Interpolation auch des griechischen Textes ent-
steht. Wie verdächtig die sämmtlichen außer dem britischen noch vorhandenen Exemplare der Unions-Urkunde, neun an der Zahl, sind,
hat Brequigny (Mémoires de l'Acad. des Insc. t. 43, p. 306 ff.)
gezeigt. Keines ist Original. Die ursprünglichen fünf Exemplare
sind verschwunden.

361) In der Decretale Moyses vir Dei. Concil. ed. Labbé,
XIII., 1030.

seit der Verlegung gehaltenen Sitzungen und die „falsche
Auslegung, welche man dort den Constanzer Decreten ge=
geben habe". In diesem gewundenen und rückhaltigen
Documente wagte er immer noch nicht die damals in der
ganzen christlichen Welt so hochgeehrten Beschlüsse von
Constanz direct anzutasten, aber er suchte sie durch die
Bemerkung zu verdächtigen, daß sie zur Zeit des Schisma,
von einer Obedienz und nach der Entfernung des Papstes
Johann gemacht worden seien. Doch war es nicht der
durch jene Decrete entschiedene Verlust der Unfehlbarkeit,
was ihn so sehr schmerzte. Darein fand er sich. Hatte ihn
doch Torquemada in der früheren Bulle sagen lassen:
In allen Fällen müsse der Ausspruch des Papstes dem
des Concils vorgehen, außer wenn es sich um den Glauben
oder um eine zum Wohl der ganzen Kirche nothwendige
Maßregel, handle dann sei die Entscheidung des Concils
der des Papstes vorzuziehen.[362])

Die würdevollste und folgerichtigste Stellung zu der
neuen Lage der Kirche und der wieder eingetretenen Spal=
tung nahm die französische Nation ein. Der König er=
öffnete i. J. 1438 eine Versammlung der geistlichen und
weltlichen Stände zu Bourges. Hier wurden die Abge=
ordneten des Papstes sowohl als der Synode gehört, wor=
auf man beschloß, die Decrete des Baseler Concils mit

------

[362]) Deus Novit. Concil. ed. Labbé, XII., 537.

einigen den franzöſiſchen Verhältniſſen entſprechenden Modi=
ficationen anzunehmen. So entſtand die „pragmatiſche
Sanction von Bourges", welche die Freiheit der
kirchlichen Wahlen, die Grundſätze von der höheren Auto=
rität allgemeiner Concilien, die Verwerfung des durch die
Curie mit Anwartſchaften und Reſervationen, Appellationen
und mannigfaltigen Gelderpreſſungen getriebenen Unweſens
umſchloß — die erſte umfaſſendere Codificirung der nach=
her ſogenannten Freiheiten der gallikaniſchen Kirche. In
Rom verabſcheut, wurde ſie das Ziel, auf welches jeder
Papſt ſeit Eugen IV. ſeine Angriffe richtete, bis es end=
lich Leo X. gelang, ſie durch das Concordat von 1517 zu
zerſtören, in welchem der Papſt und der König ſich in die
Spolien und Rechte der franzöſiſchen Kirche theilten, dem
Könige aber der Löwentheil zufiel.

Englaud, damals in politiſcher Verwirrung, verſäumte
Stellung zu nehmen. Den Savoyiſchen Papſt mochten
nur Wenige anerkennen, wenn ſie auch das Concil fallen
zu laſſen ſich nicht entſchließen konnten. Der König
Alfons von Aragon und Neapel, bis dahin die Haupt=
ſtütze des Baſeler Concils, jetzt aber vom Papſte durch
große Anerbietungen gewonnen, rief ſeine Biſchöfe zurück
und wurde mit den Venetianern, den Landsleuten des
Papſtes, deſſen Stütze in Italien. Die deutſche Na=
tion ergriff unter dem Vorgang der Kurfürſten die Neu=
tralität zwiſchen der Baſeler Synode und dem Papſte, doch

fo, daß thatfächlich diefe Neutralität dem Concil günftiger
war; nahm auch deffen Reformationsdecrete im J. 1439
auf dem Reichstage zu Mainz feierlich an, woburch Deutfch=
land ebenfo wie Frankreich fich zur Bekennung der in den
Conftanzer Kanones aufgeftellten Lehre von der Kirchen=
gewalt verpflichtete.[363]) Damals gab es wohl in ganz
Deutfchland keinen Mann von Bedeutung, welcher für die
Kirche und für Deutfchland etwas Gutes von der rö=
mifchen Curie erwartet hätte. Der Klerus größtentheils,
die Univerfitäten, Wien, Erfurt, Köln, Löwen, Krakau,[364]
Paris ohnehin, die Fürften und ihre Räthe und das ganze
Volk waren für das Concil, für die Concilienlehre und
gegen das Papalfyftem.

Aber Eugen verftand es, Uebertritte durch Spenden
und mannigfache Gewährungen zu bewirken, und feine Stel=
lung war hier weit günftiger als die des Concils, welches
durch feine Principien und fchon verkündeten Decrete
gebunden, an Dispenfen, Privilegien und Exemtionen wenig
oder nichts zu gewähren hatte, fich vielmehr innerhalb der
altkirchlichen Schranken halten mußte, während Eugen
nach curialer Ueberlieferung an die Kirchengefetze nicht
gebunden war. Dem Herzog von Cleve gewährte er auf

---

[363]) Die Acceptationsurkunde f. bei Koch, Sanctio pragmatica Germanorum., p. 93.
[364]) Ihre Gutachten hat Launoy, Opp. VI, 521 ff. aus Pa=
rifer Handfchriften abdrucken laffen.

Kosten der Bischöfe so wichtige Kirchenrechte, ja er machte ihn dermaßen zum Herrn der Kirche und des Klerus seines Landes, daß das Sprichwort entstand: der Herzog von Cleve sei Papst in seinem Lande[365]). Schon im J. 1438 hatte er die Mitglieder der Synode nicht nur abgesetzt und verflucht, sondern auch Basel mit dem Interdict belegt, den Stadtrath excommunicirt und Jedermann aufgefordert, die Kaufleute, welche Waaren nach Basel bringen würden, auszuplündern, weil geschrieben stehe: „Der Gerechte habe die Beute der Gottlosen davongetragen".[366]) Das that freilich noch lange keine Wirkung, die Vorliebe für das Concil, das soviel redlichen Willen der Kirche zu helfen bewiesen hatte, war noch zu groß. Einige Jahre verflossen, während die Politik der Kurfürsten zwischen Rom und Basel schwankte. Endlich brachte das Jahr 1446 die Entscheidung. König Friedrich, berathen von seinem Secretär, dem gewandten Rhetor Enea Silvio Piccolomini, verkaufte sich dem Papste Eugen, der ihm mehr bieten konnte, als der an die Conciliums-Decrete gebundene Felix. Der freigebige Eugen verpflichtete sich dem König mit der Ertheilung der Kaiser-Krone auch noch 100000 Gulden als Reisekosten zu zahlen, gewährte ihm das Recht den Zehnten von allen deutschen Pfründen zu erheben, einmal hundert Pfründen

---

[365]) Teschenmacher, Annal. Cliviae. Francof. 1729, p. 294.

[366]) Raynaldi Annal. a. 1438, 5.

in seinen Erblanden beliebig zu verleihen und zu sechs
Diöcesen die Bischöfe zu ernennen, und bevollmächtigte
endlich noch seinen Beichtvater, ihm zweimal eine ganz
vollständige Absolution von allen Sünden zu ertheilen.[367]
Damit war in Deutschland die Sache des Concils und
der Kirchenreformation verloren und sank die deutsche
Kirche Schritt für Schritt in die frühere Knechtschaft zurück.
Silvio, der inzwischen in päpstliche Dienste getreten, bestach
zwei Minister des Kurfürsten von Mainz, die ihren Ge=
bieter für die päpstliche Seite gewannen. So wurde
der deutsche Fürstenverein zertrennt, die früher ge=
stellte Forderung eines neuen Concils zu einer bloßen
Bitte herabgestimmt, um die man sich dann in Rom nicht wei=
ter kümmerte. Der Sieg Eugen's war vollständig. Auf
dem Todbette empfing er noch die Huldigung der deutschen
Abgeordneten. Das Ereigniß (am 7. Februar 1447) wurde
in Rom mit Glockengeläute und Freudenfeuern gefeiert.
Auch die geringen Bewilligungen, welche der Papst den
Deutschen noch gemacht, widerrief er gleich darauf in ge=
heimen Bullen, „sofern sie etwas dem päpstlichen Stuhle
Nachtheiliges enthielten.“ Ein paar Wochen darauf starb
er, Sieger über das Concil, Sieger über Deutschland;
aber die Mittel, die er angewandt, preßten ihm doch in

---

[367] Chmel, Geschichte Kaiser Friedrich's IV. Hamburg
1839, II.. 385. Die Documente abgedruckt in Chmel's Materia=
lien, II. 195 ff.

der Gewissensangst die Worte aus: „O Gabriel, wie viel
beſſer wäre es für deiner Seele Heil, wäreſt du nie Cardinal und Papſt geworden!" Inzwiſchen hatte er ſich
noch in der öffentlichen Bulle zu den Conſtanzer Decreten
über Superiorität der Concilien und regelmäßige Berufung
derſelben bekannt.[368])

Als Friedrich III. im J. 1452 die Kaiſerkrone aus
den Händen des Papſtes empfing, konnte Enea Silvio
in ſeinem Namen und ſeiner Gegenwart erklären: ein
anderer Kaiſer würde wohl ein Concil begehrt haben, aber
das beßte Concil ſei der Papſt mit den Cardinälen.[369])

Der neue Papſt, Nicolaus V., derſelbe Thomas von
Bologna, welcher ſo glücklich mit König Friedrich unter-
handelt hatte, fügte zu dem von ſeinem Vorgänger errungenen Siege einen neuen hinzu, das Wiener Concordat (vom 17. Febr. 1448), in welchem dem Papſt das
Ernennungsrecht zu einer großen Anzahl deutſcher Pfründen
wieder eingeräumt wurde — ein Vertrag, abgeſchloſſen mit
König Friedrich als Beauftragtem der deutſchen Fürſten,
der auf eine Theilung des Gewinnes und Einfluſſes
zwiſchen den Fürſten und der päpſtlichen Curie hinauslief.
Die Fürſten waren ſchon früher durch mancherlei Vortheile

---

[368]) Raynald. a. 1447, 4; Müller, Reichstags-Theatrum,
347 ff.; Koch, Sanctio pragm. p. 181 sq.
[369]) Aeneae Sylvii hist. Frid. III. in Kollar, Analecta II., 317.

un so leichter gewonnen, als die Beobachtung der Baseler
Reformdecrete ihre Macht über die Kirchen ihrer Gebiete
beträchtlich vermindert haben würde. Der Vertrag war
auch nicht lange geschlossen, als Papst Calixtus III. be=
reits 1457 dem Kaiser erklärte: das verstehe sich doch, daß
der Papst nicht durch das Concordat verpflichtet sei; kein
Vertrag könne und dürfe die vollkommen freie Autorität
des päpstlichen Stuhles irgendwie beschränken oder binden,
und wenn er sich an denselben kehre, so geschehe dieß nur
aus Gnade, Friedensliebe und zärtlicher Zuneigung zum
Kaiser und zur deutschen Nation.[370]) Dieß ist auch von da
an römischer Grundsatz geblieben. Eine Autorität, wie die
päpstliche, wurde gelehrt, kann sich gar nicht binden; das
widerstrebt ihrer Machtfülle, am wenigsten kann sie ihren
Nachfolgern eine Verpflichtung auflegen, da jeder Papst
dem andern rechtlich gleich ist, „der Gleiche über die
Gleichen aber keine Gewalt hat." Die Nation ist also
wohl durch das Concordat gebunden, der Papst aber nicht.[371])
So hatte schon der Bologneser Jurist Cataldino de
Buoncampagni, der für den Papst gegen die Baseler
Synode schrieb, erörtert: Was der Papst auch versprechen

[370]) „Quamvis liberrima sit apostolicae sedis auctoritas nul-
lisque debeat pactionum vinculis coërceri etc." Aeneae Sylvii epist. 371. Opp. ed. Basil. 1551, 840.
[371]) So z. B. der römische Kanonist und Beisitzer der Inquisition
Pirro Corrado (Praxis dispens. apost., de Concord.
quaest. 8).

23*

möge, in der Fülle seiner Macht sei er nie dadurch ge=
bunden; denn da Jedermann sein Unterthan sei, so nehme
jeder Vertrag, jedes Gelöbniß nur den Charakter einer
gnädigen Bewilligung an, und eine solche könne in jedem
Momente zurückgenommen werden; darum sei denn auch
der Papst trotz seiner Versprechungen an die Beschlüsse
des Concils nicht gebunden.[372] Bezüglich des deutschen
Concordats wurde im J. 1610 in der römischen Rota un=
umwunden erklärt: für den Papst und die Curie sei das
Concordat nur ein in Gnaden gewährtes Privilegium,
welches für ihn keine verpflichtende Kraft habe.[373]

---

[372] De translatione Concil. in Roccaberti Biblioth.
max. VI., 27. Das durfte im J. 1697 mit römischer Censur wieder
gedruckt werden. Dasselbe behauptete später noch der von den
Päpsten mit Bisthümern belohnte, berühmte Kanonist Felino San=
dei in seinem Commentar über die Decretale ad cap. XIII. de judic.
[373] Nicolarts, Ad Concord. Germ. tit. 3, dub. 3, §. 6.
Es war dieß die gewöhnliche curialistische Lehre, daß Concordate für
Rom keine verbindende Kraft hätten. So sagt der Benediktiner
Zallwein (Principia jur. eccles. III., 300): „Passim docent
assentatores Rom. Pontificis et Curiales Romani apud quos ipsum
nomen Concordatorum pessime audit.", Alle deutschen Kanonisten,
natürlich mit Ausnahme der Jesuiten, haben daher für nötbig er=
achtet, erst den Beweis aus dem Naturrechte und dem alten Kirchen=
rechte zu führen, daß ein Papst das Wort, welches er oder sein Vor=
gänger gegeben, auch zu halten habe. So Barthel, Schramm, Schrödt,
Dürr, Anton Schmidt, Schlör, Oberhauser, Zallwein u. s. w. Allein
selbst Benedict XIV. erklärte am 14. Dec. 1740 in einem Breve
an das Lütticher Domcapitel, daß er sich durch das Concordat nicht
gebunden erachte. Vgl. Endres, de libert. eccl. germ. 1774,

Aber der Haß und die Verachtung gegen Papst und Kaiser, welche sich in den Gemüthern der Deutschen fest= gesetzt hatten, brachen hervor auf dem Reichstage zu Frank= furt 1454 und später, wenn von Leistungen zum Türken= kriege die Rede war. Niemand wollte ihnen und ihren Gesandten ein Wort glauben da es ja nur auf Gelder= pressung abgesehen sei. „Alle, sagt Enea Silvio,[374]) der bald als Papst die gleiche Erfahrung machen sollte, verfluchten den Kaiser und den Papst und verachteten die Legaten." Auf diesen Reichstagen wurde noch zuweilen von dem Concilium geredet, welches nun zum Schreckbild der Päpste geworden war, so daß sie in Unterhandlungen mit einzelnen deutschen Fürsten, wie mit Diether von Isenburg, es als Hauptbedingung forderten, daß sie nie die Berufung eines allgemeinen Concils anregen wollten. Ueberdieß wurde jede Appellation an ein allgemeines Concil mit sofortiger Excommunication belegt, am entschiedensten von Pius II.

Am Abend seines Lebens schien Kaiser Friedrich seinen Antheil an diesem Zerstörungswerke doch bereut zu haben. In der Instruction, die er seinem Gesandten für den Reichstag zu Frankfurt im J. 1486 mitgab, heißt es: Er wisse, welch' große Geldsummen alljährlich für Annaten,

---

p. 60. Theod. a Palude (Hontheim), Flores sparsi etc. 1770, p. 452. Barthel, opusc. jurid. 1756, II. 373 ff.
[374]) Pii Commentarii, a. Joh. Gobellino. Fef. 1614, p. 22.

Indulgenzen und andere Gefälle nach Rom gingen, welch großen Gehorsam und Unterthänigkeit die deutsche Nation vor allen andern Nationen dem Stuhl zu Rom geleistet habe. Dieß sei durch den Papst, die Cardinäle und Offizialen gar undankbar und hochmüthig aufgenommen, und die deutsche Nation in allen Händeln, vom höchsten bis zum niedrigsten, verachtet worden, so daß es zum Erbarmen und ferner zu erdulden wider aller Menschen Natur und Vernunft sei. Er solle daher den Fürsten einprägen, daß sie doch dem Papste keine Obedienz noch Gehorsam mehr erzeigten, auf daß die deutsche Nation ferner nicht so vor andern verachtet und erniedrigt werde.[374]

Unter der Vermittlung des französischen Königs entsagte nun auch Felix, und wurde zum obersten Cardinal mit ausgedehnter kirchlicher Gewalt über mehrere Diöcesen ernannt. Der zuletzt noch nach Lausanne gedrängte Ueberrest der Baseler Synode löste sich auf und der Cardinal von Arles, dieser „Zögling der Bosheit und Sohn des Verderbens", wie ihn Eugen genannt, wurde restituirt und nahm nie etwas von seinen Grundsätzen zurück. Dieß hinderte Clemens VII. nicht, ihn nach seinem Tode selig zu sprechen, „da seine Heiligkeit durch Wunder erprobt sei und er stets ein himmlisches, keusches und fleckenloses Leben geführt habe."

---

[375] Schlözers Briefwechsel. X. 269.

Es währte doch auch noch nach dem Unglücksjahre 1446 geraume Zeit, bis man in Deutschland erkannte, daß es mit den Concilien und den auf sie gesetzten Hoff= nungen einer Verbesserung der Kirche vorbei sei. Noch im J. 1459 konnte und wollte man nicht an dieses voll= ständige Scheitern aller Reformations=Entwürfe glauben. Der Carthäuser Prior Vincenz zu Arpach meinte: wenn nur ein König mittels Geleitsbriefen ein Concil in seinem Lande zulasse, und nur ein Bischof es ausschriebe, so würde es trotz der Reclamationen und Anatheme der römischen Curie zu Stande kommen, und das sei die letzte noch übrige Hoffnung; denn von dem römischen Stuhl könne, wie die Erfahrungen von 50 Jahren beweisen, schlechterdings keine heilbringende Anordnung erwartet werden. Weit schlimmer als die Hussitische Ketzerei sei diese Verirrung, der Kirche das Beßte, die allgemeinen Concilien zu nehmen. Vincenz schildert dann, wie es dem Papste Eugen gelungen sei durch die Lockspeise der Pfründen fast alle Literaten zu gewinnen [376] Diesen Ab= fall der Gelehrten, wie Nicolaus von Cusa und Erzbischof Tudeschi, beklagte schon im J. 1443 ein andrer unge= nannter Deutscher: Die römische Buhlerin habe soviele von dem Weine ihrer Unzucht berauschte Liebhaber, gerade unter den Deutschen, daß die Braut Christi, die Kirche

---

[376] Pez, Codex epistol. III. 335.

und das sie repräsentirende Concil unter tausend kaum
einen treuen Verehrer habe. Und doch sei es gerade
Deutschland, das in seinem Kaiser von den Päpsten mehr
als jedes andere Reich mißhandelt worden; nur der deutsche
Kaiser werde gezwungen, gemäß den „fabelhaften und erdichteten Decretalen" dem Papste zu schwören.[377])

Zuletzt im Momente ihrer Auflösung hatte die viel-
geschmähte Baseler Synode doch noch eine glänzende
Genugthuung erlangt; so mächtig nämlich waren noch
nach Eugen's Tode die conciliarischen Ideen selbst in Rom
gewesen, daß der neue Papst Nikolaus V. auf den Rath
der Cardinäle eine Bulle erließ,[378]) durch welche er alle
Schreiben, Processe, Decrete, Censuren Eugen's gegen die
Baseler Kirchenversammlung für nichtig und völlig wirkungslos erklärte, selbst wenn sie mit Approbation des Concils
von Ferrara oder Florenz oder eines andern erlassen
worden seien. Sie sollten so angesehen werden, als wären
sie nie ergangen, und aus den Schriften Eugen's ebenso
herausgerissen und vertilgt werden, wie ehedem die Bullen

---

[377]) Tractatus missus Marchioni Brandenburgensi
a. 1443. Ms. als Tomus 31. der Hardtischen Sammlung in der
Stuttgarter Bibliothek. Die Aeußerung über die Decretalen — schon
so frühe — ist immerhin auffallend. Doch hatte auch Nicolaus von
Cusa gerade damals zum erstenmal die Unächtheit einiger Pseudo-
Isidorischer Decretalen erkannt.

[378]) Die Bulle Tanto nos; sie steht in dem Amedeus paci-
ficus des Jesuiten Monod, Paris 1626, 272.

Bonifaz' VIII. gegen Frankreich und dessen König auf
Befehl Clemens V. vertilgt worden waren.[379]) So feierten
die Grundsätze der beiden reformatorischen Concilien von
der Obergewalt der allgemeinen Kirchenversammlung über
den Papst doch noch einen vollständigen Triumph; die
Verdächtigungen, welche Eugen auf Torquemada's Anstiften gegen das Ansehen der Constanzer Synode auszu-
streuen versucht hatte, verschwanden, und die Curie selber
beugte sich vor dem höheren Rechte einer Repräsentation
der ganzen Kirche. Man bot Alles auf, die einzelnen
reformirenden Decrete der Baseler, soweit sie der römischen
Herrschaft und den Finanzen der Curie nachtheilig waren,
zu vernichten, aber die Grundlage, die dogmatischen Beschlüsse von der Unterordnung des Papstes blieben un-
angetastet.

Am stärksten war wohl Pius II., der ehemalige fah-
rende Rhetor und Literat, der einst die Sache der Baseler
Synode vertheidigt hatte, in Versuchung, die Constanzer
Beschlüsse geradezu zu verdammen, da sie doch immer wie
ein Damoklesschwert beunruhigend über den Häuptern der
Curialen hingen und den Genuß der päpstlichen Machtfülle
trübten. Aber die öffentliche Meinung war zu entschieden
conciliarisch, Pius wagte es nicht nur nicht, sondern fand
es vielmehr selbst in seiner Widerrufsbulle im J. 1463

---

[379]) „Tollimus, cassamus, irritamus et annullamus" heißt es
in der Bulle.

rathsam, ausdrücklich beizusetzen, daß er die Autorität und Macht eines öfumenischen Concils, sowie sie von der Constanzer Synode, die er verehre, bestimmt sei, anerkenne.[389]

Doch das Geschlecht der Torquemada's war nicht aus= gestorben. Allmälig erschienen von Mönchen, von Car= binälen oder solchen, die es werden wollten, Werke, welche das Papalsystem aus der durch die Concilien erlittenen Niederlage zu erheben trachteten. Dieß war nicht schwer, da man nur den reichen durch die Isidorischen, Gratia= nischen und Thomistischen Fälschungen dargebotenen Stoff zu gruppiren, in Thesen und deren Folgesätze zu zerlegen hatte, um den Beweis von der Grundlosigkeit der beiden zusammenhängenden Lehren, des episcopalen und des con= ciliarischen Systems nämlich, zu führen. Auf solche Weise sind die Schriften von Capistrano, Hieronymus Albanus, Thomas Campeggi, Thomas Elisius, Christoph Marcellus, Lälius Jordanus und anderen, welche alle in die Zeit von 1460 bis 1525 etwa fallen, entstanden. Eine einzige da= von genügt, um sie alle zu beurtheilen, da eine der andern nachgeschrieben ist, und in ihnen immer dieselben ge= fälschten oder erdichteten Zeugnisse, Kanones und That= sachen wiederholt werden.

Als jene reine und hochbegnadigte Seele, die hl. Ka= tharina von Siena, zu Gregor XI. kam, sagte sie ihm: sie

---

[389] Concil. ed. Labbé, XIII, 1410.

finde in der römischen Curie den Gestank infernaler La=
ster, worauf der Papst erwiederte: sie sei ja erst wenige
Tage anwesend. Da richtete sich die sonst so demüthige
Jungfrau majestätisch auf mit den Worten: ich wage zu
sagen, daß ich in meiner Geburtsstadt den Gestank der
Sünden, welche an der Curie begangen werden, stärker
empfunden habe, als diejenigen sie empfinden, welche sie
täglich begehen.

Dasselbe wurde allerwärts empfunden; denn es war,
als ob durch die allmälig gebildeten Zustände, durch das
in Rom herrschende System die bisher den Menschen un=
bekannte Kunst erfunden worden wäre, die Corruption
und das Laster allgegenwärtig zu machen und es von einem
Mittelpunkt, einer Werkstätte aus als ein subtiles und
durchdringendes Gift bis in die entlegensten Gefäße des
kirchlichen Organismus zu tragen. Jeder, der Rath und
Hilfe gegen das Verderben suchend in der christlichen Welt
Umschau hielt oder nur in seinem engeren Kreise Hand
anlegen und bessern wollte, fühlte sich sofort durch eine
päpstliche Satzung gehemmt und gab den hoffnungslosen
Versuch auf. Päpstliche Bullen, Bannstrahlen, Bettelmönche,
Curtisanen ³⁸²), Inquisitoren fanden sich überall. Selbst
Erasmus konnte es in seinem Schreiben an den Bischof

---

³⁵¹) Acta Sanctorum Bolland., 30. April. p. 891.
³⁸²) So hießen die nach Rom reisenden und dort um eine Pfründe
werbenden, zahlenden oder bettelnden geistlichen Vaganten. Wimphe=
ling hat sie näher geschildert.

Fisher von Rochester sagen: Wenn Christus sein Volk nicht von dieser vielgestaltigen kirchlichen Tyrannei befreie, so würde zuletzt die Tyrannei der Türken noch eher zu ertragen sein.[388]

So verschwindet seit der Mitte des fünfzehnten Jahrhunderts aus der kirchlichen Literatur jener Ton der Hoffnung, der noch am Anfange desselben und um die Zeit der Constanzer und Baseler Synode in Schriften und Reden wiedergeklungen hatte. Es ist immer derselbe Gedankenkreis, in welchen man sich eingeschlossen findet. Eine Reformation der Kirche ist nicht möglich, solange die römische Curie bleibt wie sie ist; von dort wird alles Unheil ausgesendet, gepflegt und beschirmt; aber dort ist nur durch ein Wunder Gottes eine Reformation zu hoffen. So sagt Abt Jakob von Junterßburg[384]): „Es ist mir kaum glaublich, daß es zu einer Verbesserung der Kirche komme; denn da müßte erst der römische Hof reformirt werden, und wie schwer dieß sei, zeigt der gegenwärtige Lauf der Dinge. Ist doch keine Nation, welche der Reform der Kirche so heftig widerstrebt, als die italienische, der sich dann alle, welche sie zu fürchten hätten, anschließen." Der verehrteste Theologe der Niederlande, der „ekstatische Doctor", wie man ihn nannte, der Carthäuser Prior Dionysius Ryckel berichtet, wie ihm in einer Vision, die er

---

[383] Epp. 6, 8, p. 353, ed Londin. 1642.
[384] De septem Statibus ecclesiae, um 1450 bei Walch, Monimenta II, 2, 42.

dann auch dem Papst selbst mittheilte, gezeigt worden sei:
der ganze Chor der Seligen im Himmel habe Fürbitte
eingelegt für die irdische von den schwersten Strafgerichten
bedrohte Kirche. Es sei ihnen aber erwiedert worden, selbst
wenn der Papst, die Cardinäle und die Prälaten mit den
Uebrigen im Namen Gottes schwören, sich bessern zu wol=
len, so würden sie falsch schwören; an der Kirche sei nun
einmal vom Fuß bis zum Haupte nichts Gesundes mehr.[385]

Man fühlte ziemlich allgemein, es sei der Kirche mit
der Reformation, wie ehedem dem Könige von Rom mit den
sibyllinischen Büchern ergangen; sie müsse nun, nachdem
die von der Curie ausgestreute Saat der Corruption seit
50 Jahren viel üppiger noch emporgeschossen, und die
Kirche selbst keine Anstrengung mehr zu ihrer Rettung ge=
macht, um viel theureren Preis und mit noch geringerer
Aussicht auf Erfolg erkauft werden. Viele dachten, wie
der Dominikaner Institoris um 1484: „Die Welt ruft
nach einem Concil, aber wie soll es denn zu Stande kom=
men bei den jetzigen Zuständen der Kirchenhäupter? Keine
menschliche Macht reicht mehr hin, die Kirche durch ein
Concil zu reformiren, da muß Gott selbst helfen auf einem
uns unbekannten Wege."[386]

Mit großem Neid blickten damals die Deutschen auf

---

[385] Petri Dorlandi Chron. Cartusiense, Colon. 1608, 394—399.

[386] Bei Hottinger, hist. eccl. Sacc. XV. p. 413.

die Franzosen, Engländer, Schotten und andere Nationen, die doch von der Curie nicht so schmählich mißhandelt, nicht so rücksichtslos ausgebeutet würden, wie die von ihren Fürsten preisgegebenen barbarischen, aber „demüthigen und geduldigen" Deutschen. Schon früher hatte Enea Silvio oder Pius II. den Deutschen zu Gemüth geführt, wie sie bei ihrer Barbarei es sich eigentlich zur Ehre rechnen und dankbar dafür sein müßten, daß der römische Hof sich vermöge seines gerade an Deutschland längst erprobten civilisatorischen Berufes der deutschen Angelegenheiten annehme und sich dann auch reichlich dafür bezahlen lasse.[387]

Als Churfürst Jakob von Trier dem König Friedrich rieth, sich die Gunst der deutschen Nation zu erwerben, indem er den neuen Papst Calixtus III. dränge, den deutschen Beschwerden abzuhelfen, überredete Enea Silvio den König, sich vielmehr mit dem Papst als mit dem deutschen Volke zu gemeinsamem Gewinn zu verbinden; denn, sagte der Italiener, zwischen Volk und König ist doch ein unauslöschlicher Haß, und es ist daher klüger, die Gunst des neuen Papstes durch geleistete Dienste zu erwerben.[388]

---

[387] Reponsa et replicae Wimphelingii ad Aeneam Sylvium bei Freher, Scr. rer. Germ. ed. Struv. II, 686—98. Noch um das Jahr 1516 hält es der patriotisch gesinnte Wimpheling für nothwendig, sein Vaterland und dessen Wortführer, den mainzischen Kanzler Martin Maier gegen den sienesischen Papst zu vertheidigen.

[388] Gobellini Comment. Pii. II, 25.

So blieb denn Rom die große Lasterschule, in welcher die deutschen und italienischen Kleriker zu beträchtlichem Theile als „Curtisanen" ihre Lehrjahre verlebten, von wo sie mit Pfründen und Sünden beladen, aber auch mit Absolutionen und Indulgenzen versehen, heimkehrten. Die allgemeine Unenthaltsamkeit in jenen Zeiten hat etwas Räthselhaftes. In ganzen Diöcesen und in sämmtlichen Län= dern des christlichen Europas war der Concubinat des Klerus so allgemein, daß er kein Aufsehen mehr erregte, daß man von gewissen Provinzen behaupten konnte, es gebe unter dreißig Geistlichen kaum einen, der sich rein erhalten habe; während heutzutage es Länder giebt, wo der Klerus der großen Mehrzahl nach selbst vom Verdachte der Unent= haltsamkeit frei ist. Der Unterschied in diesem Punkte lag im allgemeinen Zustande der völlig corrumpirten Kirchenverwaltung. Von einer Auswahl, einer sorgfältigen Vorbildung für den Dienst der Kirche konnte damals keine Rede sein, wo Alles käuflich war, wo man sich Beides, Ordination und Pfründe, in Rom erhandelte und erbettelte, wo die Gewissenhaften, die sich nicht mit Si= monie beflecken wollten, zurückstehen mußten, die Gewissen= losen aber im Vortheil waren und zu den höheren Stellen rasch emporstiegen, wo der geistliche Stand unter allen Berufsarten diejenige war, welche das bequemste und müßigste Leben mit den meisten Vorrechten und der ge= ringsten corporativen Gebundenheit darbot. Dafür, daß allgemeine Sicherheit und Straflosigkeit im Klerus herrschte, hatte die Curie ausreichend gesorgt. Wo die Häupter selbst das Beispiel der Verachtung göttlicher und menschlicher Gesetze gaben, da war nicht zu erwarten, daß die Untergebenen sich das drückende Joch der Enthaltsamkeit auferlegen würden, und so mußte das Contagium unaufhaltsam um sich greifen. Jeder, der von Rom kam, berichtete zu Hause, daß dort, in der Metropole der Christenheit und mitten im Schooße der großen Mutter und Lehrmeisterin aller Kirchen der ganze Klerus fast ohne Ausnahme Concubinen sich halte.[389])

Am Anfange des sechzehnten Jahrhunderts unter Julius II. trat eine Verwicklung ein, welche der Curie günstig schien, den Versuch zur Wiedergewinnung des in der Theorie verlornen Bodens zu machen. Ludwig XII. von Frankreich und der deutsche Maximilian, mit dem Papste politisch entzweit, nahmen das Mittel einer Kirchenversammlung zu Hilfe. Erst wurde in Tours eine französische Nationalsynode veranstaltet, dann ein allgemeines Concil nach Pisa berufen, welches, fast nur aus französischen Prälaten bestehend, das Verfahren der Baseler

---

[389]) Als unter Innocenz VIII. der Vicarius des Papstes dieß untersagen wollte, nöthigte ihn sofort dieser, sein Edict zurückzunehmen: „propter quod talis effecta est vita sacerdotum et curialium, ut vix reperiatur qui concubinam non retineat vel saltem meretricem." So berichtet der römische Stadtschreiber Infessura in seinem Diarium (bei Eccardi corp. hist. II, 1997).

Synode gegen den Papst nachahmte. Da, wie alle Welt wußte, der Streit rein politisch war und sich nur auf die Herrschaft in Italien bezog, so mißlang die ganze Unternehmung. Julius und nach ihm Leo X. setzten ihr lateranensisches Concil mit etwa 65 Bischöfen dagegen. Daß der Versuch in Pisa so völlig verunglückte, gab der Curie den Muth nun ihrerseits einen Schlag gegen die Concilien zu führen, nachdem die Namen Constanz und Basel in der Zeit der fortgeschrittenen kirchlichen Verwilderung und Unwissenheit von 1460 bis 1515 erblichen waren. Franz I. opferte die pragmatische Sanction um den Preis des ihm gewährten Kirchenpatronats, womit die Wahlen vernichtet, und das Schicksal des höheren und des nach Würden und Pfründen strebenden Klerus völlig in die königliche Hand gelegt wurde. So war nun auch in Frankreich die Hauptstütze für die Autorität der Baseler Synode gefallen, wie dieß in Deutschland schon durch das Wiener Concordat erzielt worden. Kurz vorher hatte bereits Maximilian, hierin der würdige Sohn seines Vaters, das Concil von Pisa preisgegeben und sich Julius II. und seiner lateranensischen Synode angeschlossen. In Rom aber hielt es die Curie an der Zeit, den Klerus, den man so eben in Frankreich völlig an die Hofgunst geknüpft hatte, doch auch wieder aus dem Staatsverband und Unterthanenverhältnissen herauszuheben, und so wurde in der neunten Sitzung des lateranensischen Concils von Papst und Bischöfen ent-

24

schieben: „Nach göttlichem sowohl als nach menschlichem
Rechte steht den Laien keine Gewalt über kirchliche Per=
sonen zu." Dadurch war zugleich eine Bestätigung des
früheren, von Innocenz III. auf der Synode von 1215
erlassenen Beschlusses gegeben, daß kein Geistlicher einem
Fürsten, von dem er keine Temporalien habe, einen Eid
der Treue leisten dürfe. Dann wurde es für eine ganz
offenbare und allbekannte, durch Schrift, Väter, Päpste
und die Concilien selber bezeugte Wahrheit erklärt, daß
der Papst volle Autorität über die Concilien habe
und sie nach Belieben berufen, verlegen und auflösen
könne.

Man muß annehmen, daß in einer Zeit, wo in Rom
selbst die vollständigste theologische Barbarei herrschte und
nur die scholastische Dogmatik durch einige Dominikaner,
wie Prierio und Cajetan vertreten war, die Cardinäle und
Bischöfe nicht einmal mehr wußten, was die Päpste Martin V.,
Eugen IV., Nicolaus V. und Pius II. so oft erklärt hatten;
denn man konnte doch kaum hoffen, daß die Autorität
eines Leo und eines Winkelconcils von 65 Italienern
mehr in der Wagschale der europäischen Meinung wiegen
würde, als die der Concilien von Constanz und Basel und
der ebengenannten Päpste.

Es kam jedoch noch etwas Anderes hinzu, nämlich
das Gefühl der vollständigsten Sicherheit, in welcher sich
die Curie damals befand, das Bewußtsein, daß, was sie

auch immer unternehmen möge und wie drohend und
verwickelt auch ihre politische Stellung in Italien sei, sie
doch im kirchlichen Gebiete nichts zu fürchten habe. Vor=
würfe und Anklagen, so laut sie auch da und dort sich
erheben mochten, störten diese Zuversicht auf den Bestand
der Dinge nicht. Und wie oft auch immer der Ruf nach
einem Concil erhoben wurde, welcher doch immer und vor
Allem nur Beschränkung des Papstthums bedeutete, in der
Curie blieb man dabei ruhig. Die Bande, welche den
Klerus an Rom knüpften, waren seit hundert Jahren so=
viel stärker geworden, jeder Kleriker, welcher rebellisch sich
erhob, war dem sichern Verderben geweiht und auch die
Laien konnten dem Banne und seinen Folgen sich nicht
entziehen. Selbst der kühne Gregor von Heimburg hatte
nur beim Hussitenkönig in Böhmen ein Asyl gefunden
und zuletzt dort als kranker und gebrochener Greis (1472)
in Rom um Absolution bitten müssen[390])

Die christliche Welt hatte doch, ohne daß irgendwo
eine nennenswerthe Auflehnung erfolgte oder auch nur
die strafende Stimme einer Synode erhoben worden wäre,
die Verwaltung solcher Päpste, wie Paul II., Sixtus IV.,
Innocenz VIII., Alexander VI. waren, ertragen, von de=
nen der Nachfolger immer noch die Laster des Vorgängers
zu überbieten getrachtet hatte. Paul II. machte durch seine

---

[390]) Brockhaus, Gregor von Heimburg. Leipzig. 1861, 383.
24*

Ausschweifungen, nach dem Ausbrucke eines Zeitgenossen, den Stuhl Petri zu einer Cloake.[391]) Derselbe Zeuge bemerkt: er sei eigens nach Rom gegangen und habe sich Eintritt in die verschiedenen geistlichen Körperschaften verschafft, habe aber nirgends einen auch im Leben wirklich religiösen Menschen finden können. Was er dann von dem Leben der Päpste, Cardinäle und Prälaten in Rom sagt, ist noch stärker.

Unter Paul II. und noch mehr unter Sixtus IV. und Innocenz VIII. wurde der große geistliche Markt noch erweitert; es galt für Nepoten Fürstenthümer zu schaffen, natürliche Söhne und Töchter reich zu machen. Neue Stellen wurden errichtet, um sie sofort zu verkaufen, Cardinalswürden waren um große Summen feil. Leo X. und Clemens VII. verkauften eine Anzahl von Cardinalsstellen, da die maßlose mediceische Verschwendung selbst die sonst für unerschöpflich geltende päpstliche Kasse geleert hatte. Von einem Ende Europa's bis zum andern hallte es wieder: in Rom ist alles feil. Das sagte und schrieb man allerdings schon seit vier Jahrhunderten in und außer Italien; aber jetzt im Anfange des sechzehnten war doch die allgemeine Ueberzeugung: so arg, so ganz offen und schamlos, wie es vor aller Welt Augen getrieben werde,

---

[391]) Attilio Alessio von Arezzo, bei Baluze-Mansi, IV. 519.

könne es doch früher nicht geschehen sein; die Kunst, alles in der Religion und Kirche in Geld umzusetzen, sei noch nicht so durchgebildet gewesen. — Der Graf Johann Franz Pico von Mirandola, der eine Schrift über das Unglück Italiens und dessen Ursachen an Leo X. richtete, erwähnt es als eines der Symptome der so hoch gestiegenen Ent= sittlichung und Gottlosigkeit der italienischen Nation, daß jetzt eine förmliche und öffentliche Versteigerung der kirch= lichen und religiösen Dinge an die Meistbietenden statt= finde.[392])

Seit dem Jahre 1512 war auch noch eine in Rom gedruckte officielle Ausgabe der in der römischen Kanzlei und Pönitentiarie gebräuchlichen Taxen hinzugekommen. Ihr lag allerdings die ältere, schon unter Johann XXII. angelegte Taxordnung zu Grunde, aber man hatte sie da= mals geheim gehalten, jetzt hingegen wurde sie öffentlich feilgeboten.[393]) Die Taxe, bald in alle Länder verbreitet,

---

[392]) De veris calamitatum causis nostrorum tempo- rum, ed. Calorius Cesius. Mutinae 1860, 24.

[393]) Die Zusammensetzung der Curie war im Anfange des sech= zehnten Jahrhunderts sehr verschieden von der heutigen. Ein in Rom gedrucktes Provinciale vom Jahre 1518 etwa enthält am Schlusse ein Verzeichniß der Officia Curiae. Bei den meisten ist bemerkt: venduntur. Der Kauf einer solchen Stelle war die vortheilhafteste Anlage eines Capitals, das sich natürlich reichlichst verzinste. Aus diesem Provinciale entnehmen wir, daß die Referendarii „non habent numerum", daß der Sollicitatores 101, der Magistri Archivi 101, der Scriptores Supplicationum 8, der Scriptores Registri 12, der

öffnete allerwärts die Augen über die ungeheure Menge
der römischen Vorbehalte und Verbote und zugleich auch
über die Preise für jede Uebertretung und für die Abso=
lution_von den schwersten Verbrechen, Mord, Blutschande
u. s. w. Man hat später diese Kanzlei=Taxe für eine Er=
findung von Feinden des Papstthums gehalten, aber die
wiederholten unter päpstlicher Genehmigung veranstalteten
Ausgaben lassen keinen Zweifel zu. ³⁹⁴) Sie zeigen, wie
sicher man sich in Rom fühlte, und was die Curie alles

Scriptores der Pöntentiarie 27, der Scriptores der Breven 81,
der Collectores Plumbi 104, der Scriptores apostolici 101 gewesen
seien. Alle diese Aemter wurden verkauft. Hierauf kommen 13 Pro=
curatoren in ſer Audientia Contradictarum, 60 Abbreviatores de
minori, 12 Abbreviatores de parco majori. Auch die meisten dieser
Stellen waren käuflich. Wir zählen noch 12 Advocati Consistoria=
les, 12 Auditoren der Rota, von denen es heißt, daß sie sich mit
den Trinkgeldern begnügen. Hierauf noch 10 Notarii unter dem
Auditor Camerae, 29 Secretarii und 7 Clerici Camerae mit 9 Notaren.
— Man denke sich nun einen wohlmeinenden Papst, wie Hadrian
VI., der sich als ein hochbejahrter Mann mit der Aussicht nur einige
Jahre noch Papst zu sein, plötzlich an die Spitze dieser durch und
durch auf Gelderwerb berechneten Riesenmaschine gestellt findet; gegen
800 Personen, alle von der Begierde getrieben, ihr Capital, womit
sie ihre Stelle erkauft, möglichst lucrativ zu machen, alle im gemein=
schaftlichen Interesse eine festgeschlossene Phalanx bildend. Da mußte
das Gefühl gänzlicher Ohnmacht auch das tapferste Herz beschleichen.
³⁹⁵) Sie sind später mit dem Zusatz „ab haereticis depravata"
auf den Index der verbotenen Bücher gesetzt worden, allein die von
den Protestanten allerdings häufig besorgten Editionen unterscheiden
sich nicht von den authentischen römischen, unter Julius II. und
Leo X. gedruckten.

der Welt bieten zu können glaubte; denn der bitterste Feind
Roms hätte nichts Schlimmeres ersinnen können, als diese
Aufdeckung eines seit Jahrhunderten consequent ausgebil=
deten Mechanismus, in welchem die Gesetze nur gegeben
schienen, damit man die Uebertretung derselben verkaufen
könne, und Personen sowohl als Communitäten der Ge=
brauch der natürlichsten Rechte, nur wenn sie dafür zahl=
ten, gestattet wurde.[395]

Die Curie kehrte sich nicht daran, wenn sie in Schrif=
ten als die Urheberin alles Verderbens in der Christen=
heit, als Vergifterin und Plagegeist der Völker geschildert
wurde. Allerdings nahm man hie und da eine schwere
Rache, besonders dann, wenn es ein beliebter Volksredner
war, der die Curie angriff. Als der Carmelit Thomas
Conecte, der lange in Frankreich, Flandern und Italien
als wandernder Missionär thätig gewesen, zahllose Be=
kehrungen erwirkt und durch ein heiliges Leben sich aus=
gezeichnet hatte, endlich die Laster der römischen Curie
geißelte, ließ ihn Eugen IV. durch die Inquisition foltern
und lebendig verbrennen.[396] Was Eugen an Conecte ge=

[395] So mußten z. B. Städte, wenn sie eine Elementarschule er=
richten wollten, erst eine Licenz dafür in Rom erkaufen. Sollte eine
Schule verlegt werden, so mußte wieder eine Summe dafür bezahlt
werden. Nonnen mußten in Rom eine Erlaubniß kaufen, wenn sie
ein paar Mägde zum Krankendienst annehmen wollten. Vgl. Taxae
Cancellariae Apostolicae Romae 1514, f. 10 u. ff.

[396] „Adversus vitia curiae Romanae emergentia nimio quia
zelo declamabat, captus pro haeretico habitus est et ut talis com-

than, vollbrachte Alexander VI. an Savonarola. Der ge=
feierte Redner und Theologe hatte den Ruf nach einer Re=
formation der geschändeten Kirche erhoben und die Monar=
chen gemahnt, die Hand zu einem ökumenischen Concil zu
bieten. Alexander bannte ihn dafür und bedrohte Florenz
mit dem Interdict. Päpstliche Commissäre erschienen und
Savonarola wurde mit zwei Ordensgenossen wegen Ketzerei
hingerichtet, die Leichname verbrannt. So hatte der ge=
krönte Theologe den einfachen Predigermönch überwunden
— der Theologe, denn das war Alexander VI. trotz sei=
ner Kinder und seiner „Mägde".[397]) Als Robrigo Borgia
hatte er gethan, was sicher zum rothen Hut führte, er
hatte außer einer Glosse zu den Kanzleiregeln eine recht
gelehrte Schutzschrift für die päpstliche Universalmonarchie
und Unfehlbarkeit verfaßt.[398]) Allein Savonarola war,
das mußten selbst Gegner ihm zugestehen, nicht nur einer
der genialsten Männer und besten Theologen seiner Zeit,

---

bustus." Cosmas de Villiers, Biblioth. Carmelitana, Aure-
lianis 1752, II. 814. Sein Ordensgenosse Baptista Mantuanus (de
vita beata in fine) erklärt Thomas für einen Märtyrer und vergleicht
seinen Tod mit dem Martyrium des hl. Laurentius. Eugen soll später
und auf dem Todbette seinen Antheil an dieser That schmerzlich
bereut haben.

[397]) Der Ausdruck ist von Macchiavelli entlehnt: „Tre sue
famigliari e care auzelle, lussuria, simonia e crudeltade." J
Decennali, Opere ed. Fiorent. 1843, 682.

[398]) Clypeus defensionis fidei S. Rom. Ecclesiae,
Argentor. 1497.

er gehörte auch dem mächtigsten der geistlichen Orden an und hatte viele Anhänger in demselben. So geschah es, daß er als ein Heiliger und Märtyrer der Wahrheit ver= ehrt wurde, und andere Heilige, wie Filippo Neri und Catharina Ricci ihm Zeugniß gaben, selbst ein späterer Papst, Benedict XIV. ihn der Canonisation für würdig erklärte.[309])

In noch höherem Grade als Deutschland war Ita= lien das Opfer der Curie, doch ertrug der Italiener Alles leichter, weil die Summen, welche das ganze tributpflich= tige Europa an den römischen Hof auf hundert verschie= denen Wegen entrichtete, doch auch von Rom aus wieder durch den Nepotismus in die übrigen Theile der Halb= insel sich ergossen und die Cardinäle und Prälaten größ= tentheils Fleisch von seinem Fleisch, Bein von seinem Bein waren. Aber die moralischen Einwirkungen waren eben um dieser Nähe und Blutsverwandtschaft willen um so unheilvoller. Die denkenden Italiener jener Zeit, welche Vergleichungen anstellen konnten, waren alle der Ansicht, daß ihre Nation die anderen nördlicher gelegenen Völker an Corruption und Irreligiosität übertreffe. Macchia= velli erklärt: „Das verdanken die Italiener der römischen Kirche und ihren Priestern, daß wir durch ihr böses Bei= spiel alle Religion und Andacht verloren haben und ein

---

[309]) De servorum Dei canonisatione III. 25. 17.

glaubensloses und böjes Volk geworden sind"[400]). „Je
näher," sagt er ferner, „ein Volk dem römischen Hofe
wohnt, desto weniger Religion hat es. Würde dieser
Hof unter den noch frömmeren Schweizern sich nieder-
lassen, so würden in kurzer Zeit die Laster der Curie auch
diese Provinzen verwüsten." — Macchiavelli's Mitbürger
Guicciardini, der viele Jahre den mediceischen Päpsten
in hohen Aemtern gedient, ihre Provinzen verwaltet und
ihr Heer befehligt hatte, urtheilte nicht günstiger: Man
könne, meint er mit Bezug auf Macchiavelli's Worte,
von dem römischen Hofe nicht so viel Böses sagen, daß er
nicht noch Schlimmeres verdiene[401]).

Was diese Staatsmänner über das sittliche Verderben,
welches die Curie über Italien gebracht hatte, sagen, bestätigen in ihrer Weise die Prälaten. Isidor Chiari,
Bischof von Foligno, der in Trient in der Lage gewesen
ist, seine bischöflichen Collegen ganz in der Nähe kennen
zu lernen, äußert: In ganz Italien könne man unter den
dritthalbhundert Bischöfen kaum vier finden, welche nur
den Namen von geistlichen Hirten verdienten und ihr Amt

---

[400]) Discorsi, I. 12 p. 273, ed. 1843.
[401]) Opere inedite, I. 27. Firenze 1857: „Non si può
dire tanto male della corte Romana che non meriti se ne dica
piu, perchè è una infamia, uno esemplo di tutti e vituperii e
obbrobrii del mondo." In seinen Ricordi autobiografici
sagt er gelegentlich: „A Roma, dove le cose vanno alla grossa,
ove si corrompe ognuno etc." Opere, X. 166.

wirklich verwalteten. „Wenn das italienische Volk der
christlichen Religion so entfremdet ist, daß man fast sagen
kann, das christliche Bekenntniß sei bei uns ausgestorben,
so liegt die Schuld an den Bischöfen und Pfarrern; denn
unser ganzes Leben ist eine beharrliche Predigt des Un=
glaubens."[402])

Es verdient Anerkennung, daß damals trotz der In=
quisition in Italien Vieles gesagt und manches Geständ=
niß abgelegt werden durfte, was man später, als die
Jesuiten mit ihrem System des Verschweigens, Vertuschens
und Beschönigens emporgekommen waren, nicht mehr er=
tragen hätte. Sogar Päpste trugen kein Bedenken, Be=
kenntnisse zu machen, welche die Mehrzahl der Cardinäle
und der Prälaten der Curie als höchst unklug mißbilli=
gen mußten. Hadrian VI. ließ durch seinen Legaten
Chieregati der deutschen Nation eröffnen: allerdings seien
am römischen Stuhle seit Jahren viele Abscheulichkeiten
vorgekommen und Alles zum Bösen verkehrt worden, von
dem Haupte habe sich das Verderben in die Glieder, vom
Papst über die Prälaten verbreitet.[403]) Gab es auch hie
und da einen wohlmeinenden Bischof in Italien, so fühlte
er sich, sobald er Hand anlegen und seine Diöcese ver=
walten wollte, ohnmächtig. Als Matteo Giberto, der Ver=

---

[402]) Der Bischof Lindanus hat in seinem Apologeticum ad
Germanos, Antwerp. 1568. p. 19 diese Stelle angeführt.
[403]) Raynald. a. 1522, 66.

traute und Datario Clemens' VII., seine Diöcese Verona
endlich aufsuchte, fand er, daß schon die Stadt selbst in
sechs verschiedene geistliche Jurisdictionen getheilt war,
und sah sich alsbald mit seinen Reformversuchen sovielen
Exemten gegenüber vollständig gelähmt[404]. Der Biograph
Giberto's führt in seiner Schilderung des Zustandes der
Lombardei an, das Volk habe durchaus weder das Gebet
des Herrn noch das apostolische Symbolum gekannt und
ein großer Theil sei auch nicht einmal im Jahre zu Beichte
und Abendmahl gegangen; die, welche noch für die Besten
galten, thaten es gewohnheitsmäßig einmal.

Wie es in päpstlichen Diöcesen mit Klerus und Volk
stand, sieht man unter andern aus den Schriften des oben
erwähnten Bischofs Isidor Chiari. Er fand um 1550, daß
die sämmtlichen Priester seiner Diöcese bis auf einen oder
zwei nicht einmal die Worte der sakramentalen Absolution
kannten und die Formel der Lossprechung vom Banne für
die Beicht=Absolution hielten. Er mußte ihnen Lehrer schicken,
da sie die Messe nicht richtig lesen konnten. Sein Klerus
war noch mehr wegen seiner Laster als wegen seiner Un=
wissenheit allgemein beim Volke verachtet. Die meisten
Pfründenbesitzer konnten nicht lesen.[405] Kurz im Ver=

---

[404] Giberti Vita, vor seinen Opera, ed. Veron. 1733,
p. XI.

[405] Isidori Clarii Episc. Fulginatis, in sermonem
Domini. Venet. 1566, f. 101—125.

gleiche mit solchen Zuständen, welche die Curie in ihrer
unmittelbaren Nähe geschaffen hatte, waren ‚die der ent=
fernteren Länder minder trostlos. — Sechzig Jahre lang
war die große Diöcese Mailand mit 2300 Priestern ohne
Bischof. In den' Häusern der Geistlichen fanden sich nur
Waffen, Concubinen und Kinder. Im ganzen Volke ging
das Sprichwort um: der sicherste Weg zur Hölle sei der
Priesterstand. Der Gebrauch der Sacramente war auch
hier beinahe verschwunden. Dieß sind einige Züge des
furchtbaren Bildes, welches der Mailänder Priester Giuf=
sano etwas später von den dortigen Zuständen entwirft. [406])

Als Leo X. im Jahre 1513 gewählt wurde, mußte
er eine furchtbare Erbschaft antreten, die auch den Muthig=
sten mit Bangen hätte erfüllen können. Seine Vorgänger
seit Paul II. hatten das Mögliche geleistet um den päpst=
lichen Stuhl mit Schmach und Schande zu bedecken und
Italien allen Gräueln endloser Kriege preiszugeben. Gleich=
wohl war die erste Regung bei ihm die, daß nun, da er
Papst sei, ein Leben des behaglichsten Genusses für ihn
begonnen habe. [407])

----

[406]) De vita et rebus gestis Caroli Borr. ed. Oltroc-
chi, Mediol. 1757, p. 69.

[407]) „Primo pontificatus die maximam voluptatem et cupidita-
tem expressit, dum florentina lingua palam hoc ennunciavit: Vo-
lo, ut pontificatu isto quam maxime perfruamur." Der Biograph
bemerkt dazu, daß, wer Leo gekannt, dies nur von physischen Genüf=
sen verstanden habe. Die Stelle fehlt im Abdruck bei Roscoe-

Auch das Bewußtsein, daß Rom und die Curie in der ganzen Welt gehaßt werde, trugen die Prälaten Röms mit großer Gemüthsruhe. Der oben erwähnte Giberto sah voraus, daß im Fall des Krieges die Deutschen schaarenweise herbeieilen würden „in Betracht des natürlichen Hasses, den sie gegen uns hegen." Erasmus hatte es von Anfang an wiederholt ihnen gesagt, daß die immer mächtiger anwachsende Kirchentrennung ihre Nahrung vorzüglich aus diesem Hasse ziehe. Die Thatsachen redeten auch laut genug. Selbst der unbedingt ergebene Bischof von Bitonto, Cornelio Musso, einer der erkorenen Redner zu Trient, verschwieg es nicht: Der Name Roms sei bei allen Nationen verhaßt und selbst die Freunde könnten über die Schmach und Verachtung der römischen Kirche nur seufzen.[408] Wenn jetzt in der eilften Stunde die Bischöfe eines Landes sich beriethen, was denn geschehen könne, dem doppelten Strom der Corruption und des Abfalls von der Kirche zu wehren, so zeigte sich wieder, daß ihnen die Curie die Nerven und Sehnen ihrer Episcopalgewalt durchschnitten hatte. Auf der Synode, welche

---

Rossi, Vita di Leone X. t. XII., steht aber im Cod. Vatican. 3920, aus welchem sie uns ein Freund abgeschrieben hat, zugleich mit der folgenden gleichfalls ausgelassenen: „Ea tempestate Romae sacra omnia venalia erant, ac nulla habita virtutis aut integrae famae ratione palam ad Pontificatum suffragia vendebantur, omniaque ambitione corrupta erant."

[408] Sermones, II, dom. 5. Serm. 2.

die französischen Bischöfe der Provinz Sens zu Paris im
Jahre 1528 hielten, mußte man es selbst in die Kanones
setzen, daß die Bischöfe nicht einmal durch Verweigerung
der Ordination die Unbrauchbaren und Unwürdigen vom
Klerus ferne halten konnten, da jeder sofort nach Rom
ging und sich dort ordiniren ließ.[409]) Zwanzig Jahre
später mußten die französischen Prälaten wieder auf einer
Versammlung zu Melun gegen das zerrüttende Eingreifen
der Curie protestiren, welche plötzlich den Anspruch erhob,
in der Bretagne und Provence die Pfründen zu vergeben
und das ganze simonistische Unwesen der Reservationen,
Exspectativen, Regressionen mit den endlosen daraus ent=
stehenden Processen auch nach Frankreich trotz des Concor=
dats von 1517 zu verpflanzen, womit, wie die Bischöfe
dem Papste bitter genug sagten, jede Hoffnung einer kirch=
lichen Reformation abgeschnitten worden wäre.[410])

Im Jahre 1527, als jenes Schicksal über Rom herein=
brach, welches so einzig, wie Rom selbst, in der Geschichte
dasteht, als die Stadt, welche seit unvordenklicher Zeit
unzählbare Geldsummen aus dem ganzen Abendlande in
sich aufgenommen hatte, von Deutschen, Italienern und
Spaniern geplündert und wie ein vollgesogener Schwamm
ausgedrückt wurde, da endlich gingen doch Manchem die
Augen auf. Jener Cajetan oder de Vio, der Leo X. als

---

[409]) Harduin, Conc. IX., 1953.
[410]) Baluze-Mansi, Misc. II., 297—300.

Hoftheologe zur Seite gestanden, ihm zu der Schmach der
lateranischen Synode, zu den Beschlüssen gegen Constanz
und Basel, zu der Proclamirung des göttlichen Rechtes,
daß jeder Kleriker habe, seinem Fürsten nicht zu gehorchen,
beredet und die Feder dabei geführt hatte, derselbe Mann,
der dann als Legat in Deutschland die Sache Luthers
durch seinen Uebermuth vergiftet und wieder den Papst ver=
leitet hatte, die Mißbilligung des Verbrennens der Ketzer
für häretisch zu erklären — er schrieb nun 1527 nach der
Eroberung: „Mit Recht wird das Leben der Kirchenhirten
verachtet und bleibt ihr Wort ohnmächtig; das erfahren
jetzt wir römischen Prälaten, die wir durch ein gerechtes
Gottesurtheil nicht Ungläubigen, sondern Christen zur
Beute, zur Plünderung und Gefangenschaft überliefert sind.
Wir sind ja zu Nichts zu brauchen als zu äußeren Cere=
monien und zum Genusse äußerlicher Güter, darum sind
wir niedergetreten durch körperliche Knechtschaft."[411])

So oft in jener Zeit bei Colloquien und Conferenzen
zwischen Protestanten und Katholiken der Einfluß des
Papstthums auf die Kirche und die römische Verwaltung
religiöser Dinge besprochen wurden, mußten die katholischen
Wortführer erklären: Hier hört die Vertheidigung auf,
hier sind wir überwunden, wir können die Dinge nicht
läugnen und nicht beschönigen. So schon 1519 der Bischof

---

[411]) Raynald. a. 1527, 2.

Berthold von Chiemsee, so der Carbinal Contarini, so die
Verfasser der römischen Denkschrift von 1538, der Abt
Ludwig Blosius, die französischen und belgischen Theologen,
Claudius b'Espense, Ruard Tapper, Gentian Hervet, Bischof
Lindanus, Johann Hoffmeister. — Es gab selbst Momente,
wo sich die Päpste von ihren erprobtesten Dienern Dinge
sagen lassen mußten, welche in gewöhnlichen Zeiten einen
Inquisitionsproceß zur Folge gehabt hätten. Caspar Con=
tarini, welchen Paul III. aus einem weltlichen Staats=
mann in der Noth plötzlich zum Carbinal gemacht hatte,
wagte dem Papste, dem Sinne nach, zu sagen, daß das
ganze Papalsystem verkehrt und unchristlich sei. Luther,
sagte er, habe wohl Grund gehabt, sein Buch von der
babylonischen Gefangenschaft zu schreiben. „Nichts dem
Gesetze Christi, welches ein Gesetz der Freiheit ist, Wider=
sprechenderes kann ersonnen werden, als dieses System,
wonach die Christen dem Papst unterworfen sein sollen,
welcher bloß nach eigenem Ermessen Gesetze machen, abro=
giren und von denselben dispensiren kann. Eine größere
Knechtschaft als diese hätte über das christliche Volk nicht
verhängt werden können."[412]

Solche Stimmen verhallten nun freilich wirkungslos;
Paul III. war nicht gesonnen, auch nur um eines Haares

---

[412] Epist. duae ad Paulum III., Colon. 1538, p. 62 ff.
Auch in der Sammlung von Le Plat, II, 605.

Breite von seiner Willkürherrschaft abzutreten, und gegen
einen Contarini gab es in Rom stets Hunderte von Tor=
quemada's, Cajetan's, Jacobazzi's und Bellarmin's.

Die beiden Concilien, das lateranische von 1516 und
das tridentinische in seiner ersten Periode, glichen ein=
ander darin, daß die Männer, welche vor diesen Versamm=
lungen redeten, Geständnisse ablegten und Anklagen erho=
ben, über deren Offenheit und niederdrückende Wucht man
sich verwundern muß. Diese Reden und Schilderungen
wiederholen in den mannigfachsten Wendungen den Gedan=
ken: wir Cardinäle, wir italienischen Bischöfe und Curialen
sind eine Heerde nichtswürdiger, pflichtvergessener Menschen.
Wir lassen sorglos unzählige Seelen verloren gehen, wir
entehren die bischöfliche Würde, wir sind nicht Hirten, son=
dern Wölfe, wir sind die Urheber des in der ganzen Kirche
herrschenden Verderbens; ganz besonders aber tragen wir
die Schuld an dem religiösen Verfall Italiens.

Der Cardinal Anton Pucci sagte es offen vor der
Versammlung von 1516: „Rom, die römischen Prälaten
und die von Rom täglich ausgesendeten Bischöfe, wir zu=
sammen sind die Ursachen sovieler Irrthümer und Cor=
ruptionen in der Kirche; wenn wir unseren guten Ruf,
welcher fast vollständig verloren gegangen, nicht wieder ge=
winnen, so ist Alles dahin." Und Matthias Ugoni, Bi=
schof von Famagusta, der auch an der lateranischen Sy=
node Theil genommen, beschreibt in seinem Werke die

Verachtung, in welche die italienischen Bischöfe gesunken
seien, so daß es keine Infamie gebe, die man ihnen nicht
zufüge, während sie Jeden, der nur von dem Bedürfnisse
einer Reform und eines wahren Concils rede, sofort als
Friedensstörer und Heuchler verhöhnten und von sich stie=
ßen. Das Schlimmste, was bisher von der italienischen
Prälatur gesagt worden, bestätigten dann im Jahre 1546
die päpstlichen Legaten in Trient. Die Reformatoren in
Deutschland durften nur, wenn sie die schwere Schuld der
Päpste und italienischen Bischöfe der Welt malen wollten,
diese Worte der Legaten und noch viele ähnliche auf dem
Concil nachher gefallene Aeußerungen und Bekenntnisse ab=
schreiben; denn man konnte es nicht deutlicher sagen, daß
der Ruin des ganzen Kirchenwesens, die herrschende Sitten=
losigkeit, der Beifall, mit welchem neue Lehren und kirch=
liche Gestaltungen überall von dem vernachlässigten, unbe=
friedigten und an seinem Klerus und seiner Kirche irre
gewordenen Volke aufgenommen wurden, daß alles dies
zuletzt auf die italienische, in der römischen Curie concen=
trirte und von dort den Diöcesen vorgesetzte Prälatur
zurückzuführen sei.[413] Alles, sagen sie, was uns jetzt von

[413] Admonitio ad Synodum, vom J. 1546, bei Le Plat,
Monum. Coll. I. 40. Da heißt es: „Horum malorum magna ex
parte nos causa sumus. — Quod lapsam morum disciplinam et
abusus complectitur, hic nihil attinet diu investigare, quinam
tantorum malorum auctores fuerint, cum praeter nos ipsos ne

den Häretikern widerfährt, ist nur ein gerechtes Strafge= richt über unsere Laster und Frevel, unsere Verleihung der Kirchenämter an die Unwürdigen u. s. f.

Gleich die erste Rede, welche der Bischof Coriolano Martorano von San Marco bei Eröffnung des Concils hielt, erregte Erstaunen.[414]) Das Bild, das er von dem Charakter der italienischen Cardinäle und Bischöfe entwarf, von ihrer blutdürstigen Grausamkeit, ihrer Habgier, ihrem Hochmuth und der von ihnen angerichteten Kirchenver= wüstung, war grauenerregend. Ein Ungenannter, der diese erste Sitzung in einem Briefe an einen Freund be= schrieben hat,[415]) meinte: Luther selbst habe wohl nie schärfer geredet. Was er damals in Trient hörte, erzeugte in ihm die Vorstellung, daß die Synode zwar nicht die pro=

nominare quidem ullum alium auctorem possimus." Man ver= gleiche, was Girolamo Muzio in seinen Lettere catholiche, Venez. 1571, p. 227 im J. 1557 über die „abominazione introdotta nella chiesa" sagt. Die Bischöfe nämlich, die selbst schlecht und unfähig, „danno la cura dell' anima alla feccia degli uomini." Wie man damals, wenn man die erforderliche Geldsumme zusam= mengebracht hatte, ein Bisthum in Rom kaufte und dies eine ge= wöhnliche Versorgung für den jüngeren Sohn einer vornehmen Fa= milie war, erzählt Guicciardini in seinen Ricordi. Sein Verwandter Rinieri Guicciardini, Bastard und schon reichlich mit Beneficien ver= sehen, kaufte sich bei dem Papste das Bisthum in Cortona um 4000 Ducaten zusammen mit der Dispense, seine Beneficien beibehalten zu dürfen. Opere X. 59.
[414]) Sie steht bei Le Plat, I. 20 ff.
[415]) Fortgesetzte Sammlung von theologischen Sachen, 1747, 335.

testantische Lehre annehmen, aber energischer als die Lu=
theraner selbst gegen die päpstliche Tyrannei sich erheben
werde. Wie sehr täuschte er sich in seiner Unkenntniß des
italienischen Prälatenwesens! Was aber damals in Trient
gesprochen wurde, ließ doch keinen Zweifel, daß die allge=
meine Abwesenheit der italienischen Bischöfe von ihren
Diöcesen, welche meistens ihre Hirten nie auch nur ge=
sehen hatten, noch als ein Glück zu betrachten sei; so stark
auch die römischen Verfasser der für Paul III. bestimmten
Denkschrift von 1538 die Unerträglichkeit dieses Zustandes
hervorhoben.[416])

Man hat ein Schreiben des berühmten Antonio
Flaminio vom Jahre 1545, das sich auf die Anfänge
des eben sich bildenden Concils von Trient bezieht. Was
denn, fragte er, eine von so monströsen Bischöfen gebildete
Synode für die Kirche thun werde? Das seien Bischöfe,
an denen nichts bischöflich sei, als der lange Rock. Er
weiß nur von einem würdigen, aber schon verstorbenem
Bischofe in Italien, Giberto von Verona. Aber von den

---

[416]) „Omnes fere pastores recesserunt a suis gregibus, com-
missi sunt omnes fere mercenariis." Ed. 1671. p. 114. Und 60
Jahre später, trotz der angeblichen durch Trient bewirkten Reforma=
tion, stand es noch nicht anders. Cardinal Bellarmin sagt in seiner Denkschrift an Clemens VIII.: „Video in ecclesiis Italiae de-
solationem tantam quanta ante multos annos fortasse non fuit,
ut jam neque divini juris neque humani residentia esse videatur."
Baronii epist. et opusc., Romae 1770, III. 9.

jetzigen Bischöfen, die es geworden sind durch Fürstengunst, durch Werbung, durch Erkaufung in Rom, durch verbre= cherische Künste oder als langjährige Cortegiani in Rom, ist nichts zu hoffen; sollte es besser werden, so müßten sie in Masse abgesetzt werden.[417])

Es bedurfte nur der Erscheinung einiger Spanier und Franzosen in Trient, um sofort die italienischen Bischöfe in eine den römischen Befehlen unbedingt gehorchende, den Legaten auf den Wink folgende Heerde umzuwandeln. Sie ließen es sich wohl gefallen, daß sie der ganzen Welt als elende gewissenlose Miethlinge, als rohe und unwissende Menschen geschildert wurden, kein Murren, kein Wider= spruch unterbrach da den Redner. Auch das durfte ein Italiener (von einem Transmontanen wäre es wohl nicht ertragen worden) sagen, daß alles Unglück der Kirche und jeder kirchliche Mißbrauch von der römischen Kirche komme.[418]) Aber wenn es galt, ihre Hingebung an die römische Curie zu bethätigen, dann erglühten sie im Wetteifer der Devo= tion. „Die italienischen Bischöfe, sagt Pallavicini,

---

417) Das merkwürdige Schreiben steht in: Quattro lettere di Gasparo Contarini, Firenze 1558, ist aber nach der Be= merkung des Carbinals Quirini von Flaminio.

418) Das sagte z. B. Anton Pucci, nachher Carbinalbischof von Albano, auf der lateranischen Synode: „Rom oder Babylon, ejus- que incolas pastores, qui quotidie per universum terrarum orbem animarum saluti praeficiuntur, tantorum causam errorum.“ Concil. ed. Labbé, XLV, 240.

kannten kein anderes Streben als Aufrechterhaltung des
apostolischen Stuhls und seiner Größe. Indem sie dafür
wirkten, zeigten sie sich, wie sie meinten, zugleich als gute
Italiener und als gute Christen."[419]) Wenn einmal von
einem fremden Bischofe eine geschichtliche Thatsache erwähnt wurde, die nicht in das Papalsystem sich fügen
wollte, dann brach der Sturm los. So hatte der Bischof
Vosmediano von Cadix bemerkt, daß die Metropoliten
ehedem kraft ihrer Autorität die Bischöfe ihrer Provinz
ordinirt hätten. Der Cardinal Simonetta widersprach
sofort, und nun erhoben die italienischen Bischöfe ein
wildes Geschrei und hinderten durch Stampfen und Scharren
mit den Füßen den Bischof zu sprechen. Dieser Verfluchte
dürfe nicht reden, schrieen sie, man müsse ihn sogleich vor
Gericht stellen.[420]) Das war die conciliarische Freiheit in
Trient.

Gerade in Italien, wo es nicht, wie in Deutschland
und andern Ländern, zur offenen kirchlichen Trennung
kam, wo die Masse des niedern Volks im Allgemeinen
katholisch blieb, war damals ein der Verzweiflung sich
nähernder Zustand der Entmuthigung bei den besser Gesinnten eingetreten. In ihren Reden und Schriften um

---

[419]) „Non tendevano ad altro oggetto che al sostentamento
ed alla grandezza della sede apostolica." Storia del Conc. di
Trento, V, 425. ed. Milan. 1844.
[420]) Psalmaei Coll. Actor.; bei Le Plat, VII, II, 92.

die Zeit der Eröffnung der Trienter Synode ist von dem Untergange der Religion, von der Agonie oder selbst von dem Leichenbegängnisse der Kirche die Rede, welcher die Bischöfe beiwohnen sollten. Sie nennen die Kirche einen in Verwesung begriffenen Leichnam oder ein in Flammen stehendes und fast schon eingeäschertes Haus. So redete Lorenzo Giustiniani, Patriarch von Venedig, so die Cardinäle Aegidius von Viterbo und Anton Pucci und dann mehrere von den Bischöfen in Trient. Das war der Eindruck, den der Anblick der Zustände in Italien auf sie hervorbrachte, wo Unglauben und rohe Superstition sich in die Nation getheilt zu haben schien; wogegen jenseits der Alpen die Nationen im Ganzen noch gläubig waren, wenn auch ihre Anhänglichkeit an die Kirche, welche sich ihnen als tyrannische Gebieterin und immer nur in ihrer Mißgestalt und bis zur Unkenntlichkeit getriebenen Verzerrung zeigte, tief erschüttert war. Der Socinianismus war ein national-italienisches Erzeugniß, in Deutschland oder England fand er keine Stätte.

In Deutschland und überhaupt dießseits der Alpen hatte man den Gedanken, daß die eingetretene Unterbrechung der kirchlichen Gemeinschaft zur bleibenden Trennung sich entwickeln werde, noch lange nicht gefaßt. Die allgemeine Stimmung war immer noch in soweit kirchlich, als man sein Vertrauen auf ein wahrhaft freies, nicht durch päpstlichen Zwang unterjochtes Concilium setzte,

welches die Kirche zugleich reinigen und vereinigen werde,
wobei freilich die Vorstellungen von den Bedingungen
der Wiedervereinigung je nach persönlicher Stellung und
Nationalität sehr verschieden waren. Hier sowohl, als
in den skandinavischen Ländern, in England, in den Nie=
derlanden hätte in der Zeit vor 1560 durch eine billige
Reformation, durch einige Zugeständnisse bezüglich des
Kelches und der Priesterehe, hauptsächlich aber durch Auf=
hebung des Papalsystems die religiöse Einheit gerettet
oder wiederhergestellt werden können. Wenn die milderen
unter den Reformatoren, wie Melanchthon, nur bis zur
Anerkennung des päpstlichen Primats als einer menschlich
rechtlichen und der Kirche nützlichen Institution gehen
wollten, so lag dieß, wie man aus Luthers Aeußerungen
sieht, doch hauptsächlich daran, daß in ihrer Vorstellung
das Zerrbild der absoluten Monarchie, welches man ihnen
stets entgegenhielt, mit der Vorstellung vom Primat in
der Kirche unzertrennlich zusammenfiel. Wie sie die Idee
des neutestamentlichen Priesterthums und des eucharistischen
Opfers nicht fassen konnten oder wollten, weil ihnen Beides
nur in der damaligen Verunstaltung und Entwürdigung,
der Ueberhebung über die Laienwelt und der zur Kaufwaare
gewordenen Messe vorschwebte, so war es auch mit dem
Primat. Er mußte ihnen doppelt verhaßt und unerträg=
lich sein, sowohl durch die damaligen Träger, als durch
das tyrannische Element in demselben und die Wahr=

nehmung, daß gerade die Curie Quelle und Ursprung des Verderbens in der Kirche sei.

Zu der italienischen Ergebenheit gegen Rom gehörte vor Allem, daß man nicht nur dem Papalsystem, sondern auch der Consequenz desselben, der Theorie von der päpst=lichen Unfehlbarkeit huldigte. Diese Doctrin war indeß gerade seit Leo X. in einer Entwicklungsphase begriffen.

Im Ganzen war in dem langen von 1431 bis ge=gen 1450 zwischen dem Concil und den Päpsten geführ=ten Streite über den Vorzug der Autorität die Frage von dem päpstlichen Ansehen in Glaubenssachen doch sehr zurückgetreten. Auf der Synode zu Florenz wurde sie, nachdem die Griechen die Cyrillus=Fictionen kurzweg zurück=gewiesen hatten, von den päpstlichen Theologen nicht mehr erwähnt, man wußte, daß es völlig hoffnungslos sei, die Griechen zur Anerkennung eines solchen Anspruchs zu be=wegen. Auf der Baseler Synode war es gelegentlich als etwas allgemein Anerkanntes ausgesprochen worden, daß die Päpste gleich Anderen dem Irrthum in Glaubens=sachen unterworfen seien. Die Theologen des Papalsystems, wie Torquemada, der Minorit Capistrano, der Do=minikaner und Erzbischof Antonin, welche zwischen 1440 und 1470 die Lieblingslehre der Curie von der Oberhoheit des Papstes über die Concilien verfochten, erfanden einen andern Ausweg, als den der Unfehlbarkeit, um den Papst der Unterordnung unter das Concil in Glaubenssachen

zu entziehen, und auch der Cardinal Jacobazzi schloß
sich ihnen später an. Sie behaupteten, wie dies besonders
Torquemada ausführt: der Papst könne allerdings in
Häresie fallen und eine falsche Lehre vortragen, aber dann
sei er schon vor jeder Möglichkeit eines kirchlichen Urtheils
thatsächlich von Gott selbst abgesetzt, so daß Kirche oder
Concil dann nicht mehr über ihn richten, sondern das
göttliche Urtheil nur verkünden, und so könne man eigentlich doch nicht sagen, daß ein Papst häretisch werden
könne, da er in demselben Momente, in welchem der
Uebergang aus der Orthodoxie in die Heterodoxie in ihm
sich vollziehe, auch aufhöre Papst zu sein.

Hiernach müßte man sagen, auch ein Bischof oder
Priester sei nie häretisch und könne nie wegen Häresie
abgesetzt werden, da ihn immer Gott vorher, nämlich gleich
bei der ersten innerlichen Entscheidung für eine falsche
Lehre, abgesetzt habe; denn wenn man einmal göttliche
Absetzungen schon vor aller menschlichen Intervention an-
nahm, so war es unmöglich, beim Papste damit stehen zu
bleiben, oder zu sagen, Gott sei nur gegen den Papst so
streng, milder aber gegen häretische Bischöfe und Priester. —
Eine Wendung, wie diese, so deutlich nur von der Noth und
Verlegenheit eingegeben, konnte Niemanden befriedigen.
Torquemada[421] indeß klammerte sich an diese Erfindung

---

[421] Summa, IV. 2, c. 16 f. 388.

an: er verwirft den Einfall derer, die meinten, Gott werde nie zulaſſen, daß der Papſt etwas falſches definire. Dieſen Behelf verboten ihm ſchon die Thatſachen, die er aus Gratian wußte; aber, meinte der Carbinal, wenn der Papſt dennoch es thut, dann hat er dem Rechte nach ſchon aufgehört Papſt zu ſein — er iſt alſo gleichſam nur noch der Leichnam eines Papſtes, an dem die Kirche Juſtiz nach Gutbünken üben kann. Torquemada's Zeitgenoſſen, der heil. Antonin, Erzbiſchof von Florenz, und der Ka= noniſt Anton be Roſellis, ſo hoch ſie auch die päpſtliche Gewalt erhoben, verlegten doch die Unfehlbarkeit nur in die ganze Kirche und ihre Repräſentation, die Concilien. Nur vereinigt mit der Kirche und von ihr, von dem Concil berathen, iſt der Papſt gegen Irrthum geſichert, meint der Erſtere[422]. So hatte man immer noch keine päpſtliche Unfehlbarkeit. Allzu feſt ſtand der Satz: der Papſt kann häretiſch werden und dann muß die Kirche oder das Concil erſt ihm ſagen: Setze Dich ſelber ab. Weigert er ſich deſſen, ſo ſpricht das Concil ſeine Abſetzung aus. So hat ſich Cardinal Jacobazzi die Sache zurecht gelegt[423]. Auch er bezieht noch das Gebet Chriſti auf die Kirche, nicht auf den Nachfolger Petri[424], und ſo hatte ſchon vor ihm Thomas

---

[422] Summa theol. p. III, p. 416.
[423] De Concilio ed. Paris. p. 390.
[424] ib. p. 421.

Netter oder Waldensis gethan[425]). Weiter ging auch
Silvester de Prierio, der damals Magister Palatii war,
nicht: „Der Papst irrt nicht," sagt er, berathen vom Concilium"[426]). Erst in Thomas de Vio oder Cajetan erhob sich ein Bekenner der vollen päpstlichen Unfehlbarkeit.
Er war es, der durch Leo X. zum erstenmal die von den
früheren Päpsten so feierlich anerkannte und verbürgte
Autorität der Constanzer und Baseler Beschlüsse von der
Gewalt der Concilien antasten ließ, wiewohl auch selbst
in dem fraglichen Decret des Papstes, das er auf seiner
italienischen Synode ergehen ließ, die Constanzer Synode
nicht einmal genannt war.

Jetzt war es Zeit, das Gebäude des Papalsystems
durch die consequente Fortbildung des von dem betrogenen
Thomas entworfenen Unfehlbarkeitsprinzips zu krönen.
Den Decreten der beiden Concilien wurden nun die bekannten Fälschungen, die erdichteten Stellen und Kanones
der orientalischen Concilien und Väter entgegengesetzt.
Sogar die plumpste und handgreiflichste dieser Fälschungen,
die des Augustin, den man die päpstlichen Schreiben für
kanonische Schriften ausgeben ließ, machte Cajetan für
seine Lehre geltend[427]). Zu den von Thomas entlehnten

---

[425]) Doctrinae, 2, 19.
[426]) Summa Sylvestrina, Romae 1516, verbo: Concilium.
[427]) Ad Leonem X. de divina inst. Pontificatus, Romae 1521, c. 14.

Fictionen fügte er dann noch eigenen Trug hinzu, wie er denn die berühmte Constanzer Censur des wiklefitischen Satzes, die ihm besonders unbequem war, verstümmelte[428]).

Cajetan war der Typus jener schmeichelnden Hof=theologen, welche nachher Caraffa und die übrigen Ver=fasser der Denkschrift von 1538 als die Verführer der Päpste durch ihre Lehre von der Willkürherrschaft, und als die Urheber des Verderbens und Zerfalles der Kirche brand=markten. Er hatte das Wort ersonnen, zu welchem die Amtsführung der mediceischen Päpste und ihrer nächsten Nachfolger den praktischen Commentar lieferte: die katho=lische Kirche sei die geborene Magd des Papstes[429]) — er, der doch einen Sixtus IV., Innocenz VIII., Alexander VI. noch gesehen hatte.

Man kann nicht sagen, daß Cajetan's neue Lehre in Rom herrschend geworden sei. Es mußte Manchem be=denklich erscheinen, wenn jetzt zugleich die päpstliche Unfehl=barkeit behauptet und doch die lange Reihe päpstlicher Bullen, welche die offenbar dogmatischen Constanzer Be=schlüsse bestätigt und erörtert hatten, für irrig erklärt werden sollten. Innocenz VIII. hatte noch im J. 1486

---

[428]) Die entscheidenden Worte: „(error est), si per Romanam Ecclesiam intelligat universalem aut Concilium generale" warf er heraus.

[429]) Apologia tractatus de comparata auctoritate Papae et Concilii. Romae 1512, c. 1.

die Orthodoxie der Pariſer Hochſchule zu einer Zeit an=
erkannt, wo dieſe, wie ihre Theologen Almain und Johann
Maior in ihrem Namen erklärten, die Lehre von der
Superiorität des Papſtes über das Concil als Ketzerei
brandmarkte, und in ganz Frankreich und Deutſchland in
dieſem Sinne gelehrt wurde. Der Cardinal von Lothringen
verſicherte daſſelbe auf der Synode zu Trient, ohne daß
dort ein Widerſpruch erfolgt wäre. Papſt Hadrian VI.
wurde zum Papſt erwählt, obgleich allgemein bekannt war,
daß er als Profeſſor der Theologie zu Löwen in ſeinem
theologiſchen Hauptwerke behauptet hatte: mehrere Päpſte
ſeien häretiſch geweſen, und es ſei gewiß, daß ein Papſt
eine Ketzerei durch ſeine Entſcheidung oder Decretale auf=
ſtellen könne [430]. — Dieſe Erſcheinung eines Papſtes, der
des Bewußtſeins von ſeiner Unfehlbarkeit ſo völlig bar
war, daß er ſein Werk in Rom ſelbſt und als Papſt neu
drucken ließ, blieb nicht ohne Nachwirkung. Noch durfte
man in Italien die Autorität der beiden Concilien und
ihre Schlüſſe vertheidigen und das Papalſyſtem als ge=
ſchichtlich und rechtlich unhaltbar hinſtellen. Dies bewies
das Werk des Biſchofs Ugoni von Famaguſta, dem ſogar
Lob und Zuſtimmung von Seite Pauls III. zu Theil wurde,

---

[430] Comment. in IV. Sentent., quaest. de confirm.: „Cer-
tum est, quod possit errare, haeresin per suam determinationen
aut Decretalem asserendo.“ Er erklärt dabei ausdrücklich: „Eva-
cuare intendo impossibilitatem errandi, quam alii asserunt.“

obgleich er den Torquemada widerlegt und die richterliche
Gewalt des Concils über den Papst nachgewiesen hatte [431].
Auch der ganze Inhalt der berühmten Denkschrift, in
welcher die Cardinäle Caraffa, Pole, Sadolet und Contarini mit Beiziehung von Fregoso, Giberto, Aleandro,
Badia und Cortese eine freimüthige Schilderung der kirchlichen Zustände Roms und Italiens entwarfen, läßt gleichfalls erkennen, daß sie von den kirchlichen Verirrungen,
Mißgriffen und falschen Grundsätzen der Päpste eine sehr
ausgeprägte Vorstellung hegten, der Unfehlbarkeitshypothese aber durchaus nicht geneigt waren. Wenn diese
Männer das Elend, welches die Päpste in ihrer Verblendung über die ganze Kirche gebracht hatten, die Verwüstung derselben, ja „ihren Einsturz" [432], den die falsche
Lehre von der päpstlichen Omnipotenz und Willkürherrschaft verursacht habe, schildern, so waren sie sicher
weit von der Vorstellung entfernt, Christus habe jedem
Papst ein Privilegium verliehen, durch dogmatische Unfehlbarkeit „die Brüder zu stärken", während er übrigens die
ganze Kirche durch seine verkehrten Anordnungen schwäche
und zerrütte.

Gerade die Männer, welche vorzüglich dafür thätig

---

[431] De Conciliis M. Ugonii Synodia. Venet. 1568.
Das Schreiben des Papstes ist vorgedruckt.

[432] „Collapsam in praeceps ecclesiam Christi," ist ihr Ausdruck.

waren, die Lehre von der persönlichen Unfehlbarkeit der
Päpste zu verbreiten, mußten die Erfahrung machen, daß
der kirchlichen Corruption und den Mißbräuchen, welche
doch durch die „unfehlbaren" Päpste selber eingeführt und
befestigt worden waren, eine größere Festigkeit durch diese
Lehre verliehen wurde und jeder Versuch einer Besserung
nun um so sicherer scheiterte. Cajetan war, nachdem er
sich durch seine bei der Lateran=Synode geleisteten Dienste
den Cardinalshut erworben, späterhin doch unter Hadrian VI.,
der für solche Vorstellungen zugänglich war, über die Si=
monie der Curie bedenklich geworden, und hatte das gewöhn=
liche Verkaufen der Bisthümer, der Pfründen, der Dis=
pensen und Indulgenzen, die zuletzt allen Werth verlieren
würden, anstößig zu finden gewagt. Da erhob sich allge=
meiner Unwille gegen ihn. Welche Thorheit, hieß es, — ob
er denn Rom in eine menschenleere Einöde verwandeln,
das Papstthum völlig entkräften, dem so verschuldeten
Papste die zur Führung des Pontificats unentbehrlichen
Geldmittel entziehen wolle? Was der Papst umsonst geben
könne, das könne er auch verkaufen⁴³³). Um Cajetan in
Rom unschädlich zu machen, sandte man ihn als Legaten
nach Ungarn.

---

⁴³³) „Quid enim aliud esset quam vastam in Urbe facere
solitudinem? Pontificatum ad nihilum redigere? ... Ridiculum
est, quod gratis donare possis, idipsum vendere non
posse." Joh. B. Flavii de vita Th. de Vio Cajetani, vor
den Commentarii Cajetani in S. Script. Lugd. 1639. T. I.

Der andere Gönner der Unfehlbarkeitstheorie, der sic in Belgien einzubürgern sich bemühte, war der Löwener Theologe Ruard Tapper. Er kam im J. 1552 schwer enttäuscht von Trient zurück; er hatte, wie sein Freund der Bischof Lindanus berichtet, die Sitten der Römer und die Praxis der Curie, die nur darauf berechnet sei, einen stets hungrig gähnenden Schlund zu füllen, die Heuchelei der Kirchenhäupter, die Käuflichkeit der kirchlichen Dinge in der Nähe gesehen. Man müsse, meinte er nun, mit den Protestanten über dieses tiefgreifende Verderben und diesen Verfall der Kirche nicht streiten, sondern ihn beweinen[434].

Der dritte unter den theologischen Vätern der päpst= lichen Untrüglichkeit war der Zeitgenosse Tappers, der Spanier Melchior Cano, der gleich diesem auf der Trienter Synode gewesen. Sein Werk über die theologi= schen Prinzipien und Beweismittel war bis auf Bellarmin die Hauptquelle, aus der alle Infallibilisten schöpften. Die Erfahrungen aber, die er über die Wirkungen dieser Lehre an den Päpsten und der Curie selbst wahrgenom= men, hat er in einem später auf Befehl des Königs von Spanien verfaßten Gutachten in das Wort zusammen= gedrängt: „Wer Rom heilen zu können glaubt, der kennt es schlecht; die ganze Verwaltung der Kirche ist dort in ein großes Kaufgeschäft, in einen durch göttliche, mensch=

---

[434]) Lindani Apologeticum. p. 20.

liche und natürliche Geſetze verbotenen Schacher ver=
wandelt[435]).

Außerhalb Italiens hatte die Unfehlbarkeitshypotheſe
noch im ſechzehnten Jahrhundert, bis der mächtige Ein=
fluß der Jeſuiten begann, nur wenige Anhänger. In
Spanien war noch im fünfzehnten Jahrhundert von dem
angeſehenſten Theologen des Landes, Alfons Mabrigal,
genannt Toſtado, gemäß den Conſtanzer und Baſeler
Beſchlüſſen die Unterwerfung des Papſtes in Glaubens=
ſachen unter das Concil behauptet worden. Noch weiter
ging in dieſer Richtung der Spanier Biſchof Andreas
Escobar. Erſt die Inquiſition war es, welche dort, indem
ſie jede Gegenrede unmöglich machte, die römiſch=jeſuiti=
ſche Lehre zur allgemeinen Geltung brachte.

In Deutſchland ſtanden die katholiſchen Theologen,
welche gegen die proteſtantiſche Lehre ſtritten, vor dem
Eintritte der von den Jeſuiten über die Hochſchulen und
Höfe geübten Herrſchaft noch durchaus auf Seite der
Concilien. Sie ſahen, welche furchtbare Waffe mit der
Annahme der päpſtlichen Untrüglichkeit dem Proteſtantis=
mus gegen die katholiſche Kirche dargeboten werde, und
wie damit der Vorzug der dogmatiſchen Unveränderlich=
keit für die Kirche verloren gehe. Cochläus, Witzel, der

---

[435] Dieſes Gutachten, früher von Campomanes franzöſiſch ver=
öffentlicht, ſteht jetzt ſpaniſch in der neuen Ausgabe (1855) von En-
zinas, dos informaciones im Apendice. p. 35.

Bischof Nausea von Wien wiesen sie zurück. „Es wäre allzu gefährlich," sagt der Letztere, unsern Glauben von dem Urtheile eines einzigen Menschen abhängig zu machen, größer als die Stadt ist der Erdkreis"[436]).

In Frankreich war unter dem mächtigen Einflusse der Pariser Hochschule ohnehin Jedermann von der höhern Autorität der Concilien überzeugt, und daran hatte die widerwillig ertragene Aufhebung der pragmatischen Sanction von Bourges nichts geändert. — Um so hingebender äußerten sich aber jetzt um die Zeit der Trienter Synode die italiänischen Prälaten. Der Bischof Cornelio Musso von Bitonto predigte in Rom über den Römerbrief Pauli: „Was der Papst sagt, müssen wir annehmen, als ob es Gott selbst sage. In göttlichen Dingen halten wir ihn für Gott; in Sachen der Glaubensmysterien würde ich dem einen Papst mehr glauben, als tausend Augustinus, Hieronymus, Gregorius"[437]).

Als Bellarmin es unternahm, die römische Lieblingslehre neu zu begründen, hatte der gewaltige Geistersturm die Theologie in neu betretene Bahnen getrieben und die Theologen zur Anwendung einer andern Methode genöthigt. Die römische Curie glaubte damals, durch die Erfolge des Jesuitenordens, durch die europäische Machtstellung des ihr ganz ergebenen spanischen Hofes und die Unter-

---

[436]) Rerum Conciliar. V. 3.
[437]) Conciones in ep. ad Romanos p. 606.

werfung Heinrichs IV. ermuthigt, eine Wiederherstellung
ihrer Herrschaft, wenigstens über den Occident anstreben
zu können. Das Interdict gegen Venedig zeigte, was man
wagen zu dürfen wähnte. Das Lieblingsinstitut Roms
wurde jetzt wieder die Inquisition in ihrer neuen und er=
weiterten Gestalt mit der Filiale der Inderxcongregation.
Die Thätigkeit eines Inquisitors war die beste Empfeh=
lung und der sicherste Weg zur Carbinalswürde, selbst zum
päpstlichen Stuhl. Schon Paul IV. hatte erklärt, die In=
quisition sei die einzige Stütze des päpstlichen Stuhls in
Italien. Zwei merkwürdige und gewichtige Documente
zeigen, was jetzt erstrebt wurde und wie die Gregoriani=
schen Ideen den Verhältnissen Europas im sechzehnten
Jahrhundert angepaßt werden sollten.

Mit ganz besonderer Feierlichkeit, so recht von der
Cathedra herab, hat Paul IV. seine Bulle „Cum ex apo-
stolatus officio" erlassen. Er hat sie mit den Carbinälen
berathen und von ihnen unterzeichnen lassen und definirt
nun „aus der Fülle seiner apostolischen Gewalt" Sätze,
wie folgt:

1) Der Papst, welcher als Pontifex Maximus der
Stellvertreter Gottes auf Erden ist[438], hat die Herrschaft
in ihrer ganzen Vollgewalt über die Völker und König=

---

[438] „Qui Dei et Domini nostri Jesu Christi vices gerit in
terris."

reiche; er richtet Alle und kann in dieser Welt von Niemandem gerichtet werden. ,

2) Alle Fürsten und Monarchen, gleichwie alle Bischöfe sind, sobald sie in Ketzerei oder kirchliche Spaltung
verfallen, ohne daß es irgend einer rechtlichen Formalität
bedürfte, unwiderruflich abgesetzt, jedes Herrscherrechts für
immer beraubt und der Todesstrafe verfallen. Im Falle
reuiger Bekehrung werden sie in einem Kloster eingeschlossen, um da bei Wasser und Brod zeitlebens zu büßen.

3) Niemand darf einem häretisch oder schismatisch
befundenen Fürsten irgend eine Hülfe, auch nicht die der
bloßen Menschlichkeit gewähren; der Monarch, der dieß
unternähme, ist sofort seines Landes oder Besitzes verlustig,
welches dann den dem Papste gehorsamen Fürsten, die
sich desselben bemächtigen, zufallen soll.

4) Wenn später entdeckt wird, daß ein Papst oder
Bischof früher einmal ketzerisch oder schismatisch gesinnt
gewesen ist, so ist alles, was dieser Prälat seitdem verrichtet hat, nichtig und ungültig. —

Also noch im Jahre 1558 die feierlichste, von den
Cardinälen unterzeichnete und nachher von Pius V. noch
besonders bestätigte und erneuerte Erklärung, daß der
Papst vermöge seiner Allgewalt jeden Monarchen absetzen,
jedes Land einer fremden Invasion preisgeben, jeden Besitzer seines Eigenthums berauben könne und zwar ohne

jegliche rechtliche Formalität und nicht einmal bloß wegen
Abweichung von der in Rom approbirten Lehre oder we=
gen Trennung, sondern schon in Folge eines etwa ge=
währten Asyls, wobei weder ein Recht der Dynastie noch
der Nation geachtet, diese vielmehr den Greueln eines
Eroberungskrieges preisgegeben werden soll. Und zu allem
diesem kommt endlich noch die Lehre, daß alle Amtsacte
und Sacramentsspendungen eines Papstes oder Bischofs,
welcher einmal, etwa vor 20, 30 Jahren in irgend einem
Lehrpunkte häretisch gesinnt gewesen, nichtig sein sollen.
Die letzte Bestimmung enthält eine so starke und grelle
Verläugnung der allgemein in der Kirche recipirten, ob=
gleich früher hie und da in Rom verkannten Grundsätze
über Kraft und Gültigkeit der Sacramente, daß sie den
Theologen ganz unbegreiflich erscheinen mußte. Jene
schweren Uebelstände, welche schon früher in der Kirche in
Folge solcher Doctrinen eingetreten waren, würden sich
auch jetzt wiederholt haben, wenn nicht selbst die entschie=
densten Anhänger der Unfehlbarkeitstheorie, die jesuitischen
Theologen, dadurch abgeschreckt worden wären, sich den
Grundsatz dieses Papstes und seiner Cardinäle anzueignen;
obwohl Paul IV. allen, welche gegen seine Decrete sich
sträubten, den Zorn Gottes androhte. Selbst Bellarmin
hat 40 Jahre später und zwar in Rom selbst behauptet:
ein Bischof oder Papst verliere dadurch, daß er insgeheim
häretisch werde oder es gewesen, seine Gewalt nicht; sonst

würde ja alles unsicher und die ganze Kirche zerrüttet
werden. —

Weit größere und nachhaltigere Wirkung brachte das
andere Document hervor, die Abendmahlsbulle nämlich,
an der die Päpste Jahrhunderte lang gearbeitet haben,
und deren abschließende Redaction in das Pontificat Urbans VIII. (1627) fällt. Unter Gregor XI. im Jahre
1372 trat sie zuerst in noch einfacheren Umrissen hervor.
Gregor XII. (1411) wiederholte sie, und unter Pius V.
im Jahre 1568 erhielt sie mit neuen Zusätzen vermehrt
ihre bleibende Norm. Nach seiner Bestimmung sollte sie
in der Christenheit als ein ewiges Gesetz dauern und vorzüglich den Bischöfen, Pönitentiariern und Beichtvätern
als ein Kanon vorgezeichnet sein, den sie im Beichtstuhl dem
Gewissen der Gläubigen einzuschärfen hätten. Wenn irgend eine Urkunde das Gepräge „cathedratischer Entscheidung" trägt, so ist sie es, die von sovielen Päpsten immer
wieder bestätigt wurde.

Diese Bulle excommunicirt und verflucht alle Ketzer
und Schismatiker, sowie diejenigen, welche sie aufnehmen,
begünstigen und vertheidigen, also alle Fürsten und Ma-
gistrate, welche Andersgläubigen Aufenthalt in ihren Ländern gestatten. Sie excommunicirt und verflucht alle, welche
die Bücher Andersgläubiger ohne päpstliche Erlaubniß
lesen, behalten oder drucken; alle, seien es Einzelne oder
Universitäten und andere Corporationen, welche von den

päpstlichen Erlassen an ein allgemeines zukünftiges Concil
appelliren. Sie greift ein in bie Autonomie bes Staates unb
in seine Souveränitätsrechte, Steuern unb Zölle aufzu=
legen, Gerichtsbarkeit zu üben, geistliche Verbrecher zu be=
strasen, indem sie mit Excommunication unb Anathem es
bebroht, wenn solche Acte ohne specielle päpstliche Er=
laubniß vollzogen werden, unb biese Strafe soll nicht bloß
auf die obersten Organe bes Staats, sondern auf ben
ganzen Beamtenkörper, herab bis zum Schreiber, Büttel
unb Henker sich erstrecken. Nur der Papst allein, außer
auf bem Tobbette, soll von biesen Censuren entbinben
können. —

Kein Wunder, daß die Fürsten unb Staaten gegen
ein solches Manifest sich sträubten, es nicht publiciren
ließen unb ihm alle Gültigkeit absprachen. In Frank=
reich verordnete im Jahre 1580 bas Parlament, baß alle
Bischöfe unb Erzbischöfe, welche diese Bulle bekannt machen
würden, ihrer Güter verlustig unb bes Hochverraths für
schulbig erklärt werden sollten. In den Niederlanden
wiberstanden ihr die Bischöfe selbst; ebensowenig gestattete
ihr Eingang der König von Spanien, der barin einen
Eingriff in seine Rechte erkannte, unb der Vicekönig von
Neapel. Rudolf II. protestirte feierlichst gegen ihre Publi=
kation in Deutschland unb besonders in Böhmen. Der
Erzbischof von Mainz war gleichfalls zu ihrer Einführung
nicht zu bewegen, nicht minder Venebig. Aber die Theo=

logen und Kanonisten, oben an die Jesuitischen, schalteten
die Bulle in ihre Lehrbücher ein, schrieben Commentare
dazu und unzählige Beichtväter gingen soweit, auf Grund
derselben die Absolution zu verweigern. Clemens XI. wagte
es noch (1707) mit Beziehung auf die Nachtmahlsbulle
Joseph I. und alle, die dabei betheiligt waren, wegen
seines Handels mit Parma und Piacenza, worauf Rom
Hoheitsrechte zu haben behauptete, mit dem Bann zu be=
legen; aber der Kaiser ging gegen ein solches Verfahren
energisch vor und der Papst mußte nachgeben. Als noch
im Jahre 1768 Clemens XIII. noch einmal in die Sou=
veränitätsrechte des Herzogs von Parma mit dem Anathem
eingriff, da entstand in den katholischen Staaten eine
große Aufregung. Selbst die streng katholische Maria
Theresia wies für die österreichische Lombardei energisch
die päpstlichen Uebergriffe zurück und verbot den Gebrauch
der Bulle, von der sie in ihrem Edicte bemerkte, daß sie
Bestimmungen enthalte, welche für den priesterlichen Cha=
rakter sich nicht geziemen, durchaus nicht zu rechtfertigen
wären und die fürstliche Macht schwer beleidigen. Da
diese Bulle 200 Jahre lang alljährlich am Gründonnerstag
feierlich verkündigt wurde, so konnten die in Rom an=
wesenden Gesandten der katholischen Mächte jedesmal be=
richten, wie an diesem Tage ihre Monarchen und Regie=
rungen, welche den päpstlichen Ansprüchen thatsächlich nicht
Folge leisteten, excommunicirt worden seien. Wenn die

Bulle auch seit Clemens XIV. nicht mehr wie ehedem am
Gründonnerstag verlesen wird, so betrachtet man sie doch,
wie Cretineau-Joly anführt, noch immer in den römischen Tribunalen und Congregationen als zu Recht bestehend.

Der Jesuitenorden konnte seiner ganzen Richtung und
Bestimmung nach in der Frage der päpstlichen Unfehlbarkeit nicht auf halbem Wege stehen bleiben, nicht wie
die älteren Infallibilisten von Thomas bis Cajetan zwischen der Möglichkeit eines häretischen Papstes und der
unbedingten Unterwerfung unter dessen Entscheidungen hin
und her schwanken. Der Jesuit sieht in der Verzichtung
auf das eigene Urtheil, in der passiven Hingabe der Intelligenz wie des Willens an diejenigen, welche er als
seine Gebieter erkennt, die Blüthe der Religiosität. Das
Opfer des eignen Verstandes an den Verstand eines andern Menschen ist das edelste, Gott wohlgefälligste Opfer,
welches gemäß der Lehre des Ordens ein Christ bringen
kann[439]). Schon im Noviziat wurde der angehende Jesuit
angewiesen, das Licht seines Verstandes, soweit dasselbe
den blinden Gehorsam erschweren sollte, zu ersticken. Er

---

[439]) „Obedientia tum in executione, tum in voluntate, tum in
intellectu sit in nobis semper omni ex parte perfecta omnia
justa esse nobis persuadendo, omnem sententiam ac judicium nostrum contrarium caeca quadam obedientia abnegendo." Instit.
Soc. Jesu, Pragae 1757. I, 408. Hier der bekannte Vergleich
vom Leichnam (perinde acsi cadaver esset), und vom Stab.

soll daher vom Novizenmeister so versucht werden, wie Gott den Abraham versucht hat[440]). In den Ordensexer=citien wird eingeschärft: „Wenn die Kirche entscheidet, daß etwas, was unsern Augen weiß zu sein scheint, schwarz sei, so müssen auch wir sagen, daß es schwarz sei"[441]). Der Orden selbst ist seiner Ansicht nach die vollste Nachbil=dung der kirchlichen Hierarchie; der General ist für den Orden, was der Papst für die ganze Kirche ist[442]). Wie der Jesuit seinem General gehorcht, ebenso blind, mit glei=cher Aufopferung der eignen Einsicht soll jeder Christ dem Papst gehorchen.

Demnach muß jeder Jesuit der Anwalt des vollständigsten Absolutismus in der Kirche sein. Jede Schranke ist in seinen Augen ein Gräuel, jede gesetzliche Ordnung, welche gegen irgend einen Willensakt des einen allmächtigen Herrn und Gebieters sich zu behaupten versuchte, ist ein Attentat, eine Handlung des Hochverraths. Spricht der Papst sich über eine Lehre aus, so muß Jedermann und müssen die Bischöfe zuerst, vereinzelt oder versammelt, als Vorbilder ihrer Heerden, sich blind unterwerfen und das Opfer ihres Verstandes bringen. Und damit thun sie noch wenig; denn der Jesuit, als das vollkommenere Wesen,

---

440) Instit. I, 376.
141) Exercit. spirit. S. Ignat. ed. Reg. 1644, p. 290. 291.
442) „In hac religione, quae hierarchiam ecclesiasticam ma-xime imitatur." Suarez de relig. Soc. Jesu, p. 629. 725.

bringt dieses Opfer zweimal. Er opfert seine Einsicht
erstens dem Papste, zweitens auch noch seinem General
auf. Denn nach der Vorstellung, welche, früher nur in
einzelnen Köpfen spukend, im Jesuitenorden erst Consistenz
gewonnen hat, ist die gesammte Kirche ein Leib, der für
sich und ohne den Papst noch entseelt, von dem Papste
als seiner Seele informirt wird, wie dieß der Cardinal
Pallavicini ausführt[443]). Dieser Seele, d. h. dem Papst
kommt daher die Herrschaft über die ganze christliche Welt
zu; er ist Monarch und Herr der Welt, seine Autorität ist
die Basis, das Band und die bewegende Intelligenz der
kirchlichen Regierung[444]). Gregor XIV. hat denn auch
in seiner Bulle vom Jahre 1591 den hohen Vorzug des
Jesuitenordens als eines trefflichen Werkzeugs anerkannt,
das bei der despotischen Gewalt seines Generals um so
leichter von den Päpsten zu verschiedenen Functionen ver-
wendet werden könne.

Auf dieser Stufe zeigt sich uns das Papalsystem in
einer Vollendung und Consequenz, wie es selbst Trionfo
und Pelayo noch nicht erfaßt hatten. Bis zu der Vorstellung, daß die ganze christliche Welt nur eine für sie
denkende, wissende und wollende Seele habe, und daß diese

---

[443]) „Non meriterebbe piu la chiesa nome di Chiesa, cioè di
Congregazione, mentre fosse disgregata per tante membra senza
aver l'unità da' un anima che le informasse e le regesse.“ Storia
del Conc. di Tr. I, 108, ed. 1843.
[444]) ib. I, 107.

Seele der Papst sei, hatten jene Absolutisten des vierzehnten Jahrhunderts sich noch nicht erschwungen. Ein Gedanke wie dieser konnte nur in dem Geiste von Männern, welche unter der Zucht des heiligen Officiums gereift waren, sich ausbilden.

Bellarmin hat die Gedanken Cajetan's, dem er sich überhaupt anschließt, weiter ausgesponnen; aber er verwirft dessen Hypothese von dem durch ein göttliches Urtheil bereits abgesetzten häretischen Papst entschieden. Auch ein häretischer Papst ist legitim, so lange ihn die Kirche nicht abgesetzt hat. Hatte Cajetan gesagt: die Kirche ist die Magd des Papstes, so fügt nun Bellarmin hinzu: was dem Papste der Kirche als Lehre vorzuschreiben beliebt, das muß sie annehmen; von irgend einer Prüfung kann hier keine Rede kein; unbesehen, auf jedes eigene Urtheil verzichtend, muß sie fest glauben, daß alles, was der Papst lehrt, unbedingt wahr; alles, was er gebietet, unbedingt gut; was er immer verbietet, schlechthin böse und schädlich ist. Denn der Papst kann in moralischen Fragen ebensowenig irren, als in dogmatischen. Ja, er versteigt sich bis zu der Behauptung, daß wenn der Papst irren würde, indem er Sünden vorschriebe und Tugenden verhinderte, die Kirche gebunden wäre, die Sünden für gut und die Tugenden für schlecht zu halten, wenn sie nicht gegen das Gewissen fehlen wollte.[461] Entbindet also der Papst die

445) „Si autem papa erraret praecipiendo vitia, vel prohibendo

Unterthanen eines Fürsten von dem Eid der Treue, wozu er nach Bellarmin vollkommen berechtigt ist, so muß die Kirche glauben, daß er hiermit etwas Gutes gethan, und jeder Christ müßte es sich zur Sünde rechnen, wenn er seinem Fürsten noch ferner treu und gehorsam bliebe. In Bellarmins Augen konnte es nur eine verkehrte Anmaßung der Concilien sein, daß sie päpstliche Erklärungen über Glaubensfragen noch einer eigenen Prüfung unterzogen.

Nach Cajetan und Cano hat Bellarmin die päpstliche Unfehlbarkeit soweit ausgedehnt, und die Concilien, ja die ganze Kirche den Päpsten gegenüber so herabgedrückt, daß nur eine Auffassung des Verhältnisses übrig blieb: Gott thut nichts überflüssiges, er gibt die der christlichen Welt nothwendige untrügliche Autorität nicht doppelt, einmal der Gesammtheit der Kirche und dann wieder eigens dem Papste. Da nun gewiß ist, daß sie dem Papste zukommt, so folgt daraus, daß die Kirche sie nicht für sich, sondern nur durch den Papst als eine von ihm ausgehende und nur in ihm vorhandene Erleuchtung empfängt, daß, mit andern Worten, dem Papste die active, der Kirche nur die passive Unfehlbarkeit zukommt. Daher ist nach der Lehre dieser Partei jeder Conciliumsbeschluß unsicher, bis er die

virtutes, teneretur. Ecclesia credere vitia esse bona et virtutes mala, nissi vellet contra conscientiam peccare." De Rom. Pontif. 4, 5, ed. Paris. 1643 p. 456.

päpſtliche Beſtätigung erhalten hat, welche ihm erſt höhere
Gewißheit verleiht. Ein päpſtlicher Ausſpruch dagegen
kann von keiner irdiſchen Gewalt oder Geſellſchaft beſtätigt
werden, er iſt an ſich ſchon bindend und göttlich gewiß.
Die Unächtheit der Iſidoriſchen Decretalen war nun
von den Magdeburger Centuriatoren aufgedeckt. Wer nur
einige Kenntniß des chriſtlichen Alterthums beſaß, konnte
nicht mehr zweifeln, daß ſie ein ſpät entſtandenes Mach=
werk ſeien. Allein das Papalſyſtem war ſo unauflöslich
mit dieſen Fälſchungen verwachſen, daß die Theologen der
Curie und der Jeſuiten=Orden entſchloſſen waren, ſie zu
vertheidigen und ſie auch fernerhin als Beweismittel für
die päpſtliche Unfehlbarkeit und Monarchie zu gebrauchen.
Der Jeſuit Turrianus verfaßte eine weitläufige Apologie
der Decretalen. Bellarmin erkannte, daß es ohne die
Fälſchungen Pſeudo=Iſidors und die ſpäteren des ano=
nymen Dominikaners unmöglich ſein würde, auch nur
den Schein eines traditionellen Beweiſes zu Stande zu
bringen; die drei vornehmſten Begründer der neuen Lehre,
Thomas, Cajetan und Melchior Cano, hatten ſich ja auch
nur auf dieſe Fictionen geſtützt. Auch war jetzt das
neue äußerſt wachſame Cenſur=Tribunal errichtet, und man
hoffte in Rom mit Hilfe deſſelben, indem man jede die
Unächtheit der Zeugniſſe nachweiſende oder anerkennende
Schrift gleich unterdrücke und verdamme, das Anſehen

und den Einfluß dieser Fictionen aufrecht erhalten zu können.

So hat denn Bellarmin reichlichen Gebrauch von den Isidorischen Fictionen gemacht. Es ist seinem durch diese Briefe der ältesten Päpste erleuchteten Geiste völlig klar, daß alle Sätze des Papalsystems schon im ersten und zweiten Jahrhundert der Kirche in voller Blüthe standen, die ganze Christenheit schon eine absolute Monarchie bildete, auch damals schon die Päpste den Clerus von der weltlichen Gerichtsbarkeit eximirt hatten[440]). Der falsche Cyrillus, dieser Lieblingszeuge des Thomas, ist auch für ihn eine unschätzbare Autorität, und er meint, der griechische Text dazu sei nur noch nicht gefunden und gedruckt. Was hätte sich auch aus dem ganzen ersten Jahrtausend von der Kirche griechischer Zunge für die päpstliche Monarchie und Unfehlbarkeit anführen lassen, wenn man alle erdichteten oder corrumpirten Stellen beseitigt hätte.

Es ist nicht möglich, Bellarmin für ganz ehrlich und aufrichtig zu halten, da diese Blindgläubigkeit bei einem solchen Manne unbegreiflich wäre, um so mehr als er in seinen Vorlesungen in Rom nach dem Berichte von Nißhton gesagt haben soll: er halte die Isidorischen Decretalen trotz der Vertheidigung Turrian's für unächt[447]); und wirklich hat er auch in einer Anwandlung von Vergeßlichkeit in seinem

---

[440]) Vgl. besonders: De Rom. Pontifice, l. 2, c. 14.
[447]) Colloq. Rainoldi cum Harto. p. 94.

großen Werke vom Papste deutlich merken lassen, daß er
nicht an diese Aechtheit glaube [448]. Aber freilich war
ihm jede auch noch so durchsichtige Fiction willkommen,
wenn sie nur dem großen Zweck der Befestigung der päpst=
lichen Universalmonarchie diente. Selbst der Brief des
Papstes Innocenz, der den Kaiser Arcadius excommunicirte,
wurde verwerthet, die Fabel von der päpstlichen Einsetzung
der Churfürsten ausführlich vertheidigt. Diese Unred=
lichkeit zeigt sich auch, wenn er die ihm sehr wohlbekannte
Thatsache, daß die ganze Kirche, alle Hochschulen, alle
Theologen von einiger Bedeutung im fünfzehnten Jahr=
hundert das Papalsystem in seinen zwei Hauptsätzen der
absoluten Monarchie und der Unfehlbarkeit verworfen
hatten, abzuläugnen versucht. Er wußte aus den Schriften
Pius II., daß zu dessen Zeit die conciliarische Lehre die
herrschende war [449], dennoch giebt er sich alle Mühe, seine
Leser glauben zu machen, daß es nur ein paar ganz
vereinzelt stehende Theologen gewesen seien, welche diese
Doctrin unter allgemeinem Widerspruch vertreten hätten.

Man scheint wirklich in Rom geglaubt zu haben, daß die

---

[448] De Rom. Pontif. 2, 14; bezüglich der zweiten Epistel
des Calixtus und der des Pius. Er wage nicht, sagt er, zu be=
haupten, daß sie zweifellos ächt seien.

[449] Hist. Concil. Basil. p. 773: „Illud inprimis cupio notum,
quod R. Papam omnes, qui aliquo numero sunt, concilio sub-
jiciunt." Nur einige „sive avidi gloriae, sive quod adulando
praemia exspectant" vertheidigten damals, wie Aeneas sagt, die
entgegengesetzte Meinung.

Curie mit Hilfe der seit Paul V. noch wirksamer organisirten Inquisition u. des Index der verbotenen Bücher Kritik und Kirchengeschichte wieder erdrücken oder doch die Masse des Klerus in Unwissenschaft bezüglich dieser Dinge erhalten könne. Gerade jetzt wurde der Index mit solcher Härte gehandhabt, daß die Gelehrten in Verzweiflung geriethen und Viele ihre theologischen Studien aufgeben mußten. In Deutschland war es unter dem Einflusse der Jesuiten im J. 1599 schon soweit gekommen, daß Katholiken von den Studien überhaupt zurücktreten mußten, denn man durfte sogar Wörterbücher, Sammelwerke und Indices nicht mehr gebrauchen [450]. Hatte man doch selbst den Bischöfen das Lesen aller von Rom verbotenen Bücher untersagt; auch sie sollten über den wahren Stand der Dinge, über so Vieles, was jetzt aufgedeckt worden war, in Unkenntniß erhalten werden. Werke, welche den früheren, so ganz verschiedenen Zustand der Kirche und des römischen Stuhls enthüllten, wie der Liber Diurnus, die Ravennatische Bischofsgeschichte des Agnellus zu publiciren, war bei den schwersten Strafen untersagt. Schon fertige Auflagen solcher Werke wurden wieder vernichtet.

Auf diesem Wege läßt sich begreifen, warum bei der

---

[450] „Praeter infinitos alios libros neque Lexico, aut Thesauro aut Indice aliquo tute licet uti" schrieb Jodocus Graes an Baronius; S. die Briefe des Cardinals, I, 474, ed. Albericus, Rom. 1759.

neuen Gestaltung des Breviers eine Reihe von Päpsten
der drei ersten Jahrhunderte, von denen Niemand etwas
wußte und keine Nachricht auf die Nachwelt gekommen
ist, die auch in keinem der alten Martyrologien standen,
und in Rom 1500 Jahre lang ohne jede Spur einer be=
sonderen Beachtung geblieben waren, in das Brevier ein=
gerückt und mit eigenen Offizien und Lectionen versehen
worden ist. Die alten Breviere vor der Erscheinung des
reformirten hatten von den Päpsten der vornicänischen
Zeit nur Clemens, Urban, Marcus und Marcellus. In
das neue Brevier unter Clemens VIII. aber kamen durch
die Sorgfalt Bellarmin's und Baronius die Päpste Ze=
phyrin, Soter, Cajus, Pius, Calixtus, Anaclet, Pontianus,
Evaristus mit Lectionen, die aus den Pseudo=Isidorischen
Decretalen genommen waren. Man warf sogar ältere
aus der Legende genommene Lectionen (z. B. bei Mar=
cellus) heraus, um Pseudo=Isidorische dafür einzusetzen,
und der Klerus war demnach gezwungen, zur Nährung
seiner Andacht die Erdichtungen zu lesen, daß ohne den
Papst kein Concil gehalten werden dürfe, daß der Papst
der einzige Richter aller Bischöfe sei, daß kein Geistlicher
vor ein weltliches Gericht geladen werden dürfe (Lection
des Silvester) u. dergl. Und dazu wirkte der Cardinal
Baronius, der Verfasser der Annalen mit, obgleich er ein=
mal in diesen mit Indignation von dem Pseudo=Isidorischen
Betruge gesprochen hatte.

Aber auch Verstümmelungen wurden im neuen Bre=
vier wieder vorgenommen. Aus der Lection des Papstes
Leo II. wurde in der Stelle, wo die Verdammung des
Honorius durch die sechste Synode erwähnt war, der
Name des Papstes gestrichen; denn seitdem die Päpste un=
fehlbar sein wollten, sollte diese unbequeme Thatsache
wenigstens aus dem Gedächtnisse des Klerus verschwin=
den [451]. Selbst die Fabel von der Apostasie des Papstes
Marcellinus und der Synode von Sinuessa wurde nun
erst breit in's Brevier aufgenommen, um jenen Lieblings=
satz, dem zu Gefallen in Rom schon so Vieles erdichtet
worden war, daß der Papst von keinem Concil gerichtet
werden könne, Bischöfen und Priestern stets gegenwärtig zu
halten. Dann mußte, im Missale und Brevier, in dem Ge=
bete am Feste der Cathedra Petri das Wort „Seelen"
getilgt werden. Es galt nun in Rom für anstößig, daß
die alte römische Kirche die Bindegewalt Petri auf die
Seelen beschränkt hatte, während man für den Papst auch
das volle Recht, die Leiber zu binden und vom Leben zum
Tod zu bringen in Anspruch nahm [452]. Zu den Berei=

---

[451] Die Breviere, die wir verglichen haben, sind ein römisches
zu Venedig 1489 gedrucktes, das Augsburger in Venedig gedruckte
Brevier vom J. 1519 und das neuere reformirte, Antwerpen 1719.

[452] „Deus qui b. Petro animas ligandi et solvendi ponti-
ficium tradidisti." Animas ist nun gestrichen. In dem alten rö=
mischen Missale des eilsten Jahrhunderts, das Azevedo 1754 heraus=
gab, steht es p. 188. Bellarmin behauptete, die Reformatoren des

cherungen des Breviers gehörte, daß man die Worte, die
der Satan in der Versuchungsscene zum Herrn gespro=
chen, „ich will dir alle Reiche der Welt geben" nunmehr
auf Christus übertrug, der sie zu Petrus gesprochen ha=
ben solle [453]).

Diese Fälschungen und Ausmerzungen zu Gunsten
des Papalsystems wurden nun so auffallend, daß der Ve=
netianer Marsiglio zu bedenken gab: Im Laufe der Zeit
werde man Schriften überhaupt keinen Glauben mehr bei=
messen und so die Kirche untergraben werden [454]).

So wirkten Baronius und Bellarmin zusammen, um
einen neuen Strom von Erdichtungen und historischen
Entstellungen zu Gunsten des Papalsystems von Rom aus
über die noch treu gebliebenen oder wieder zurückgenöthig=
ten Länder und Kirchen des Occidents sich ergießen zu
lassen. Außer seinen Annalen, in welchem ein großes Vor=
rathshaus von unächten Stücken und Fictionen eröffnet
wurde, benutzte Baronius dazu die ihm aufgetragene Aus=
gabe eines römischen Martyrologiums. Seine Absicht war
hier, die Fabel, daß Petrus als römischer Bischof auch gleich den
abendländischen Städten Bischöfe zugesendet habe und also

Breviers hätten bei der Verstümmelung dieses altkirchlichen Gebets
kraft einer göttlichen Eingebung gehandelt. (Resp. ad epist. de
monitorio contra Venetos. resp. ad 3 propos).
[453]) Breviar. Rom. fest. Petri et Pauli, resp. ad lec-
tionem 5.
[454]) Defens. adv. Bellarmin. c. 6.

die römische Kirche im eigentlichen Sinne die Stamm=
kirche für die übrigen sei, zu beglaubigen. In den älte=
ren Ausgaben des römischen Martyrologiums hieß es z. B.
zum 5. August bloß, daß in Chalons Memmius erster
Bischof gewesen. Baronius aber machte aus ihm einen
römischen Bürger, der von Petrus eigens zum Bischof von
Chalons consecrirt worden sei. Ebenso mit Julian in Le
Mans am 27. Januar. Was das ältere römische Martyrolo=
gium noch nicht gewußt hatte, das wußte Baronius: Pe=
trus hatte ihn zum Bischof von Le Mans geweiht. Noch
dreister ist sein Verfahren mit dem Bischof Dionysius von
Paris. Die ältesten, ihm wohlbekannten Angaben ließen
diesen Dionysius erst nach der Mitte des dritten Jahr=
hunderts in Gallien lehren; Baronius aber berichtet: Dio=
nysius sei erst vom Apostel Paulus zum Bischof von
Athen geweiht worden, dann habe er sich von Papst Cle=
mens in Rom als Bischof nach Gallien senden lassen.
So hatte man doppelten Gewinn für Rom; denn damit
war bewiesen, daß der Papst selbst einen vom Apostel
Paulus eingesetzten Bischof versetzen konnte, und daß
Paris die unmittelbare geistliche Tochter Rom's war. Zu=
gleich mit diesen Erfindungen und Interpolationen wurde
indeß auch Kritik in Rom geübt. Baronius und Bellar=
min erklärten alle Documente über das sechste Concil, aus
denen sich die Verdammung des Papstes Honorius ergab,
für erdichtet oder gefälscht.

Man sieht, seit der Verbreitung des Jesuitenordens hatte die Unfehlbarkeitshypothese binnen wenigen Decennien einen mächtigen Aufschwung genommen. Die Jesuiten hatten es vom Anfang an als ihre Aufgabe betrachtet, den Geist der historischen Kritik und der kirchengeschichtlichen Forschung nicht aufkommen zu lassen. Im Wetteifer hätten sie sich der Pseudo-Isidorischen Dekrete und der älteren sowohl als der späteren römischen Fälschungen angenommen, so Maldonat, Suarez, Gretser, Possevin, Valencia u. A.

Derselbe Turrianus, der sie ausführlich vertheidigte, hatte noch durch neue patristische Erdichtungen dem römischen System zu helfen versucht, wobei er sich auf Handschriften berief, die kein menschliches Auge je gesehen hat. Gleichzeitig verfaßte der Jesuit Alfons Pisanus eine ganz apokryphe Geschichte des Nicänischen Concils, die blos auf Erhebung der päpstlichen Autorität berechnet war. Andere, wie Bellarmin, Delrio und Halloir, vertheidigten die Aechtheit der Pseudo-Dionysius-Schriften; Petrus Canisius brachte erdichtete Briefe der Jungfrau Maria.

Doch die größte Angelegenheit war die Behauptung des Ansehens der Isidorischen Decretalen, Gratians und der Thomas-Fälschungen. Die letzteren wagte lange Zeit Niemand in der katholischen Kirche aufzudecken. Erst gegen das Jahr 1660 begannen französische Gelehrte die Wahrheit darüber zu sagen. Gratians Decret hatte durch die von den Päpsten angeordnete Revision und Correctur, in der freilich viele Fälschungen aufgedeckt werden mußten, doch neue Autorität erhalten. Pseudo=Isidor stand noch eine Zeit lang unter dem Schutze des Index. Als der berühmte Canonist Contius den Nachweis der Unächtheit führte, wurde die Vorrede, in welcher er dieß that, von der Censur unterdrückt. Als das berühmte Werk von Blondel, die vollständige Zergliederung Pseudo=Isidors erschien, war auch der letzte Zweifel über den Charakter dieses Betruges verschwunden. Es wurde wieder auf den Index gesetzt. Um die Zeit der Declaration von 1682 unternahm der spanische Benedictiner Aguirre den letzten nen=nenswerthen Versuch, Pseudo=Isidor zu Ehren zu bringen. Es war nun einmal nicht zu läugnen, daß für jeden Kenner der Geschichte mit Pseudo=Isidor auch der ganze historische Boden des Papalsystems verschwand. Aguirre wurde mit der Cardinalswürde belohnt. Im Laufe des achtzehnten Jahrhunderts kam man aber doch in Rom zur Einsicht, daß es eine Unmöglichkeit geworden sei, die Aechtheit der Stücke noch zu behaupten, und so wurde endlich in der Erwiederung, welche Pius VI. im J. 1789 den Forde=rungen der deutschen Erzbischöfe entgegensetzte, der Betrug zugegeben. In jüngster Zeit sind die Jesuiten in Paris noch weiter gegangen. Der Pater Regnon gesteht nun: „Der Betrüger hat wirklich sein Ziel erreicht, er hat die Disciplin der Kirche verändert, wie er es gewollt, aber

er hat den allgemeinen Verfall nicht aufgehalten. Gott
segnet nicht den Betrug, die falschen Decretalen haben
nur Böses hervorgebracht."[445]) Die Centnerschwere dieses
Geständnisses scheint im Orden nicht verstanden worden
zu sein.

Seit die Unfehlbarkeitslehre ausgebildet war, empfand
man eine Schwierigkeit, zu deren Lösung neue Hypothesen
in Menge ersonnen wurden, ohne daß es gelungen wäre,
die Meinungen der Theologen auf. eine derselben zu vereinigen. Jeder Theologe fand nämlich bei näherem Zu-
sehen päpstliche Entscheidungen, welche mit andern päpstlichen oder doch in der Kirche recipirten Lehren in Widerspruch standen, oder welche ihm bedenklich schienen. Alle
diese für Erzeugnisse einer unfehlbaren Autorität zu erklären, schien unmöglich. Man sah sich also genöthigt,
Unterscheidungs-Zeichen anzugeben, an welchen eine wirklich unfehlbare Decision eines Papstes erkannt werden
könne, oder Bedingungen aufzustellen, ohne deren Erfüllung der Ausspruch nicht als untrüglich anzusehen sei.
So entstand seit dem sechzehnten Jahrhundert die berühmte
Distinction der von der Cathedra, also lehrhaft gegebenen
und darum jeder Möglichkeit des Irrthums entrückten
päpstlichen Kundgebungen.

Die Unterscheidung zwischen einem Ausspruch ex

---

[445]) Etudes de Theologie, par les PP. Jésuites à Paris', Novembre 1866.

cathedra und einer blos gelegentlich oder flüchtig gemachten
Aeußerung hat allerdings ihren guten Grund nicht blos
bei dem Papst, auch bei einem Bischof oder Professor;
kurz Jeder, der zu lehren berufen ist, kann und wird zu
Zeiten über dogmatische und ethische Fragen sich flüchtig
oder ungenau äußern, während er in seiner Eigenschaft
als öffentlicher und berufener Lehrer sich bestimmt und
mit ernster Erwägung der Consequenzen erklärt. Kein
vernünftiger Mensch wird Aeußerungen, welche von einem
Papste gesprächsweise geschehen sind, sofort für päpstliche
Glaubensdecrete ausgeben. Weiter aber hat diese Unter=
scheidung keinen Sinn. Wenn ein Papst sich aus eigenem
Antriebe oder auf gestellte Anfragen öffentlich über einen
Lehrpunkt ausspricht, hat er ex cathedra gesprochen; denn
als Papst und Nachfolger anderer Päpste wird er gefragt,
und die bloße Thatsache, daß er öffentlich, schriftlich seine
Erklärung abgegeben hat, macht sie zur cathedratischen.
Mit jedem Bischofe verhält es sich ebenso. Sobald irgend
eine zufällige oder willkürliche Bedingung aufgestellt wird,
von deren Erfüllung es abhängen soll, ob die päpstliche
Entscheidung eine cathedrale sei oder nicht, betritt man
das Gebiet der individuellen theologischen Einfälle, wie
sie, blos um den aus dem System sich ergebenden Ver=
legenheiten abzuhelfen, ersonnen zu werden pflegen. Von
solchen Einfällen ist einer soviel werth als der andere;
sie kommen und gehen; und man registrirt sie später. Es

ist das gerade so, als ob man von einem Arzte, der über eine
Krankheit zu Rathe gezogen, ein Gutachten abgegeben hat,
nachher sagen wollte, er habe seine Diagnose gestellt oder
seine Mittel verordnet als bloßer Mensch und nicht als
Arzt. Sobald also Beschränkungen angebracht und die
dogmatischen Aussprüche der Päpste in zwei Classen, in
cathebratische und in privatpersönliche abgetheilt werden
sollen, so liegt der Grund dieser willkürlichen Unterschei=
dung augenscheinlich darin, daß man einige unbequeme
päpstliche Entscheidungen vor sich sieht, welche man gerne
von dem Privilegium der sonst im Allgemeinen behaup=
teten Unfehlbarkeit ausnehmen möchte. So hat Orsi
behauptet, Honorius habe die dogmatischen Schreiben,
welche er auf Consultation der orientalischen Patriarchen
erließ und welche nachher von der sechsten Synode als
häretisch verdammt wurden, blos als „Privatgelehrter" —
Doctor privatus von einem Papste gebraucht, ist eigent=
lich ein hölzernes Eisen — verfaßt. Andere, z. B. Gonet,
haben die an die bulgarische Kirche ergangene Entschei=
dung Nicolaus I., daß auch eine auf den bloßen Namen
Jesu ertheilte Taufe gültig sei, für einen Ausspruch, den
er nur als Privatperson gemacht, erklärt.[446]

Wenn der Papst unfehlbar sein soll, sagten mehrere
Theologen, so muß er doch auch von den Dingen, über
welche er untrüglich urtheilen soll, etwas verstehen; es

---

[116] Cursus theolog. Disput. I. Nr. 105.

wird demnach zur Bedingung seiner Unfehlbarkeit gemacht
werden müssen, daß er sich vorher gehörig über die Sache
unterrichtet, erst Bischöfe und Theologen zu Rathe gezogen
habe. „Denn es ist bekannt, sagte der Spanier Alfons
de Castro, daß viele unter den Päpsten nicht einmal von
der Grammatik, geschweige denn von der Bibel etwas
verstehen. Ohne Bibelkenntniß kann man doch aber nicht
über Dogmen entscheiden"[456]). — Der Papst, hieß es
daher, ist wohl unfehlbar, wenn er von der Cathedra
aus entscheidet, dazu gehört aber, daß er sich erst sorg=
fältig erkundigt und durch eigenes Studium und durch
beigezogenen Rath belehrt und sicher gestellt habe.

Mit solcher Unfehlbarkeit wäre der Kirche schlecht
gedient, entgegneten Andere, besonders Jesuiten. Die
meisten Päpste sind als Juristen, als Verwaltungsbeamte
oder als Söhne vornehmer Familien zur höchsten Würde
gelangt, und würden, wenn sie auch wollten, in so vor=
gerücktem Alter nicht mehr theologische Studien machen
können, wissen sich meist nicht einmal dazu anzustellen.
Die Geistesgabe der Unfehlbarkeit muß so beschaffen sein,
daß sie auch den unwissenden Papst momentan erleuchtet
und vor jedem Irrthum bewahrt. Wenn ein Papst eine
Lehre erklärt, über dogmatische oder sittliche Fragen ent=

---

457) „Constat plures eorum adeo illiteratos esse ut gramma-
ticam penitus ignorent. Qui fit, ut Sacras literas interpretari
possent?" Adversus haereses, ed. 1539, f. 8b.

scheidet, so ist dieser Ausspruch unantastbar, er mag lange
darüber nachgesonnen oder plötzlich sich ausgesprochen,
Viele, Wenige oder Niemanden gefragt haben. Nur in der
innersten Werkstätte seines Geistes ist der Sitz der Un=
fehlbarkeit. Wozu Andere fragen, die gerade dem Irr=
thum ausgesetzt sind, während er es nicht ist? Wozu noch
die kümmerlichen Flämmchen einiger Oellampen herbei=
ziehen, während er selbst den Vollgenuß des von der
Geistersonne ausstrahlenden Lichtes besitzt?

Am stärksten beschränkte Bellarmin das päpstliche Vor=
recht dogmatischer Unfehlbarkeit. Er wollte zwar von der
Zuziehung eines Concils oder der Befragung der Bischöfe
nichts wissen; nur wenn der Papst ein an die ganze ka=
tholische Kirche gerichtetes Decret erlasse, wenn er der
ganzen Kirche ein Moralgesetz verkünde, sollte er unfehl=
bar sein.⁴⁵⁸) Dieß schien mehr auf die Zukunft als auf
die Vergangenheit berechnet, da aus dem ersten Jahr=
tausend der Kirche nicht ein einziges an die ganze Kirche
gerichtetes Decret eines Papstes bekannt ist, und selbst
seit dem zwölften und dreizehnten Jahrhundert die Päpste
über Fragen der Lehre auf Concilien zu entscheiden pflegten.
Erst die Bulle Unam Sanctam von Bonifaz VIII. vom
Jahre 1303 ist an die ganze Kirche gerichtet. Warum der
Papst fehlbar sein soll, wenn er sich an einen Theil der

---

458) De Rom. Pontifice, 4, 3 u. 5. Ebenso sein Ordens=
genosse Eudämon=Johannes.

Kirche wendet, unfehlbar aber, wenn er sich an die ganze
Kirche wendet, hat der Cardinal nicht angegeben. Seine
Meinung ist denn auch meist wieder fallen gelassen
worden.

Andere Theologen des Ordens, z. B. Tanner und
Compton, nahmen an, erst wenn gewisse Förmlichkeiten
beobachtet, wenn das päpstliche Decret an der Pforte der
Peterskirche und in Campofiore einige Zeit angeheftet
gewesen, sei es als cathedratisch und untrüglich zu be=
trachten. Dieß befriedigte wieder die Meisten nicht. Einige
behaupteten daher wie Duval, auch Cellot, der Papst
sei nur dann unfehlbar, wenn er jeden anders Lehrenden
verfluche.⁴⁵⁹)

Die Meisten meinten, auf solche Dinge komme wenig
an; konnten sich aber doch nicht entschließen, eine absolute,
völlig bedingungslose Unfehlbarkeit zu behaupten. Die
Jesuiten Franz Torrensis und Bagot meinten: ohne ein
Concilium, das wenigstens aus den in Rom wohnenden
Cardinälen, Prälaten und Theologen gebildet sei, könne
man auf die Unfehlbarkeit eines päpstlichen Decrets nicht
rechnen. Auch Driedo, Lupus, Hosius wollten die Un=
fehlbarkeit an die vorgängige Berathung wenigstens eines
Concils geknüpft wissen. Und damit ergab sich nun eine

⁴⁵⁹) Duvalii de suprema R. P. in ecclesiam potestate, Paris 1614, p. quaest. 5; Cellot, de hierarchia. Rotho-
magi 1641, 4, 10.

neue Controverse, ob zu einer Entscheidung von der Ca=
thedra herab die Zustimmung des Concils erforderlich
sei, oder ob es genüge, daß der Papst die Versammlung
höre, dann aber entscheide, wie es ihm beliebt. Die Zu=
stimmung des Concils zur Bedingung machen, hieß im
Grunde die Unfehlbarkeit thatsächlich wieder aufheben.
Wozu eine Versammlung von Bischöfen, sagten Andere;
dafür sind die Cardinäle da, die als zur Curie gehörig
schwerer wiegen als eine Schaar von Bischöfen. Aber
da trat ein neues Bedenken ein: Ist es zur cathedrati=
schen Eigenschaft eines päpstlichen Ausspruches nothwendig,
daß der Papst das ganze Cardinalscollegium erst berathen
lasse und vernehme? Oder reicht es, wie Gravina und
Cherubini behaupten, schon hin, wenn er sich nur ein
paar Cardinäle heraussucht, und die übrigen, bei welchen
er eine andere Anschauung voraussetzt, unberücksichtigt
läßt? Diese Frage wurde eine brennende seit dem J. 1713,
als Clemens XI. seine berühmte Bulle Unigenitus erließ
und nur ein paar gleichgesinnte Cardinäle zu ihrer Ab=
fassung beizog. Die Jesuiten empfingen dadurch neues
Licht über die schwierige Frage von der Erkennbarkeit
einer cathedratischen Glaubensentscheidung. Sie schienen
eingesehen zu haben, daß es besser sei, die Bedingungen
einer vorgängigen Berathung und Befragung völlig zu
beseitigen, den Papst allein zum unbedingten Organ des
göttlichen Geistes zu machen, aber dafür zwei andere Be=

schränkungen anzubringen, nämlich die von Bellarmin ersonnene, daß sein Decret an die ganze Kirche gerichtet sein müsse, und die andere, von Cellot erdachte, daß er alle Andersgläubigen verfluche. Nach dieser von Per=rone[460]) vorgetragenen und wohl vom ganzen Orden reci=pirten Lehre ist also der Papst dem Irrthum preisgegeben, wenn er etwa nur der französischen oder der deutschen Kirche eine Belehrung zukommen ließe; und auch dann würde es mit seiner Unfehlbarkeit sehr bedenklich stehen, wenn er einmal unterließe, den Andersmeinenden ein Anathema zuzurufen. Da indeß Perrone's Theologie noch nicht symbolisches Ansehen in der Kirche erlangt, ja noch nicht einmal es zur Autorität der Summa des heil. Thomas gebracht hat, so ist keine Hoffnung, daß seine Erklärung des Begriffs ex cathedra die Meinungen vereinigen werde. Und so gehört denn dieser Begriff, trotz der unermeßlichen Tragweite, die ihm demnächst gegeben werden soll, noch immer zu den völlig dunkeln und unaufhellbaren Materien der Dogmatik. Es bleibt demnach jedem Infallibilisten überlassen, sich seine eigene Definition von der Entschei=dung ex cathedra zum Privatgebrauch zu machen.

Eine persönliche Unfehlbarkeit erstreckt sich unver=meidlich viel weiter als die Irrthumsfreiheit einer großen Genossenschaft, wie die katholische Kirche ist oder einer diese Kirche repräsentirenden Versammlung. Die Kirche ist

---

460) Praelectiones theologicae, Lov. 1843, VIII, 497.

gegen falsche Lehren gesichert in ihrer Totalität; sie wird
nicht abfallen von Christus und den Aposteln, wird die
einmal empfangene und in ihrem Schooße fortgepflanzte
Lehre nicht verläugnen. Ist es ein Concil, das über die
Lehre urtheilt, so ist es eben ein Zeugniß, das damit ab=
gelegt wird. Die Bischöfe bezeugen, jeder für den ihm
bekannten Theil der Kirche, daß eine bestimmte Lehre
bisher dort gelehrt und geglaubt worden sei. Oder sie
bezeugen, daß in den bisher geglaubten Lehren eine,
wenn auch bisher noch nicht ausdrücklich formulirte Wahr=
heit als logische Consequenz mit unabweisbarer Noth=
wendigkeit schon enthalten sei. Darüber, ob dieses Zeug=
niß richtig abgelegt worden sei, ob Freiheit und unbe=
fangene Wahrhaftigkeit unter den Bischöfen der Synode
geherrscht habe, darüber entscheidet in letzter Instanz wie=
der die Kirche selber, die das Concil oder dessen Beschluß
annimmt oder verwirft.

Hier ruht also die Gewißheit und Unfehlbarkeit ganz
auf dem festen Boden der Thatsachen. Die Kirche geht
nicht auf Entdeckungen neuer Lehren aus, sie will nicht
erst etwas schaffen, sondern nur ihr angestammtes Besitz=
thum schirmen und bewahren. Der Sinn eines von den
versammelten Bischöfen gegebenen Ausspruches ist nur dieser:
So haben unsere Vorgänger geglaubt, so glauben wir,
und so werden die glauben, die nach uns kommen. Eine
große Gesellschaft, eine ganze Kirche ist der Gefahr der

Selbstüberhebung und des vermessenen Pochens auf höhere Erleuchtung nicht ausgesetzt. Für sie besteht keine Versuchung, eine besondere subjective Ansicht oder Meinung zur Geltung zu bringen. Sich selbst überlassen, hält sie sich schon naturgemäß in den Schranken des Ueberlieferten, des stets und überall Geglaubten. Allein ganz anders gestaltet sich das Verhältniß, wenn eine einzelne Person zum Träger der Unfehlbarkeit gemacht wird. Die ganze Kirche, solange ihre Vertreter auf dem Concil ihre apostolische Selbstständigkeit bewahren, kann man nicht drängen oder verführen, daß sie, ein unrichtiges Zeugniß ablegend, die Ansicht oder Doctrin einer Schule oder Partei für den beständigen und allgemeinen Glauben der ganzen katholischen Christenheit ausgeben; aber ein einzelner Papst ist stets der Gefahr ausgesetzt, daß Schmeichler und Intriguanten Einfluß auf ihn gewinnen und ihn zu dogmatischen Entscheidungen drängen. Man benützt seine Vorliebe für eine theologische Meinung oder für einen Orden und dessen Lieblingslehren, oder seine Unkenntniß der Dogmengeschichte, oder seine Eitelkeit und Sehnsucht, sein Pontifikat durch eine denkwürdige und für den römischen Stuhl vermeintlich vortheilhafte Entscheidung zu verherrlichen, eine große, dogmatische, in der Kirche Epoche machende That an seinen Namen zu knüpfen. Dabei ist für einen Papst nichts leichter, als jeden Widerspruch von sich fern zu halten; wagt ja doch in der Regel Niemand,

28*

der nicht ausdrücklich von ihm gefragt wird, ihm auch
nur eine Vorstellung zu machen oder ein Bedenken zu
äußern. In der Seele dieses Mannes bildet sich sofort
gar leicht die schmeichelnde, dem alten Abam höchst will=
kommene Anschauung, daß seine Wünsche und Gedanken
göttliche Eingebungen seien, daß er unter der besondern,
gnadenvollen Leitung des Himmels stehe und daß ihm vermöge
seiner Würde, wie die Fülle der Gewalt, so auch die Fülle der
Wahrheit und Erkenntniß mühelos in den Schooß falle. Er wird
es um so mehr glauben und um so rascher zugreifen, je ge=
ringer seine Kenntnisse sind und je weniger er Ahnung
oder ein Verständniß von den Bedenken und Schwierig=
keiten hat, welche den gelehrten Theologen von der An=
nahme einer Lehrmeinung abhalten. Dabei kann auch ein
wohlmeinender Papst sich einbilden, daß er fern von aller
Selbstüberhebung das vollkommen demüthige Organ des
durch ihn redenden heiligen Geistes sei.

Einer der Päpste, dessen Regierung das traurigste
Andenken zurückgelassen hat, Innocenz X. gestand selber, daß
er, Zeitlebens blos mit juristischen Dingen und Processen
beschäftigt, von der Theologie nichts verstehe. Das hin=
derte ihn aber nicht, durch die Verdammung der fünf
Sätze über die Gnade einen Streit zu beginnen, der über
ein Jahrhundert fortdauerte und nie eine Lösung gefun=
den hat. Er habe, sagte er dem Bischofe von Mont=
pellier, von Gott eine so große Geistes=Oeffnung empfan=

gen, daß ihm der Sinn der heiligen Schrift klar geworden
sei und er auch die verwickelte Subtilität der Scholastik
plötzlich verstanden habe. Er hatte, wie er sich gegen
einen andern Geistlichen (Aubigni) ausdrückte, die Gegen=
wart des heiligen Geistes handgreiflich empfunden. Er
bedurfte keiner Synode, nicht einmal einer Berathung der
Cardinäle, nur der Gutachten einiger von ihm ausge=
wählten Ordensgeistlichen. „Alles dieß hängt von der
Eingebung des heiligen Geistes ab," sagte er den von
Paris gekommenen Theologen.[461])

Um auch einen Papst aus der neuesten Zeit zu er=
wähnen, so berichtet ein in Rom weilender Staatsmann:
„daß Gregor XVI. sich in seiner naiven Weise der hohen
Stellung besonders auch darum freute, weil er dadurch in
allen Dingen glaubte Recht haben zu müssen. Wenn
Capaccini ihm in Finanzangelegenheiten Vortrag hielt und
weder der feine geniale Staatsmann den Gebieter noch
auch der Gebieter mit seinen besten hausbackensten Argu=
menten den Staatsmann überzeugen konnte, pflegte Gregor
bisweilen auszurufen: „aber er sei ja Papst, könne doch
nicht irren, müsse alles am besten wissen."[462])

Alle absolute Gewalt verdirbt den Menschen, welchem

---

[461]) „Tutto questo dipende dall' inspirazione dello Spirito
Santo." Arnauld, Oeuvres, XXII., p. 210. •
[462]) Politische Briefe und Charakteristiken, Berlin
1849, 243.

sie zu Theil wird. Dafür legt die ganze Geschichte Zeug=
niß ab. Ist diese Gewalt eine geistliche und beherrscht sie
die Gewissen der Menschen, so ist die Gefahr der Selbst=
überhebung nur' um so größer, denn der Besitz einer solchen
Macht übt einen besonders verführerischen Reiz und legt
zugleich die Selbst=Täuschung am nächsten, indem die Lei=
denschaft der eigenen Herrschbegier nur zu leicht als Sorge
für das Heil Anderer beschönigt wird. Hegt nun der
Mensch, dem eine solch' schrankenlose Macht zugefallen ist,
auch noch die Meinung, daß er unfehlbar und ein Organ
des göttlichen Geistes sei, weiß er, daß ein Ausspruch von
ihm in sittlichen und religiösen Dingen mit einer allge=
meinen und noch dazu inneren Unterwerfung von Millio=
nen hingenommen wird, so scheint es fast unmöglich, daß
gegen ein solch' berauschendes Bewußtsein immer die Nüch=
ternheit des Geistes sich bewahre. Dazu kommt noch die
seit Jahrhunderten sorgfältig von Rom aus genährte
Vorstellung, daß jedes Conclave ein Schauplatz sei, auf
welchem der troß der Ränke der Parteien die Wahl len=
kende heilige Geist zuletzt immer einen Triumph feiere,
und der Erkorene das von der Gnade speciell erkorene
und ausgesuchte Werkzeug der Rathschlüsse Gottes über
die Kirche und die Menschheit sei. Das ganze Leben dessel=
ben wird von dem Momente an, wo er auf den Altar
gesetzt jene erste Huldigung des Fußkusses empfängt, eine
fortlaufende Kette von Adorationen. Alles ist darauf be=

rechnet, ihn in der Ansicht zu bestärken, daß zwischen ihm und den übrigen Sterblichen eine unausfüllbare Kluft be= festigt sei, und stets umnebelt von Weihrauchdüften muß auch der festeste Charakter zuletzt einer die menschlichen Kräfte übersteigenden Versuchung erliegen.

Von Marcellus II. wird berichtet, daß er bei seiner Erhebung voll Bangigkeit gewesen sei, es möge ihm das= selbe widerfahren, was bei seinen meisten Vorgängern wahrgenommen worden sei, welche sich nach ihrer Erhe= bung ganz verändert gezeigt und von den früheren guten Absichten nichts ausgeführt hätten. So nachtheilig wirke, meinte er, der Standeswechsel, der Schwarm der Schmeichler und das Parteiwesen auf den Charakter eines Papstes ein.[463] Selbst der Jesuitengeneral Oliva um 1670 bemerkt: die Erhebung zur Papstwürde pflege den Erwählten in seinem Charakter so zu verschlimmern, daß Niemand einem guten Manne diese Erhebung wünsche, und Niemand hoffe, daß auch der beste Cardinal als Papst die guten und heiligen Vorsätze, die er bei seinem Antritt hege, wirklich halten werde.[464]

Von Clemens VII. sagt sein Vertrauter, der Car= dinal Sadolet, er habe die Bibel stets in der Hand gehabt und dabei gute Vorsätze gehegt; gleichwohl war sein Pontificat nur eine Kette von Mißgriffen, ein stetes

---

[463] Pollidori de vita Marcelli II, Rom 1744, p. 132.
[464] Lettere, Bologna 1705, II, 214.

sich Winden und Drehen, um nur dem gehaßten und ge=
fürchteten Concil zu entgehen. Sadolet muß gestehen,
daß Clemens, „durch seine Minister irregeleitet“, gar weit
von seinen früheren Sitten und von der Güte seiner
Natur abgekommen sei.[465])

Paul IV. (Caraffa) war vor seiner Erwählung ein glü=
hender Freund der kirchlichen Reformation; weil unter
Clemens VII. nichts dafür zu erreichen war, verließ er
den päpstlichen Hof. Als er selber Papst geworden, war
von dem früheren Eifer für die Reform der Kirche nichts
mehr wahrzunehmen. Er ließ in einer Zeit, wo fast jede
Post neue Nachrichten von den Fortschritten des Prote=
stantismus da und dort brachte, die Kirche in ihrem hülf=
losen Zustande; nicht einmal an die Fortsetzung der vor
Jahren schon abgebrochenen Synode dachte er. Seine
Hauptangelegenheiten waren die Vergrößerung und Be=
reicherung seiner Nepoten, die Inquisition, sein Lieblings=
institut, und der Kampf gegen die beiden einzigen Stützen,
die das Papalsystem damals hatte, gegen Karl V. und
Philipp II., denn: das sei die Aufgabe des Papstthums,
Könige und Kaiser unter die Füße zu treten.[466])

Mit den grellsten Farben schildert Onufrio Panvinio

---

[465]) **Epistolae Sadoleti, Omphalii et Sturmii. Ar-
gentorati** 1539, p. 9.

[466]) **Relaz. di Bernardo Navagero**, in ten **Relazioni
degli Ambasciadori Veneti**, VII, 380.

als Zeitgenosse die völlige Umwandlung, welche mit Pius IV. (Johann Angelo be' Medici von 1559—65) vorging. Vor seiner Erhebung hatte er sich human, buldsam, wohlthätig, milbe und uneigennützig gezeigt, aber als Papst war er das vollendete Gegentheil, zornig, habgierig, mißgünstig. Besonders nachdem er sich des ihm verhaßten Concils von Trient entledigt hatte, überließ er sich gemeiner Sinnlich= keit und Wolluſt, aß und trank übermäßig, wurde herrsch= süchtig und verstellt und zog sich selbst vom Gottesdienst in der Kapelle zurück.[467]

So war es später mit Innocenz X. (Pamfili), der früher als ein unbescholtener und redlicher Mann gegolten, aber als Papst der Welt das Schauspiel einer von einem herrsch= süchtigen und habgierigen Weibe, seiner Schwägerin, geleiteten und ausgebeuteten Papst=Regierung gab; so mit Alexan= der VII. (Flavio Chigi), [468] der als Cardinal ein tüchtiger und begabter Geschäftsmann gewesen, als Papst sich aber bald von dem schmeichelnden Jesuiten Oliva gerne bereden

---

[467] Panvinii vitae Pontificum, post Platinam. Colon. 1593, p. 463 und 477 damit stimmt der Bericht des venetianischen Gesandten Tiepolo überein, Relazioni, X, 171.

[468] Was so häufig von den Päpsten bemerkt wird, daß sie sich bei Audienzen und im Geschäftsverkehr ohne alle Aufmerksamkeit und mit steter Verstellung benommen hätten, drückt der Florentinische Gesandte in seinem Bericht über Alexander VII. kurz so aus: „Wir haben einen Papst, der nie ein wahres Wort redet." (Siehe die Chronolog. historiq. des Papes von den Benedictinern von St. Maurus, Paris 1783, p. 344.

ließ, daß es Todsünde sei, seine Nepoten nicht nach Rom
zu ziehen und sie reich und groß zu machen. Seine Haupt=
angelegenheit wurde, sich aller Geschäfte zu entschlagen und
ein bequemes und ruhiges Leben zu führen. — Wir
schweigen über die Päpste späterer Zeit.

Die Erfahrungen, welche die nicht italienischen Bi=
schöfe auf der Synode zu Trient gemacht hatten, die Er=
gebnisse derselben, welche soweit hinter den begehrten und
gehofften Reformen zurückblieben, das Verfahren Roms,
welches sogar Erläuterungen und Commentare zu den
Decreten des Concils zu schreiben aufs Strengste verbot,
die Auslegung derselben sich vorbehielt, viele und höchst
wichtige Beschlüsse des Concils (z. B. die über die Indul=
genzen und mehrere andere) ruhig bei Seite schob, selbst
ohne den Schein einer Vollstreckung — alles dies bewirkte,
daß der früher so oft vernommene Ruf nach einer neuen
Synode von da an verstummte. In den Ländern, welche
der Inquisition untergeben waren, würde der bloße Wunsch
daß ein Concil wieder zu Stande kommen möge, schon für
strafbar erklärt worden sein und in Gefahr gebracht haben.
Dem römischen Stuhl waren allerdings beträchtliche Ver=
luste an Befugnissen und Einnahmen in Folge der Trien=
ter Beschlüsse, mehr noch in Folge des Widerstandes der
Regierungen erwachsen, andererseits aber hatten auch wieder
jene Beschlüsse, die Thätigkeit des Jesuitenordens, die Er=
richtung der stehenden Congregationen und der früher

unbekannten Nunciaturen die Macht und den Einfluß
Roms sehr wesentlich gesteigert. Immer aber hegte man
in Rom einen Abscheu gegen Concilien, das Wort war dort
strenge verpönt. Als in dem Streite über die Gnaden=
lehre im J. 1602 die Molinisten von der Entscheidung des
Streites durch ein Concilium redeten, schrieb der Domini=
kaner Peña: In Rom gelte das Wort Concilium, wenigstens
in Sachen des Dogma, als sacrilegisch und excommunicirt.⁶⁰⁹)

So sind, was in den vergangenen Zeiten der Kirche
ohne Beispiel war, drei Jahrhunderte verflossen, ohne daß
irgendwo ein ernstliches Verlangen nach einem Concil laut
geworden wäre. In den theologischen Handbüchern, in
den Schulen und Systemen wird gewöhnlich gelehrt, daß
die Concilien der Kirche nicht nur nützlich, sondern auch
nothwendig seien. Aber dies blieb, wie so Manches in
der Lehre, bloß theoretisch. Im Grunde wurde doch all=
gemein gefühlt, daß in eine päpstlich=monarchisch consti=
tuirte Kirche die Concilien so wenig paßten als die Gene=
ralstaaten in die Monarchie Ludwig's XIV. Diesem Gefühl
ließ denn auch der treueste Dollmetscher der römischen
Denkweise, Cardinal Pallavicini Worte: „Wieder ein
Concil halten, sagt er, hieße Gott versuchen, so höchst ge=
fährlich und der Kirche den Untergang drohend sei eine
solche Versammlung." Darin, meint er, werde seine Geschichte

⁶⁰⁹) S. Brief in Serry, Hist. Congreg. de gratia. Antwerp. 1709, p. 270.

der Trienter Synode mit der des Sarpi den ganz gleichen Eindruck auf den Leser hervorbringen.[470] Auch National=synoden, sagt er, haben die Päpste stets verabscheut.[471]

Doch der Hauptgrund, warum Niemand mehr ein Concil begehrte, lag in der Ueberzeugung, daß die erste und nothwendigste Bedingung, die Freiheit der Berathung und Abstimmung, auf demselben nicht vorhanden sein werde. Dafür sprach die jüngste Geschichte ebenso wie die Theorie. Das Papalsystem, welches nicht wahre, vermöge göttlicher Institution selbstständig waltende Bischöfe, son= dern nur Untergebene und Vicarien oder Officialen des Papstes kennt, die sich einer ihnen auf Ruf und Widerruf geliehenen Gewalt bedienen[472], hat keinen Raum für eine Versammlung, die den Namen Concil im altkirchlichen

---

[470] Storia del Conc. di Tr. IV, 331, ed. 1843.

[471] ib. p. 74.

[472] „Es ist, sagt der Cardinal de Luca (Relat. Curiae Rom., diss. 4, n. 10) die opinio in hac Curia recepta, daß der Papst Ordinarius Ordinariorum ist, habens universum mundum pro dioecesi, so daß die Bischöfe und Erzbischöfe nur seine Offi-ciales sind," oder wie Benedict XIV (de Synodo dioeces. 10. 14 und 5, 7) bemerkt: „Der Papst ist in tota ecclesia proprius sa-cerdos — potest ab omni jurisdictione episcopi subtrahere quamlibet ecclesiam". In Merlini Decisiones Rotae Rom. ed 1660 heißt es: „Papa est dominus omnium beneficiorum" (Dec. 830). Kurz es läßt sich nach diesem System nichts angeben, was eigentlich den Bischöfen bliebe. Der römischen Theorie nach kann ihn die Curie nach Gutdünken ganz oder theilweise seiner Rechte berauben, sie andern übertragen u. s. w.

Sinne führen könnte. Wissen die Bischöfe, welches über eine Frage die Ansicht und der Wille des Papstes sei, so wäre es vermessen und vergeblich, anders zu stimmen; wissen sie es nicht, so wäre ihre erste Pflicht auf dem Concil, sich darüber Gewißheit zu verschaffen und demgemäß zu stimmen. Neben einem „Ordinarius der Ordinarien" und einem untrüglichen Glaubenslehrer kann genau genommen eine ökumenische Kirchenversammlung nicht existiren; obwohl man allerdings den Pomp, das Ceremoniel, die Reden und die Abstimmungen eines Concils der zuschauenden Welt vorführen kann. Darum pflegten die päpstlichen Legaten zu Trient Bischöfe, welche einmal eine eigene Ansicht zu äußern wagten, sofort als Ketzer und Rebellen anzulassen.[473] Bischöfe, welche haben schwören müssen, „die Rechte, die Ehrenvorzüge, die Privilegien und die Autorität ihres Herrn, des Papstes zu erhalten, zu vertheidigen, zu vermehren und zu befördern" — und diesen Eid schwört jeder Bischof — können sich selber nicht als freie Mitglieder eines freien Conciliums betrachten, und nicht von der christlichen Welt als solche angesehen werden; das fordert schon die natürliche Gerechtigkeit und Billigkeit. Man soll und darf diese Männer nicht für

---

[473] Darüber finden sich Thatsachen in Menge in den Briefen des spanischen Gesandten Vargas und in der Autobiographie des Bischofs Martin Perez de Ayala im Anhang von Villanueva, Vida literaria, II, 420

Beschlüsse und für Unterlassungen verantwortlich machen, welche nicht von ihnen abhängen. Es sind also allerdings die gewichtigsten Gründe vorhanden gewesen, 300 Jahre lang kein Concil zu halten und ein solches „nutzloses Ge= räusch", wie Carbinal Orsi als Infallibilist die Concilien nennt, zu vermeiden.[474])

Volle, wahre Freiheit für jeden, Freiheit von mora= lischem Zwang, von Furcht und Einschüchterung, und von Bestechung gehört zum Wesen eines Concils. Eine Ver= sammlung von Männern, denen es zur eidlich beschworenen Gewissenspflicht gemacht ist, die Behauptung und Erweite= rung der Macht des Papstes als das Hauptziel ihres Strebens anzusehen[475]), von Männern, welche in der steten

---

[471]) Bossuet hatte die oft schon erhobene und nie beantwortete Frage gestellt, wozu denn in der Kirche die vielen Concilien, die mit so viel Mühe und Aufwand gehalten worden, hätten dienen sollen, wenn die unfehlbaren Päpste durch einen einzigen Ausspruch jeden Streit über die Lehre endgültig entscheiden konnten. Darauf erwiedert nun Orsi und wir haben seine Antwort in der Uebersetzung des Grafen Maistre: „Ne le demandez point aux Papes qui n'ont jamais imaginé qu' il fût besoin de conciles oecuméniques pour reprimer (les hèrèsies d'Arius etc.). Demandez le aux empereurs qui ont absolument voulu les concils, qui les ont convoqués, qui ont exigè l'assentiment des Papes, qui ont excitè inutile- ment tout ce fracas dans l'ĕglise."

[475]) Die Hauptstellen dieses Eides sind: Jura, honores, privi- legia et austoritatem S. Rom. Ecclesiae Domini nostri Papae et sucessorum praedictorum conservare, defendere, augere et pro- movere curabo.. Regulas sanctorum Patrum, decreta, ordina- tiones seu dispositiones, reservationes, provisiones et mandata apostolica totis viribus observabo et faciam ab aliis observari."

Furcht leben, sich mit dem Mißfallen der Curie den Vorwurf des Eidbruches und die lästigsten Hemmungen in
ihrer Amtsführung zuzuziehen, kann wohl nicht frei genannt
werden in allen den Fragen, in welchen die Machtstellung
und die Ansprüche des römischen Stuhls berührt werden,
und es gibt nur äußerst wenige unter den Fragen, die
auf einem Concil zur Berathung kommen könnten, bei
denen dieß nicht der Fall wäre. Keiner unserer Bischöfe
hat geschworen, das Wohl der Kirche und der Religion
zum obersten Gesetz seines Handelns und Trachtens zu
machen, in der Eidesformel ist nur für den Vortheil der
Curie gesorgt. Und wie sie in Rom verstanden wird, welchen Vorwürfen jeder Bischof dort ausgesetzt ist, der einmal seiner Ueberzeugung im Widerspruch mit der Tradition
der Curie folgen will, ist durch häufige Beispiele bezeugt.

In Rimini und Seleucia (359), zu Ephesus (449),
zu Vienne (1312) und sonst noch oft, auch zu Trient hat
sich gezeigt, welche Folgen der Mangel an wahrer Freiheit habe. In alter Zeit, als die Päpste noch nicht in der
Lage sich befanden, Druck und Einschüchterung auf Synoden
zu üben, waren es die Kaiser, welche zuweilen der Freiheit derselben zu nahe traten. Aber seit Gregor VII. hat
das Gewicht der päpstlichen Macht zehnfach schwerer auf
den Synoden gelastet, als jemals das kaiserliche Ansehen.
Mit vollem Rechte hat man im sechzehnten Jahrhundert
in halb Europa, als über das Concil verhandelt wurde,

die beiden Forderungen, gestellt, daß es nicht in Rom, nicht einmal in Italien gehalten werde, und daß die Bischöfe von ihrem Obedienz-Eide entbunden würden. Das neuestens angesagte Concil wird nicht nur in Italien, sondern in Rom selbst gehalten werden, und schon ist angekündigt worden, daß es als das sechste lateranische treu an das fünfte sich anschließen werde. Damit ist Alles gesagt — auch dieß gesagt, daß, was auch immer der Gang der Synode sein möge, eine Eigenschaft derselben nie beigelegt werden wird, nämlich die, daß es ein wahrhaft freies Concil gewesen sei.

Die Theologen und Kirchenrechtslehrer erklären: ohne volle Freiheit seien die Beschlüsse eines Concils nicht verbindlich, sei die Versammlung nur eine Pseudo-Synode. Sie werden vielleicht corrigirt werden müssen.

———————

Leipzig. Bär & Hamann.

Inhalt.

Inhalt. **451**